STEPHAN PHILBERT

Die Kommanditgesellschaft auf Aktien zwischen Personengesellschaftsrecht und Aktienrecht

D1935687

Schriften zum Bürgerlichen Recht

Band 330

Die Kommanditgesellschaft auf Aktien zwischen Personengesellschaftsrecht und Aktienrecht

Von

Stephan Philbert

Duncker & Humblot · Berlin

Die Juristische Fakultät der Universität Regensburg hat diese Arbeit im Jahre 2004 / 2005 als Dissertation angenommen.

Bibliografische Information Der Deutschen Bibliothek

Die Deutsche Bibliothek verzeichnet diese Publikation in der Deutschen Nationalbibliografie; detaillierte bibliografische Daten sind im Internet über <http://dnb.ddb.de> abrufbar.

90

FHTW Berlin Karlshorst Bibliothek

HTW ungültig

0512952

1

Alle Rechte vorbehalten
© 2005 Duncker & Humblot GmbH, Berlin
Fremddatenübernahme und Druck:
Berliner Buchdruckerei Union GmbH, Berlin
Printed in Germany

ISSN 0720-7387
ISBN 3-428-11856-1

Gedruckt auf alterungsbeständigem (säurefreiem) Papier
entsprechend ISO 9706 ♾

Internet: http://www.duncker-humblot.de

Meinen Eltern

Vorwort

Die vorliegende Arbeit wurde im Wintersemester 2004/2005 von der Juristischen Fakultät der Universität Regensburg als Dissertation angenommen.

Mein zuvörderster Dank gilt meinem Doktorvater Herrn Prof. Dr. *Wolfgang Reimann* für die aufmerksame und effektive Betreuung meiner Arbeit. Von ihm stammt der prägnante Titel dieser Studie. Aufgabenstellung und methodische Umsetzung der Untersuchung wurden ganz bewusst auf die Bedürfnisse der Rechtspraxis ausgerichtet. Prof. Dr. *Reimann* hat mich in diesem Ziel bestärkt; die wertvollen Hinweise aus seiner Praxis als Notar in Passau haben zum vorliegenden Ergebnis beigetragen. Ganz besonders danke ich auch für die äußerst rasche Korrektur.

Herrn Prof. Dr. *Hans Christoph Grigoleit* danke ich für das zügig erstellte Zweitgutachten.

Mein größter Dank gilt meinen Eltern. Sie haben mich stets unterstützt und gefördert. Meinem Vater danke ich dafür, dass er die Entstehung der Arbeit mit großem Interesse verfolgt und schließlich das Manuskript Korrektur gelesen hat.

München, April 2005 *Stephan Philbert*

Inhaltsverzeichnis

§ 1 Einleitung

Die Kommanditgesellschaft auf Aktien – kurz KGaA – vereinigt personengesellschaftsrechtliche und aktienrechtliche Elemente in einer Rechtsform. Vereinfacht ausgedrückt handelt es sich bei der KGaA um eine Aktiengesellschaft, die an Stelle eines Vorstandes über persönlich haftende Gesellschafter (phG oder Komplementäre) verfügt. Darüber hinaus wird das Recht der KGaA durch die beiden Generalverweisungen des § 278 Abs. 2, 3 AktG geprägt, die teilweise Personengesellschaftsrecht, insbesondere die Gestaltungsfreiheit, und subsidiär Aktienrecht und die Satzungsstrenge für anwendbar erklären.

Anlass für die Dissertation ist die Beobachtung, dass die KGaA als Gesellschaftsform in der *Praxis* eine eher begrenzte Rolle spielt. Man könnte daraus den Schluss ziehen, dass im Wirtschaftsleben ein Gesellschaftstyp wie die KGaA nicht nachgefragt wird. Diese Folgerung erweist sich jedoch als nicht haltbar. Denn eine andere Gesellschaftsform, die GmbH & Co. KG, die wie die KGaA personengesellschaftsrechtliche und kapitalgesellschaftsrechtliche Elemente verbindet, ist unter den Unternehmen Deutschlands durchaus zahlreich vertreten. Die KGaA könnte gewissermaßen als „GmbH & Co. KG mit Börsenzugang" ähnliche Bedeutung in der Rechtspraxis erlangen.

Für die tatsächlich geringe Anzahl an KGaA bieten sich unterschiedliche Erklärungen an: Man könnte vermuten, die KGaA sei vom Gesetzgeber an der Wirtschaft vorbei geregelt worden. Diese Behauptung ist allerdings nicht tragfähig. Die KGaA in Deutschland besitzen trotz ihrer vergleichsweise kleinen Zahl schon jetzt ein erhebliches wirtschaftliches Gewicht.

Einzig verbleibender Erklärungsansatz für die relativ geringe Verbreitung der KGaA ist folgender:

Die KGaA kann bisher lediglich zwei Bedürfnisse der Wirtschaft nicht erfüllen und das sind die Kriterien der *Einfachheit* und der *Rechtssicherheit.* Die Stellung der KGaA zwischen Personengesellschaftsrecht und Aktienrecht konnte in Literatur und Rechtsprechung bisher nicht durch eine möglichst widerspruchsfreie Gesamtkonstruktion definiert werden.

Aus diesen Thesen kann die *Aufgabenstellung* entwickelt werden:

Untersuchungsgegenstand ist das besondere Spannungsverhältnis zwischen Personengesellschaftsrecht und Aktienrecht in der KGaA. Im Folgenden werden ausschließlich solche KGaA-rechtlichen Streitfälle behandelt, die aus der Stellung der

KGaA zwischen diesen beiden Regelungsregimen resultieren. Die Probleme werden durch eine einzige Frage miteinander verklammert:

Gelten für die jeweilige Angelegenheit personengesellschaftsrechtliche oder aktienrechtliche Vorschriften oder Grundsätze?

Ziel der vorliegenden Arbeit ist es, einen einfachen und verlässlichen Umgang mit der KGaA zu ermöglichen. In einem *allgemeinen Teil* werden daher zunächst abstrakte Auslegungsgrundsätze entwickelt, die die Position der KGaA zwischen Personengesellschaftsrecht und Aktienrecht beschreiben. Der anschließende *besondere Teil* behandelt dann ausschließlich solche Probleme, die auf das Spannungsfeld zwischen den Regelungsregimen zurückzuführen sind. Die Streitfragen sollen durch die im allgemeinen Teil erarbeiteten einheitlichen Prinzipien gelöst werden. Bei der Diskussion der jeweiligen Detailfrage erfolgt dann auch die Auseinandersetzung mit den zumeist teleologischen Argumenten von Literatur und Rechtsprechung. Erst am Ende des besonderen Teils wird man beurteilen können, ob die abstrakten Kriterien geeignet sind, die durch die Zwischenstellung der KGaA verursachten Fragen im Zusammenhang zu lösen, oder ob Sinn und Zweck der jeweiligen Normen eine Vereinfachung verhindern.

Besondere Abgrenzungsprobleme in der Kapitalgesellschaft & Co. KGaA[1] sind nicht Gegenstand dieser Dissertation.

Die in den vorstehenden Ausführungen enthaltenen Thesen sollen im Folgenden untermauert und präzisiert werden.

A. Mögliche Erklärungen für die geringe Verbreitung der KGaA

Die geringe Verbreitung der KGaA wirft die Frage auf, ob sich eine eingehendere Beschäftigung mit ihr überhaupt lohnt. Sie wäre dann zu bejahen, wenn die Rechtsform der KGaA ein Entwicklungspotential besäße, das sich durch rechtswissenschaftliche Forschung erschließen und fördern ließe. Dies erfordert eine genauere Analyse des rechtstatsächlichen Hintergrundes der KGaA.

I. Die KGaA – Eine überflüssige Rechtsform?

Die Anzahl der KGaA in Deutschland ist tatsächlich relativ gering. Die Umsatzsteuerstatistik 2002 führte lediglich 93 steuerpflichtige KGaA.[2]

---

1 Zur Zulässigkeit der Kapitalgesellschaft & Co. KGaA: BGHZ 134, 392.

2 Vgl. Umsatzsteuerstatistik 2002, erschienen in: Finanzen und Steuern – Umsatzsteuer, Fachserie 14 / Reihe 8, Statistisches Bundesamt Wiesbaden 2004, S. 58.

Auf der anderen Seite zeigt die deutsche Wirtschaft grundsätzlich Interesse an Rechtsformen, die personengesellschaftsrechtliche und kapitalgesellschaftsrechtliche Merkmale in sich vereinigen: Im Jahre 2002 wurden z. B. 85.696 GmbH & Co. KG statistisch erfasst.[3]

Überflüssig ist die KGaA deshalb nicht. Vielmehr legen kautelarjuristische Überlegungen den Schluss nahe, dass durchaus Bedarf an einer Mischform mit Kapitalmarktfähigkeit besteht:

So wird beispielsweise die GmbH & Co. KG zumeist in Form einer Publikumsgesellschaft ausgestaltet, d. h. die KG wird auf den Beitritt einer unbekannten Vielzahl von Kapitalanlegern ausgerichtet.[4] Eine solche Publikumspersonengesellschaft dient häufig als „bewegliche Sammelstelle von Risikokapital."[5] Stellt sich nach der Gründungsphase wirtschaftlicher Erfolg ein, wird die GmbH & Co. KG oft in eine Aktiengesellschaft umgewandelt. Mit einem anschließenden Börsengang kann dann u. a. weiteres Wachstum finanziert werden.[6] Die Umwandlung in eine KGaA wäre in dieser Situation eine echte Alternative: Bei der Überführung in eine KGaA muss die Börsenfähigkeit nicht mit einem Verlust an Flexibilität und Gestaltungsfreiheit erkauft werden. Darüber hinaus kann die Übertragung der Unternehmensleitung von den Gründern auf Fremdgeschäftsführer vermieden werden. Geht man davon aus, dass im Jahre 2002 vom statistischen Bundesamt 7.117 AG gezählt wurden[7], wären mittelfristig mehrere hundert KGaA denkbar.

Die Rechtswirklichkeit ist freilich noch weit von solchen Zahlen entfernt. Daher stellt sich die Frage, welche Gründe die weitere Ausbreitung der KGaA bisher verhindert haben.

II. Wurde die KGaA am Markt vorbei geregelt?

Eine mögliche Erklärung für die geringe Akzeptanz der KGaA könnte die persönliche Haftung der Komplementäre sein, § 278 Abs. 1 AktG. In der Tat spricht einiges dafür, dass die persönliche Haftung natürlicher Personen und eine Gesellschaft mit Börsenfähigkeit nicht zusammenpassen. Die Umsätze, die börsennotierte Unternehmen durchschnittlich erreichen, bergen finanzielle Risiken, die Privatvermögen nur selten abdecken können.

Die Rechtspraxis hat jedoch gezeigt, dass die persönliche Haftung zumindest nicht der entscheidende Hemmschuh für die KGaA war: Bis Mitte der neunziger

---

3 Vgl. Nachweis in Fn. 2.

4 BGHZ 69, 207, 209.

5 *K. Schmidt*, Gesellschaftsrecht, § 57 I. 1. a) [S. 1666].

6 *K. Schmidt*, Gesellschaftsrecht, § 57 I. 1. a) [S. 1666].

7 Vgl. Nachweis in Fn. 2.

Jahre wurden durchschnittlich nur 30 Gesellschaften gezählt.[8] Seitdem der BGH 1997 die bis dahin höchst umstrittene Kapitalgesellschaft & Co. KGaA für zulässig erklärt hat[9], sind zwar einige GmbH oder AG & Co. KGaA hinzugekommen[10]. Der Anstieg auf inzwischen 93 KGaA[11] kann jedoch noch nicht als Durchbruch bezeichnet werden.

Vorbehalte gegenüber der KGaA lassen sich vielleicht auch auf die starke Stellung der Komplementäre zurückführen. Die phG werden als geschäftsführende Gesellschafter nicht auf Zeit bestellt und dürfen nicht einfach gegen ihren Willen abberufen werden. Man könnte nun z. B. annehmen, moderne Investoren engagieren sich nicht in Unternehmen wie der KGaA, weil sie dort keinen Einfluss auf die Besetzung der Geschäftsleitung haben.

Doch auch diese Begründung ist letztlich nicht überzeugend. Sie würde voraussetzen, dass Großinvestoren immer streng nach dem *shareholder value* Prinzip handeln: Der Börsenkurs ist einziges Erfolgsmerkmal; die Geschäftsführung wird ausgetauscht, wenn bestimmte Kursziele nicht erreicht werden.

Auf die Dauer hängt jedoch auch der Börsenwert allein von der Rentabilität eines Unternehmens ab. Die Komplementäre einer KGaA können für große Zeiträume eigenverantwortlich planen und sind auf lange Sicht wirtschaftlich erfolgreicher als Fremdgeschäftsführer. Dieser Vorteil der KGaA spricht auch gegen die vereinzelt vertretene Annahme, dass die Kommanditaktie an den Märkten mit einem generellen Preisabschlag bewertet würde.[12] Im Gegensatz zum Vorzugsaktionär einer AG werden die geringeren Einflussmöglichkeiten des Kommanditaktionärs durch die Kontinuität in der Unternehmensführung ausgeglichen. Wie wichtig die Führungsstabilität für den langfristigen Börsenerfolg ist, belegt eine Studie der HypoVereinsbank über Familienunternehmen[13]: Danach sind diese Unternehmen besonders profitabel, was sich *de facto* auch in einer überdurchschnittlichen Aktienperformance niederschlägt.

Für die KGaA lässt sich diese Beobachtung grundsätzlich bestätigen. Die starke Stellung der Komplementäre hat jedenfalls nicht die Entstehung von zwei Börsenschwergewichten verhindern können: Die Henkel KGaA und die Merck KGaA.

---

8 Vgl. *Haase*, GmbHR 1997, 917, 918 sowie die Nachweise bei *Semler/Perlitt*, in: MünchKomm AktG, Vor § 278 Rn. 1.

9 BGHZ 134, 392.

10 2005 waren mindestens 61 GmbH & Co. KGaA und 13 AG & Co. KGaA registriert; vgl. die Internet-Recherche vom März 2005 im Anhang.

11 Vgl. Nachweis in Fn. 2.

12 *Wieneke/Fett*, in: Hdb KGaA, § 10 Rn. 29 (S. 490).

13 Die Studie der HVB Equity Research ist veröffentlicht unter der Internet-Adresse http://fk.hypovereinsbank.de/pdf/0604_studie.pdf, Stand August 2004. Vgl. auch den Bericht der Süddeutschen Zeitung über diese Studie: SZ vom 30. 06. 2004, S. 21.

Der Konsumgüterkonzern Henkel erzielte im Geschäftsjahr 2003 einen Gesamterlös in Höhe von 9, 4 Mill. € und einen Jahresüberschuss in Höhe von 530 Mio. €.[14] Die Henkel KGaA gehört dem Börsenindex DAX an, in dem die 30 wichtigsten börsennotierten Unternehmen der Bundesrepublik gelistet sind.

Der Pharma- und Spezialchemiekonzern Merck generierte 2003 einen Umsatz von 1, 3 Mill. € und einen Jahresüberschuss von 44, 8 Mio. €.[15] Die Merck KGaA wird im MDAX geführt, in dem 70 Unternehmen mit mittlerer Börsenkapitalisierung zusammengefasst sind.

Im Ergebnis ist die geringe Anzahl an KGaA nicht auf grundsätzliche Fehler des Gesetzgebers bei der gesetzlichen Ausgestaltung der Rechtsform zurückzuführen. Die Praxis zeigt, dass die KGaA „funktioniert". Trotz der zahlenmäßig geringen Verbreitung besitzt die Gesellschaftsform bereits jetzt eine nicht zu unterschätzende ökonomische Bedeutung: Das wirtschaftliche Gewicht der einzelnen KGaA ist im Vergleich zu anderen Rechtsformen relativ hoch. Der durchschnittliche Umsatz einer KGaA lag 2002 bei beachtlichen 284 Mio. €. Eine Aktiengesellschaft erlöste dagegen im Durchschnitt nur 116 Mio. €, eine GmbH & Co. KG 9 Mio. € und eine GmbH 3 Mio. €.[16] Die Gesamterlöse der KGaA in Deutschland lagen bei 26, 4 Mill. €, was in etwa den Gesamteinnahmen der umsatzsteuerpflichtigen Freiberufler entspricht, die 32, 4 Mill. € erwirtschafteten.[17]

III. Ist die KGaA lediglich für die Besetzung von Marktnischen geeignet?

Schlüsselt man die KGaA in Deutschland nach dem Gegenstand ihrer Geschäftstätigkeit auf, bemerkt man, dass die Rechtsform in zwei speziellen Marktsegmenten besonders stark vertreten ist[18]:

Es fällt auf, dass zahlreiche *Privatbanken* als KGaA organisiert sind. Grund hierfür könnte die Tatsache sein, dass die Kunden der Privatbanken oftmals vermögende Inhaber oder Gesellschafter von Unternehmen sind. Diese Kundschaft scheint es zu schätzen, wenn die Personen, denen sie ihr Geld anvertraut, selbst persönlich haftende Unternehmer sind.[19] Dementsprechend häufig sind Privatban-

---

14 Vgl. Geschäftsbericht 2003 des Henkel Konzerns, S. 2; veröffentlicht unter der Internetadresse http://finanzberichte.henkel.de/archiv.htm, Stand August 2004.

15 Vgl. Jahresabschluss der Merck KGaA vom 31. 12. 2003, Gewinn- und Verlustrechnung, S. 9; veröffentlicht unter der Internetadresse www.merck.de/servlet/PB/menu/1226360/index.html, Stand August 2004.

16 Errechnet aus den Umsatzangaben der Umsatzsteuerstatistik 2002, vgl. Nachweis in Fn. 2.

17 Vgl. Nachweis in Fn. 2.

18 Vgl. die Internet-Recherche vom März 2005 im Anhang.

19 *Schütz,* Die Bank 1980, 354.

ken in der Form einer KGaA organisiert, in der mehrere natürliche Personen als geschäftsführende Komplementäre fungieren. Eine GmbH & Co. KGaA ist dementsprechend in dieser Branche nicht zu finden.[20]

Die Rechtsform wird auch deshalb unter Privatbanken beliebter, da ausreichendes Kapitalwachstum für das Überleben von Banken entscheidend sein und eine KGaA durch einen Börsengang ihr Eigenkapital erhöhen kann.[21] Von dieser Möglichkeit hat beispielsweise die Merkur Bank KGaA Gebrauch gemacht. 1998 wurde die Merkur-Bank GmbH & Co. KG in die Merkur Bank KGaA umgewandelt; 1999 erfolgte der Gang an die Börse.[22]

Relativ zahlreich ist die KGaA auch unter den *Proficlubs der Fußball-Bundesliga* vertreten.[23] Die deutlich gestiegenen Spielergehälter und Ablösesummen haben den Kapitalbedarf der Vereine erhöht. Auch die Tatsache, dass im europäischen Ausland bereits viele Fußballclubs börsennotiert sind, hat den Wettbewerbsdruck auf die deutschen Vereine verstärkt.[24] Die gesellschaftsrechtliche Literatur empfiehlt deshalb die Ausgliederung der Lizenzspielerabteilung auf eine Kapitalgesellschaft, wobei die Ausgründung auf eine KGaA favorisiert wird.[25] Für ein solches Vorgehen spricht u. a. die Tatsache, dass der Ligaverband die Lizenzerteilung für Kapitalgesellschaften davon abhängig macht, dass die Gesellschaft von einem Verein kontrolliert wird. Gem. § 8 Abs. 2 S. 1, 2 der Satzung des Ligaverbandes darf deshalb der Verein nicht mehr als 50% der Anteile über die Börse verkaufen. Für die KGaA gilt diese Beschränkung nicht, wenn der Verein Komplementär ist oder 100% der Anteile an einer Komplementär-Gesellschaft hält, § 8 Abs. 2 S. 3, 4 Ligaverbandssatzung.

Die KGaA ist folglich für die Marktsegemente „Privatbanken" und „Fußballclubs" besonders gut geeignet. Daraus kann aber nicht der Schluss gezogen werden, das Potential sei auf Nischen beschränkt. Die KGaA besitzt Vorteile, die sie auch für den breiten Markt interessant erscheinen lassen. Dies beweist die Tatsache, dass die übrigen Gesellschaften dieser Rechtsform gleichmäßig auf produzierendes Gewerbe, Handel, Dienstleistungsbetriebe und Finanzwirtschaft verteilt sind.[26]

---

20 Vgl. die Internet-Recherche im Anhang.

21 *Schütz,* Die Bank 1980, 354, 355.

22 Vgl. den historischen Überblick der Merkur Bank, veröffentlicht unter der Internetadresse http://www.merkur-bank.de/inhalt/investor_relation/historischer_ueberblick.php, Stand März 2005.

23 Vgl. die Internet-Recherche im Anhang.

24 *Balzer,* ZIP 2001, 175.

25 *Siebold/Wichert,* SpuRt 1998, 138; *Habel/Strieder,* NZG 1998, 929.

26 Vgl. die Internet-Recherche im Anhang.

IV. Der KGaA fehlen Einfachheit und Rechtssicherheit

Für die geringe Verbreitung der KGaA ist ein anderer Grund verantwortlich: Die KGaA erscheint vielen Rechtsanwendern als komplizierte und schwer handhabbare Rechtsform. Das ist auf die Stellung der KGaA zwischen Personengesellschaftsrecht und Aktienrecht zurückzuführen. Für diese These sprechen folgende kautelarjuristische Erfahrungen:

Die Konstruktion der KGaA wirkt abschreckend. Die Rechtsform erscheint unübersichtlich, da sich personengesellschaftsrechtliche und kapitalgesellschaftsrechtliche Sphäre in der KGaA nicht so leicht abgrenzen lassen wie beispielsweise in der GmbH & Co. KG. Selbst der gesellschaftsrechtlich vorgebildete Rechtsanwender kann sich die Einordnung in das Spannungsfeld zwischen den Regelungsregimen zumeist nicht selbst erschließen, da insbesondere die Verweisungen in § 278 Abs. 2, 3 AktG sehr abstrakt formuliert sind und eine klare Gliederung nach Regelungsmaterien in der Literatur bisher nicht zu finden ist.

Auch die Rechtssicherheit leidet darunter, dass ein überzeugendes Gesamtkonzept für die Zwischenstellung der KGaA fehlt: Die meisten KGaA-rechtlichen Probleme sind darauf zurückzuführen, dass aus dem Gesetz nicht eindeutig abgeleitet werde kann, ob im Einzelfall Personengesellschaftsrecht oder Aktienrecht anzuwenden ist. Der BGH hat bisher über äußerst wenige dieser Gesetzeslücken entschieden. Hinzu kommt die Art und Weise, wie die Literatur solche Streitfragen zumeist erörtert: Die einzelnen gesellschaftsrechtlichen Angelegenheiten der KGaA werden nur nebeneinander und ohne Bezug zu anderen Rechtsbereichen der KGaA behandelt. Da für die Einordnung einer Angelegenheit in Personengesellschaftsrecht und Aktienrecht ein schlüssiges Gesamtkonzept bisher fehlt, erscheinen die gefundenen Ergebnisse eher zufällig und schwer voraussagbar.

V. Ergebnis

Als Ergebnis der rechtstatsächlichen Untersuchung kann festgehalten werden: Hindernisse für die Zunahme der KGaA sind fehlende Einfachheit und Rechtssicherheit im Umgang mit dieser Rechtsform. Die geringe Verbreitung der KGaA ist damit auf Defizite bei der Auslegung der §§ 278 bis 290 AktG zurückzuführen. In der KGaA steckt Entwicklungspotential, das durch eine rechtswissenschaftliche Untersuchung gefördert werden kann.

B. Die thematischen und methodischen Grundlagen

Komplexität und Mangel an Rechtssicherheit beruhen auf der besonderen Zwischenstellung der KGaA und der Art und Weise, wie dieses Problem im Gesetz geregelt wurde. Im Folgenden soll daher zunächst die gesetzliche Ausgestaltung der KGaA zwischen Personengesellschaftsrecht und Aktienrecht genauer untersucht werden. Darauf aufbauend kann eine Aufgabenstellung definiert und ein methodischer Ansatz entwickelt werden.

I. Das besondere Spannungsverhältnis zwischen Personengesellschaftsrecht und Aktienrecht in der KGaA

In der KGaA besteht ein besonderes Spannungsverhältnis zwischen Personengesellschaftsrecht und Aktienrecht. Die spezielle gesetzliche Ausgestaltung der KGaA verursacht deutlich mehr Konflikte zwischen den Rechtsgebieten als in einer anderen Mischform, der GmbH & Co. KG. Deren Vorteil besteht darin, dass sie doppelstöckig konstruiert ist: Da es sich bei der Komplementär-GmbH um eine selbstständige Gesellschaft handelt, lassen sich die personengesellschaftsrechtliche Sphäre der Gesellschaft und der kapitalgesellschaftsrechtliche Rechtskreis der GmbH-Gesellschafterin leicht voneinander trennen.

Im Gegensatz dazu findet in der KGaA die Verbindung der unterschiedlichen gesellschaftsrechtlichen Elemente bereits auf der Ebene der Gesellschaft statt. Die KGaA verfügt schon *qua* Gesetz über zwei unterschiedliche Gesellschaftertypen: Die Komplementäre und die Kommanditaktionäre, § 278 Ab. 1 AktG. Für persönlich haftende Gesellschafter gelten grundsätzlich personengesellschaftsrechtliche und für Aktionäre aktienrechtliche Strukturprinzipien. Der Gesetzgeber musste daher für jede gesellschaftsrechtliche Angelegenheit regeln, ob die Grundsätze der personengesellschaftsrechtlichen oder der aktienrechtlichen Gesellschaftergruppe anwendbar sind. Schon die Kodifizierung dieses Konfliktfeldes in lediglich 13 Paragraphen lässt erahnen, dass das Gesetz einige Fragen offen ließ.

II. Die gesetzliche Regelung des besonderen Spannungsverhältnisses in den §§ 278 bis 290 AktG

Im Folgenden soll kurz skizziert werden, wie der Gesetzgeber die Stellung der KGaA zwischen Personengesellschaftsrecht und Aktienrecht ausgestaltet hat:

Wie eine Personengesellschaft verfügt die KGaA über persönlich haftende Gesellschafter, § 278 Abs. 1 AktG. Diesen Komplementären obliegt die Geschäftsführung und die Vertretung der KGaA, § 278 Abs. 2 AktG.

Das aktienrechtliche Charakteristikum bilden die Kommanditaktionäre. Sie bringen das Grundkapital auf und unterliegen darüber hinaus keiner weitergehenden Haftung für Verbindlichkeiten der Gesellschaft, § 278 Abs. 1 AktG.

Die organisatorische Zusammenfassung beider Gesellschaftergruppen erfolgt nach aktienrechtlichen Grundsätzen: Die KGaA ist gem. § 278 Abs. 1 AktG eine

Körperschaft mit eigener Rechtspersönlichkeit. Die Gesellschaft ist eine gegenüber ihren Mitgliedern verselbstständigte juristische Person. Die KGaA ist Kapitalgesellschaft, was die §§ 1 Abs. 1 Nr. 1 KStG 1996, 3 Abs. 1 Nr. 2 UmwG voraussetzen. Das personengesellschaftsrechtliche Konzept, wonach die Gesellschaft erst durch die gesellschaftsvertraglich geregelte Verbindung der Gesellschafter konstituiert wird, wurde also nicht umgesetzt.[27]

Die KGaA ist effizient geregelt: Neben dem Umwandlungs-, Konzern- und Steuerrecht[28] gibt es im zweiten Buch des Aktiengesetzes nur 13 spezielle Vorschriften für die KGaA (KGaA-rechtliche Spezialregelungen[29]). Umso mehr verwundert es, dass die meisten Vorschriften unter den §§ 279 bis 290 AktG nur relativ wenige Abweichungen gegenüber Normen aufweisen, die sich so oder so ähnlich auch in anderen Gesellschaftsformen finden. Dies gilt z. B. für das Wettbewerbsverbot der Komplementäre gem. § 284 AktG und der Vorstandsmitglieder gem. § 88 AktG. Ähnliche Parallelen finden sich zwischen der Regelung über Entnahmen der Komplementäre in der KGaA, § 288 AktG, und in der OHG, § 122 HGB.

Daneben enthalten die §§ 279 bis 290 AktG einige Spezialverweisungen, die für bestimmte gesellschaftsrechtliche Regelungsmaterien entweder Personengesellschaftsrecht – wie z. B. für die Auflösung, § 289 Abs. 2 AktG – oder Aktienrecht – wie z. B. für bestimmte Rechte und Pflichten der Komplementäre, § 283 AktG – für anwendbar erklären.

Herausragende Bedeutung haben die beiden Generalverweisungen in § 278 Abs. 2, 3 AktG. Diese Regelungen differenzieren nach Rechtsverhältnissen, die entweder Personengesellschaftsrecht oder Aktienrecht unterworfen werden.

Die Zuständigkeitsverteilung richtet sich im Grundsatz nach Personengesellschaftsrecht: Die Komplementäre sind für gewöhnliche Geschäftsführungsmaßnahmen zuständig, § 278 Abs. 2 AktG i.V.m. §§ 161 Abs. 2, 115 Abs. 1 HGB. Die Zustimmung von Komplementären und Hauptversammlung ist für außergewöhn-

---

27 *Flume*, Personengesellschaft, § 7 II.

28 Die Vorschriften der §§ 291 ff. AktG über verbundene Unternehmen sind nach dem Wortlaut des § 291 AktG auch auf die KGaA anwendbar.

Das Umwandlungsgesetz enthält für Umwandlungsvorgänge, an denen eine KGaA beteiligt ist, spezielle Vorschriften, z. B. § 78 UmwG.

Gem. § 9 Abs. 1 Nr. 1 KStG mindern der Gewinnanteil und die Tantiemen für die Geschäftsführung der Komplementäre einer KGaA die Bemessungsgrundlage für die Körperschaftssteuer.

29 Unter KGaA-rechtlicher Spezialregelung wird im Folgenden eine Vorschrift verstanden, die ausdrücklich nach ihrem Wortlaut auf die KGaA anwendbar ist. Dazu gehören die Vorschriften der §§ 278 bis 290 AktG sowie alle Vorschriften im übrigen Aktiengesetz und in Nebengesetzen – ausgenommen das HGB –, die nach ihrem Wortlaut für die KGaA gelten. Paragraphen des ersten Buches des Aktiengesetzes können dagegen keine KGaA-rechtliche Spezialregelungen sein, da diese Normen nur wegen der Verweisungen in den §§ 278 bis 290 AktG Anwendung finden.

liche Geschäftsführungsmaßnahmen und Grundlagengeschäfte erforderlich, §§ 278 Abs. 2, 285 Abs. 2 S. 1 AktG i.V.m. § 164 S. 1 2. HS HGB und den Grundsätzen des Personengesellschaftsrechts. Es gilt grundsätzlich Satzungsautonomie.

Im Übrigen verweist § 278 Abs. 3 AktG auf Aktienrecht. Insoweit gilt die aktienrechtliche Satzungsstrenge gem. § 23 Abs. 5 AktG.

III. Die Aufgabenstellung

Da die Schwierigkeiten im Umgang mit der KGaA auf das besondere Konfliktverhältnis zwischen Personengesellschaftsrecht und Aktienrecht zurückzuführen sind, werden in einem besonderen Teil (§ 3) ausschließlich solche KGaA-rechtlichen Probleme erörtert, die durch eine einzige Frage miteinander verklammert sind:

Gelten für die jeweilige Angelegenheit personengesellschaftsrechtliche oder aktienrechtliche Vorschriften oder Grundsätze?

Unter Gliederungspunkt § 1 B. II. wurde soeben die herausragende Bedeutung der Verweisungstechnik dargestellt, die die Stellung der KGaA zwischen Personengesellschaftsrecht und Aktienrecht definiert. Aufgrund der Art und Weise, wie die Spezialverweisungen in den §§ 279 bis 290 AktG und die Generalverweisungen in § 278 Abs. 2, 3 AktG formuliert sind, lassen sich drei Varianten des Leitthemas unterscheiden. Will man den Umgang mit der KGaA vereinfachen und absichern, ist es dementsprechend notwendig, drei unterschiedliche Aufgaben zu bewältigen.

1. Wird eine bestimmte Vorschrift des Aktiengesetzes oder des HGB von einer Verweisung des KGaA-Rechts erfasst oder nicht? (Ordnungsaufgabe)

Bei der ersten Ausprägung des Leitthemas handelt es sich um die einfachste Frage, die aus der Zwischenstellung der KGaA entsteht: Sie kann grundsätzlich durch den Gesetzeswortlaut der §§ 278 bis 290 AktG gelöst werden.

Gleichwohl wird der Rechtsanwender, der mit dem KGaA-Recht nicht vertraut ist, Schwierigkeiten haben, sich die Antwort sofort zu erschließen; vor allem die Generalverweisungen des § 278 Abs. 2, 3 AktG sind recht abstrakt formuliert.

Auch den Kommentierungen der §§ 278 bis 290 AktG kann häufig nicht sogleich eine klare Antwort entnommen werden: Die Anmerkungen zu § 278 AktG bleiben zuweilen ähnlich abstrakt wie der Gesetzestext. Die Hinweise zu den §§ 279 bis 290 AktG folgen der unstrukturierten Reihenfolge der Vorschriften im zweiten Buch des Aktiengesetzes.

Die erste Variante des Leitthemas stellt eine *Ordnungsaufgabe* dar: Im besonderen Teil sollen unter Gliederungspunkt § 3 A. Übersichten erstellt werden, die nach den Anwendungsbereichen von Personengesellschaftsrecht und Aktienrecht in der KGaA gegliedert sind. Notwendig sind Listen, die möglichst alle Regelungen des HGB, des BGB – vgl. § 105 Abs. 3 HGB – und des ersten Buches des Aktiengesetzes aufführen, die in der KGaA gelten.

Ziel ist es, die Komplexität der KGaA zu reduzieren. Dafür muss eine überzeugende Gliederung für die Anwendungsbereiche von Personengesellschaftsrecht und Aktienrecht in der KGaA erarbeitet werden, die das Auffinden der anwendbaren Paragraphen des HGB und des AktG erleichtert. Diese Vorarbeit wird im allgemeinen Teil unter Gliederungspunkt § 2 geleistet.

2. Ist eine von einer Verweisung erfasste Regelung unverändert oder – aufgrund der Elemente des jeweils anderen Regelungsregimes – modifiziert anzuwenden? (Harmonisierungsaufgabe)

Auch diese Fragestellung beruht auf der Positionierung der KGaA zwischen Personengesellschaftsrecht und Aktienrecht. Die Anwendung einzelner aktienrechtlicher Vorschriften kann Konflikte mit personengesellschaftsrechtlichen Grundstrukturen der KGaA auslösen. Dasselbe Problem stellt sich im Einzelfall umgekehrt genauso. In diesen Fällen kann zwischen den Regelungsregimen nicht exakt abgegrenzt werden; vielmehr sind die Anwendungsbereiche aufeinander abzustimmen, d. h. zu harmonisieren.

Die Notwendigkeit einer Anpassung kann sich beispielsweise aus dem Gesetzestext ergeben: Die aktienrechtlichen Vorschriften über den Vorstand, auf die die Spezialregelungen des § 283 AktG verweisen, gelten für die Komplementäre der KGaA lediglich „sinngemäß", d. h. modifiziert nach den personengesellschaftsrechtlichen Grundsätzen der KGaA. Welche Folgen diese sinngemäße Anwendung im Einzelnen hat, wird im besonderen Teil unter Gliederungspunkt § 3 B. erörtert.

Ein anderer Fall der modifizierten Anwendung ergibt sich aus der Tatsache, dass die Verweisungen in den §§ 278 bis 290 AktG dynamisch auszulegen sind, d. h. Neuregelungen in den beiden Rechtsgebieten sind über die Verweisungen in die KGaA einzupassen, um die KGaA bei der Entwicklung des Gesellschaftsrechts auf dem Laufenden zu halten: Bei der Schaffung neuer Paragraphen und Gesetze für die Aktiengesellschaft (z. B. § 161 AktG, Wertpapiererwerbs- und Übernahmegesetz) werden zum Beispiel häufig die Auswirkungen auf die KGaA nicht bedacht. Die Anwendung dieser neuen Regelungen auf die KGaA kann zu Konflikten mit den personengesellschaftsrechtlichen Elementen der KGaA führen. Auch hier muss geprüft werden, ob eventuell eine modifizierte Anwendung notwendig ist. Diese Fragen werden unter den Gliederungspunkten § 3 L. und M. behandelt.

Bei dieser zweiten Ausprägung des Leitthemas handelt es sich also um eine *Harmonisierungsaufgabe* für den Fall, dass eine anwendbare Vorschrift gleichzeitig personengesellschaftsrechtliche und aktienrechtliche Elemente der KGaA berührt. Im allgemeinen Teil sind einheitliche Kriterien dafür zu entwickeln, wie verschiedene Prinzipien aufeinander abzustimmen sind, d. h. ob die aktienrechtlichen Vorschriften den personengesellschaftsrechtlichen Grundsätzen anzupassen sind oder umgekehrt.

3. Ist eine bestimmte Gesetzeslücke durch Personengesellschaftsrecht oder Aktienrecht zu schließen? (Abgrenzungsaufgabe)

Wenn die §§ 278 bis 290 AktG für eine bestimmte personengesellschaftsrechtliche Angelegenheit keine eindeutige Verweisung auf Personengesellschaftsrecht oder Aktienrecht enthalten, besteht eine Gesetzeslücke. In diesem Fall stellt sich das Problem, ob die Lücke durch Rückgriff auf Personengesellschaftsrecht oder Aktienrecht zu schließen ist.

Weil dem Gesetz scheinbar keine eindeutige Aussage entnommen werden kann, wird in Literatur und Rechtsprechung häufig ausschließlich vom Gesetzeszweck her argumentiert. Da damit sozusagen jedes Loch im Gesetz isoliert gestopft wird, entsteht ein bunter Flickenteppich, der Züge von Willkür trägt. Ein Gesamtkonzept findet sich bisher weder in der Rechtswissenschaft noch in der spärlichen Rechtsprechung der Obergerichte.

Unter den Gliederungspunkten § 3 C., D., G., H., I., J., K. II. sollen daher die einzelnen Gesetzeslücken einheitlich ausgelegt werden. Voraussetzung dafür sind klare, abstrakte Kriterien, mit denen zwischen Personengesellschaftsrecht und Aktienrecht in der KGaA *abgegrenzt* werden kann. Zu diesem Zweck ist die Verweisungstechnik der §§ 278 bis 290 AktG in die Regelungslücken fortzuschreiben. Diese Vorarbeit wird im allgemeinen Teil geleistet; sie ist für die Erhöhung der Rechtssicherheit von entscheidender Bedeutung.

IV. Methodische Grundlagen

Wie in der Aufgabenstellung im Anschluss an § 1. B. III. herausgestellt wurde, sind alle im besonderen Teil behandelten Probleme durch die Positionierung der KGaA zwischen Personengesellschaftsrecht und Aktienrecht miteinander verklammert.

Der Gesetzgeber hat die Zwischenstellung der KGaA durch zahlreiche Verweisungen definiert. Daraus ergeben sich drei Grundprobleme, die bei der Auslegung der §§ 278 bis 290 AktG gelöst werden müssen. In den Überschriften zu den Gliederungspunkten § 1 B. III. 1., 2., 3. wurden diese grundsätzlichen Auslegungsfragen formuliert.

Für den allgemeinen Teil lassen sich daraus drei unterschiedliche Aufgaben ableiten, die dort abstrakt und einheitlich zu bewältigen sind: Die Ordnung, Harmonisierung und Abgrenzung von personengesellschaftsrechtlichen und aktienrechtlichen Vorschriften und Grundsätzen in der KGaA.

Die drei Varianten des Leitthemas können bei der Frage, ob auf eine ganz bestimmte Angelegenheit Personengesellschaftsrecht und Aktienrecht anzuwenden ist, schwer abzugrenzen sein. Im allgemeinen Teil soll deshalb ein einziges Gesamtkonzept entwickelt werden, in das sich alle drei Varianten der Leitfrage einorden lassen.

Auch für den besonderen Teil sind die in § 1 B. III. 1., 2., 3. formulierten Grundfragen von Bedeutung: Die einzelnen Detailprobleme, die unter das Leitthema fallen, sollen dort unter eine dieser drei Fragen subsumiert werden. Das ist wichtig, um den systematischen Standort des jeweiligen Streitfalls bestimmen zu können.[30] Gefährlich wäre es allerdings, wenn man im besonderen Teil eine einzelne Streitfrage vorbehaltlos einer der drei Varianten zuordnen würde: Dadurch könnte unter Umständen das Ergebnis vorweggenommen werden. Es ist deshalb notwendig, jedes Detailproblem in dasselbe umfassende Konzept einzuordnen.

1. Deduktiver Aufbau

Für die Erarbeitung eines Prüfungsschemas gibt die Regelungstechnik der §§ 278 bis 290 AktG einen deduktiven Ansatz vor: Die beiden auf die KGaA anwendbaren Gesetzesmassen werden im Wesentlichen durch die Generalverweisungen des § 278 Abs. 2, 3 AktG bestimmt. Sie sind als Auffangvorschriften für die speziellen §§ 279 bis 290 AktG formuliert; letztere enthalten lediglich Ergänzungen und Ausfüllungen.

Dementsprechend ist es notwendig, zunächst aus § 278 Abs. 2, 3 AktG eine Grobstruktur der KGaA zu entwickeln, in die dann die übrigen Vorschriften eingeordnet werden können.

Die beiden Verweisungen in § 278 AktG differenzieren nicht nach Regelungsmaterien, sondern nach Rechtsverhältnissen zwischen den Handlungseinheiten der KGaA.[31]

Die *Ordnungsaufgabe,* die in der Unterkategorie § 1 B. III. 1. beschrieben wurde, wird sich an dieser Struktur orientieren: Für jedes Rechtsverhältnis sind die Vorschriften des HGB oder des AktG aufzuzählen, die durch § 278 Abs. 2, 3 AktG

30 Zur systematischen Einordnung der Detailfragen vgl. jeweils die Einführung im Anschluss an die Gliederungspunkte § 3 A. bis M.

31 Handlungseinheit wird hier als Oberbegriff für Organe (Komplementäre, Aufsichtsrat, Hauptversammlung, Beirat), Gesellschafter (einzelne Komplementäre, einzelne Kommanditaktionäre) und Gesellschaftergruppen (Komplementäre, Gesamtheit der Kommanditaktionäre) der KGaA verwendet.

für anwendbar erklärt werden. Die Spezialverweisungen und -regelungen der §§ 279 bis 290 AktG werden in diese Gliederung einzupassen sein.

Die *Harmonisierungsaufgabe,* die sich durch die zweite Ausprägung des Leitthemas stellt (vgl. § 1 B. III. 2.), erfordert eine genaue Definition des Verhältnisses von § 278 Abs. 2 AktG und § 278 Abs. 3 AktG. Mit anderen Worten: Wie ist zu verfahren, wenn beide Verweisungen gleichzeitig einschlägig sind und keine Verweisung die andere verdrängt? Die Erkenntnisse sind dann auf Spezialverweisungen wie z. B. § 283 AktG zu übertragen.

Die *Abgrenzungsaufgabe,* die sich ergibt, wenn dem Gesetz nicht eindeutig entnommen werden kann, ob Personengesellschaftsrecht oder Aktienrecht anwendbar ist (vgl. § 1 B. III. 3.), macht es notwendig, die Lücken in § 278 Abs. 2, 3 AktG zu füllen. Da die Verweisungen des § 278 Abs. 2, 3 AktG als Auffangvorschriften fungieren, wäre es verfehlt, stattdessen die speziellen Regelungen der §§ 279 bis 290 AktG ergänzend auszulegen.

2. Gesetzessystematische Auslegung

Um zu klären, wie die Ordnungs-, Harmonisierungs- und Abgrenzungsaufgaben methodisch zu bewältigen sind, muss man den Gesetzeswortlaut des § 278 Abs. 2, 3 AktG genau analysieren: Die Verweisungen sind unübersichtlich gestaltet. So bleibt beispielsweise offen, welches Regelungsregime gilt, wenn mehrere Rechtsverhältnisse gleichzeitig betroffen sind. Darüber hinaus werden in § 278 Abs. 2, 3 AktG nicht alle denkbaren Rechtsverhältnisse zwischen den Handlungseinheiten[32] der KGaA aufgezählt.

Schon diese kurze Untersuchung zeigt, dass es nicht ausreicht, § 278 Abs. 2, 3 AktG lediglich sprachlich-grammatikalisch auszulegen. Um die Lücken in den Rechtsverhältnissen des § 278 AktG zu füllen, muss man die Vorschrift systematisch untersuchen: Die gesetzessystematische Methode bedeutet Auslegung nach Bedeutungszusammenhang, d. h. der Rechtssatz ist im Gesamtzusammenhang der Rechtsordnung zu verstehen.[33] Gesetzeslücken werden geschlossen, indem man einen Gesetzeskontext erstellt, in den die nicht geregelten Angelegenheiten eingeordnet werden können. Im allgemeinen Teil sollen so die Regelungen, die die KGaA beherrschen, zu einem – wie Säcker den Zweck der systematischen Auslegungsmethode beschreibt – „widerspruchsfreien, kohärenten Sinnganzen" zusammengefügt werden.[34]

---

32 Zur Definition der Handlungseinheiten vgl. § 1 B. IV. 1. Fn. 31.

33 *Heinrichs,* in: Palandt, BGB, Einleitung Rn. 52; *Coing,* in: Staudinger, BGB, Einl zum BGB, Rn. 143.

34 *Säcker,* in: Münch Komm BGB, Einl Rn. 125. Die Formulierung von *Säcker* für die gesetzessystematische Auslegungsmethode ist treffend und wird aus diesem Grunde hier verwendet. Die Ansicht *Säckers,* der eine subjektive Theorie der Auslegung vertritt, ist hingegen

Bei dieser Vorgehensweise darf allerdings nicht vernachlässigt werden, dass der systematische Ansatz nur Hilfsmittel sein kann.[35] Der Rechtsanwender ist letztlich immer an Sinn und Zweck des Gesetzes oder – abstrakter – an die Gerechtigkeit gebunden. Die *ratio legis* muss deshalb stets den letzten Ausschlag für die Lösung einer Streitfrage geben.[36]

Vor diesem Hintergrund kann durch die gesetzessystematische Analyse im Folgenden lediglich ein Gesamtkonzept entwickelt werden, mit dessen Hilfe sich jede einzelne gesellschaftsrechtliche Angelegenheit grundsätzlich dem Personengesellschaftsrecht oder dem Aktienrecht zuordnen lässt. Zur endgültigen Beurteilung kann anschließend im Einzelfall die Auseinandersetzung mit teleologischen Argumenten erforderlich sein. Dies bleibt den speziellen Problemerörterungen im besonderen Teil vorbehalten.

Der eben beschriebene methodische Ansatz wurde in der Literatur bisher allenfalls rudimentär angewendet.[37] Da Literatur und Rechtsprechung auf die Abgrenzung zwischen Personengesellschaftsrecht und Aktienrecht in der KGaA zumeist nur isoliert im Rahmen der jeweiligen Sachfrage eingehen[38], zeichnet sich eine klare Systematik für die Anwendung der Verweisungstechnik des § 278 Abs. 2, 3 AktG bisher nicht ab.

Der Versuch, die Gesetzessystematik hinter § 278 Abs. 2, 3 AktG offen zu legen und die einzelnen Regelungsbereiche klar dem Aktienrecht oder dem Personengesellschaftsrecht zuzuordnen, wurde in der Literatur entweder gar nicht unternommen[39] oder von vorne herein als undurchführbar eingestuft[40]. Dies ist aber auch

---

abzulehnen. Entgegen der Ansicht von *Säcker* ist die Absicht des Gesetzgebers nicht die einzige Grundlage jeder Auslegung, so aber *Säcker,* in: Münch Komm BGB, Einl Rn. 105 ff. Ausgangspunkt der Auslegung ist der „verobjektivierte Wille des Gesetzgebers" wie er in der gesetzlichen Vorschrift zum Ausdruck kommt, vgl. BVerfGE 1, 299, 312. *Unter Umständen kann das Gesetz klüger sein als sein Urheber, Coing,* in: Staudinger, BGB, Einl zum BGB, Rn. 134, 137.

35 *Coing,* in: Staudinger, BGB, Einl zum BGB, Rn. 198.

36 *Coing,* in: Staudinger, BGB, Einl zum BGB, Rn. 198, 149: *Coing* nennt diesen Grundsatz das Primat der teleologischen Auslegungsmethode. Sinn und Zweck des Gesetzes können dabei entweder *subjektiv* aus dem Willen des Gesetzgebers oder *objektiv* aus allgemeinen Gerechtigkeits- und Zweckmäßigkeitserwägungen ermittelt werden. A. A. *Säcker,* in: Münch Komm BGB, Einl Rn. 105 ff.

37 Eine Ausnahme bilden die gesetzessystematischen Überlegungen bei *Mertens,* in: Kölner Komm AktG, Vor § 278 ff. *Mertens* arbeitet klar heraus, dass der § 278 Abs. 2 AktG im Rahmen seines Anwendungsbereiches aktienrechtliche Strukturen durchbricht.

38 *Kessler,* Die Möglichkeiten der Kommanditaktionäre, S. 9 Rn. 21.

39 Vgl. *Assmann/Sethe,* in: GroßKomm AktG, Vor § 278 Rn. 57, die die Kriterien für die Abgrenzung der Verweise als unübersichtlich bezeichnen. Ähnlich *Wichert,* Die Finanzen der KGaA, S. 38 f.; *Jacques,* NZG 2000, 401, 407; *Martens,* AG 1982, 113, 114 r. Sp. Vgl. insbesondere auch *Kessler,* Die Möglichkeiten der Kommanditaktionäre, S. 9 Fn. 21, der zurecht die Tatsache beklagt, dass bei der Abgrenzung von § 278 Abs. 2 und § 278 Abs. 3 AktG zu selten die anerkannten juristischen Auslegungsmethoden angewendet werden.

der Grund für die fehlende Rechtssicherheit im Umgang mit der KGaA und die geringe Verbreitung der Rechtsform.

3. Entwicklung eines Gesamtkonzepts für die KGaA

Die Untersuchung des rechtstatsächlichen Hintergrundes der KGaA führte zu dem Ergebnis, dass ein einheitliches Konzept notwendig ist, um den Umgang mit der KGaA einfacher und verlässlicher zu gestalten.[41] Nur so lassen sich die Probleme, die aus der Stellung der KGaA zwischen Personengesellschaftsrecht und Aktienrecht resultieren[42], möglichst einheitlich und widerspruchsfrei lösen.

Diese Aufgabe soll in zwei Schritten bewältigt werden:

Im allgemeinen Teil wird ein Gesamtkonzept für die Mischform „KGaA" erstellt; im besonderen Teil werden dann diejenigen Fragen, die durch diese Zwischenstellung der KGaA miteinander verklammert sind, bearbeitet.

Auf der Grundlage der beiden methodischen Vorgaben – deduktiver Aufbau[43] und gesetzessystematische Auslegung[44] – können nun einzelne Arbeitsschritte formuliert werden:

Zunächst muss für die KGaA ein gesetzlicher Bedeutungszusammenhang erstellt werden.[45] Durch Einordnung in diesen Zusammenhang sind die Rechtsverhältnisse des § 278 Abs. 2, 3 AktG zu *ordnen* und zu *harmonisieren.* Ist eine *Abgrenzung* zwischen Personengesellschaftsrecht und Aktienrecht nicht möglich, weil ein Rechtsverhältnis in § 278 Abs. 2, 3 AktG nicht ausdrücklich erwähnt wird, soll diese Lücke durch Einordnung in den Kontext ergänzt werden.[46] Verbleiben danach Widersprüche und Gesetzeslücken bestehen, müssen auch diese Schwierigkeiten durch gesetzessystematische Auslegung gelöst werden.[47] Auf dieser Grundlage kann dann ein möglichst stimmiges Gesamtkonzept erstellt werden.[48]

Bevor für jede einzelne Angelegenheit entschieden werden kann, ob personengesellschaftsrechtliche oder aktienrechtliche Vorschriften oder Grundsätze gelten,

---

40 *Sethe,* Die Personengesellschaft, S. 111. *Sethe* ist der Ansicht, dass der Wortlaut des § 278 AktG zur Abgrenzung zwischen den Rechtsgebieten ungeeignet ist. Stattdessen verwendet *Sethe* eine Abgrenzungsformel, die auf Wertungsgesichtspunkten beruht und Raum für Interpretation lässt. *Sethe,* Die Personengesellschaft, S. 115. Zustimmend *Semler/Perlitt,* in: Münch Komm AktG, Vor § 278 Rn. 35.

41 Vgl. § 1 A. IV.

42 Vgl. die Formulierung des Leitthemas im Anschluss an § 1 B. III.

43 Vgl. § 1 B. IV. 1.

44 Vgl. § 1 B. IV. 2.

45 Vgl. § 2 B. I.

46 Vgl. § 2 B. II. 1., 2., 3., 4.

47 Vgl. § 2 B. III., IV.

48 Vgl. § 2 B. V., VI.

muss das gesetzessystematisch gewonnene Gesamtbild in eine Methodik übersetzt werden: Dafür ist es notwendig, eine detaillierte Prüfungsreihenfolge für die Regelungen und Verweisungen der §§ 278 bis 290 AktG festzulegen.[49] Durch dieses Prüfungsschema lassen sich die einzelnen Fragen wieder in die gesetzlichen Vorschriften einordnen.

Durch das Gesamtkonzept[50] und das Prüfungsschema können anschließend die Konfliktlinien im Spannungsverhältnis zwischen Personengesellschaftsrecht und Aktienrecht aufgezeigt werden. Jeder umstrittene Bereich zwischen den Regelungsregimen stellt einen Problemtyp dar, der nach möglichst einheitlichen Kriterien gelöst werden sollte, um die Handhabung der KGaA unkompliziert und sicher zu machen.[51]

Im besonderen Teil kann dann jedes Problem, das auf die Stellung der KGaA zwischen Personengesellschaftsrecht und Aktienrecht zurückzuführen ist, in das Gesamtkonzept der KGaA eingeordnet werden.[52] Es ist zu überprüfen, ob das für den jeweiligen Problemtyp entwickelte Lösungskriterium im Einzelfall überzeugen kann oder nicht.

---

49 Vgl. § 2 C.

50 Vgl. vor allem die schematische Darstellung auf S. 108.

51 Vgl. § 2 D.

52 Vgl. § 3 A. bis M.

§ 2 Allgemeiner Teil

Im allgemeinen Teil werden zunächst Wesen und Struktur der KGaA dargestellt.[1] Von diesem sicheren Terrain aus können im Anschluss daran die gesetzlichen Vorschriften der §§ 278 bis 290 AktG genauer untersucht und gesetzessystematisch ausgelegt werden.

A. Wesen und Struktur der KGaA

Das wichtigste Strukturmerkmal der KGaA ergibt sich schon aus § 278 Abs. 1 AktG: Die KGaA verfügt über zwei Gesellschaftergruppen, die Komplementäre und die Kommanditaktionäre. Wie bereits unter Gliederungspunkt § 1 B. I. herausgestellt wurde, gelten für den Gesellschaftertypus des Komplementärs grundsätzlich personengesellschaftsrechtliche Vorschriften und Grundsätze, für den des Kommanditaktionärs aktienrechtliche. Bei jedem grundlegenden Aspekt einer Gesellschaft musste sich der Gesetzgeber also zwischen einer personengesellschaftsrechtlichen und einer aktienrechtlichen Lösung entscheiden.

Diese Grundentscheidungen des Gesetzes lassen sich am besten durch einen direkten Vergleich der KGaA mit den anderen Rechtsformen verdeutlichen. Im Folgenden werden daher zu den grundsätzlichen Aspekten einer Gesellschaft (Rechtspersönlichkeit, Geschäftsführung, Gesellschaftsvermögen etc.) zunächst die Regelungen für die Aktiengesellschaft und dann für die Personengesellschaften (KG, OHG, GbR) und schließlich für die KGaA dargestellt. Soweit es um Strukturprinzipien geht, die für alle Kapitalgesellschaften typisch sind, wird zum besseren Verständnis zusätzlich auf die Rechtslage in der GmbH eingegangen.

Schon bei der Darstellung der grundlegenden Charakteristika der KGaA kann es notwendig sein, auf Konflikte zwischen Personengesellschaftsrecht und Aktienrecht hinzuweisen, um den Eindruck scheinbarer Rechtssicherheit zu vermeiden. Die genauere Analyse dieser Streitfälle erfolgt allerdings erst unter Gliederungspunkt B.

---

1 Wie wichtig das Verständnis der grundlegenden Charakteristika der KGaA für die Lösung KGaA-rechtlicher Probleme ist, hat nicht zuletzt die Entscheidung des BGH über die Zulässigkeit der Kapitalgesellschaft & Co. KGaA gezeigt: Der BGH begründete die Zulässigkeit einer GmbH als einziger Komplementärin einer KGaA durch Abwägung des gesetzlichen Leitbilds der KGaA und ihrer typenprägenden Elemente auf der einen Seite und der Privatautonomie auf der anderen Seite, BGHZ 134, 392, 393, 393 ff.

Besondere Abgrenzungsprobleme zwischen Aktienrecht und Personengesellschaftsrecht, die in der Literatur nur im Hinblick auf die Kapitalgesellschaft & Co. KGaA diskutiert werden, sind nicht Gegenstand dieser Dissertation. Hier mag ein kurzer Hinweis in der allgemeinen Darstellung der KGaA unter § 1 A. genügen.

I. Körperschaft statt Gesamthandsgesellschaft

Die KGaA ist gem. § 278 Abs. 1 AktG eine Körperschaft mit eigener Rechtspersönlichkeit. Die KGaA ist Kapitalgesellschaft, was die §§ 1 Abs. 1 Nr. 1 KStG 1996, 3 Abs. 1 Nr. 2 UmwG voraussetzen.

Die *Kapitalgesellschaft* ist diejenige Gesellschaftsform, bei der ein Höchstmaß an Verselbstständigung gegenüber ihren Mitgliedern erreicht ist. Die Kapitalgesellschaft kann als Einmann-Gesellschaft gegründet werden[2] und bleibt bei einer Mehrpersonengründung auch dann bestehen, wenn sich später durch Wegfall der übrigen Gesellschafter alle Anteile in einer Person vereinigen.[3] Darüber hinaus kann die Kapitalgesellschaft sogar völlig unabhängig vom Vorhandensein eines Personenverbandes existieren; dies gilt nicht für alle juristischen Personen, sondern nur für die Kapitalgesellschaften.[4]

Im Gegensatz dazu ist die *Personengesellschaft* zwar Rechtsträger, lebt aber erst als Personenverbund (Sozietätsprinzip). Die Personengesellschaft ist mit der Gruppe identisch, die sich durch den Gesellschaftsvertrag verbunden hat, d. h. die Gesellschaft konstituiert sich durch die gesellschaftsvertraglich geregelte Verbindung der Gesellschafter.[5]

Nach wohl noch herrschender Meinung kann deshalb die Personengesellschaft als Ein-Mann-Gesellschaft grundsätzlich nicht existieren.[6] Fallen beispielsweise alle Anteile einer Gesellschaft in einer Person zusammen, endet danach die Personengesellschaft durch Konfusion und der einzig verbleibende Gesellschafter wird ihr Rechtsnachfolger.[7] Gewichtige Literaturstimmen gehen allerdings davon

---

2 Für die Aktiengesellschaft vgl. § 2 AktG; für die GmbH vgl. § 1 GmbHG.

3 Für die Aktiengesellschaft vgl. § 42 AktG.

4 Der Verein beispielsweise erlischt nach h.M. nach Wegfall aller Mitglieder, vgl. statt aller *Flume,* Die juristische Person, § 6 II. [S. 184 ff.].

Fällt im Gegensatz dazu der letzte Gesellschafter einer Kapitalgesellschaft weg, hört die Gesellschaft nicht einfach auf zu existieren, sondern wird aufgelöst. Zur Kein-Mann-GmbH: *Emmerich,* in: Scholz, GmbHG, § 13 Rn. 9; *Flume,* Die juristische Person, § 6 II. [S. 187]; *Hueck/Fastrich,* in: Baumbach/Hueck, GmbHG, § 1 Rn. 50; § 33 Rn. 14.

5 *K. Schmidt,* Gesellschaftsrecht, § 8 IV. 2. a) [S. 207]; *Flume,* Personengesellschaft, § 7 II.

6 *K. Schmidt,* Gesellschaftsrecht, § 8 IV. 2. b) [S. 209]; *Timmann,* Vor- und Nacherbschaft, S. 16 m. w. N., 201.

7 *K. Schmidt,* Gesellschaftsrecht, § 8 IV. 2. b) [S. 209]. Beim Wegfall des einzigen Komplementärs einer zweigliedrigen KG kann dies zur unbeschränkten persönlichen Haftung des verbleibenden Kommanditisten führen, BGH NZG 2000, 474; kritisch zur Entscheidung des BGH: *Eckardt,* NZG 2000, 449, 451 ff.

aus, dass die beiden letzten Gesellschafter einer Personengesellschaft auch ein und dieselbe Person sein können.[8] Die Rechtsentwicklung habe die Personengesellschaft inzwischen so verselbstständigt, dass eine sog. Anteilsgesellschaft zulässig sei[9]: So entstehe beispielsweise dann eine Einmann-OHG, wenn der verstorbene Gesellschafter einer zweigliedrigen OHG den anderen Gesellschafter als Vorerben eingesetzt hat.[10]

Der Gesetzgeber hat die *KGaA* als Kapitalgesellschaft ausgestaltet. Dementsprechend wird auch die Herbeiführung einer Einmann-KGaA durch nachträglichen Erwerb aller Aktien durch den einzigen Komplementär für zulässig angesehen.[11] Die Einmann-Gründung der KGaA ist demgegenüber durch den Wortlaut des § 280 Abs. 1 S. 1 AktG ausgeschlossen, der die Feststellung der Satzung durch fünf Personen verlangt.[12] Problematisch ist der Wegfall des einzigen Komplementärs.[13]

II. Registrierungssystem statt vertraglicher Gründung

Kapitalgesellschaften entstehen als juristische Person erst mit der Eintragung in das Handelsregister, § 11 Abs. 1 GmbHG; § 41 Abs. 1 S. 1 AktG.[14] Vor der Eintragung prüft das Registergericht neben dem Satzungsinhalt die Kapitalaufbringung, §§ 2 ff., 9c GmbHG; §§ 23 ff., 38 AktG.

---

8 *Kanzleiter,* in: Freundesgabe für Willi Weichler [1997], 39, 51 f. Vgl. auch *Baur/Grunsky,* ZHR 133 [1970], 209; *Baumann,* BB 1998, 225.

9 *Kanzleiter,* in: Freundesgabe für Willi Weichler [1997], 39, 51.

10 *Baur/Grunsky,* ZHR 133 [1970], 209, 222. Allerdings ist es nicht zwingend notwendig, vom Grundsatz der Personenmehrheit Abstand zu nehmen, um diesen Ausnahmefall begründen zu können, vgl. *Timmann,* Vor- und Nacherbschaft, S. 199 ff.

11 *Assmann/Sethe,* in: GroßKomm AktG, § 280 Rn. 15.

12 Offensichtlich ist dem Gesetzgeber hier ein Redaktionsversehen unterlaufen, *Hüffer,* AktG, § 280 Rn. 2; *Assmann/Sethe,* in: GroßKomm AktG, § 280 Rn. 4. Dennoch fühlt sich die wohl herrschende Meinung an den Wortlaut des Gesetzes gebunden und verlangt fünf personenverschiedene Gründer, *Semler/Perlitt,* in: Münch Komm AktG, § 280 Rn. 4; a. A. *Assmann/Sethe,* in: GroßKomm AktG, § 280 Rn. 5.

13 Beim Wegfall des einzigen Komplementärs ergibt sich bei der KGaA aufgrund der Tatsache, dass sie über zwei Gesellschaftergruppen verfügt, ein Sonderproblem. Als Kapitalgesellschaft könnte die KGaA durchaus mit einem einzigen Kommanditaktionär fortbestehen. Problematisch ist hingegen die Tatsache, dass mit dem letzten Komplementär auch ein Rechtsformmerkmal der KGaA wegfällt. Zum Problem ausführlich unter § 3 K. II.

14 Freilich existiert schon vor der Eintragung eine Gesellschaft, die sog. Vor-AG. Die Vor-AG ist jedoch mit der AG nicht identisch. Die AG ist Gesamtrechtsnachfolgerin der Vor-AG. Grundlegend zur Rechtslage in den Kapitalgesellschaften vgl. BGHZ 80, 129, 134 ff., 140; zustimmend *Hüffer,* AktG, § 41 Rn. 16. A. A. sind die Vertreter der Identitätstheorie, die jedoch die konstitutive Wirkung der Eintragung vernachlässigen; vgl. z. B. *K. Schmidt,* Gesellschaftsrecht, § 11 IV. 4. [S. 306 f.].

Die *Personenhandelsgesellschaft* entsteht demgegenüber im Innenverhältnis mit dem Gesellschaftsvertrag, d. h. mit dem Zeitpunkt des Vertragsschlusses[15], im Außenverhältnis in der Regel mit dem Geschäftsbeginn, § 123 Abs. 2 HGB.

Die *KGaA* als juristische Person erlangt ihre Rechtspersönlichkeit mit ihrer konstitutiven Eintragung gem. §§ 278 Abs. 3, 41 Abs. 1 S. 1 AktG.[16] Das Registergericht prüft gem. §§ 278 Abs. 3, 38 Abs. 1 AktG, ob die Gesellschaft in Übereinstimmung mit den formellen und materiellen Vorschriften errichtet wurde.[17] Es gelten die für die Errichtung und Anmeldung einer Aktiengesellschaft geltenden Vorschriften, wobei gem. § 283 Nr. 1 AktG an Stelle des Vorstandes der Aktiengesellschaft die persönlich haftenden Gesellschafter für die KGaA handeln.[18]

III. Selbstorganschaft statt Fremdorganschaft

In *Kapitalgesellschaften* werden die Geschäftsführungsorgane von den Gesellschaftern bestimmt: Die GmbH-Gesellschafter bestellen den Geschäftsführer gem. § 46 Nr. 5 GmbHG. Die Aktionäre bestimmen in der Aktiengesellschaft mittelbar das Geschäftsführungsorgan: Die Aktionäre wählen die Aufsichtsratsmitglieder, der Aufsichtsrat die Vorstandsmitglieder, §§ 101 Abs. 1, 84 Abs. 1 S. 1 AktG. Gesellschafter einer Kapitalgesellschaft können, müssen aber nicht dem Geschäftsführungsorgan angehören (Fremdorganschaft).

In den *Personengesellschaften* gilt grundsätzlich die Selbstorganschaft, d. h. geschäftsführungs- und vertretungsbefugt sind grundsätzlich die Gesellschafter.[19] Die Gestaltungsfreiheit reicht allerdings relativ weit: Im Rahmen von Betriebsführungsverträgen darf die Ausübung von Organfunktionen auf außenstehende Dritte übertragen werden, solange mindestens ein Gesellschafter befugt bleibt, Weisungen zu erteilen und die Ausübung der Funktionen jederzeit auch gegen den Willen des Dritten wieder an sich zu ziehen.[20]

Die Komplementäre der *KGaA* sind gem. § 278 Abs. 2 AktG i.V.m. §§ 114 ff. HGB die „geborenen" Leitungsorgane der KGaA.[21] Das Prinzip der Selbstorganschaft verlangt in der KGaA strengere Beachtung als in einer Personengesell-

---

15 *K. Schmidt,* Gesellschaftsrecht, § 11 IV. 1. [S. 295 f.].

16 *Assmann/Sethe,* in: GroßKomm AktG, § 280 Rn. 11.

17 *Semler/Perlitt,* in: Münch Komm AktG, § 280 Rn. 28; *Schrick,* NZG 2000, 409, 411.

18 *Semler/Perlitt,* in: Münch Komm AktG, § 280 Rn. 28.

19 *Ulmer,* in: GroßKomm HGB, § 114 Rn. 9.

20 BGH NJW 1982, 1817. Freilich erhält der Dritte im Rahmen eines Betriebsführungsvertrages nur rechtsgeschäftliche und keine organschaftliche Geschäftsführungsbefugnis und Vertretungsvollmacht, letztere beispielsweise in Form der Prokura oder einer noch weitergehenden Generalvollmacht, vgl. BGHZ 36, 292, 294.

21 *Herfs,* in: Münch Hdb AG, § 76 Rn. 15; *Semler,* in: Geßler/Hefermehl, AktG, § 278 Rn. 39.

schaft. Zwar verweist § 278 Abs. 2 AktG hinsichtlich der Geschäftsführungs- und Vertretungsbefugnis der Komplementäre auf die Vorschriften der Personenhandelsgesellschaften, §§ 161 Abs. 2, 114, 125 Abs. 1 HGB. Aufgrund § 283 AktG, der hinsichtlich der Pflichten des persönlich haftenden Gesellschafters der KGaA auf zwingendes Aktienrecht verweist, ist aber die Gestaltungsfreiheit für Betriebsführungsverträge nicht so weit wie in der KG und der OHG. Betriebsführungsverträge, die mit einem Ausschluss aller Komplementäre von der Geschäftsführungs- und Vertretungsbefugnis verbunden sind, sind auch dann unzulässig, wenn die Komplementäre weisungsbefugt bleiben und dem Dritten jederzeit die Befugnisse wieder entziehen dürfen.[22] In der KGaA muss grundsätzlich immer mindestens ein Komplementär geschäftsführungs- und vertretungsbefugt bleiben. Fällt der letzte geschäftsführungs- und vertretungsbefugte Komplementär weg, kann – im Gegensatz zur KG[23] – gem. § 29 BGB, § 85 AktG analog ein Notvertreter bestellt werden.[24]

IV. Mitgliedschaft

Die Mitgliedschaft in einer Personengesellschaft und die Mitgliedschaft in einer Kapitalgesellschaft unterscheiden sich nach herrschender Meinung nicht grundlegend, sondern lediglich in der konkreten Ausgestaltung.[25]

Einig ist man sich insoweit, als die Mitgliedschaft immer sowohl eine Dauerrechtsbeziehung begründet als auch ein subjektives Recht darstellt.[26] Im Rahmen der Dauerrechtsbeziehung können Rechte und Pflichten gegenüber der Gesellschaft und / oder den Mitgesellschaftern begründet werden. Als subjektives Recht kann die Mitgliedschaft selbstständig übertragen werden.[27]

---

22 *Semler/Perlitt,* in: Münch Komm AktG, § 278 Rn. 228 f.; *Assmann/Sethe,* in: Groß-Komm AktG, § 278 Rn. 137 f.; *Herfs,* in: Münch Hdb AG, § 77 Rn. 3; ähnlich *Mertens,* in: Kölner Komm AktG, § 278 Rn. 82, 85.

23 BGHZ 51, 198, 200 f.

24 *Raiser,* Kapitalgesellschaften, § 23 Rn. 27; *Hüffer,* AktG, § 289 Rn. 9; *Semler/Perlitt,* in: Münch Komm AktG, § 278 Rn. 255; *Sethe,* Die personalistische Kapitalgesellschaft, S. 138.

Von diesem Fall ist der Wegfall des letzten Komplementärs – mit oder ohne Geschäftsführungs- und Vertretungsbefugnis – zu unterscheiden: Fällt mit dem letzten Komplementär das Rechtsformmerkmal der KGaA weg, wandelt sich die KGaA automatisch in eine AG um. Siehe dazu ausführlich unten § 3 K. II.

25 *K. Schmidt,* Gesellschaftsrecht, § 19 III. 1. b) [S. 555]; *Wiedemann,* Gesellschaftsrecht Band I, § 2 I. 1. b) bb) [S. 95]; a. A. *Flume,* Die Personengesellschaft, § 9 [S. 128 f.].

26 *K. Schmidt,* Gesellschaftsrecht, § 19 I. 3. [S. 549 f.]; *Flume,* Die Personengesellschaft, § 9 [S. 127].

27 In der Aktiengesellschaft ist die Mitgliedschaft in der Aktie verkörpert, die bei Inhaberaktien gem. § 929 BGB übertragen wird.

Die Mitgliedschaft in einer Personenhandelsgesellschaft kann als sonstiges Recht gem. §§ 413, 398 BGB abgetreten werden. Das Mitgliedschaftsrecht ist kein seiner Art nach un-

Nach herrschender Meinung begründet die Mitgliedschaft sowohl in der Kapitalgesellschaft als auch in der Personengesellschaft gleichzeitig ein Rechtsverhältnis zur Gesellschaft als auch zu den Mitgesellschaftern.[28]

Dennoch gibt es Unterschiede bei der Behandlung der Mitgliedschaft, die mit der unterschiedlichen Struktur von Personengesellschaft und Kapitalgesellschaft zusammenhängen:

Die Mitgliedschaft in der *Personengesellschaft* ist einheitlich. Ein Gesellschafter kann nur über einen einzigen Geschäftsanteil verfügen, da er als Person auch nur einmal Mitglied der Personengesellschaft sein kann.[29] Da die Übertragung eines Geschäftsanteils die Grundlagen der Gesellschaft berührt, müssen grundsätzlich alle Gesellschafter zustimmen.[30] Prozesse, die die Rechtsbeziehungen zwischen den Gesellschaftern einer Personengesellschaft betreffen, müssen unter den Gesellschaftern geführt werden (sog. Gesellschafterklage).[31] Der Antrag auf Entziehung der Geschäftsführungs- und/oder Vertretungsbefugnis des geschäftsführungsbefugten Komplementärs muss beispielsweise von allen übrigen Gesellschaftern gestellt werden, § 117 HGB.[32]

Rechtsstreitigkeiten in der *Kapitalgesellschaft* finden dagegen ausschließlich zwischen Gesellschaft und Gesellschafter statt. Die Anfechtungsklage gegen Hauptversammlungsbeschlüsse ist beispielsweise gegen die AG zu richten, § 246 Abs. 2 S. 1 AktG.

Die mitgliedschaftliche Stellung der *KGaA-Gesellschafter* ergibt sich schon aus der Rechtsnatur des jeweiligen Gesellschaftertypus: Die Komplementäre verfügen grundsätzlich über die mitgliedschaftlichen Rechte eines Komplementärs in der KG, §§ 278 Abs. 1, 2 AktG, die einzelnen Kommanditaktionäre grundsätzlich über die mitgliedschaftlichen Rechte eines Aktionärs, § 278 Abs. 3 AktG.

übertragbares Recht; die Übertragung setzt aber die Zustimmung der Mitgesellschafter voraus: BGHZ 13, 179, 185 f.; 24, 106, 114; 45, 221, 222.

28 *K. Schmidt,* Gesellschaftsrecht, § 19 III. 1. b) [S. 555]; *Wiedemann,* Gesellschaftsrecht Band I, § 2 I. 1. b) bb) [S. 95]; a. A. *Flume,* Die Personengesellschaft, § 9 [S. 128 f.]; *Flume,* Die juristische Person, § 8 [S. 258 ff.]. Für die herrschende Meinung spricht unter anderem die Tatsache, dass sowohl in der Personengesellschaft als auch in der Kapitalgesellschaft Treuepflichten unter den Gesellschaftern ebenso anerkannt sind wie Treuepflichten zwischen dem Gesellschafter und der Gesellschaft; vgl. *K. Schmidt,* Gesellschaftsrecht, § 20 IV. 2. [S. 589 ff.] mit Hinweis auf die umfangreiche Rechtsprechung.

29 *W. Müller,* in: Beck'sches Hdb/PersG, § 4 Rn. 27 [S. 300].

30 *Wiedemann,* Gesellschaftsrecht Band I, § 2 I. 1. b) bb) [S. 95].

31 Im Rahmen dieser sog. Gesellschafterklagen ist die Gesellschaft nicht Partei, sondern Gegenstand des Verfahrens, *Lorz,* in: Ebenroth/Boujong/Joost, HGB, § 133 Rn. 33; *Ulmer,* in: GroßKomm HGB, § 133 Rn. 50; *Emmerich,* in: Heymann, HGB, § 133 Rn. 16.

32 *Baumbach/Hopt,* HGB, § 117 Rn. 6; *Mayen,* in: Ebenroth/Boujong/Joost, HGB, § 117 Rn. 15; *Ulmer,* in: GroßKomm HGB, § 117 Rn. 47 ff. Auch an der Auflösungsklage, vgl. *Baumbach/Hopt,* in: HGB, 133 Rn. 13, und der Ausschließungsklage, vgl. *Baumbach/Hopt,* in: HGB, 140 Rn. 17, sind ausschließlich Gesellschafter beteiligt.

Grundsätzlich begründet die Mitgliedschaft auch ein Rechtsverhältnis zu den Mitgesellschaftern.[33] Gem. §§ 278 Abs. 2, 285 Abs. 2 S. 1 AktG verfügt die Gesamtheit der Kommanditaktionäre in der KGaA über die mitgliedschaftlichen Rechte eines einzelnen Kommanditisten in einer KG.[34] Individuelle Rechte der einzelnen Kommanditaktionäre im Verhältnis zu den Komplementären sind daher überflüssig.

V. Treuepflichten

Die Existenz von Treuepflichten zwischen einem einzelnen Gesellschafter und der Gesellschaft sowie der Gesellschafter untereinander ist heute im Verbandsrecht allgemein anerkannt.

1. Treuepflichten in der Personengesellschaft

Ihren Ursprung hat die Treuepflicht in der für die *Personengesellschaft* charakteristischen Arbeits- und Haftungsgemeinschaft[35] und der daraus resultierenden persönlichen Verbundenheit der Gesellschafter untereinander. Die Personengesellschaft gründet auf der gemeinschaftlichen Verfolgung eines gemeinsamen Zwecks. Der gemeinsame Gesellschaftszweck bewirkt die Bindung der Mitgliedschaftsrechte eines jeden einzelnen Gesellschafters.[36] Danach ist jeder Gesellschafter einer Personengesellschaft verpflichtet, die Interessen seiner Mitgesellschafter im gesellschaftsbezogenen Bereich zu wahren.[37] Die Existenz einer Treuepflicht jedes einzelnen Gesellschafters gegenüber der Personengesellschaft ist gesichert, seitdem auch ein mitgliedschaftliches Rechtsverhältnis zwischen Gesellschafter und Personengesellschaft überwiegend anerkannt wird.[38]

2. Treuepflichten in der Kapitalgesellschaft

Treuepflichten zwischen dem Gesellschafter einer *Kapitalgesellschaft* im Verhältnis zur Gesellschaft waren seit jeher unumstritten.[39] Inzwischen werden aller-

---

33 So die herrschende Meinung: *K. Schmidt,* Gesellschaftsrecht, § 19 III. 1. b) [S. 555]; *Wiedemann,* Gesellschaftsrecht Band I, § 2 I. 1. b) bb) [S. 95].

34 OLG Stuttgart, AG 2003, 527, 530 r. Sp.; *Assmann/Sethe,* in: GroßKomm AktG, Vor 278 Rn. 57; *Sethe,* Die personalistische Kapitalgesellschaft, S. 127.

35 *Hueck/Windbichler,* Gesellschaftsrecht, § 26 Rn. 25 (S. 366).

36 *Weipert,* in: Münch Hdb KG, § 13 Rn. 5.

37 *W. Müller,* in: Beck'sches Hdb/PersG, § 4 Rn. 29 (S. 301).

38 *K. Schmidt,* Gesellschaftsrecht, § 20 IV. 1. b) [S. 588] i.V.m. § 19 III. 1. a) [S. 533].

39 Vgl. für die GmbH: BGHZ 14, 25, 38.

dings auch die Treuepflichten der Gesellschafter einer Kapitalgesellschaft untereinander nicht mehr angezweifelt.[40]

Umfang und Intensität der Treuepflichten bestimmen sich danach, ob die jeweilige Gesellschaft eher personalistisch oder körperschaftlich organisiert ist. In der gesetzestypischen Personenhandelsgesellschaft ist daher die Treubindung der Gesellschafter wesentlich stärker ausgeprägt als in einer AG.[41] In einer kapitalistisch organisierten GmbH & Co. KG sind die Treuepflichten dagegen ähnlich schwach wie in der AG.[42] Die Rechtsform alleine hat daher lediglich indizielle Bedeutung.[43]

In der AG wirken die Treuepflichten in der Regel rechtsbegrenzend.[44]

In der Personengesellschaft wirken sich die Treuepflichten dagegen häufiger auch pflichtbegründend aus.[45]

Allgemein lässt sich die Treuepflicht als Verpflichtung definieren, auf das Gesellschaftsinteresse und die mitgliedschaftlichen Interessen der Mitgesellschafter Rücksicht zu nehmen.[46] Eine weitere inhaltliche Konkretisierung der Pflichten mit Hilfe von Fallgruppen ist allerdings notwendig, da die Treuepflicht sich nicht zur willkürlichen Beschlusskontrolle entwickeln darf.[47]

Bei der Ausübung eigennütziger Mitgliedschaftsrechte schützt die Treuepflicht die Mehrheitsgesellschafter vor einzelnen Gesellschaftern. Dies gilt z. B. in der AG für missbräuchliche Anfechtungsklagen[48] oder für den übersteigerten Gebrauch des Auskunftsrechts[49].

---

40 Klarstellend für die GmbH: BGH NJW 1976, 191 [ITT]. Für die AG noch ablehnend BGH JZ 1976, 559, 562 [Audi / NSU]. Seit BGH NJW 1988, 1579, 1581 [Linotype] aber auch für die AG ständige Rechtsprechung. Vgl. auch BGH NJW 1992, 3167, 3171 li. Sp. [IBH / Scheich Kamel]; BGH NJW 1995, 1739, 1741 [Girmes].

41 *Hueck / Windbichler,* Gesellschaftsrecht, § 26 Rn. 25 f. (S. 365 f.).

42 *Baumbach / Hopt,* HGB, § 109 Rn. 23.

43 *K. Schmidt,* Gesellschaftsrecht, § 20 IV. 2. d) [S. 592].

44 Ein Aktionär, der lediglich seine Dividende bezieht und die AG im Übrigen ihrem Schicksal überlässt, ist von der Treuepflicht grundsätzlich nicht betroffen. Eine Pflicht, an Hauptversammlungen teilnehmen und sein Stimmrecht u. U. in einer bestimmten Weise ausüben zu müssen, besteht nicht. *Hueck / Windbichler,* Gesellschaftsrecht, § 26 Rn. 25 (S. 366). Etwas anderes kann nur ausnahmsweise für einen Großaktionär gelten, dessen Stimmen zur Erreichung einer qualifizierten Kapitalmehrheit notwendig sind, § 179 Abs. 2 S. 1 AktG.

45 Bei Grundlagengeschäften, die im Interesse der Gesellschaft geboten sind, können die Gesellschafter einer Personengesellschaft zur Zustimmung verpflichtet sein. Dies kann beispielsweise beim Antrag auf Entziehung der Geschäftsführungs- und / oder Vertretungsbefugnis eines Komplementärs gem. §§ 117, 127 HGB der Fall sein.

46 *Hueck / Windbichler,* Gesellschaftsrecht, § 26 Rn. 25 f. (S. 365 f.).

47 *Hueck / Windbichler,* Gesellschaftsrecht, § 26 Rn. 26 (S. 366 f.).

48 *K. Schmidt,* Gesellschaftsrecht, § 20 IV. 3. [S. 594 f.].

49 *Wiesner,* in: Münch Hdb AG, § 17 Rn. 18.

Bei der Ausübung uneigennütziger Mitgliedschaftsrechte kann die Treuepflicht ebenfalls vor Gesellschafterminderheiten schützen. Die Blockierung einer notwendigen Sanierung durch eine Sperrminorität kann treuwidrig sein.[50]

In der Regel dient die Treuepflicht allerdings dem Minderheitenschutz.[51] In der Kapitalgesellschaft ist die Minderheit auch durch die inoffizielle Einflussnahme des Mehrheitsgesellschafters auf die Geschäftsführung bedroht.[52] In der Personengesellschaft dient die Treuepflicht dem Schutz der nicht-geschäftsführungsbefugten Gesellschafter. Grundsätzlich muss der geschäftsführungsbefugte Gesellschafter bei der Ausübung seiner Befugnisse eigene Interessen dem Gesellschaftsinteresse hintanstellen.[53]

3. Treuepflichten in der KGaA

Die Treuepflichten in der *KGaA* richten sich grundsätzlich nach dem jeweils einschlägigen Regelungsregime. Die Treuepflichten zwischen Komplementär und KGaA orientieren sich gem. § 278 Abs. 2 AktG grundsätzlich am personengesellschaftsrechtlichen Pflichtenmaßstab, diejenigen zwischen Kommanditaktionär und KGaA gem. § 278 Abs. 3 AktG am aktienrechtlichen Pflichtenmaßstab. Für das Verhältnis zwischen den Gesellschaftergruppen gilt gem. § 278 Abs. 2 AktG der personengesellschaftsrechtliche Pflichtenmaßstab.[54]

Nachdem jedoch die Rechtsform lediglich eine indizielle Bedeutung für Umfang und Intensität der Treuepflichten hat[55], ist die konkrete Ausgestaltung der KGaA für den Inhalt der Treuepflichten letztendlich wichtiger als die Verweisungstechnik des § 278 Abs. 2, 3 AktG. In einer Familien-KGaA, in der die Familienmitglieder die Kommanditaktien halten und in der Satzung die Stellung der Komplementäre schwach und die Stellung der Hauptversammlung stark ausgestaltet wurden, sind auch die Treuepflichten der einzelnen Kommanditaktionäre gegenüber der Gesellschaft personalistisch zu beurteilen.[56] In einer GmbH & Co. KGaA mit kapitalis-

50 *K. Schmidt,* Gesellschaftsrecht, § 20 IV. 3. [S. 593].

51 *Wiesner,* in: Münch Hdb AG, § 17 Rn. 16.

52 *Wiesner,* in: Münch Hdb AG, § 17 Rn. 16. Der Anwendungsbereich der Treuepflicht zum Zwecke des Minderheitenschutzes ist im Verhältnis zu den gesetzlichen Regelungen noch nicht geklärt. Vergleiche zur Abgrenzung insbesondere gegenüber den aktienrechtlichen Vorschriften §§ 117, 304 ff. AktG: *Hueck/Windbichler,* Gesellschaftsrecht, § 26 Rn. 27 (S. 367).

53 BGH NJW 1986, 584, 585 li. Sp.

54 *Semler/Perlitt,* in: Münch Komm AktG, § 278 Rn. 91. Ob die Treuepflichten die Komplementäre gegenüber der Gesamtheit der Kommanditaktionäre oder gegenüber den einzelnen Kommanditaktionären binden, ist in der Literatur umstritten, vgl. dazu unten § 2 B. II. 1. Fn. 293.

55 *K. Schmidt,* Gesellschaftsrecht, § 20 IV. 2. d) [S. 592].

56 Sind den Kommanditaktionären in der Satzung zusätzliche Geschäftsführungsbefugnisse eingeräumt worden, unterliegen die Kommanditaktionäre bei der Ausübung dieser Befugnisse strengeren Treuepflichten, da die Komplementäre für die Folgen der Geschäftsführung persönlich haften, *Herfs,* in: Münch Hdb AG, § 76 Rn. 46.

tisch orientierten Kommanditaktionären richten sich die Treuepflichten – auch zwischen den Gesellschaftergruppen – eher nach den Treubindungen in einer Publikumskommanditgesellschaft.[57] Ein Beispiel für diese Parallele zwischen GmbH & Co. KG und GmbH & Co. KGaA ist die Tatsache, dass die jeweilige Komplementär-GmbH aufgrund der Treuepflicht bei Auswahl und Abberufung ihres Geschäftsführers auf die Belange der Kommanditisten bzw. der Kommanditaktionäre Rücksicht zu nehmen hat.[58]

VI. Regelungen zur Zuständigkeitsverteilung

In der AG sind die Zuständigkeiten auf die Gesellschaftsorgane aufgeteilt. In der Personengesellschaft liegen die Kompetenzen bei den Gesellschaftern, die gleichzeitig Organfunktionen ausüben.

1. Die Zuständigkeiten von Vorstand, Aufsichtsrat und Hauptversammlung in der Aktiengesellschaft

In der *Aktiengesellschaft* obliegen den drei Organen Vorstand, Aufsichtsrat und Hauptversammlung relativ klar abgrenzbare Aufgabenbereiche: Der Vorstand ist für die Geschäftsführung zuständig, der Aufsichtsrat verfügt über Überwachungs- und Kontrollkompetenzen und die Hauptversammlung ist für Grundlagenentscheidungen zuständig.[59] In der Aktiengesellschaft wird die Zuständigkeitsverteilung zwischen den Organen in zahlreichen Vorschriften ausdrücklich angesprochen, d. h. im Vergleich zu anderen Gesellschaftsformen besteht eine hohe Regelungsdichte.

Doch auch in der Aktiengesellschaft kann die Abgrenzung zwischen den Zuständigkeiten problematisch sein. Seit der sog. Holzmüller-Entscheidung nimmt der BGH bei *sog. strukturverändernden Maßnahmen* eine ungeschriebene Zuständig-

---

57 Vgl. auch die Ausführungen zur GmbH & Co. KG bei *Baumbach/Hopt,* HGB, § 109 Rn. 23.

58 Zur GmbH & Co. KG: *Binz/Sorg,* Die GmbH & Co. KG, § 8 Rn. 2; *Hesselmann/Tillmann,* Hdb GmbH & Co. KG, Rn. 270, 310.

Zur GmbH & Co. KGaA: *Assmann/Sethe,* in: GroßKomm AktG, § 278 Rn. 170; *Semler/Perlitt,* in: Münch Komm AktG, § 278 Rn. 380; *Herfs,* in: Münch Hdb AG § 76 Rn. 28.

Da die Treuepflicht nur die Komplementär-GmbH bindet, kann ein Verstoß gegen die Treuepflicht auch nur Sanktionen gegen die Komplementär-GmbH und nicht gegen den Geschäftsführer der Komplementär-GmbH auslösen: Ein gerichtlicher Antrag auf Entziehung der Geschäftsführungs- und/oder Vertretungsbefugnis gegen die Komplementär-GmbH hätte Aussicht auf Erfolg, § 278 Abs. 2 i.V.m. §§ 161 Abs. 2, 140, 127, 117 HGB; *Assmann/Sethe,* in: GroßKomm AktG, § 278 Rn. 170 ff.; *Semler/Perlitt,* in: Münch Komm AktG, § 278 Rn. 381. Zum Teil wird vertreten, der Verstoß könne auch die Ausschließung gem. § 278 Abs. 2 AktG i.V.m. §§ 161 Abs. 2, 140 HGB rechtfertigen, *Schütz/Reger,* in: Hdb KGaA, § 5 Rn. 206 (S. 148); *Arnold,* Die GmbH & Co. KGaA, S. 75 f.

59 *Kort,* in: GroßKomm AktG, § 76 Rn. 1, 6, 9.

keit der Hauptversammlung an. Danach ist eine Zustimmung der Hauptversammlung bei solchen Maßnahmen erforderlich, die formal noch von der Geschäftsführungsbefugnis des Vorstands gem. § 76, 77 AktG gedeckt sind, die

> „gleichwohl aber so tief in die Mitgliedsrechte der Aktionäre und deren im Anteilseigentum verkörpertes Vermögensinteresse eingreifen, dass der Vorstand vernünftigerweise nicht annehmen kann, er dürfe sie in ausschließlich eigener Verantwortung treffen, ohne die Hauptversammlung zu beteiligen.“[60]

In diesen Fällen verletze der Vorstand seine Sorgfaltspflicht, wenn er die Maßnahme nicht gem. § 119 Abs. 2 AktG der Hauptversammlung zur Zustimmung vorlege.[61]

Im Unterschied zu der Personengesellschaft erfordert die genaue Bestimmung der Zuständigkeiten in der Aktiengesellschaft keine begriffliche Abgrenzung der Geschäftsführung von Grundlagenentscheidungen; zu prüfen ist stattdessen, wann einer Geschäftsführungsangelegenheit eine solch grundlegende Bedeutung beizumessen ist, dass die Zustimmung der Hauptversammlung notwendig ist.[62]

2. Geschäftsführungsmaßnahmen und Grundlagengeschäfte in der Personengesellschaft

Die *Personenhandelsgesellschaft* wird grundsätzlich durch einen phG allein nach außen vertreten, §§ 161 Abs. 2, 125 Abs. 1 HGB. Die Einzelgeschäftsführungsbefugnis der Komplementäre erstreckt sich auf gewöhnliche Geschäftsführungsmaßnahmen, §§ 161 Abs. 2, 115 Abs. 1 HGB.[63] Über außergewöhnliche Geschäftsführungsmaßnahmen und Grundlagengeschäfte entscheiden gem. §§ 164 S. 1 2. HS, 161 Abs. 2, 116 Abs. 2 HGB grundsätzlich alle Gesellschafter gemeinsam, d. h. geschäftsführungsbefugte Komplementäre, nicht-geschäftsführungsbefugte Komplementäre und – in der KG – Kommanditisten entscheiden grundsätzlich gemeinsam mit einstimmigem Beschluss. Ein Aufsichtsorgan ist in der gesetzestypischen Personenhandelsgesellschaft nicht vorhanden.

Außergewöhnliche Geschäftsführungsmaßnahmen sind Maßnahmen, die für die jeweilige Gesellschaft Ausnahmecharakter haben.[64] Der Ausnahmecharakter kann sich ergeben aus der Art des Geschäfts (es handelt sich um ein Geschäft, das nicht

---

60 BGHZ 83, 122, 131 [Holzmüller].

61 BGHZ 83, 122, 131 [Holzmüller]. In der Folgeentscheidung zu Holzmüller, der sog. Gelatine-Entscheidung hat der BGH die Wesentlichkeitsschwelle für eine ungeschriebene Hauptversammlungszuständigkeit höher angesetzt als die Literatur, die dogmatischen Grundlagen der Holzmüller-Doktrin aber im Wesentlichen bestätigt, vgl. BGH ZIP 2004, 993 ff. [Gelatine]. Dazu unten ausführlich § 3 H. I. 1.

62 *Hüffer,* AktG, § 77 Rn. 4.

63 *Baumbach/Hopt,* HGB, § 114 Rn. 4.

64 *Emmerich,* in: Heymann, HGB, § 116 Rn. 3, 5.

regelmäßig vorgenommen wird), aus dem Umfang des Geschäfts (das Volumen ist im Verhältnis zum Gesamtumsatz oder zum Umsatz der Unternehmenssparte von einigem Gewicht) oder aus dem besonderen Risiko des Geschäfts (z. B. Spekulationsgeschäft).[65] Entscheidend sind die Umstände des Einzelfalls und der Geschäftsbetrieb des jeweiligen Unternehmens.[66] Das Zustimmungsrecht der nicht-geschäftsführungsbefugten Komplementäre kann im Gesellschaftsvertrag eingeschränkt oder ganz abbedungen werden.[67] In der Kommanditgesellschaft gilt dasselbe für das Zustimmungsrecht der Kommanditisten.[68]

Grundlagengeschäfte[69] sind im Gegensatz dazu Angelegenheiten, die die Rechtsbeziehungen der Gesellschafter untereinander betreffen.[70] Sie setzen grundsätzlich die Zustimmung sämtlicher Gesellschafter voraus; abweichende gesellschaftsvertragliche Regelungen sind zulässig.[71] Grundlagengeschäfte sind keine – auch keine besonders schwerwiegenden – Geschäftsführungsmaßnahmen, sondern Angelegenheiten einer anderen Kategorie.[72]

Änderungen des Gesellschaftsvertrages sind immer Grundlagengeschäfte.[73] Daneben sind auch bestimmte organisationsbezogene Maßnahmen, die die Rechtsbeziehungen der Gesellschafter untereinander betreffen, Grundlagengeschäfte.[74] Die Tatsache, dass die Rechtsbeziehungen der Gesellschafter untereinander Gegenstand dieser Maßnahmen sind, hat zur Folge, dass Rechtsstreitigkeiten über solche Maßnahmen nicht zwischen Gesellschaftern und Gesellschaft, sondern zwischen den Gesellschaftern untereinander ausgetragen werden (sog. Gesellschafterklage).[75]

---

65 *Grunewald,* in: Münch Komm HGB, § 164 Rn. 9; *Emmerich,* in: Heymann, HGB, § 116 Rn. 3; *Baumbach/Hopt,* HGB, § 116 Rn. 2; *Ulmer,* in: GroßKomm HGB, § 116 Rn. 11 ff. mit zahlreichen Beispielen.

Maßnahmen außerhalb des Unternehmensgegenstandes sind hingegen nicht außergewöhnlich, sondern unzulässig, *Grunewald,* in: Münch Komm HGB, § 164 Rn. 9 Fn. 15; a. A. *Baumbach/Hopt,* HGB, § 116 Rn. 2; *Schilling,* in: Großkomm HGB, § 164 Rn. 3.

66 *Emmerich,* in: Heymann, HGB, § 116 Rn. 3.

67 Statt aller: *Ulmer,* in: GroßKomm HGB, § 116 Rn. 37.

68 Statt aller: *Baumbach/Hopt,* HGB, § 164 Rn. 6.

69 Zum Begriff vgl. BGHZ 76, 160, 164.

70 *Horn,* in: Heymann, HGB, § 164 Rn. 7.

71 *Ulmer,* in: GroßKomm HGB, § 114 Rn. 15; *Baumbach/Hopt,* HGB, § 114 Rn. 3; *Mayen,* in: Ebenroth/Boujong/Joost, HGB, § 114 Rn. 6.

72 BGHZ 76, 160, 164.; *Emmerich,* in: Heymann, HGB, § 116 Rn. 3; *Wirth,* in: Münch Hdb KG, § 7 Rn. 5.

73 *Koller,* in: Koller/Roth/Morck, HGB, § 114 Rn. 2; *Mayen,* in: Ebenroth/Boujong/Joost, HGB, § 114 Rn. 7; *Baumbach/Hopt,* HGB, § 114 Rn. 3.

74 Zu solchen Grundlagengeschäften gehören z. B. die Entscheidung über einen Antrag auf Entziehung der Geschäftsführungs- und/oder Vertretungsbefugnis, §§ 117, 127 HGB, *Mayen,* in: Ebenroth/Boujong/Joost, HGB, § 114 Rn. 7, und die Feststellung des Jahresabschlusses, BGHZ 132, 263.

75 *K. Schmidt,* in: Schlegelberger, HGB, § 105 Rn. 149. Die Personengesellschaft ist in solchen Rechtsstreitigkeiten nicht Partei, sondern Gegenstand des Verfahrens; *Lorz,* in: Eben-

In der Personengesellschaft ist umstritten, ob Angelegenheiten, die nicht die Rechtsbeziehungen der Gesellschafter untereinander betreffen, die aber so schwerwiegend in die Struktur der Gesellschaft und damit in die Rechte und Pflichten der Gesellschafter eingreifen, dass sie einer Änderung des Gesellschaftsvertrages gleichstehen, als Grundlagengeschäfte[76] oder als außergewöhnliche Geschäftsführungsmaßnahmen[77] einzuordnen sind. Das Problem wird für die Personengesellschaft auch unter der Überschrift „Ausstrahlungswirkung der Holzmüller-Entscheidung auf das Personengesellschaftsrecht" diskutiert.[78]

3. Die Zuständigkeitsverteilung in der KGaA

In der *KGaA* ist die Zuständigkeitsverteilung zwischen den Gesellschaftsorganen grundsätzlich wie in der Personengesellschaft geregelt, §§ 278 Abs. 2, 285 Abs. 2 S. 1 AktG.

Da die §§ 283, 278 Abs. 3 AktG daneben auch auf das Aktienrecht verweisen, muss im Einzelnen geklärt werden, wann die personengesellschaftsrechtliche und

---

roth / Boujong / Joost, HGB, § 133 Rn. 33; *Ulmer,* in: GroßKomm HGB, § 133 Rn. 50; *Emmerich,* in: Heymann, HGB, § 133 Rn. 16. Der Rechtsstreit wird zwischen den Gesellschaftern geführt.

Gesetzlich geregelte Fälle der personengesellschaftsrechtlichen Gesellschafterklage sind die Auflösungsklage, *Baumbach / Hopt,* HGB, § 133 Rn. 13, der Antrag auf gerichtliche Entziehung der Geschäftsführungs- und / oder Vertretungsbefugnis eines Komplementärs gem. § 117 HGB, *Baumbach / Hopt,* HGB, § 117 Rn. 6, sowie die Ausschließungsklage gem. § 140 HGB, *Baumbach / Hopt,* HGB, § 140 Rn. 17.

Auch eine Klage auf Zustimmung der übrigen Gesellschafter zum Jahresabschluss wird gegen die übrigen Gesellschafter gerichtet, d. h. die Gesellschafter und nicht die Gesellschaft selbst sind die Prozessparteien. Eine Klage gegen die Kommanditgesellschaft auf Änderung der Bilanz hätte keine Aussicht auf Erfolg, da die Gesellschaft nicht Subjekt, sondern Objekt der Bilanzierung ist, vgl. BGH BB 1980, 120, 121.

Die Tatsache, dass die Gesellschafterklage aus der Mitgliedschaft abgeleitet wird (*Raiser,* ZHR 153 [1989], 1, 10 f.) und inzwischen anerkannt ist, dass die Mitgliedschaft auch in der Personengesellschaft Rechtsverhältnisse zur Gesellschaft selbst begründet (vgl. § 2 A. IV.), rechtfertigt die Annahme, dass die Gesellschafterklage z. B. in Form einer Unterlassungsklage gegen kompetenzüberschreitende Maßnahmen eines Mitgesellschafters zumindest auch gegen die Gesellschaft selbst gerichtet werden kann, vgl. *K. Schmidt,* Gesellschaftsrecht, § 21 V. 3. a) [S. 649] sowie § 2 A. VII. 2. Fn. 106.

76 Für die Einordnung als Grundlagengeschäfte: *Emmerich,* in: Heymann, HGB, § 114 Rn. 3; *Horn,* in: Heymann, HGB, § 164 Rn. 7; *Martens,* in: Schlegelberger, HGB, § 114 Rn. 7.

77 Für die Einordnung als außergewöhnliche Geschäftsführungsmaßnahmen: *Ulmer,* in: GroßKomm HGB, § 116 Rn. 14, der beispielsweise bei der Ausgliederung wesentlicher Teile des Gesellschaftsvermögens nur dann ein Grundlagengeschäft annimmt, wenn gleichzeitig der Unternehmensgegenstand und damit der Gesellschaftsvertrag geändert wird.

78 *Fett / Förl,* NZG 2004, 210, 213. Ausführlich zu dieser Diskussion erst unter § 3 H. I. 2., da die Ausstrahlung der Holzmüller-Entscheidung auf das Personengesellschaftsrecht für die Behandlung der strukturverändernden Maßnahmen in der KGaA entscheidend ist.

wann die aktienrechtliche Zuständigkeitsverteilung gilt. Gerade der letzte Aspekt wirft ein breites Spannungsfeld zwischen Personengesellschaftsrecht und Aktienrecht in der KGaA auf; die zahlreichen Regelungslücken, die sich aus diesem Spannungsverhältnis ergeben, sind Hauptgegenstand der vorliegenden Untersuchung und werden im Anschluss an den Gliederungspunkt § 1 A. erörtert. Die Beurteilung strukturverändernder Maßnahmen in der KGaA ist nur ein Problem unter vielen.

An dieser Stelle mögen daher einige knappe Hinweise zu wohl unbestrittenen Folgen dieses Spannungsverhältnisses genügen:

Die Rechte der Hauptversammlung sind beispielsweise zum Teil weitgehender – vgl. z. B. das Mitwirkungsrecht an der Geschäftsführung gem. § 278 Abs. 2 AktG i.V.m. § 164 S. 1 1. HS HGB und am Jahresabschluss gem. § 286 Abs. 1 S. 1 AktG – zum Teil enger – vgl. z. B. die fehlende mittelbare Personalkompetenz für das Geschäftsleitungsorgan[79] – als in der Aktiengesellschaft.

Die Kompetenzen des Aufsichtsrats sind im Verhältnis zum Aufsichtsrat der Aktiengesellschaft weitgehend eingeschränkt: Anders als in der Aktiengesellschaft hat der Aufsichtsrat keine Mitwirkungsrechte an der Geschäftsführung; er entscheidet nicht über den Jahresabschluss und er hat keine Erlasskompetenz für die Geschäftsordnung des Geschäftsleitungsorgans; die §§ 111 Abs. 4 S. 2, 172, 77 Abs. 2 S. 1 AktG gelten in der KGaA nicht.[80]

VII. Geschäftsführungsbefugnis oder Leitungsmacht

Die Ausübung der Unternehmensführung unterscheidet sich in den Rechtsformen grundlegend.

1. Die aktienrechtliche Leitungsmacht

In der gesetzestypischen *Aktiengesellschaft* sind die Vorstandsmitglieder gemeinschaftlich zur Geschäftsführung befugt, d. h. der Vorstand als Kollegialorgan entscheidet einstimmig.[81] Die Satzung oder die Geschäftsordnung des Vorstands kann Mehrheitsentscheidungen vorsehen, § 77 Abs. 1 AktG.[82]

Gem. § 76 Abs. 1 AktG ist der Vorstand das Leitungsorgan der Aktiengesellschaft. Leitung ist ein herausgehobener Teilbereich der Geschäftsführung, der nicht

---

79 Hierzu sogleich ausführlich unter § 2 A. IX. 3.

80 Vgl. z. B. *Assmann/Sethe,* in: GroßKomm AktG, § 287 Rn. 37 ff.; *Bürgers,* in: Hdb KGaA, § 5 Rn. 477 ff. (S. 232 ff.).

81 *Hüffer,* AktG, § 76 Rn. 1; § 77 Rn. 6; *Hefermehl/Spindler,* in: Münch Komm AktG, § 76 Rn. 13.

82 *Hüffer,* AktG, § 77 Rn. 11.

auf einzelne Vorstandsmitglieder oder leitende Angestellte übertragen werden darf.[83] Innerhalb des Vorstands dürfen Leitungsaufgaben i. S. d. § 76 Abs. 1 AktG allenfalls mit Mehrheitsbeschluss, nicht aber durch einzelne Vorstandsmitglieder – auch nicht durch den Vorstandsvorsitzenden[84] – entschieden werden, § 77 Abs. 1 S. 2 2. HS AktG.[85] Sonstige Geschäftsführungsmaßnahmen können im Gegensatz dazu auf einzelne Vorstandsmitglieder übertragen werden: Einzelne Vorstandsmitglieder können die Einzelgeschäftsführungsbefugnis für bestimmte Funktionen, Sparten oder Regionen erhalten.[86] Das einzelne Vorstandsmitglied bleibt jedoch im Bezug auf sein Ressort dem Gesamtvorstand gegenüber berichtspflichtig[87], da die übrigen Vorstandsmitglieder haftungsrechtlich für die gesamte Geschäftsführung verantwortlich bleiben.[88]

Da die Leitungsaufgaben zur Geschäftsführung gehören, kann der Vorstand die Zustimmung der Hauptversammlung gem. § 119 Abs. 2 AktG einholen. Missbräuchlich wird diese Praxis erst dann, wenn sie über Einzelfallentscheidungen hinausgeht und die Leitungsmacht faktisch auf die Hauptversammlung verschoben wird.[89]

Zu den Aufgaben, die die Leitungsmacht des Vorstands betreffen, gehören zunächst diejenigen Pflichten, die dem Vorstand durch eine gesetzliche Vorschrift übertragen sind, vgl. §§ 83, 90, 91, 92, 110 Abs. 1, 118 Abs. 2, 121 Abs. 2, 170, 245 Nr. 4 AktG.[90] Zu den gesetzlichen Leitungsaufgaben des Vorstands zählen insbesondere solche, die ihm gegenüber anderen Gesellschaftsorganen obliegen, z. B. die Vorlagepflicht[91] bei ungeschriebenen Zuständigkeiten der Hauptversammlung im Rahmen der Geschäftsführung[92] und die Vorbereitung von Beschlussvorschlägen zu den einzelnen Tagesordnungspunkten der Hauptversammlung.[93] Unter die Leitungsmacht fallen darüber hinaus strategische Maßnahmen der Geschäftsführung. Anhaltspunkte für die Bestimmung solcher Strategieentscheidungen können

---

83 *Hüffer,* AktG, § 77 Rn. 18, § 76 Rn. 7 f.; *Hefermehl/Spindler,* in: Münch Komm AktG, § 76 Rn. 15; *Kort,* in: GroßKomm AktG, § 76 Rn. 28; *Mertens,* in: Kölner Komm AktG, § 76 Rn. 4; *Schwark* ZHR 142 [1978], 203, 215 f.

84 Das Alleinentscheidungsrecht des Vorstandsvorsitzenden aus dem AktG 1937 wurde mit dem AktG 1965 abgeschafft, *Hüffer,* AktG, § 77 Rn. 2.

85 *Hüffer,* AktG, § 76 Rn. 3; *Mertens,* in: Kölner Komm AktG, § 76 Rn. 4.

86 *Hüffer,* AktG, § 77 Rn. 10.

87 *Hüffer,* AktG, § 77 Rn. 15.

88 Zur haftungsrechtlichen Gesamtverantwortung des Vorstands ausführlich § 2 A. VIII. 1.

89 *Mülbert,* in: GroßKomm AktG, § 119 Rn. 47; *Henn,* Hdb AG, § 20 Rn. 691; a. A. *Semler,* der z. B. die Vorlage der Entsprechenserklärung gem. 119 Abs. 2 AktG stets für unzulässig hält, vgl. *Semler,* in: Münch Komm AktG, § 161 Rn. 90 f.

90 *Kort,* in: GroßKomm AktG, § 76 Rn. 35; *Hefermehl/Spindler,* in: Münch Komm AktG, § 76 Rn. 16.

91 BGHZ 83, 122, 130 ff. [Holzmüller].

92 *Hefermehl/Spindler,* in: Münch Komm AktG, § 76 Rn. 16.

93 BGH NZG 2002, 130.

den Berichtspflichten gem. § 90 Abs. 1 Nr. 1 AktG[94] oder den Erkenntnissen der Betriebswirtschaft[95] entnommen werden. Die Besetzung der Führungspositionen unterhalb der Vorstandsebene ist Angelegenheit der Unternehmensleitung.[96]

Die Abgrenzung zwischen Leitungs- und einfachen Geschäftsführungsaufgaben ist praktisch nicht von solcher Bedeutung wie die Abgrenzung zwischen gewöhnlichen und außergewöhnlichen Geschäftsführungsmaßnahmen in der Personenhandelsgesellschaft[97]: Unsicherheiten bei der begrifflichen Abgrenzung führen in der Aktiengesellschaft allenfalls zu Streitigkeiten innerhalb des Vorstands als Kollegialorgan, die nicht justitiabel sind. In der Personengesellschaft sind im Gegensatz dazu Streitigkeiten zwischen Geschäftsführern und Kapitalanlegern betroffen, die Gegenstand einer Unterlassungs- oder Beseitigungsklage sein können.[98]

2. Die personengesellschaftsrechtliche Geschäftsführungsbefugnis

In der gesetzestypischen *Personengesellschaft* sind die Komplementäre einzeln geschäftsführungsbefugt, §§ 161 Abs. 2, 115 Abs. 1 HGB. Im Gesellschaftsvertrag kann auch eine Gesamtgeschäftsführungsbefugnis vorgesehen werden, §§ 161 Abs. 2, 115 Abs. 2 HGB. Die geschäftsführungsbefugten Komplementäre können konkreten Geschäftsführungsmaßnahmen gem. § 115 Abs. 1 2. HS HGB widersprechen und sie so – allerdings nur mit gesellschaftsinterner Wirkung[99] – blockieren. Ist im Gesellschaftsvertrag Gesamtgeschäftsführungsbefugnis vorgesehen, steht auch das Widerspruchsrecht den Komplementären nur gemeinsam zu.[100]

Der Umfang der Geschäftsführungsbefugnis der Komplementäre erstreckt sich grundsätzlich auf alle Handlungen, die der gewöhnliche Betrieb des Handelsgewerbes der Gesellschaft mit sich bringt, § 116 Abs. 1 HGB. Der Gesellschaftsvertrag kann eine Geschäftsverteilung unter den Komplementären nach Funktionen oder Sparten vorsehen. Damit verlieren die Komplementäre ihre Geschäftsführungsbefugnisse für die Geschäftsbereiche der anderen Komplementäre; das Widerspruchsrecht gem. § 115 Abs. 1 2. HS HGB beschränkt sich dann ebenfalls auf den eigenen Geschäftsbereich.[101]

---

94 *Hefermehl/Spindler,* in: Münch Komm AktG, § 76 Rn. 17; *Kort,* in: GroßKomm AktG, § 76 Rn. 36.

95 *Hefermehl/Spindler,* in: Münch Komm AktG, § 76 Rn. 16; kritisch: *Kort,* in: GroßKomm AktG, § 76 Rn. 38.

96 *Hefermehl/Spindler,* in: Münch Komm AktG, § 76 Rn. 17; *Kort,* in: GroßKomm AktG, § 76 Rn. 36; *Henze,* BB 2000, 209, 210.

97 Vgl. dazu bereits oben § 2 A. VI. 2.

98 Vgl. statt aller *Grunewald,* in: MünchKomm HGB, § 164 Rn. 12, 17.

99 *Baumbach/Hopt,* HGB, § 115 Rn. 4; *Ulmer,* in: GroßKomm HGB, § 115 Rn. 22.

100 *Baumbach/Hopt,* HGB, § 115 Rn. 2; *Ulmer,* in: GroßKomm HGB, § 115 Rn. 9.

101 *Wirth,* in: Münch Hdb KG, § 7 Rn. 35; *Ulmer,* in: GroßKomm HGB, § 115 Rn. 10.

Der Gesellschaftsvertrag kann vorsehen, dass einzelne Komplementäre von der Geschäftsführung und / oder Vertretung ausgeschlossen werden.[102] Dem von der Geschäftsführung ausgeschlossenen Komplementär verbleiben die Kontrollrechte aus § 118 HGB.[103] Die Geschäftsführungsbefugnis der phG kann statt durch Satzungsregelung auch durch gerichtliche Entziehung gem. §§ 161 Abs. 2, 117 HGB oder durch Niederlegung entfallen. Die Kommanditisten sind von der Geschäftsführung und der Vertretung der KG ausgeschlossen, §§ 164 S. 1 1. HS, 170 HGB. Im Gesellschaftsvertrag können den Kommanditisten zwar organschaftliche Geschäftsführungsbefugnisse[104], nicht jedoch organschaftliche Vertretungsbefugnisse eingeräumt werden.[105]

Außergewöhnliche Geschäftsführungsmaßnahmen bedürfen der Zustimmung auch der nicht-geschäftsführungsbefugten Komplementäre, § 116 Abs. 2 HGB, in der Kommanditgesellschaft auch der Zustimmung der Kommanditisten, §§ 164 S. 1 2. HS HGB. Werden diese Mitwirkungsrechte der nicht-geschäftsführungsbefugten Komplementäre und Kommanditisten verletzt oder droht solch eine Verletzung, so kann jeder einzelne dieser Gesellschafter eine Unterlassungs- oder Beseitigungsklage erheben.[106]

---

102 Die Satzung kann auch die Beschränkung von der Vertretungsbefugnis vorsehen; dies hat aber nur gesellschaftsinterne Wirkung, § 126 Abs. 2 HGB.

103 *Ulmer,* in: GroßKomm HGB, § 118 Rn. 1. Durch ausdrückliche Regelung können auch die Rechte aus § 118 Abs. 1 HGB abbedungen werden. Im Gegensatz dazu ist das Mindestinformationsrecht des § 118 Abs. 2 HGB unabdingbar, *Ulmer,* in: GroßKomm HGB, § 118 Rn. 41 ff., 45 ff.

104 BGHZ 17, 392, 394; 51, 198, 201.

105 BGHZ 51, 198, 200. Einem Kommanditisten kann im Gesellschaftsvertrag allenfalls eine rechtsgeschäftliche Vertretungsbefugnis, z. B. in Form der Prokura eingeräumt werden. Ist die Prokura die Entsprechung zur gesellschaftsvertraglich geregelten organschaftlichen Geschäftsführungsbefugnis des Kommanditisten, kann sie nicht gem. § 52 HGB frei widerrufen werden, sondern kann nur bei Vorliegen eines wichtigen Grundes entzogen werden, wie das bei der Entziehung der Geschäftsführungsbefugnis gem. § 117 HGB notwendig ist, vgl. BGHZ 17, 392, 394 ff.

106 Nach der herrschenden Literaturmeinung zur KG ist die Unterlassungsklage gegen die geschäftsführungsbefugten Komplementäre zu richten: *Ulmer,* in: GroßKomm HGB, § 105 Rn. 263, § 116 Rn. 19; *von Gerkan,* in: Röhricht / Graf v. Westphalen, HGB, § 116 Rn. 5; *Raiser,* ZHR 153 [1989], 1, 32.

Im Ergebnis zustimmend *Martens,* in: Schlegelberger, HGB, § 116 Rn. 22; *Mayen,* in: Ebenroth / Boujong / Joost, HGB, § 116 Rn. 18, die aber einen Unterlassungsanspruch der Gesellschaft annehmen, der durch die Mitgesellschafter im Wege der *actio pro socio* durchgesetzt werden könne.

Überzeugender erscheint dagegen eine im Vordringen befindliche Meinung, die die sog. *actio negatoria* als rechtsformübergreifende Abwehrklage gegen schwerwiegende Kompetenzverletzungen ansieht. Nach dieser Ansicht kann die Klage – zumindest auch – gegen die Gesellschaft gerichtet werden, *Emde,* WM 1996, 1205, 1208, *Grunewald,* in: Münch Komm HGB, § 164 Rn. 12, 17; *K. Schmidt,* Gesellschaftsrecht, § 21 V. 3. a) [S. 649]; für die GmbH: OLG Koblenz GmbHR 1991, 264, 266.

Gleiches gilt für die Beseitigungsklage: *Grunewald,* in: Münch Komm HGB, § 164 Rn. 14, *Emde,* WM 1996, 1205, 1208 ff.

3. Die Unternehmensführung in der KGaA

In der *KGaA* ist die umfassende Leitungsmacht des aktienrechtlichen Vorstands durch die personengesellschaftsrechtliche Aufteilung der Geschäftsführungsbefugnis in gewöhnliche und außergewöhnliche Geschäftsführungsmaßnahmen sowie in Grundlagengeschäfte ersetzt.[107] Die Komplementäre als Geschäftsleitungsorgan verfügen nur über solche Vorstandsrechte und -pflichten, auf die § 283 AktG ausdrücklich verweist. Die Vorstandsaufgaben sind gem. § 283 AktG ausdrücklich nur sinngemäß auf die Komplementäre anzuwenden, d. h. Komplementäre, die von der Geschäftsführung und / oder Vertretung ausgeschlossen sind, treffen solche Vorstandsaufgaben nicht, die sich vorrangig auf Geschäftsführungs- oder Vertretungshandlungen beziehen.[108]

Wie in einer Kommanditgesellschaft die Kommanditisten verfügen auch die Kommanditaktionäre in der KGaA über bestimmte Geschäftsführungsbefugnisse: Zwar ist die Hauptversammlung gem. § 278 Abs. 2 AktG i.V.m. § 164 HGB von der gewöhnlichen Geschäftsführung grundsätzlich ausgeschlossen. Bei außergewöhnlichen Geschäftsführungsmaßnahmen ist allerdings die Zustimmung der Hauptversammlung erforderlich, §§ 278 Abs. 2, 285 Abs. 2 S. 1 AktG i.V.m. § 164 S. 1 2. HS HGB. Die Geschäftsführungsbefugnisse der Kommanditaktionäre können – wie in einer Personengesellschaft – durch Satzungsregelungen erweitert oder eingeschränkt werden[109]: Der Hauptversammlung können z. B. Weisungsbefugnisse im Hinblick auf gewöhnliche Geschäftsführungsmaßnahmen eingeräumt werden.[110] Pflichten, die den Komplementären in ihrer Eigenschaft als Organe der KGaA gem. § 283 AktG[111] oder im öffentlichen Interesse[112] obliegen, können allerdings nicht von Weisungen der Hauptversammlung abhängig gemacht werden.

Der BGH hat die Zulässigkeit solcher Unterlassungs- und Beseitigungsklagen bisher allerdings noch offengelassen, vgl. BGHZ 76, 160, 167 f. Ausgeschlossen werden in dieser Entscheidung des BGH nur solche Unterlassungsklagen gegen Maßnahmen der Komplementäre, die zwar rechtswidrig, aber ohne Verletzung der Zuständigkeitsordnung vorgenommen werden sollen, BGHZ 76, 160. Abweichend in der Beurteilung des Urteils *Emde,* WM 1996, 1205, 1209 f.

107 *Schütz/Reger,* in: Hdb KGaA, § 5 Rn. 121 (S. 125).

108 *Assmann/Sethe,* in: GroßKomm AktG, § 283 Rn. 6 ff.; *Semler/Perlitt,* in: GroßKomm AktG, § 283 Rn. 9 ff.; *Schütz/Reger,* in: Hdb KGaA, § 5 Rn. 94 (S. 116); Rn. 117 ff. (S. 124 ff.).
Im Ansatz zu weitgehend *Mertens,* der in § 283 Nr. 3, 4 AktG eine umfassende Verweisung auf die aktienrechtliche Leitungsmacht und Verantwortlichkeit des Vorstands sieht. Im Ergebnis kommt allerdings auch *Mertens* zu ähnlichen Ergebnissen, da er einen gesetzessystematischen Vorrang des § 278 Abs. 2 AktG vor § 283 AktG postuliert, *Mertens,* in: FS Barz [1974], 253, 262.

109 *Hüffer,* AktG, § 278 Rn. 11.

110 *Herfs,* in: Münch Hdb AG, § 77 Rn. 39.

111 *Schütz/Reger,* in: Hdb KGaA, § 5 Rn. 95 (S. 117); *Herfs,* in: Münch Hdb AG, § 77 Rn. 4.

112 *Mertens,* in: Kölner Komm AktG, § 278 Rn. 84.

Das Zustimmungsrecht der Hauptversammlung zu außergewöhnlichen Geschäftsführungsmaßnahmen gem. § 278 Abs. 2 AktG i.V.m. § 164 S. 1 2. HS HGB kann abbedungen werden.[113] Die meisten KGaA-Satzungen haben – wohl aus Praktikabilitätsgründen – von dieser Möglichkeit Gebrauch gemacht.[114] Umstritten ist, ob dies auch in einer Kapitalgesellschaft & Co. KGaA zulässig ist. Anlass für diese Diskussion war die Entscheidung des BGH zur Zulässigkeit der Kapitalgesellschaft & Co. KGaA, in der das Gericht ausgeführt hat, es sei „zu erwägen, Satzungsgestaltungen zu Lasten der Kommanditaktionäre nur in engeren Grenzen zuzulassen als bei der gesetzestypischen KGaA[115], so etwa bei Einschränkung der ihnen nach dem Gesetz (§ 278 Abs. 2 i.V.m. §§ 163 f. HGB) zustehenden Mitwirkungsbefugnissen bei außergewöhnlichen Geschäften".[116] Die herrschende Meinung in der Literatur hält die Abbedingung von § 164 S. 1 2. HS HGB auch in der Kapitalgesellschaft & Co. KGaA für zulässig.[117] Eine Mindermeinung hält eine solche Satzungsgestaltung nur dann für zulässig, wenn die Zustimmungsrechte der Hauptversammlung auf Organe übertragen würden, auf deren Zusammensetzung die Kommanditaktionäre Einfluss haben.[118]

VIII. Sorgfaltspflichten und Verantwortlichkeit des Geschäftsleitungsorgans

Verhaltenspflichten und Haftungsmodalitäten der Geschäftsleitungsorgane unterscheiden sich in Aktiengesellschaft und Personengesellschaft.

---

113 *Assmann/Sethe,* in: GroßKomm AktG, § 278 Rn. 113; *Semler/Perlitt,* in: Münch Komm AktG, § 278 Rn. 230; *Hüffer,* AktG, § 278 Rn. 19; *Schaumburg/Schulte,* Die KGaA, S. 34 f.; *Sethe,* Die personalistische Kapitalgesellschaft, S. 151.

114 Vgl. die Auswertung von KGaA-Satzungen bei *Förl,* Die GmbH & Co. KGaA als abhängiges Unternehmen, S. 20 ff.

115 Der Begriff „gesetzestypische KGaA" bezeichnet im Folgenden KGaA, bei denen von der Möglichkeit abweichender Satzungsregelungen kein Gebrauch gemacht wurde. Mit „gesetzestypischer KGaA" wird nicht die KGaA bezeichnet, deren Komplementäre ausschließlich natürliche Personen sind. Hierfür wird im Folgenden der Begriff „einfache KGaA" verwendet. Der Begriff der „einfachen KGaA" dient der Abgrenzung zur Kapitalgesellschaft & Co. KGaA bzw. zur GmbH & Co. KGaA.

116 BGHZ 134, 392, 399.

117 *Assmann/Sethe,* in: GroßKomm AktG, § 278 Rn. 113 ff., *Semler/Perlitt,* in: MünchKomm AktG, § 278 Rn. 369; *Herfs,* in: Münch Hdb AG, § 77 Rn. 17; *Schütz/Reger,* in: Hdb KGaA, § 5 Rn. 99 ff. (S. 118 f.); *Hoffmann-Becking/Herfs,* in: FS Sigle 2000, 273, 286 ff.; *Heermann,* ZGR 2000, 61, 76 ff.; *Jaques,* NZG 2000, 401, 408; *Schaumburg/Schulte,* Die KGaA, S. 38 f.; *Schaumburg,* DStZ 1998, 525, 532; *Wichert,* AG 2000, 268, 270; *Overlack,* RWS-Forum 10 Gesellschaftsrecht 1997, 237, 258 f.

118 *Ihrig/Schlitt,* ZHR Beiheft 67/1998, 33, 66; *Dirksen/Möhrle,* ZIP 1998, 1377, 1385 f.; *Hennerkes/Lorz,* DB 1997, 1388, 1391; *Arnold,* Die GmbH & Co. KGaA, S. 65; *Kiefer,* Anlegerschutz durch Gesellschaftsrecht, S. 166 ff. Ähnlich *Hommelhoff,* der einen gesetzlichen Regelungsauftrag an den Satzungsgeber fordert, die Zustimmungsrechte aus § 164 S. 1 2. HS HGB auf ein von den Kommanditaktionären kontrolliertes Organ zu übertragen, *Hommelhoff,* ZHR Beiheft 67/1998, 9, 16 ff.

1. Aktienrechtliche Sorgfaltspflichten und Gesamtverantworung der Vorstands

Für die Vorstandsmitglieder der *Aktiengesellschaft* sind die Sorgfaltspflichten in § 93 Abs. 1 AktG und die Verantwortlichkeit in § 93 Abs. 2 bis 6 AktG geregelt.

Die Festlegung der Sorgfaltspflicht in § 93 Abs. 1 S. 1 AktG hat für den Haftungstatbestand in § 93 Abs. 2, 3 AktG eine doppelte Bedeutung:

- „Die Sorgfalt eines ordentlichen und gewissenhaften Geschäftsleiters" i. S. d. § 93 Abs. 1 S. 1 AktG konkretisiert den allgemeinen Verschuldensmaßstab der §§ 276 Abs. 1 S. 2 BGB, 347 Abs. 1 HGB im Hinblick auf die aktienrechtliche Leitungsmacht des Vorstands gem. § 76 Abs. 1 AktG[119]: Maßgeblich für den konkreten Verhaltensstandard der Vorstandsmitglieder ist stets ihre Rolle als treuhänderische Verwalter fremder Vermögensinteressen und einzelfallabhängig ihre Rolle als selbstständige Leiter eines Unternehmens der jeweiligen Art.[120]
- Gleichzeitig ist § 93 Abs. 1 S. 1 AktG eine Generalklausel, aus der einzelne Verhaltenspflichten abgeleitet werden können, deren Verletzung eine Haftung gem. § 93 Abs. 2 AktG begründen kann.[121] § 93 Abs. 1 S. 2 AktG enthält eine Konkretisierung dieser Verhaltenspflichten im Hinblick auf die Verschwiegenheitspflicht der Vorstandsmitglieder.

Weitere Konkretisierungen ergeben sich aus den gesetzlichen Verhaltenspflichten z. B. den §§ 80, 81, 83, 88, 90, 92 AktG.[122] Im Übrigen verfügen die Vorstandsmitglieder im Rahmen ihrer Leitungsmacht gem. § 76 Abs. 1 AktG über einen weiten unternehmerischen Ermessensspielraum.[123] Der Ermessensspielraum wird solange nicht überschritten, als nicht evident gegen das Unternehmensinteresse verstoßen wurde.[124] Das Unternehmensinteresse geht über das Gesellschaftsinteresse hinaus und umfasst neben den Interessen der Aktionäre die Interessen von potentiellen Anlegern, Arbeitnehmern und der Allgemeinheit. Räumt der Vorstand beispielsweise im Einzelfall Arbeitnehmerinteressen den Vorzug gegenüber Aktionärsinteressen ein, löst dies keine Haftung gem. § 93 Abs. 2 AktG aus, wenn sich die Maßnahme mit Blick auf die langfristige Rentabilität des Unternehmens rechtfertigen lässt.[125]

---

119 *Hüffer,* AktG, § 93 Rn. 4.

120 Vgl. BGHZ 129, 30, 34; OLG Düsseldorf AG 1997, 231, 235; *Hefermehl/Spindler,* in: Münch Komm AktG, § 93 Rn. 22; *Hüffer,* AktG, § 93 Rn. 4; *Mertens,* in: Kölner Komm AktG, § 93 Rn. 6.

121 *Hüffer,* AktG, § 93 Rn. 3; *Mertens,* in: Kölner Komm AktG, § 93 Rn. 7.

122 Eine umfassende Aufzählung der Sorgfaltspflichten findet sich bei *Ihlas,* Organhaftung und Haftpflichtversicherung, S. 74 ff.

123 BGHZ 135, 244, 253 [ARAG/Garmenbeck]; *Kort,* in: GroßKomm AktG, § 76 Rn. 51; *Hefermehl/Spindler,* in: Münch Komm AktG, § 93 Rn. 24 ff.; *Hüffer,* AktG, § 93 Rn. 13a.

124 *Hefermehl/Spindler,* in: Münch Komm AktG, § 93 Rn. 24, 27; *Hüffer,* AktG, § 93 Rn. 13a.

Der eigenverantwortlichen Leitung der AG durch den Gesamtvorstand gem. § 76 Abs. 1 AktG entspricht die *Gesamtverantwortung* des Vorstands im haftungsrechtlichen Sinn.[126] Zumeist wird von der Möglichkeit Gebrauch gemacht, die Geschäftsführungsaufgaben, die keine Leitungsaufgaben sind, gem. § 77 AktG unter den einzelnen Vorstandsmitgliedern zu verteilen. Gesamtverantwortung bedeutet, dass trotz einer solchen Geschäftsverteilung jedes einzelne Vorstandsmitglied für die Rechtmäßigkeit und Zweckmäßigkeit der gesamten Geschäftsführung haftungsrechtlich verantwortlich bleibt.[127] Aus dieser Gesamtverantwortung resultiert eine Aufsichtspflicht jedes Vorstandsmitglieds für die Geschäftsbereiche der anderen Vorstandsmitglieder.[128] Erkennt ein Vorstandsmitglied, dass ein Kollege bei der Leitung seines Ressorts gegen das Unternehmensinteresse verstößt, ist er verpflichtet zu widersprechen.[129] Die Aufsichts- und Kontrollpflichten dürfen nicht überspannt werden, d. h. die Berichtspflichten innerhalb des Gesamtvorstands reichen zur Informationsbeschaffung aus und müssen nicht durch Kontrollen außerhalb des Vorstands ergänzt werden.[130] Gelangt ein Vorstandsmitglied dennoch, d. h. ohne eigenes Zutun z. B. durch Zufall oder durch gezielte Information von außen, an Informationen über Missstände in anderen Geschäftsbereichen, ist er stets verpflichtet dagegen einzuschreiten.[131]

2. Sorgfaltspflichten und Veranwortlichkeit in der Personengesellschaft

Gem. §§ 161 Abs. 2, 105 Abs. 3 HGB, 708 BGB gilt für die geschäftsführungsbefugten Gesellschafter in der *Personengesellschaft* der – im Vergleich zu § 93 Abs. 1 S. 1 AktG – erleichterte Verschuldensmaßstab der eigenüblichen Sorgfalt. Haftungstatbestand ist § 280 BGB.[132] Abgesehen von den gesetzlichen Pflichten im Aktiengesetz gelten für die Personengesellschaft ähnliche Verhaltenspflichten wie in der AG: Auch in der Personengesellschaft steht den Geschäftsführern im Rahmen des Unternehmensinteresses ein weiter unternehmerischer Beurteilungsspielraum zu. Die Auslegung des Unternehmensinteresses und des Ermessensspielraums orientiert sich am Aktienrecht.[133]

---

125 *Hefermehl/Spindler,* in: Münch Komm AktG, § 76 Rn. 70 ff.; *Kort,* in: GroßKomm AktG, § 76 Rn. 58.

126 *Kort,* in: GroßKomm AktG, § 76 Rn. 156.

127 *Hüffer,* AktG, § 77 Rn. 14; *Mertens,* in: Kölner Komm AktG, § 93 Rn. 54.

128 *Hüffer,* AktG, § 77 Rn. 15; *Mertens,* in: Kölner Komm AktG, § 93 Rn. 54; *Kort,* in: GroßKomm AktG, § 76 Rn. 156.

129 *Mertens,* in: Kölner Komm AktG, § 93 Rn. 54; *Kort,* in: GroßKomm AktG, § 76 Rn. 156.

130 *Hüffer,* AktG, § 77 Rn. 15.

131 *Mertens,* in: Kölner Komm AktG, § 93 Rn. 54.

132 *Baumbach/Hopt,* HGB, § 114 Rn. 15.

133 *Ulmer,* in: GroßKomm HGB, § 114 Rn. 37 ff.

Eine Gesamtverantwortung der geschäftsführungsbefugten Komplementäre in der Personengesellschaft, die der des aktienrechtlichen Vorstands vergleichbar wäre, besteht nicht. Zwar ist das *Widerspruchsrecht* der geschäftsführungsbefugten Komplementäre gem. § 115 Abs. 1 2. HS HGB ein Pflichtrecht, d. h. der Komplementär muss einer Geschäftsführungsmaßnahme widersprechen, wenn er erkennt, dass die Geschäftsführungsmaßnahme gegen das Unternehmensinteresse verstößt.[134] Allerdings bestehen im Vergleich zur aktienrechtlichen Aufsichtspflicht gegenüber anderen Vorstandsmitgliedern erhebliche Unterschiede: Das Widerspruchsrecht steht den Komplementären nur im Rahmen ihrer Geschäftsführungsbefugnis zu. Mit anderen Worten: Ist die Geschäftsführungsbefugnis eines Komplementärs durch Regelung im Gesellschaftsvertrag auf einen Geschäftsbereich beschränkt worden, kann dieser Komplementär nur solchen Geschäftsführungsmaßnahmen widersprechen, die seinen eigenen Geschäftsbereich betreffen[135]; eine Gesamtleitung und damit auch eine Gesamtverantwortung der Geschäftsführer gibt es – im Unterschied zur AG – in der Personengesellschaft nicht. Selbst wenn sich aus der pflichtwidrigen Unterlassung des Widerspruchs eine Haftung gegenüber der Gesellschaft ergibt, ist der Komplementär – im Unterschied zur AG – im Innenverhältnis gegenüber dem handelnden Komplementär in vollem Umfange zum Regress berechtigt.[136]

3. Sorgfaltspflichten und Verantwortlichkeit in der KGaA

In der *KGaA* stellt sich im Hinblick auf die Haftung des Geschäftsleitungsorgans folgendes Problem: Für die Geschäftsführung durch die Komplementäre gilt gem. § 278 Abs. 2 AktG Personengesellschaftsrecht, für Sorgfaltspflicht und Verantwortung verweist § 283 Nr. 3 AktG dagegen auf Aktienrecht. Dieses Spannungsverhältnis zwischen Personengesellschaftsrecht und Aktienrecht wird im besonderen Teil unter den Gliederungspunkten § 3 B. VI. und VII. eingehend untersucht werden.

IX. Die Berufung der Mitglieder der Geschäftsleitung

In der Aktiengesellschaft bestellt der Aufsichtsrat die Vorstandsmitglieder. In der Personengesellschaft üben Gesellschafter die Geschäftsleitung aus, die grundsätzlich bei allen Entscheidungen, die ihre Geschäftsführungsbefugnis verändern, zustimmen müssen.

---

134 *Wirth*, in: Münch Hdb KG, § 7 Rn. 48; *Ulmer*, in: GroßKomm HGB, § 115 Rn. 8.

135 *Wirth*, in: Münch Hdb KG, § 7 Rn. 35; *Ulmer*, in: GroßKomm HGB, § 115 Rn. 10.

136 *Wirth*, in: Münch Hdb KG, § 7 Rn. 48; *Ulmer*, in: GroßKomm HGB, § 115 Rn. 8.

1. Die mittelbare Personalkompetenz der Hauptversammlung

In der *Aktiengesellschaft* liegt die Geschäftsleitung beim Vorstand; der Aufsichtsrat ist Überwachungsorgan. Beide Organe bilden zusammen die Verwaltung der AG. Die Hauptversammlung verfügt – zumindest mittelbar – über die Personalkompetenz für die AG-Verwaltungsorgane:

Gem. § 101 Abs. 1 AktG wählen die Aktionäre die Mitglieder des Aufsichtsrats, soweit nicht Entsendungsrechte bestehen oder aufgrund der unternehmerischen Mitbestimmungsregelungen Arbeitnehmervertreter zu wählen sind[137]. Die Satzung kann Anforderungen vorsehen, denen die zu wählenden Aktionärsvertreter entsprechen müssen; nur eine Satzungsregelung, die die Wahlfreiheit der Hauptversammlung im Ergebnis aufheben würde, ist unzulässig.[138]

Da der Aufsichtsrat seinerseits gem. § 84 Abs. 1 S. 1 AktG die Mitglieder des Vorstandes bestellt, verfügen die Aktionäre über die mittelbare Personalhoheit für das Geschäftsleitungsorgan: Zwar sind die Aufsichtsratsmitglieder nicht von Weisungen der Hauptversammlung abhängig; gem. § 103 Abs. 1 S. 1 AktG können aber die gem. § 101 Abs. 1 AktG gewählten Aufsichtsratsmitglieder, d. h. die Vertreter der Aktionäre[139], nach freiem Ermessen der Hauptversammlung vor Ablauf ihrer Amtszeit mit einer Dreiviertelmehrheit der abgegebenen Stimmen abberufen werden.

Einschränkungen der Personalkompetenz ergeben sich bei der Besetzung des Aufsichtsrats aus den mitbestimmungsrechtlichen Vorschriften.[140]

Für die Bestellung der Vorstandsmitglieder kann die Satzung besondere Eignungsvoraussetzungen aufstellen.[141]

Die Bestellung eines Vorstandsmitglieds ist ein einseitiger, wenn auch mitwirkungsbedürftiger, körperschaftlicher Organisationsakt und kein Vertrag.[142] Mit der Annahme der Bestellung wird die jeweilige Person Organmitglied mit allen im Aktiengesetz geregelten Rechten und Pflichten.[143] Parallel dazu wird ein Anstellungsvertrag geschlossen, der die schuldrechtlichen Rechte und Pflichten der Vorstandmitglieder im Verhältnis zur Gesellschaft regelt[144] und vom körperschaftlichen Rechtsverhältnis, das durch die Bestellung zum Organmitglied begründet wird, zu unterscheiden ist, vgl. § 84 Abs. 3 S. 4 AktG. Der Anstellungsvertrag ent-

---

137 Zum Mitbestimmungsrecht in der Aktiengesellschaft vgl. § 2 A. XI. 1.

138 *Semler,* in: Münch Komm AktG, § 101 Rn. 14.

139 *Semler,* in: Münch Komm AktG, § 103 Rn. 15.

140 Zum Mitbestimmungsrecht in der Aktiengesellschaft vgl. § 2 A. XI. 1.

141 *Hefermehl/Spindler,* in: Münch Komm AktG, § 84 Rn. 23.

142 *Mertens,* in: Kölner Komm AktG, § 84 Rn. 3; *Hefermehl/Spindler,* in: Münch Komm AktG, § 84 Rn. 17 f.

143 *Hefermehl/Spindler,* in: Münch Komm AktG, § 84 Rn. 17.

144 *Mertens,* in: Kölner Komm AktG, § 84 Rn. 33; *Hefermehl/Spindler,* in: Münch Komm AktG, § 84 Rn. 42.

hält regelmäßig Aussagen zur Vergütung des Vorstandsmitglieds.[145] Die Aktiengesellschaft wird beim Abschluss des Anstellungsvertrages vom Aufsichtsrat vertreten, § 112 AktG. Neben der schuldrechtlichen Entlohnung kommt eine Gewinnbeteiligung in Betracht: Das Aktiengesetz sieht eine solche zwar nicht zwingend vor, lässt aber entsprechende Satzungsregelungen ausdrücklich zu, § 86 AktG.

2. Die Begründung der Geschäftsführungsbefugnis in der Personengesellschaft

In der *Personengesellschaft* gibt es keine Gesellschaftsorgane, die mit Organträgern besetzt werden müssen. OHG, KG und GbR haben *a priori* Organe, weil sich diese Rechtsformen erst durch ihre Gesellschafter konstituieren. Mit anderen Worten: Die Mitglieder üben die Organfunktionen kraft ihrer Gesellschafterstellung aus.[146] Die Personalkompetenz steht in der Personengesellschaft damit grundsätzlich allen Gesellschaftern gemeinsam zu: Über die Einräumung organschaftlicher Rechte wird entschieden, wenn neue persönlich haftende Gesellschafter aufgenommen oder die Geschäftsführungs- und Vertretungsbefugnisse unter den Komplementären verteilt werden. Im Gesellschaftsvertrag können Einzel- durch Gesamtgeschäftsführungsbefugnisse ersetzt oder einzelne phG vom Geschäftsführungs- und / oder Vertretungsrecht ausgeschlossen werden, vgl. §§ 114 Abs. 2, 115 Abs. 1, 125 Abs. 1 HGB. Vertragsänderungen erfordern grundsätzlich die Zustimmung aller, d. h. auch diejenige des betroffenen Gesellschafters.[147] Personalhoheit besitzen daher im Grundsatz auch nicht-geschäftsführungs- und / oder vertretungsbefugte Komplementäre und – in der KG – Kommanditisten. Allerdings können die genannten Personalentscheidungen durch gesellschaftsvertragliche Vereinbarungen auch auf eine Gruppe von Gesellschaftern, auf einzelne Gesellschafter oder auf außenstehende Dritte übertragen werden.[148]

Neben den gesellschaftsvertraglichen Regelungen werden mit den Geschäftsführern der Personenhandelsgesellschaft schuldrechtliche Dienstverträge abgeschlossen. Sie enthalten Vergütungsregelungen, mit denen die Tätigkeit der geschäftsführenden Gesellschafter entlohnt wird.[149] Zwar ist der phG schon aufgrund seiner Stellung als Gesellschafter berechtigt, in einem Geschäftsjahr bis zu 4% des Betra-

---

[145] *Mertens,* in: Kölner Komm AktG, § 84 Rn. 55; *Hefermehl / Spindler,* in: Münch Komm AktG, § 84 Rn. 42.

[146] *K. Schmidt,* Gesellschaftsrecht, § 8 IV. 2. e) [S. 211]. Zum Prinzip der Selbstorganschaft bereits oben § 1 A. II. 3.

[147] *Ulmer,* in: GroßKomm HGB, § 114 Rn. 15; *Baumbach / Hopt,* HGB, § 114 Rn. 3; *Emmerich,* in: Heymann, HGB, § 114 Rn. 3. Ausführlich zu den Grundlagengeschäften bereits oben § 1 A. II. 6.

[148] Zur Ermächtigung der Komplementäre vgl. BGH BB 1976, 154. Zur Ermächtigung der Gesellschaft und damit gegebenenfalls ihrer rechtsgeschäftlichen Fremdgeschäftsführer vgl. BGH NJW 1978, 1000.

[149] *Baumbach / Hopt,* HGB, § 122 Rn. 15 f.

ges seines Kapitalanteils zu entnehmen, § 161 Abs. 2, 122 Abs. 1 1. HS HGB; dieses Recht besteht unabhängig vom Gewinn der Gesellschaft und soll den Gesellschaftern einen Mindestunterhalt zu sichern.[150] Da dieses Entnahmerecht aber auch nicht-geschäftsführungsbefugten Komplementären und Kommanditisten zusteht, wird es in der Praxis oft abbedungen und durch Tätigkeitsverträge für die Geschäftsführer ersetzt.

3. Die Begründung der Geschäftsführungsbefugnis in der KGaA

In der *KGaA* liegt die Geschäftsleitung wie in einer Personengesellschaft bei Gesellschaftern, § 278 Abs. 2 AktG. Deshalb verfügt auch die Hauptversammlung nicht über die mittelbare, der Aufsichtsrat nicht über die direkte Personalkompetenz[151] für das Leitungsorgan; die Komplementäre sind die geborenen Geschäftsführer der KGaA. Gem. §§ 278 Abs. 2, 285 Abs. 2 S. 1 AktG i.V.m. den personengesellschaftsrechtlichen Grundsätzen für Grundlagengeschäfte entscheiden über die Aufnahme eines Komplementärs und die Geschäftsverteilung unter den Gesellschaftsorganen, insbesondere über die Ausschließung eines Komplementärs von der Geschäftsführungs- und / oder Vertretungsbefugnis, grundsätzlich alle Gesellschafter der KGaA – einschließlich des betroffenen Komplementärs – gemeinsam. Erforderlich sind ein Hauptversammlungsbeschluss und die Zustimmung aller, auch der nicht-geschäftsführungs- und / oder vertretungsbefugten, Komplementäre.[152]

Wie in der Personengesellschaft steht jedem Komplementär das gewinnunabhängige Entnahmerecht in Höhe von 4% seiner Vermögenseinlage zu, § 278 Abs. 2 AktG i.V.m. §§ 161 Abs. 2, 122 Abs. 1 1. HS HGB. Dabei sind die in der Spezialregelung des § 288 AktG definierten Grenzen einzuhalten. Dennoch wird in der Praxis mit jedem geschäftsführungsbefugten Komplementär zusätzlich ein Dienstvertrag abgeschlossen werden, in dem eine Tätigkeitsvergütung vereinbart wird.[153] Umstritten ist, ob für den Abschluss dieses Dienstvertrages gem. § 278 Abs. 3 i.V.m. § 112 AktG der Aufsichtsrat oder gem. § 278 Abs. 2 AktG ein vertretungsbefugter Komplementär[154] zuständig ist.[155]

---

150 *Baumbach / Hopt,* HGB, § 122 Rn. 8.

151 *Bürgers,* in: Hdb KGaA, § 5 Rn. 478 (S. 232 f.); *K. Schmidt,* Gesellschaftsrecht, § 32 III. 4. [S. 976].

152 *Assmann / Sethe,* in: GroßKomm AktG, § 278 Rn. 49; *Semler / Perlitt,* in: Münch Komm AktG, § 278 Rn. 66; *Herfs,* in: Münch Hdb AG, § 76 Rn. 4.

153 Zur Ausgestaltung solcher Tätigkeitsverträge vgl. u. a. *Hecht,* in: Hdb KGaA, § 5 Rn. 259 ff. (S. 165 ff.).

154 Für den Fall, dass die KGaA nur über einen Komplementär verfügt, wäre der Komplementär selbst zuständig. In diesem Fall müsste die KGaA-Satzung eine Befreiung von § 181 BGB vorsehen.

155 Zu diesem Problem ausführlich unten § 3 C.

X. Die Abberufung der Mitglieder der Geschäftsleitung

Die Geschäftsleitungsmitglieder der Aktiengesellschaft werden durch Entscheidung des zuständigen Organs abberufen. In der Personengesellschaft können die geschäftsführungsbefugten Gesellschafter gegen ihren Willen nur im Klageverfahren ihre Kompetenzen verlieren.

1. Die Abberufung in der Aktiengesellschaft

In der *Aktiengesellschaft* ist zwischen den Mitgliedern des Aufsichtsrats und des Vorstands zu unterscheiden:

Die gem. § 101 Abs. 1 AktG gewählten Aufsichtsratsmitglieder, d. h. die Vertreter der Aktionäre[156], können gem. § 103 Abs. 1 S. 1 AktG nach freiem Ermessen der Hauptversammlung vor Ablauf ihrer Amtszeit mit einer Dreiviertelmehrheit der abgegebenen Stimmen abberufen werden.

Der Aufsichtsrat kann die Bestellung der Vorstandsmitglieder widerrufen: Die Entscheidung liegt dabei nicht im freien Ermessen des Aufsichtsratsmitglieder, sondern ist nur möglich, wenn ein wichtiger Grund vorliegt, § 84 Abs. 3 S. 1 AktG. Regelbeispiele eines wichtigen Grundes sind in § 84 Abs. 3 S. 2 AktG aufgezählt: Besonders hervorzuheben ist der Vertrauensentzug durch die Hauptversammlung, der nicht als rechtsmissbräuchlich zu beurteilen ist. Dieser Widerrufsgrund zeigt deutlich, dass die Vorstandsmitglieder ihre Organstellung letztlich von den Anteilseignern der Aktiengesellschaft ableiten. Allein der Vertrauensverlust bei den Aktionären rechtfertigt nämlich schon die Abberufung; eine Pflichtverletzung durch das Vorstandsmitglied ist gar nicht erforderlich.[157] Dennoch hat das Gesetz bewusst den Aufsichtsrat zwischengeschaltet, weil dieser als unabhängiges Organ nicht nur den Aktionärsinteressen, sondern auch dem Unternehmensinteresse verpflichtet ist.[158] Dementsprechend ist der Aufsichtsrat auch nicht verpflichtet, nach dem Vertrauensentzug durch die Hauptversammlung das Vorstandsmitglied auch tatsächlich abzuberufen; der Aufsichtsrat entscheidet in eigener Verantwortung.[159] Die Satzung darf auch keine absolut wirkenden wichtigen Gründe schaffen, die zum Verlust des Vorstandsamtes führen müssen; dies würde dem Aufsichtsrat die freie Ermessensentscheidung nehmen.[160] Zulässig ist dage-

---

156 *Semler,* in: Münch Komm AktG, § 103 Rn. 15.

157 BGHZ 13, 188, 192; BGHZ 15, 71, 75. Freilich darf der Vertrauensentzug durch die Hauptversammlung seinerseits nicht auf unsachlichen Gründen beruhen, d. h. er darf nicht sittenwidrig sein oder gegen Treu und Glauben verstoßen, BGHZ 13, 188, 193.

158 *Mertens,* in: Kölner Komm AktG, § 84 Rn. 93, 104

159 BGHZ 13, 188, 193; *Hefermehl/Spindler,* in: GroßKomm AktG, § 84 Rn. 106; *Mertens,* in: Kölner Komm AktG, § 84 Rn. 107; a. A. *Wiesner,* in: Münch Hdb AG, § 20 Rn. 50.

160 *Mertens,* in: Kölner Komm AktG, § 84 Rn. 93; *Hefermehl/Spindler,* in: GroßKomm AktG, § 84 Rn. 93.

gen die Statuierung von Eignungsvoraussetzungen für ein Vorstandsamt, deren Fehlen einen Widerruf gem. § 84 Abs. 3 AktG rechtfertigen könnte.[161] Die Abberufung des Vorstandsmitgliedes wird sofort wirksam; der Betroffene bleibt bis zu einem entgegenstehenden rechtskräftigen Urteil von seinem Amt ausgeschlossen, § 84 Abs. 3 S. 4 AktG.

2. Die Entziehungs- und Ausschließungsklagen in der Personengesellschaft

In der *Personengesellschaft* setzt grundsätzlich auch der Verlust der Geschäftsführerfunktion eine Änderung des Gesellschaftsvertrages voraus: Austritt aus der Gesellschaft oder Abbedingung der Geschäftsführungs- und/oder Vertretungsbefugnis. Wenn sich allerdings ein geschäftsführender phG als ungeeignet erweist, seine Aufgaben ordnungsgemäß zu erledigen, besteht auch in der Personengesellschaft das Bedürfnis, den Komplementär notfalls auch gegen seinen Willen seiner Funktionen zu entbinden. Das Gesetz stellt hierfür die Klagen auf Entziehung der Geschäftsführungs- und/oder Vertretungsbefugnis gem. §§ 117, 127 HGB und die Ausschließungsklage gem. § 140 HGB zur Verfügung. Die Klagen stellen einen Rechtsbehelf dar, mit denen im Gesellschaftsinteresse notwendige Vertragsänderungen auch gegen den Willen des betroffenen Gesellschafters durchgesetzt werden können.[162] Notwendig ist ein Klageantrag aller übrigen Gesellschafter, §§ 117, 127, 140 HGB; sie sind im Prozess notwendige Streitgenossen i. S. d. § 62 Abs. 1 ZPO.[163] Die Mitwirkung am Prozess kann durch eine schriftliche Zustimmungserklärung ersetzt werden (gewillkürte Prozessstandschaft).[164] Die übrigen Gesellschafter können durch ihre Treuepflicht zur Unterstützung der Klage verpflichtet sein.[165] Die Klage auf Zustimmung kann mit dem Hauptverfahren auf Entziehung der Geschäftsführungs- und/oder Vertretungsbefugnis des Komplementärs verbunden werden.[166]

---

161 Strittig; zustimmend: *Hefermehl/Spindler,* in: GroßKomm AktG, § 84 Rn. 24; ablehnend: *Mertens,* in: Kölner Komm AktG, § 84 Rn. 9.

162 *Ulmer,* in: GroßKomm HGB, § 117 Rn. 22.

163 *Emmerich,* in: Heymann, HGB, § 117 Rn. 11; *von Gerkan,* in: Röhricht/Graf v. Westphalen, HGB, § 117 Rn. 11; *Ulmer,* in: GroßKomm HGB, § 117 Rn. 61.

164 *Emmerich,* in: Heymann, HGB, § 117 Rn. 11; *von Gerkan,* in: Röhricht/Graf v. Westphalen, HGB, § 117 Rn. 11; zur Ausschließungsklage: BGHZ 68, 81, 83.

165 *Emmerich,* in: Heymann, HGB, § 117 Rn. 12. Diese Mitwirkungspflicht kann z. B. dann gegeben sein, wenn Umstände vorliegen, die die Zustimmung im Hinblick auf die Erhaltung gemeinsam geschaffener Werte dringend erforderlich erscheinen lassen, BGHZ 64, 253, 258. Die Zustimmungspflicht ist natürlich auch dann gegeben, wenn die Gesellschafter mittelbar selbst für den Entziehungsgrund verantwortlich zeichnen, z. B. weil sie Geschäftsführer der Komplementär-GmbH sind, der die Geschäftsführungs- und/oder Vertretungsbefugnis entzogen werden soll, vgl. BGH ZIP 1983, 1066, 1070.

166 *Emmerich,* in: Heymann, HGB, § 117 Rn. 13; für die Aussschließungsklage in der Personengesellschaft: BGHZ 68, 81.

Im Gegensatz zur Aktiengesellschaft ist die Abberufung des Geschäftsleitungsorgans in der Personengesellschaft mit einem schwerwiegenden Eingriff in die gesellschaftsrechtlichen Beziehungen der Gesellschafter untereinander verbunden.[167] Die Folge ist, dass das Verfahren in der Personengesellschaft im Vergleich zur Aktiengesellschaft erschwert ist: So bleibt es bis zum Gestaltungsurteil bei der alten Geschäftsverteilung; wirksam wird die Entziehung der Geschäftsführungs- und/oder Vertretungsbefugnisse erst mit der Rechtskraft des Urteils, das den Gesellschaftsvertrag umgestaltet.[168] Deshalb kommt in der Personengesellschaft dem einstweiligen Rechtsschutz besondere Bedeutung zu, da hier die Entziehung bereits mit der Zustellung des gerichtlichen Beschlusses wirksam wird.[169]

Darüber hinaus unterscheiden sich der wichtige Grund i. S. d. § 84 Abs. 3 S. 1 AktG und der wichtige Grund i. S. d. §§ 117, 127 HGB: Der schwere Eingriff in die mitgliedschaftlichen Rechte des betroffenen Komplementärs lässt einen lediglich nicht rechtsmissbräuchlichen Vertrauensentzug durch die übrigen Gesellschafter nicht ausreichen; vielmehr muss das Vertrauensverhältnis nach objektivierter Beurteilung nachhaltig zerstört sein.[170] Zwar können sich die Fallgruppen für das Vorliegen eines wichtigen Grundes in Aktiengesellschaft und Personengesellschaft im Übrigen durchaus ähneln – hingewiesen sei nur auf die grobe Pflichtverletzung oder die Unfähigkeit zur ordnungsgemäßen Geschäftsführung, die als Regelbeispiele eines wichtigen Grundes in § 84 Abs. 3 S. 2 AktG und § 117 2. HS HGB genannt sind. Die strengeren Anforderungen in der Personengesellschaft zeigen sich jedoch u. a. daran, dass in der Personengesellschaft immer geprüft werden muss, ob ein milderes, aber ebenso geeignetes Mittel, z. B. eine Teilentziehung der Befugnisse, in Frage kommt.[171]

Auch ist der wichtige Grund in der Personengesellschaft vollständig dispositiv, d. h. anders als in der Aktiengesellschaft können absolut wirksame „wichtige Gründe" im Gesellschaftsvertrag definiert werden.[172] Durch eine abschließende Aufzählung wichtiger Gründe i. S. d. §§ 117, 127 HGB kann die Entziehung der Geschäftsführungs- und/oder Vertretungsbefugnisse auch erschwert werden.[173]

---

167 *Martens,* in: Schlegelberger, HGB, § 117 Rn. 15.

168 *Ulmer,* in: GroßKomm HGB, § 117 Rn. 49; *Baumbach/Hopt,* HGB, § 117 Rn. 9; *Mayen,* in: Ebenroth/Boujong/Joost, HGB, § 117 Rn. 23 f.

169 *Martens,* in: Schlegelberger, HGB, § 117 Rn. 2; *Ulmer,* in: GroßKomm HGB, § 117 Rn. 2; *Baumbach/Hopt,* HGB, § 117 Rn. 7, 9.

170 BGH NJW 1984, 173, 174; zur Ausschließungsklage BGHZ 31, 295, 304 f.; ebenso die Literatur: *Ulmer,* in: GroßKomm HGB, § 117 Rn. 26; *Martens,* in: Schlegelberger, HGB, § 117 Rn. 15; *Emmerich,* in: Heymann, HGB, § 117 Rn. 5.

171 *Ulmer,* in: GroßKomm HGB, § 117 Rn. 40.

172 *Ulmer,* in: GroßKomm HGB, § 117 Rn. 43.

173 *Ulmer,* in: GroßKomm HGB, § 117 Rn. 43; *Martens,* in: Schlegelberger, HGB, § 117 Rn. 51; *Emmerich,* in: Heymann, HGB, § 117 Rn. 25a.

3. Die Entziehungs- und Ausschließungsklagen in der KGaA

Die Abberufung der Mitglieder des Geschäftsleitungsorgans vollzieht sich in der *KGaA* grundsätzlich wie in der Personengesellschaft: Erweist sich ein Komplementär als zur ordnungsgemäßen Geschäftsführung ungeeignet, stehen den übrigen Gesellschaftern gem. § 278 Abs. 2 AktG die personengesellschaftsrechtlichen Klagen der §§ 117, 127, 140 HGB zur Verfügung. Problematisch ist, wie die Gesamtheit der Kommanditaktionäre an einer solchen Gesellschafterklage[174] teilnimmt.[175] Von diesem Punkt abgesehen laufen diese Klagen nach dem oben beschriebenen personengesellschaftsrechtlichen Verfahren ab.[176] Auch die Gestaltungsmöglichkeiten im Hinblick auf die Entziehungs- und Ausschließungsanträge decken sich grundsätzlich mit denen in der Personengesellschaft.[177]

XI. Mitbestimmungsrecht

Das Mitbestimmungsrecht gilt in der Aktiengesellschaft, grundsätzlich aber nicht in der Personengesellschaft.

1. Mitbestimmungsrecht in der Aktiengesellschaft

Für die Verwaltungsorgane der *Aktiengesellschaft* gelten folgende mitbestimmungsrechtliche Regelungen:

Gem. § 76 Abs. 1 BetrVerfG 1952 muss der Aufsichtsrat einer Aktiengesellschaft zu mindestens einem Drittel aus Vertretern der Arbeitnehmer bestehen. Dies gilt nicht für Aktiengesellschaften, die nach dem 10. August 1994 eingetragen worden sind und weniger als 500 Arbeitnehmer beschäftigen und auch nicht für Aktiengesellschaften, die vor dem 10. August 1994 eingetragen worden sind und Familiengesellschaften i.S.d § 76 Abs. 6 S. 2 BetrVerfG darstellen.

Für Aktiengesellschaften, die in der Regel mehr als 2000 Arbeitnehmer beschäftigen, gelten noch strengere Vorschriften: Gem. § 7 MitbestG 1976 muss der Aufsichtsrat zur Hälfte aus Vertretern der Arbeitnehmer bestehen. Nach dem Montan-Mitbestimmungsgesetz und dem Mitbestimmungsergänzungsgesetz gelten ähnlich strenge Regelungen für Aktiengesellschaften der Montanindustrie, die mehr als 1000 Arbeitnehmer beschäftigen.

Auch die Personalkompetenz des Aufsichtsrats für die Bestellung der Vorstandsmitglieder der AG ist zum Teil eingeschränkt: In nach dem MitbestG mitbestimm-

---

174 Zur Gesellschafterklage bereits oben § 2 A. VI. 2. Fn. 75.

175 Zu diesem Problem unten ausführlich § 2 B. III. 1. bis 5.

176 Statt aller: *Schütz/Reger*, in: Hdb KGaA, § 5 Rn. 182 ff. (S. 141 f.).

177 Statt aller: *Schütz/Reger*, in: Hdb KGaA, § 5 Rn. 198 ff. (S. 146 f.).

ten Aktiengesellschaften gelten für die Bestellung der Vorstandmitglieder die besonderen Verfahrensregelungen des § 31 Abs. 2–4 MitbestG. Gem. § 33 MitbestG ist zudem ein Arbeitsdirektor als gleichberechtigtes Vorstandsmitglied zu bestellen, der aber nur in Aktiengesellschaften, die dem Montanmitbestimmungsgesetz unterliegen, nicht gegen die Stimmen der Arbeitnehmervertreter im Aufsichtsrat bestellt werden darf, vgl. § 84 Abs. 4 AktG i.V.m. § 13 Abs. 1 S. 2 Montan-MitbestG.

2. Mitbestimmungsrecht in der Personengesellschaft

Auf die *Personengesellschaft* sind mitbestimmungsrechtliche Regelungen grundsätzlich nicht anwendbar, vgl. § 1 Abs. 1 MitbestG, § 1 Abs. 2 Montan-MitbestG, § 76 Abs. 1 BetrVerfG 1952. Dieser Entscheidung des Gesetzgebers liegt der Gedanke zugrunde, dass Gesellschafter einer Personengesellschaft, die mit ihrem Privatvermögen am Unternehmensrisiko teilnehmen, nicht in ihrer Leitungsmacht eingeschränkt werden sollten.[178] Vor diesem Hintergrund ist auch verständlich, dass solche Kommanditgesellschaften, in denen keine natürliche Person haftet (Kapitalgesellschaft & Co. KG), unter den Voraussetzungen des § 4 MitbestG ausnahmsweise doch der Mitbestimmung unterliegen.

3. Mitbestimmungsrecht in der KGaA

In der *KGaA* bestehen einige Parallelen zur Aktiengesellschaft: Gem. § 278 Abs. 1 i.V.m. § 101 Abs. 1 AktG wählt die Hauptversammlung die Mitglieder des Aufsichtsrats. Die mitbestimmungsrechtlichen Einschränkungen bei der Wahl der Aufsichtsratsmitglieder unterscheiden sich nicht von den Einschränkungen in Aktiengesellschaften: Gem. § 1 Abs. 1 i.V.m. § 7 MitbestG, § 1 Abs. 2 Montan-MitbestG, § 76 Abs. 1 BetrVerfG 1952 gelten die Regelungen über die Besetzung des Aufsichtsrats in der KGaA genauso wie in der Aktiengesellschaft.

Insgesamt ist die KGaA aber im Vergleich zur AG mitbestimmungsrechtlich privilegiert: Gem. § 33 Abs. 1 S. 2 MitbestG ist kein Arbeitsdirektor zu bestellen; gem. § 31 Abs. 1 S. 2 MitbestG gelten die besonderen Verfahrensvorschriften für die Bestellung der Mitglieder des gesetzlichen Vertretungsorgans nicht in der KGaA. Damit ist der Tatsache Rechnung getragen, dass die Personalkompetenz für das Geschäftsleitungsorgan gem. §§ 278 Abs. 2, 285 Abs. 2 S. 1 AktG wie in der Personengesellschaft bei allen Gesellschaftern gemeinsam liegt.[179] Die gesellschaftsrechtliche Prämisse, dass persönliche Haftung für Gesellschaftsverbindlichkeiten mit unbeschränkter Leitungsmacht verbunden sein sollte, wurde vom Mitbestimmungsgesetzgeber respektiert.[180]

---

178 *K. Schmidt,* Gesellschaftsrecht, § 16 IV. 3. b) [S. 484].

179 Zur mitbestimmungsrechtlichen Privilegierung der KGaA gehören die auch im Übrigen eingeschränkten Kompetenzen des Aufsichtsrats; vgl. hierzu bereits oben § 2 A. VI. 3. a.E.

Vor diesem Hintergrund wird zum Teil vertreten, dass diese Privilegierung dann nicht mehr gerechtfertigt sei, wenn keine natürliche Person für Gesellschaftsverbindlichkeiten mit ihrem Privatvermögen haftet. Die Ausnahmeregelung des § 4 MitbestG sei deshalb nicht nur auf die Kapitalgesellschaft & Co. KG, sondern analog auch auf die Kapitalgesellschaft & Co. KGaA anzuwenden.[181] Diese Ansicht ist abzulehnen.[182] Es fehlt bereits an einer Regelungslücke, da der Gesetzgeber das Problem „Mitbestimmung in der KGaA" ausdrücklich geregelt hat, gleichzeitig aber keinen Anlass dafür sah, Kapitalgesellschaften & Co. KGaA besonderen Vorschriften zu unterwerfen.[183]

XII. Satzungsautonomie und Satzungsstrenge

Die Aktiengesellschaft ist weitgehend unveränderbar geregelt. Der Vorteil ist weitgehende Rechtssicherheit. Die Personengesellschaft darf im Gegensatz dazu von den Gesellschaftern grundsätzlich frei ausgestaltet werden. Der Vorzug dieser Rechtsform ist daher Flexibilität.

1. Die aktienrechtliche Satzungsstrenge

In der *Aktiengesellschaft* gilt gem. § 23 Abs. 5 AktG der Grundsatz der Satzungsstrenge. Danach sind Satzungsregelungen, die von den Vorschriften des Aktiengesetzes abweichen, nur dann zulässig, wenn diese Satzungsregelungen im Gesetz ausdrücklich für zulässig erklärt werden.

2. Die personengesellschaftsrechtliche Gestaltungsfreiheit

In der *Personengesellschaft* gilt der Grundsatz der Satzungsautonomie. Die Gesellschafter einer Personengesellschaft sind Herren der Gesellschaft[184] und können

---

180 *Herfs,* in: Münch Hdb AG § 77 Rn. 59; *Fischer,* Die KGaA nach dem Mitbestimmungsgesetz, S. 96 f.; *K. Schmidt,* Gesellschaftsrecht, § 14 II. 2. d) [S. 413].

181 *Steindorff,* in FS Ballerstedt [1975], 127, 138 f.; *Semler/Perlitt,* in: Münch Komm AktG, § 278 Rn. 302 ff.; *Joost,* ZGR 1998, 334, 343 ff.; *Fischer,* Die KGaA nach dem Mitbestimmungsgesetz, S. 136 ff.; *Arnold,* Die GmbH & Co. KGaA, S. 118 f. Letzterer weist jedoch zutreffend auf die geringe praktische Bedeutung hin, da es eher selten vorkommen dürfte, dass die Mehrheit der Kommanditaktionäre gleichzeitig die Mehrheit der Anteile an der Komplementär-Gesellschaft hält.

182 BGHZ 134, 392, 400 (*obiter dictum*); *Hecht,* in: Hdb KGaA, § 5 Rn. 529 ff. (S. 248 ff.); *Assmann/Sethe,* in: GroßKomm AktG, Vor § 278 Rn. 14; *Herfs,* in: Münch Hdb AG § 77 Rn. 59; *Bayreuther,* JuS 1999, 651, 656; *Dirksen/Möhrle,* ZIP 1998, 1377, 1378; *Hennerkes/May,* DB 1988, 537, 541; *dies.* BB 1988, 2393, 2399; *Jacques,* NZG 2000, 401, 403 f.

183 *Hecht,* in: Hdb KGaA, § 5 Rn. 532 (S. 249).

184 *Ulmer,* in: GroßKomm HGB, § 114 Rn. 15.

ihre gesellschaftsrechtlichen Rechtsbeziehungen untereinander grundsätzlich frei gestalten. Die Gestaltung der Rechtsbeziehungen der Gesellschafter untereinander erfolgt im Rahmen der sog. Grundlagengeschäfte.[185] Sie erfordern grundsätzlich die Zustimmung aller Gesellschafter; abweichende Satzungsregelungen sind grundsätzlich zulässig.[186] Satzungsregelungen, die bei Grundlagengeschäften von dem einzelnen Gesellschafter die Unterwerfung unter einen Mehrheitswillen fordern, müssen die jeweiligen Entscheidungsgegenstände, für die sie gelten sollen, eindeutig bezeichnen (*Bestimmtheitsgrundsatz*[187]). Der Bestimmtheitsgrundsatz fordert, dass aus den gesamten Umständen, insbesondere aus Sinn und Zweck des Gesellschaftsvertrages, ein eindeutiger Vertragswille der Gesellschafter feststellbar ist, sich für Beschlüsse der vorliegenden Art einer Mehrheitsentscheidung unterwerfen zu wollen[188].

Als deutlich wurde, dass der Bestimmtheitsgrundsatz zum Schutz der Gesellschafter nicht ausreicht, wurde in der Literatur die sog. *Kernbereichslehre* entwickelt[189], der sich inzwischen auch der BGH angeschlossen hat[190]. Die Kernbereichslehre bewertet die Gesellschafterrechte nach ihrem Gewicht und fordert unterschiedliche Anforderungen an Satzungsregelungen, die in die unterschiedlichen Rechte eingreifen.

Die Kernbereichslehre unterscheidet zwischen unverzichtbaren, mehrheitsfesten und stimmrechtsfesten Rechten:

Unverzichtbar sind solche Rechtspositionen des einzelnen Gesellschafters, die auch mit dessen Zustimmung nicht abbedungen werden dürfen. Unabdingbar ist z. B. das Recht des Komplementärs, an einer Komplementärversammlung teilzunehmen.[191]

---

185 BGHZ 76, 160, 164.

186 *Ulmer,* in: GroßKomm HGB, § 114 Rn. 15; *Baumbach/Hopt,* HGB, § 114 Rn. 3.

187 BGHZ 8, 35, 41 ff.; BGH NJW 1988, 411, 412; Beibehaltung des Bestimmtheitsgrundsatzes offengelassen in NJW 1995, 194 f.; *Ulmer,* in: GroßKomm HGB; § 119 Rn. 34.

188 BGHZ 8, 35, 43; BGHZ 66, 82, 85.

189 *Immenga,* ZGR 1974, 385; *Hennerkes/Binz,* BB 1983, 713, 716; *Hüffer,* ZHR 151 [1987], 396, 408.

190 Erstmals BGH NJW 1985, 974; dann BGH NJW 1995, 194, 195: Dem einzelnen Gesellschafter muss „ein Kernbereich von Rechten verbleiben, der nicht zur beliebigen Disposition der Mehrheit steht“; ebenso BGHZ 132, 263, 268.

191 *Ulmer,* in: GroßKomm HGB, § 119 Rn. 41; weitere unverzichtbare Rechte sind das Mindestinformationsrecht gem. § 118 Abs. 2 HGB und das Antragsrecht auf gerichtliche Auflösung gem. § 133 Abs. 3 HGB, vgl. *Ulmer,* in: GroßKomm HGB, § 119 Rn. 41 sowie § 118 Rn. 45 ff. Auch das Recht auf Teilnahme an Gesellschafterversammlungen ist unverzichtbar, *Picot,* BB 1993, 13, 17. Diese Rechte stehen gem. § 278 Abs. 2 AktG i.V.m. § 161 Abs. 2 HGB auch den Komplementären und der Gesamtheit der Kommanditaktionäre in der KGaA zu.

In den Personengesellschaften ist außerdem das Recht der *actio pro socio* unverzichtbar, soweit damit Ansprüche wegen unredlicher Geschäftsführung geltend gemacht werden sollen, *Koller,* in: Koller/Roth/Morck, HGB, § 105 Rn. 34; *Baumbach/Hopt,* HGB, § 109

Mehrheitsfest sind Gesellschafterrechte, die zwar abbedungen werden können, dies allerdings nicht ohne Zustimmung des betroffenen Gesellschafters geschehen darf.[192] Ein Ausschluss des Rechts ist daher nur möglich, wenn der Gesellschafter ausdrücklich auf das Recht verzichtet. Mehrheitsklauseln, die in ein solches Recht eingreifen, sind zulässig, wenn die Zustimmung zu der Satzungsregelung als antizipierte Zustimmung für die konkrete Mehrheitsentscheidung zu werten ist. Welche inhaltlichen Anforderungen an eine solche antizipierte Zustimmung zu stellen sind, steht noch in der Diskussion.[193] Zumeist wird gefordert, dass sich die Mehrheitsklausel eindeutig auf das zum Kernbereich gehörende Recht, in das eingegriffen wird, bezieht und Ausmaß, Umfang und Folgen des Eingriffs erkennen lässt.[194] Danach ist es ausreichend, wenn der Gesellschafter weiß, auf welche Rechte er verzichtet und welche Folgen dieser Verzicht für ihn hat.

Stimmrechtsfeste Rechte sind Gesellschafterrechte, die auch gegen den ausdrücklichen Willen der Gesellschafter eingeschränkt oder ausgeschlossen werden können. Der Gesellschafter muss sich ohne weiteres einer Mehrheitsentscheidung beugen. Nicht ausgeschlossen werden darf lediglich das Recht des Gesellschafters, an einer solchen Abstimmung teilzunehmen.[195]

3. Die Satzungsautonomie in der KGaA

In der *KGaA* ist gem. § 278 Abs. 2 AktG für bestimmte Bereiche eine freie Satzungsgestaltung möglich. Im Anwendungsbereich der gem. § 278 Abs. 3 AktG geltenden aktienrechtlichen Vorschriften gilt demgegenüber die Satzungsstrenge, § 23 Abs. 5 AktG. Die Zulässigkeit einer bestimmten Satzungsregelung ist daher grundsätzlich in zwei Schritten zu prüfen: Zunächst muss geklärt werden, ob der Anwendungsbereich für die personengesellschaftsrechtliche Satzungsautonomie eröffnet ist. In einem zweiten Schritt ist zu prüfen, ob die Satzungsregelung mit

Rn. 37; offen BGH NJW 1985, 2830, 2831 li. Sp. Für Ansprüche wegen fehlerhafter Geschäftsführung gilt in der KGaA gem. § 283 Nr. 8 AktG die Regelung des § 147 Abs. 3 i.V.m. Abs. 1 AktG. Für sonstige Ansprüche, die im Gesellschaftsverhältnis wurzeln, verbleibt auch in der KGaA ein Anwendungsbereich für die *actio pro socio* einzelner Komplementäre oder der Gesamtheit der Kommanditaktionäre, vgl. *Reger,* in: Hdb KGaA, § 5 Rn. 663 ff. (S. 285 ff.). Im Rahmen dieses Anwendungsbereiches stellt auch die *actio pro socio* ein unentziehbares Recht dar.

192 *Ulmer,* in: Münch Komm BGB, § 709 Rn. 91; *K. Schmidt,* Gesellschaftsrecht, § 16 III. 3. b) aa) bb) [S. 471 ff.]; *Sethe,* Die personalistische Kapitalgesellschaft, S. 118.

193 Sicher erscheint nur, dass eine antizipierte Zustimmung ein höheres Maß an Bestimmtheit erfordert als eine bloße Mehrheitsermächtigung, die dem Bestimmtheitsgrundsatz entspricht, vgl. *K. Schmidt,* ZHR 158 [1994], 205, 227 f. Im Übrigen vgl. § 1 A. II. 10.

194 BGHZ 132, 263, 268; *Ulmer,* in: Münch Komm BGB, § 709 Rn. 92; *Mecke,* ZHR 153 [1989], 35, 44; *Hüffer,* ZHR 151 [1987], 396, 408.

195 *Picot,* BB 1993, 13, 17; *Heermann,* ZGR 2000, 61, 84; *Immenga,* ZGR 1974, 385, 414.

den personengesellschaftsrechtlichen Rechtsprechungsgrundsätzen (Bestimmheitsgrundsatz und Kernbereichslehre) zu vereinbaren ist. Der Bestimmtheitsgrundsatz ist allerdings in der KGaA nahezu bedeutungslos.[196] Grund hierfür ist, dass die KGaA nach ihrem gesetzlichen Leitbild auf eine Vielzahl von kapitalistisch beteiligten Kommanditaktionären ausgerichtet ist. Dieses Leitbild entspricht der Definition einer Publikumspersonengesellschaft[197], auf die die Rechtsprechung den Bestimmtheitsgrundsatz nur sehr eingeschränkt anwendet.[198] Aus Gründen der Rechtssicherheit und Transparenz sollten allerdings – nicht zuletzt um Aktionäre einer börsennotierten KGaA ausreichend zu informieren – Abweichungen von der gesetzlichen Zuständigkeitsverteilung in der Satzung genau bezeichnet werden.[199] So sollte in die Satzung eine Liste mit den Beschlussgegenständen aufgenommen werden, bei denen die Zustimmung der Hauptversammlung abbedungen wurde; insbesondere strukturverändernde Maßnahmen[200] sollten einzeln aufgeführt und genau bezeichnet werden, da hier ein wesentlicher Unterschied zur Aktiengesellschaft besteht, in der dies nicht möglich ist.

XIII. Grundkapital und Vermögenseinlagen

Die Aufbringung von Eigenkapital durch die Gesellschafter ist in Kapitalgesellschaft und Personengesellschaft unterschiedlich geregelt. Die Einlagen der Gesellschafter erfüllen darüber hinaus verschiedene Funktionen.

1. Das Grundkapital der Kapitalgesellschaften

In der *Kapitalgesellschaft* bringen die Gesellschafter das Grundkapital der Gesellschaft auf. Die sog. Kapitalaufbringungs- und Kapitalerhaltungsvorschriften stellen dabei sicher, dass den Gesellschaftsgläubigern der Mindestnennbetrag des Grundkapitals als Haftungsfonds tatsächlich zur Verfügung steht. Für die Aktiengesellschaft sollen folgende Vorschriften gewährleisten, dass das Mindestkapital der Gesellschaft tatsächlich zufließt: Die Ausgabe der Aktien zu einem geringeren Betrag als dem Nennbetrag ist nicht möglich (§ 9 AktG, Verbot der Unterpariemission). Vor der Anmeldung der AG zur Eintragung in das Handelsregister muss mindestens ein Viertel des Ausgabebetrages eingezahlt werden, §§ 36 Abs. 2, 36a Abs. 1 AktG. Daneben dürfen die Aktionäre von ihrer Einlagepflicht nicht befreit werden und ihre Einlagepflicht nicht im Wege der Aufrechnung erfüllen, § 66 Abs. 1 S. 1, 2 AktG.[201] Sind Sacheinlagen zu erbringen, wird durch zahlreiche

196 *Wichert,* AG 1999, 362, 366; *Schütz/Reger,* in: Hdb KGaA, § 5 Rn. 18 (S. 94).

197 BGHZ 69, 207, 209.

198 BGHZ 71, 53, 58; BGHZ 85, 350, 358.

199 *Wichert,* AG 1999, 362, 366.

200 Zur Behandlung strukturverändernder Maßnahmen in der KGaA vgl. § 3 H. II.

Vorschriften sichergestellt, dass auch bei der Sachgründung die effektive Kapitalaufbringung gewährleistet wird: Bei der Sachgründung ist beispielsweise gem. § 33 Abs. 1 Nr. 4 AktG eine *Gründungsprüfung* notwendig, die die eingebrachten Gegenstände auf ihre Werthaltigkeit überprüft und unzulässige Überbewertungen[202] vermeiden soll. Vor der Eintragung prüft der Registerrichter den Wert der eingebrachten Sacheinlagen und kann bei einer Überbewertung die Eintragung verweigern, § 38 Abs. 2 S. 2 AktG. Wird die AG trotz Überbewertung von Sacheinlagen eingetragen, so entsteht sie wirksam. Die Aktionäre sind verpflichtet, den Differenzbetrag zwischen dem tatsächlichen Wert der eingebrachten Sacheinlage und der Einlageforderung bar nachzuzahlen (*Differenzhaftung*).[203] Die Vorschrift über die sog. *Nachgründung*, § 52 AktG, verhindert Umgehungsgeschäfte im Rahmen einer Sachgründung. Das Verbot der Einlagenrückgewähr dient der Kapitalerhaltung, § 57 AktG.

2. Die Vermögenseinlagen in der Personengesellschaft

In einer *Personengesellschaft* sind die Gesellschafter zur Erbringung von Beiträgen zur Förderung des Gesellschaftszweckes verpflichtet, §§ 105 Abs. 3 HGB, 705 BGB. Die Höhe der Beitragspflicht ergibt sich aus dem Gesellschaftsvertrag.[204] Kapitalaufbringungs- und Kapitalerhaltungsvorschriften, die denen der Aktiengesellschaft vergleichbar wären, gibt es im Personengesellschaftsrecht nicht. Stattdessen gilt allgemeines Schuldrecht. Soweit der Gesellschaftsvertrag keine abweichenden Regelungen enthält, ist die Beitragsforderung sofort fällig, § 271 BGB.[205] Beiträge, welche die Einbringung von Geld oder Sachen zum Gegenstand haben, heißen Vermögenseinlagen.[206]

Die Einbringung mangelhafter Gegenstände (Schlechtleistung) oder die Einbringung von Gegenständen ohne Erfüllungswirkung (Nichtleistung) fallen unter das Leistungsstörungsrecht und können gem. §§ 311 ff. BGB Schadensersatzforderungen gegen den Gesellschafter begründen.[207] Im Gegensatz dazu hat die Überbe-

---

201 Bei einer Sachgründung sind darüber hinaus die §§ 36a Abs. 2 S. 1, 27 Abs. 1 S. 1, 32 Abs. 2, 33 Abs. 1 Nr. 4, 38 Abs. 2 S. 2, 52 AktG sowie die Rechtsprechung zur „verdeckten Sacheinlage" zu beachten.

202 *Hüffer*, AktG, § 27 Rn. 27.

203 Allg. M.: *K. Schmidt*, Gesellschaftsrecht, § 29 II. 1. b) [S. 885]; *Hüffer*, AktG, § 27 Rn. 28.

204 *Sprau*, in: Palandt, BGB, § 706 Rn. 3.

205 *Baumbach/Hopt*, HGB, § 109 Rn. 9; *Ulmer*, in: GroßKomm HGB, § 105 Rn. 147.

206 *Baumbach/Hopt*, HGB, § 109 Rn. 6.

207 *Baumbacht/Hopt*, HGB, § 109 Rn. 10; *K. Schmidt*, Gesellschaftsrecht, § 20 III. 3. e) [S. 584]. Die Vorschriften des allgemeinen Schuldrechts für gegenseitige Verträge passen auf das gesellschaftsrechtliche Rechtsverhältnis ebensowenig wie die Vorschriften des kaufrechtlichen Gewährleistungsrechts und sind deshalb nicht anwendbar. *Baumbach/Hopt*, HGB,

wertung einer Sacheinlage keine Auswirkungen auf die schuldrechtliche Einlagenforderung; vielmehr ist hier das Gesellschaftsverhältnis betroffen. So kann die Überbewertung einer Sacheinlage eine Vertragsanpassung wie zum Beispiel die Klage auf Auflösung der Gesellschaft, § 133 HGB, oder die Ausschließung des Komplementärs gem. § 140 HGB auslösen.

3. Grundkapital und Vermögenseinlagen in der KGaA

Die *KGaA* verfügt über ein Gesamtkapital, das zweigeteilt ist: Das in Aktien zerlegte Grundkapital der KGaA wird von den Kommanditaktionären aufgebracht, § 278 Abs. 1 2. HS AktG. Der Mindestnennbetrag des Grundkapitals beträgt gem. § 278 Abs. 1 i.V.m. §§ 6, 7 AktG 50.000 €. Die Satzung kann darüber hinaus vorsehen, dass der oder die Komplementäre Vermögenseinlagen in bestimmter Höhe zu erbringen haben, § 281 Abs. 2 AktG. Diese Vermögenseinlagen richten sich – von der Vorschrift des § 288 AktG abgesehen, der eine spezielle Regelung für Entnahmen der Komplementäre enthält – nach Personengesellschaftsrecht, § 278 Abs. 2 AktG i.V.m. §§ 161 Abs 2, 105 Abs. 3 HGB, 705 ff. BGB.

Vermögenseinlagen und Grundkapital bilden zusammen das Gesamtkapital der KGaA.[208]

Für die *Vermögenseinlage* der Komplementäre in der KGaA gelten folgende Grundsätze:

Im Gegensatz zur Personengesellschaft sind die Komplementäre nicht schon aufgrund des Gesetzes zur Erbringung von Beiträgen verpflichtet. Anders als in der Personengesellschaft ist eine gemeinsame Förderungspflicht der Gesellschafter nicht erforderlich, um die KGaA als Gesellschaft zu konstituieren, da die KGaA als juristische Person durch Eintragung entsteht.[209]

Als personengesellschaftsrechtliches Charakteristikum richtet sich die Vermögenseinlage der Komplementäre nach Personengesellschaftsrecht.[210] Auf die Einlage finden gem. § 278 Abs. 1 AktG i.V.m. §§ 161 Abs. 2, 105 Abs. 3 HGB die Vorschriften für Beiträge in der GbR Anwendung, §§ 705 ff. BGB.[211] Erbringt der

---

§ 105 Rn. 48; *Ulmer,* in: GroßKomm HGB, § 105 Rn. 149, 154; *Boujong,* in: Ebenroth/Boujong/Joost, HGB, § 105 Rn. 78.

A. A. *Stuhlfelner,* in Glanegger/Güroff/Kirnberger, HGB, § 105 Rn. 4.

A. A. sind jedenfalls im Hinblick auf die Beiträge in einer BGB-Gesellschaft auch *Habermeier,* in: Staudinger, BGB, § 706 Rn. 18 und *Sprau,* in: Palandt, BGB, § 706 Rn. 5.

208 *Fett,* in: Hdb KGaA, § 6 Rn. 1 (S. 350).

209 *Ammenwerth,* Die Kommanditgesellschaft auf Aktien (KGaA) – Eine Rechtsformalternative, S. 42 Fn. 129; *Riotte/Hansen,* in: Hdb KGaA, § 6 Rn. 73 (S. 333); *Semler/Perlitt,* in: Münch Komm AktG, § 278 Rn. 42.

210 Mit ähnlicher Begründung *Herfs,* in: Münch Hdb AG, § 75 Rn. 22; *Semler/Perlitt,* in: Münch Komm AktG, § 281 Rn. 19.

211 *Assmann/Sethe,* in: GroßKomm AktG, § 281 Rn. 15; *Hüffer,* AktG, § 281 Rn. 1; *Mertens,* in: Kölner Komm AktG, § 281 Rn. 5; *Schaumburg,* DStZ 1998, 525, 529.

Komplementär seine Vermögenseinlage nicht als Geld-, sondern als Sacheinlage, sind grundsätzlich alle Leistungen einlagefähig, die auch ein Gesellschafter einer Personengesellschaft als Beitrag leisten könnte. Damit können auch Dienstleistungen als Vermögenseinlage eingebracht werden.[212] Da die Bilanzierung in der KGaA aber einheitlich nach aktienrechtlichen Vorschriften zu erfolgen hat, kann die Verpflichtung eines Komplementärs zur Erbringung einer Dienstleistung seinen Kapitalanteil in der Bilanz nicht erhöhen.[213] Etwas anderes gilt nur dann, wenn der Komplementär sich zur Erbringung einer entgeltlichen Dienstleistung verpflichtet hat und auf die Auszahlung des Entgelts durch die KGaA verzichtet, d. h. stehenlässt.[214]

Die Erhöhung der Vermögenseinlage setzt grundsätzlich eine Satzungsänderung voraus, die gem. §§ 278 Abs. 2, 285 Abs. 2 S. 1 AktG grundsätzlich einen Hauptversammlungsbeschluss und die einstimmige Zustimmung aller – d. h. auch der nicht-geschäftsführungs- und / oder vertretungsbefugten – Komplementäre erfordert. Der Komplementär kann in der gesetzestypischen KGaA[215] nicht einseitig eine Vermögenseinlage erbringen oder eine erbrachte Vermögenseinlage einseitig erhöhen. Wäre dies zulässig, könnte der Komplementär nach Belieben seine Stellung in der Gesellschaft ausbauen, da sich die Gewinnverteilung – jedenfalls in der gesetzestypischen KGaA – an der Beteiligung am Gesamtkapital orientiert, § 278 Abs. 1 AktG i.V.m. §§ 168, 121 HGB.[216]

Die Satzung kann einzelne Komplementäre ermächtigen, ihren Kapitalanteil einseitig zu erhöhen. Da der Komplementär dadurch auch seinen Anspruch auf Gewinnbeteiligung, § 278 Abs. 2 AktG i.V.m. §§ 168, 121 HGB[217], und seine Stimmrechte in der Komplementärversammlung erhöht und gleichzeitig auch die Rechte der übrigen Gesellschafter verwässert, ist eine solche Satzungsregelung an Bestimmtheitsgrundsatz und Kernbereichslehre zu messen. Durch die Angabe eines Erhöhungsrahmens wird dem Bestimmtheitsgrundsatz und der Kernbereichslehre entsprochen.[218] Mit einer solchen Satzungsregelung verzichten die übrigen Gesell-

---

212 *Assmann / Sethe,* in: GroßKomm AktG, § 281 Rn. 15; *Mertens,* in: Kölner Komm AktG, § 281 Rn. 10; *Riotte / Hansen,* in: Hdb KGaA, § 6 Rn. 74 (S. 334); a. A. *Wichert,* Die Finanzen der KGaA, S. 106; *ders.* in: AnwaltKomm AktR, § 281 Rn. 10.

213 *Assmann / Sethe,* in: GroßKomm AktG, § 281 Rn. 27 Fn. 62; *Riotte / Hansen,* in: Hdb KGaA, § 6 Rn. 81 (S. 336); *Förschle / Taetzner,* in: Beck'scher BilanzKomm, § 272 Rn. 203; *Semler / Perlitt,* in: Münch Komm AktG, § 281 Rn. 24. Zum Problem, ob neben den aktienrechtlichen auch personengesellschaftsrechtliche Bilanzierungsvorschriften anwendbar sind, vgl. unten § 3 J. I. 1., 2.

214 *Semler / Perlitt,* in: Münch Komm AktG, § 281 Rn. 24; *Riotte / Hansen,* in: Hdb KGaA, § 6 Rn. 82 (S. 337).

215 Zum Begriff der gesetzestypischen KGaA § 2 A. VII. 3. Fn. 115.

216 *Assmann / Sethe,* in: GroßKomm AktG, Vor § 278 Rn. 68.

217 Auch wenn die Satzung die gesetzlichen Gewinnverteilungsregelungen abbedingt, bleibt in der Praxis zumeist das Verhältnis von Vermögenseinlagen zum Grundkapital ausschlaggebend, *Herfs,* in: Münch Hdb AG, § 79 Rn. 18.

218 *Wichert,* AG 1999, 362, 368 f.; *Fett,* in: Hdb KGaA, § 7 Rn. 8 (S. 354 f.).

schafter auf ihr Gewinnrecht im Wege einer antizipierten Zustimmung.[219] Eine gesetzliche Grundlage für eine weitergehende Einschränkung der Satzungsautonomie besteht entgegen einer in der Literatur vertretenen Ansicht[220] dagegen nicht.

Gem. § 281 Abs. 2 AktG müssen Art und Höhe der Vermögenseinlage in der Satzung angegeben werden. Die Art bezieht sich auf die Festlegung von Bar- oder Sacheinlage. Ist eine Sacheinlage bedungen, muß die Satzung den Geldwert der Sacheinlage angeben.[221] Bei einer Dienstleistung sind Art und Umfang der Leistung festzulegen.[222] Allgemein müssen die Festsetzungen über Art und Höhe der Vermögenseinlage so genau sein, dass die Leistung eingefordert werden kann.[223]

Die Vermögenseinlage ist nicht in das Handelsregister einzutragen.[224] Da Art und Höhe der Vermögenseinlage aber gem. § 281 Abs. 2 AktG in den Satzungstext aufzunehmen sind, muss der aktuelle Satzungstext mit der aktuellen Art und Höhe der Vermögenseinlagen stets beim Handelsregister liegen, § 181 Abs. 1 S. 2.[225]

Obwohl § 57 AktG, der die Einlagenrückgewähr verbietet, auf die Vermögenseinlage nicht anzuwenden ist, kann der Komplementär nicht nach Belieben seine Einlage wieder entnehmen.[226] Ein Anspruch auf Rückgewähr der Einlage besteht nur im Rahmen seines Entnahmerechts gem. § 278 Abs. 2 AktG i.V.m. §§ 161 Abs. 2, 122 BGB; dabei sind die Grenzen des § 288 Abs. 1 AktG zu beachten.[227] In den übrigen Fällen ist entweder eine Satzungsänderung oder eine Satzungsregelung erforderlich, die die Herabsetzung der Sondereinlage ermöglicht.

Auf die Vermögenseinlagen der Komplementäre finden die aktienrechtlichen Kapitalaufbringungs- und Kapitalerhaltungsgrundsätze grundsätzlich keine An-

---

219 Ausführlich zum Bestimmtheitsgrundsatz und der Kernbereichslehre § 2 A. XII. 2.

220 Vgl. *Semler/Perlitt,* in: Münch Komm AktG, § 278 Rn. 403; *Assmann/Sethe,* in: GroßKomm AktG, § 278 Rn. 186, die die einseitige Erhöhung der Vermögenseinlage nur dann für gerechtfertigt halten, wenn die Komplementäre damit eine Erhöhung des Grundkapitals nachvollziehen, um eine Verwässerung ihrer Beteiligung zu verhindern. Zusätzlich solle das Erhöhungsrecht nur innerhalb sechs Monate nach der Kapitalerhöhung ausgeführt werden dürfen.

221 *Assmann/Sethe,* in: GroßKomm AktG, § 281 Rn. 23; *Mertens,* in: Kölner Komm AktG, § 281 Rn. 13.

222 *Assmann/Sethe,* in: GroßKomm AktG, § 281 Rn. 23.

223 *Assmann/Sethe,* in: GroßKomm AktG, § 281 Rn. 16; *Herfs,* in: Hdb AG, § 75 Rn. 5; *Semler/Perlitt,* in: Münch Komm AktG, § § 281 Rn. 22.

224 *Semler/Perlitt,* in: Münch Komm AktG, § 281 Rn. 19; *Mertens,* in: Münch Komm AktG, § 281 Rn. 17 sowie § 282 Rn. 3.

225 § 181 Abs. 1 S. 2 AktG muss auch bei bloßen Fassungsänderungen der KGaA-Satzung beachtet werden muss, vgl. *Hüffer,* AktG, § 181 Rn. 7, 11.

226 *Herfs,* in: Münch Hdb AG, § 75 Rn. 26.

227 *Assmann/Sethe,* in: GroßKomm AktG, § 281 Rn. 21; *Mertens,* in: Kölner Komm AktG, § 281 Rn. 7.
Eine anschauliche Darstellung der Voraussetzungen, unter denen die Entnahmebeschränkungen des § 288 AktG greifen, findet sich bei *Ammenwerth,* Die KGaA – Eine Rechtsformalternative, S. 65.

wendung.[228] Ob im Ausnahmefall einzelne aktienrechtliche Vorschriften der Kapitalaufbringung und Kapitalerhaltung auch auf die Vermögenseinlage zu erstrecken sind, ist umstritten.

Die *Differenzhaftung* muss tatsächlich auch für die Vermögenseinlage gelten:[229] In diesem Fall erfordern die aktienrechtlichen Gewinnbezugsrechte der Kommanditaktionäre eine Ausnahme von den an sich geltenden personengesellschaftsrechtlichen Grundsätzen für die Vermögenseinlage der Komplementäre. Da die Gewinnverteilung zwischen Komplementären und Kommanditaktionären auch dann in Kraft bleibt, wenn die erbrachte Einlage der Komplementäre überbewertet wurde, müssen die Komplementäre zur baren Nachzahlung des Differenzbetrages verpflichtet sein. Dogmatisch überzeugender als die Übertragung aktienrechtlicher Grundsätze auf die Vermögenseinlage in der KGaA[230] erscheint jedoch eine Rechtsfortbildung des Personengesellschaftsrechts auf der Grundlage von Anlegerschutzgesichtspunkten, die dann konsequent sowohl in der KGaA als auch in Publikumspersonengesellschaften gelten müsste.

Die Ausdehnung sonstiger Kapitalaufbringungs- und Kapitalerhaltungsgrundsätze auf die Vermögenseinlage ist abzulehnen: Die Vermögenseinlage ist nicht in die *Gründungsprüfung* einzubeziehen.[231] Auch bei späteren Erhöhungen der Vermögenseinlage ist eine *Sacheinlageprüfung* weder gem. § 186 Abs. 3 AktG direkt noch analog erforderlich.[232] Bei Anwendung der *Nachgründungsvorschriften* ist die Vermögenseinlage nicht zu berücksichtigen.[233]

Die Fälligkeit der Einlage richtet sich nach dem Recht der Kommanditgesellschaft. § 36a AktG ist daher weder direkt noch analog anwendbar.[234] Die Fälligkeit

---

228 *Herfs,* in: Hdb AG, § 75 Rn. 25; *Assmann/Sethe,* in: GroßKomm AktG, § 281 Rn. 21; *Mertens,* in: Kölner Komm AktG, § 281 Rn. 7; *Schaumburg/Schulte,* Die KGaA, Rn. 24; *Sethe,* Die personalistische Kapitalgesellschaft, S. 186; *Wichert,* Die Finanzen der KGaA, S. 91.

229 Im Ergebnis zustimmend: *Wichert,* Die Finanzen der KGaA, S. 110 f.; *Assmann/Sethe,* in: GroßKomm AktG, § 286 Rn. 25; *Riotte/Hansen,* in: Hdb KGaA, § 6 Rn. 85 (S. 338); *Bürgers/Schütz,* in: Hdb KGaA, § 4 Rn. 50 (S. 57); *Sethe,* DB 1998, 1044, 1047.
A. A. *Semler/Perlitt,* in: Münch Komm AktG, § 278 Rn. 389 f.

230 Diese Argumentation vertritt die wohl herrschende Meinung in der Literatur. Vgl. statt aller *Wichert,* Die Finanzen der KGaA, S. 110 f.

231 *Herfs,* in: Münch Hdb AG, § 75 Rn. 4; *Semler/Perlitt,* in: Münch Komm AktG, § 278 Rn. 389; *Riotte/Hansen,* in: Hdb KGaA, § 6 Rn. 86 f. (S. 338 f.); *Bürgers/Schütz,* in: Hdb KGaA, § 4 Rn. 50 (S. 57); *Wichert,* Die Finanzen der KGaA, S. 112 f.; *Schaumburg/Schulte,* Die KGaA, Rn. 24.
A. A. *Mertens,* in: Kölner Komm AktG, § 281 Rn. 12; *Assmann/Sethe,* in: GroßKomm AktG, § 286 Rn. 25; *Sethe,* DB 1998, 1044, 1046 f.; *Diekmann,* ZIP 1996, 2149 f.

232 *Masuch,* NZG 2003, 1048, 1049 f. A. A. *Sethe,* DB 1998, 1044, 1046.

233 *Diekmann,* ZIP 1996, 2149 f.; *Assmann/Sethe,* in: GroßKomm AktG, § 280 Rn. 3; *Schlitt,* Die Satzung der KGaA, S. 23; *Bürgers/Schütz,* in: Hdb KGaA, § 4 Rn. 54 f. (S. 59 f.).
A. A. *Wichert,* Die Finanzen der KGaA, S. 113 ff.; *Semler/Perlitt,* in: Münch Komm AktG, § 278 Rn. 346; *Schaumburg/Schulte,* Die KGaA, Rn. 20.

234 *Herfs,* in: Münch Hdb Ag, § 75 Rn. 24; *Semler/Perlitt,* in: Münch Komm AktG, § 281 Rn. 28; *Mertens,* in: Kölner Komm AktG, § 281 Rn. 6.

sollte daher in der Satzung geregelt werden.[235] Ohne Satzungsregelung kann die Einlage sofort nach Eintragung eingefordert werden, § 271 Abs. 1 BGB.

Da die Einlage nicht auf das Grundkapital geleistet wird, sind auch die §§ 63 ff. AktG für den Fall nicht erbrachter oder verspäteter Einlageleistung nicht anwendbar. Stattdessen fallen für die Einlage ab dem Fälligkeitstag gem. § 111 Abs. 1 HGB Zinsen an.[236] Daneben kann gegebenenfalls ein darüber hinausgehender Verzugsschaden gem. §§ 286 ff. BGB geltend gemacht werden, § 111 Abs. 2 HGB.[237]

Unabhängig davon, ob ein Komplementär einer KGaA sich zur Einbringung einer Vermögenseinlage verpflichtet hat oder nicht, ist es möglich, dass sich der Komplementär als Kommanditaktionär an der KGaA beteiligt, indem er Kommanditaktien seiner KGaA zeichnet oder von einem Kommanditaktionär erwirbt und damit gleichzeitig die Position eines Kommanditaktionärs einnimmt.[238] Gem. § 285 Abs. 1 S. 1 AktG steht ihm dann ein Stimmrecht in der Hauptversammlung nur für seine Aktien, nicht aber für seine Vermögenseinlage gem. § 281 Abs. 2 AktG zu. Das Gesetz sieht allerdings in § 285 Abs. 1 S. 2 AktG einen Katalog von Beschlussgegenständen vor, bei denen der Komplementär an einer Beschlussfassung nicht mitwirken darf. Das Stimmrecht darf in diesen Fällen auch nicht durch einen Vertreter ausgeübt werden, § 285 Abs. 1 S. 3 AktG. Grund für das Stimmverbot ist die Gefahr von Interessenkollisionen.[239] Inhaltlich erfassen die Stimmverbote Beschlussgegenstände, die die Kontrolle der Komplementäre betreffen, z. B. die Entlastung der persönlich haftenden Gesellschafter und die Geltendmachung von Ersatzansprüchen, § 285 Abs. 1 S. 2 Nr. 2, 4 AktG. Dennoch gelten die Stimmverbote auch für nicht-geschäftsführungsbefugte Komplementäre.[240] Der Katalog der Stimmverbote in § 285 Abs. 1 S. 2 Nr. 1 bis 6 AktG formuliert Fälle, in denen jeweils die abstrakte Gefahr einer Interessenkollision genügt; tatsächlich vorliegen muss die Interessenkollision dagegen nicht.[241]

Im Regelfall wird das *Grundkapital* jedoch von Gesellschaftern aufgebracht, die sich ausschließlich als Kommanditaktionäre beteiligen. Als bloße Kommanditaktionäre beschränken sie ihre Haftung auf ihren Anteil am Grundkapital, § 278 Abs. 1 AktG, und sind damit typische Kapitalanleger.

Auf das Grundkapital der KGaA finden gem. § 278 Abs. 1 AktG die aktienrechtlichen Vorschriften des ersten Buches des Aktiengesetzes Anwendung. Es gelten

235 *Herfs,* in: Münch Hdb AG, § 75 Rn. 24; *Semler/Perlitt,* in: Münch Komm AktG, § 281 Rn. 28.

236 *Semler/Perlitt,* in: Münch Komm AktG, § 281 Rn. 28; *Mertens,* in: Kölner Komm AktG, § 281 Rn. 6.

237 *Assmann/Sethe,* in: GroßKomm AktG, § 281 Rn. 20.

238 *Schütz/Reger,* in: Hdb KGaA, § 5 Rn. 409 (S. 214).

239 *Assmann/Sethe,* in: GroßKomm AktG, § 285 Rn. 23; *Schütz/Reger,* in: Hdb KGaA, § 5 Rn. 410 (S. 214).

240 *Semler/Perlitt,* in: Münch Komm AktG, § 285 Rn. 20.

241 *Semler/Perlitt,* in: Münch Komm AktG, § 285 Rn. 20.

insbesondere die aktienrechtlichen Vorschriften zur Kapitalaufbringung und Kapitalerhaltung.

Die KGaA-Satzung enthält oftmals Regelungen, die den Gleichlauf von Vermögenseinlagen und Grundkapital sicherstellen und die Beteiligungshöhe der jeweiligen KGaA-Gesellschafter vor Verwässerung schützen sollen.[242] Weit verbreitet sind auch Satzungsregelungen, die es dem Komplementär ermöglichen, Vermögenseinlagen in Grundkapital umzuwandeln.[243]

XIV. Buchführungspflicht

Personenhandelsgesellschaften, d. h. OHG und KG, sind gem. § 6 Abs. 1 HGB Formkaufleute und müssen als solche die allgemeinen Rechnungslegungsvorschriften für Kaufleute, §§ 238 ff. HGB, beachten. Für GbR gilt dasselbe, wenn ihr Gewerbebetrieb einen in kaufmännischer Weise eingerichteten Geschäftsbetrieb erforderlich macht, § 1 Abs. 2 i.V.m. § 238 Abs. 1 HGB.

Kapitalgesellschaften sind Formkaufleute (vgl. §§ 13 Abs. 3 GmbHG, 3 Abs. 1 AktG i.V.m. § 6 Abs. 1 HGB). Auf Kapitalgesellschaften sind neben den §§ 238 ff. HGB die ergänzenden Vorschriften der §§ 264 ff. HGB anwendbar. Eine Ergänzung bilden die §§ 264 ff. HGB aber nur zum Teil: Einige Vorschriften verdrängen die allgemeinen Vorschriften zur Rechnungslegung der Kaufleute. So wird z. B. die Möglichkeit zur Bildung stiller Reserven gem. § 253 Abs. 4 AktG durch die Vorschrift des § 279 Abs. 1 S. 1 HGB für Kapitalgesellschaften ausgeschlossen. In der Aktiengesellschaft gelten darüber hinaus besondere Vorschriften zur Rechnungslegung, vgl. §§ 58, 150, 152, 158, 160 AktG.

Die *KGaA* ist gem. §§ 278 Abs. 1, 3 Abs. 1 AktG i.V.m. § 6 Abs. 1 HGB ebenfalls Formkaufmann. Auch für die KGaA gelten die ergänzenden Vorschriften für Kapitalgesellschaften, §§ 264 ff. HGB, was sich schon aus der Überschrift des zweiten Abschnitts des dritten Buches des HGB ergibt. Dennoch ist umstritten, ob neben den §§ 264 ff. HGB ein Teilbereich verbleibt, auf den ausschließlich die allgemeinen Vorschriften der §§ 242 ff. HGB anwendbar sind.[244]

---

242 *Assmann/Sethe,* in: GroßKomm AktG, § 278 Rn. 186; *Herfs*, in: Münch Hdb AG, § 78 Rn. 10; *Fett,* in: Hdb KGaA, § 7 Rn. 3 ff. (S. 351 ff.); *Hüffer,* AktG, § 278 Rn. 19; *Schlitt,* Die Satzung der KGaA, S. 147.

243 Zur Gestaltung solcher Satzungsregelungen vgl. *Fett,* in: Hdb KGaA, § 7 Rn. 18 ff. (S. 361 ff.).

244 Der Streit zwischen monistischer und dualistischer Rechnungslegungsmethode stellt ein Abgrenzungsproblem für die Anwendungsbereiche von Aktienrecht und Personengesellschaftsrecht dar, das im besonderen Teil ausführlich erörtert wird, vgl. § 3 J.

XV. Aufstellung und Feststellung des Jahresabschlusses, Gewinnverwendungsbeschluss

In der *Personengesellschaft* setzt sich der Jahresabschluss gem. § 242 HGB aus einer Gewinn-und-Verlust-Rechnung und einer Bilanz zusammen. Für die Aufstellung des Jahresabschlusses sind in der Personengesellschaft ausschließlich die geschäftsführungsbefugten Komplementäre zuständig.[245] Die Feststellung des Jahresabschlusses[246] und der Gewinnverwendungsbeschluss[247] sind Grundlagengeschäfte, über die grundsätzlich alle Gesellschafter der Personengesellschaft gemeinsam beschließen.

In den *Kapitalgesellschaften* gehört zum Inhalt des Jahresabschlusses zusätzlich ein Anhang.[248] Darüber hinaus ist gem. § 264 Abs. 1 S. 1 HGB ein Lagebericht zu erstellen, der aber nicht Teil des Jahresabschlusses ist.[249]

In der Aktiengesellschaft hat der Vorstand den Jahresabschluss aufzustellen, einen Vorschlag zur Verwendung des Bilanzgewinns auszuarbeiten, § 170 Abs. 1, 2 S. 1 AktG, und beides – zusammen mit dem Lagebericht – dem Aufsichtsrat zur Prüfung vorzulegen, §§ 170 Abs. 1, 171 AktG. Im gesetzlichen Regelfall wird der Jahresabschluss durch den Aufsichtsrat nicht nur geprüft, sondern auch festgestellt; die Hauptversammlung ist für die Feststellung lediglich dann zuständig, wenn dies Vorstand und Aufsichtsrat beschließen, § 172 S. 1 AktG. Über den Vorschlag des Vorstands zur Gewinnverwendung beschließt die Hauptversammlung alleine, § 174 Abs. 1 S. 1 AktG.

In der Aktiengesellschaft wird mit der Feststellung des Jahresabschlusses nicht nur über die bilanzpolitischen Maßnahmen entschieden, sondern zusätzlich auch über Einstellungen in oder Auflösungen von Rücklagen sowie über die Bildung eines Gewinn- oder Verlustvortrages, die gem. § 158 AktG in der GuV-Rechnung im Anschluss an den Jahresüberschuss auszuweisen sind.[250] Mit der Feststellung des Jahresabschlusses entsteht ein einklagbarer Anspruch der Aktionäre auf Herbeiführung eines Gewinnverwendungsbeschlusses.[251] Erst mit dem Gewinnverwendungsbeschluss entsteht – wenn der Beschluss eine Gewinnausschüttung an die Aktionäre vorsieht – ein rechtsverbindlicher Anspruch der Aktionäre auf Auszahlung der Dividende in bar.[252]

---

245 BGH DB 1996, 926.

246 BGHZ 132, 263.

247 *Ulmer,* in: GroßKomm HGB, § 120 Rn. 32, 40, 42.

248 *Baumbach/Hopt,* HGB, § 264 Rn. 4.

249 *Baumbach/Hopt,* HGB, § 264 Rn. 5.

250 *Hüffer,* AktG, § 172 Rn. 5.

251 *Hüffer,* AktG, § 172 Rn. 5.

252 Für die Aktiengesellschaft: *Ellrott/M. Ring,* in: Beck'scher BilanzKomm, Vor § 325 Rn. 97; *Hüffer,* AktG, § 58 Rn. 28.

In der *KGaA* ist umstritten, ob nur die geschäftsführungs- und vertretungsbefugten Komplementäre[253] oder alle, d. h. auch die von der Geschäftsführung ausgeschlossenen Komplementäre, für die Aufstellung des Jahresabschlusses zuständig sind.[254] In der KGaA finden auf die Komplementäre die Vorschriften für den Vorstand der Aktiengesellschaft über die Aufstellung und Vorlegung des Jahresabschlusses, des Lageberichts und des Vorschlags für die Verwendung des Bilanzgewinns sinngemäße Anwendung, § 283 Nr. 9 AktG. Der Wortlaut des § 283 AktG schließt die Anwendung aktienrechtlicher Vorschriften für den Vorstand auf die nicht-geschäftsführungsbefugten Komplementäre nicht ausdrücklich aus.[255] Solche Aufgaben des Vorstandes aber, die in der Personengesellschaft die Geschäftsführungsbefugnis voraussetzen, werden auch in der KGaA nur von den geschäftsführungsbefugten Komplementären wahrgenommen.[256] Dies folgt aus der Formulierung des § 283 AktG, der die sinngemäße Anwendung der aktienrechtlichen Vorschriften auf die Komplementäre anordnet. Da die Aufstellung des Jahresabschlusses eine Geschäftsführungsangelegenheit ist[257], sind für die Aufstellung des Jahresabschlusses in der KGaA nur die geschäftsführungsbefugten Komplementäre zuständig.

Im Gegensatz zur Aktiengesellschaft ist die Feststellung des Jahresabschlusses in der KGaA gem. § 286 Abs. 1 S. 1 AktG nicht Sache des Aufsichtsrats, sondern Sache der Hauptversammlung; alle Komplementäre – d. h. einschließlich der nicht-geschäftsführungs- und/oder vertretungsbefugten – müssen zustimmen, § 286 Abs. 1 S. 2 AktG. Dies ändert jedoch nichts an der Tatsache, dass der Jahresabschluss gem. § 278 Abs. 1 i.V.m. § 171 AktG vorher vom Aufsichtsrat geprüft werden muss.[258]

Gem. § 283 Nr. 9 i.V.m. § 170 Abs. 2 S. 1 AktG legen die geschäftsführungsbefugten Komplementäre der Hauptversammlung einen Vorschlag über die Ver-

---

253 *Riotte/Hansen,* in: Hdb KGaA, § 6 Rn. 6 (S. 314); *Herfs,* in: Münch Hdb AG, § 79 Rn. 1; *Semler/Perlitt,* in: Münch Komm AktG, § 286 Rn. 48; *Assmann/Sethe,* in: GroßKomm AktG, § 286 Rn. 2; *Sethe,* DB 1998, 1044; *A/D/S,* Rechnungslegung, AktG, § 286 Rn. 3.

254 Folgende Autoren halten die Gesamtheit der Komplementäre als gesetzliche Vertreter der KGaA für zuständig, was nicht notwendig gleichzeitig auch die Geschäftsführungsbefugnis voraussetzen würde: *Baetge/Commandeur,* in: Hdb Rechnungslegung, Bd. I a, § 264 HGB Rn. 7 f.; *Clemm/Jensen,* in: Beck'scher BilanzKomm, Vor § 325 HGB Rn. 85.

Die Gesamtheit der Komplementäre kann in der gesetzestypischen KGaA aber schon deshalb nicht zuständig sein, weil hier die Komplementäre einzelgeschäftsführungsbefugt und einzelvertretungsbefugt sind (zum Begriff der gesetzestypischen KGaA vgl. § 2 A. VII. 3. Fn. 115).

255 *Mertens,* in: Kölner Komm, § 283 Rn. 2; *Semler/Perlitt,* in: Münch Komm AktG, § 283 Rn. 8 ff.

256 *Hüffer,* AktG, § 283 Rn. 1.

257 BGH DB 1996, 926: Für die Aufstellung des Jahresabschlusses sind in der Personengesellschaft ausschließlich die geschäftsführungsbefugten Komplementäre zuständig.

258 *Bürgers,* in: Hdb KGaA, § 5 Rn. 481 (S. 234); *Sethe,* DB 1998, 1044, 1045; *Ellrott/M.Ring,* in: Beck'scher BilanzKomm, Vor § 325 Rn. 33; *Arnold,* Die GmbH & Co. KGaA, S. 127.

wendung des Bilanzgewinnes vor, über den gem. § 278 Abs. 3 i.V.m. § 174 Abs. 1 S. 1 AktG die Hauptversammlung alleine beschließt.

XVI. Besonderheiten der Bilanzierung in der KGaA

Bei der Bilanzierung der Vermögenseinlage der Komplementäre in der *KGaA* sind folgende Besonderheiten zu beachten:

Die Kapitalanteile der Komplementäre gehören nicht zum Grundkapital der KGaA und sind deshalb gem. § 286 Abs. 2 S. 1 AktG gesondert auszuweisen. Im Gliederungsschema der Bilanz ist auf der Passivseite nach dem Posten „A I Gezeichnetes Kapital“ (vgl. § 266 Abs. 3 A I HGB) der Posten „A Ia Kapitalanteile der Komplementäre“ (auch möglich ist die Ordnungsziffer A II) auszuweisen.[259]

In der Eröffnungsbilanz der KGaA, die spätestens auf den Tag des ersten Geschäftsvorfalls aufzustellen ist[260], setzen sich die Kapitalanteile der Komplementäre aus den zu diesem Zeitpunkt bereits erbrachten Sach- und Bareinlagen zusammen.[261] Die erbrachten Einlagen sind mit dem Zeitwert zu bewerten.[262]

Die Kapitalanteile der Komplementäre sind variable Rechnungsziffern, die die aktuelle Beteiligungshöhe des jeweiligen Komplementärs am Gesellschaftsvermögen im Verhältnis zur Beteiligung der anderen Komplementäre und zum Grundkapital wiedergeben.[263] Später erbrachte Einlagen erhöhen den Kapitalanteil. In der gesetzestypischen KGaA werden Gewinne, die auf den Kapitalanteil entfallen, direkt zugeschrieben und Verluste und Entnahmen der Komplementäre direkt abgeschrieben, § 278 Abs. 2 AktG i.V.m. §§ 161 Abs. 2, 120 Abs. 2 HGB. Die Vorschrift des § 120 Abs. 2 HGB ist grundsätzlich abdingbar.[264]

Durch die KGaA-rechtlichen Spezialregelungen[265] in § 286 Abs. 2 AktG wird diese Satzungsautonomie aber teilweise wieder eingeschränkt: Gem. § 286 Abs. 2 S. 2 AktG ist ein auf die Kapitalkonten entfallender Verlust zwingend abzuschreiben.[266] Übersteigt der auf einen Komplementär entfallende Verlust das Gut-

---

259 *A/D/S,* Rechnungslegung, AktG, § 286 Rn. 29; *Herfs,* in: Münch Hdb AG, § 79 Rn. 3; *Assmann/Sethe,* in: GroßKomm AktG, § 286 Rn. 33; *Sethe,* DB 1998, 1044, 1046.

260 *Göz,* in: Hdb KGaA, § 4 Rn. 107 (S. 78 f.); *Förschle/Kropp,* in: Budde/Förschle, Sonderbilanzen, D Rn. 72, 74.

261 *A/D/S,* Rechnungslegung, AktG, § 286 Rn. 28.

262 *Wichert,* in: AnwaltKomm AktR, § 281 Rn. 13.

263 *Schütz/Reger,* in: Hdb KGaA, § 5 Rn. 239 (S. 159); *Assmann/Sethe,* in: GroßKomm AktG, § 286 Rn. 34; *Sethe,* DB 1998, 1044, 1046.

264 Für die KGaA: *Assmann/Sethe,* in: GroßKomm AktG, § 286 Rn. 39; *Hüffer,* AktG, § 286 Rn. 4; *Herfs,* in: Münch Hdb AG, § 79 Rn. 4; Für die OHG: *Baumbach/Hopt,* HGB, § 120 Rn. 10, 12.

265 Zum Begriff der KGaA-rechtlichen Spezialregelung vgl. § 1 B. II. Fn. 29.

266 *Assmann/Sethe,* in: GroßKomm AktG, § 286 Rn. 39; *Hüffer,* AktG, § 286 Rn. 4.

haben auf seinem Kapitalkonto, ist dies gem. § 286 Abs. 2 S. 3 AktG ebenfalls zwingend in der Bilanz offenzulegen: In der gesetzestypischen KGaA ist dieser Verlustanteil des Komplementärs am Ende der Aktivseite unter der Bezeichnung „Nicht durch Vermögenseinlagen gedeckter Verlustanteil persönlich haftender Gesellschafter“ gem. § 268 Abs. 3 HGB auszuweisen. Wenn der Komplementär in der Satzung zum Nachschuss verpflichtet wurde, ist der Verlustanteil unter der Überschrift „Einzahlungsverpflichtungen der persönlich haftenden Gesellschafter“ unter den Forderungen gesondert zu buchen.[267]

XVII. Einstimmigkeits- und Mehrheitsprinzip

Die Komplementäre einer KGaA stimmen nach Personengesellschaftsrecht, die Kommanditaktionäre nach Aktienrecht ab.[268]

Im *Personengesellschaftsrecht* gilt grundsätzlich das Einstimmigkeitsprinzip, §§ 161 Abs. 2, 119 Abs. 1 HGB. Eine Mehrheitsklausel im Gesellschaftsvertrag erfasst nur gewöhnliche Geschäftsführungsmaßnahmen.[269] Für Vertragsänderungen und andere Grundlagengeschäfte kann die Satzung ebenfalls Mehrheitsklauseln enthalten. Nach der Rechtsprechung ist hierfür aber der Beschlussgegenstand im Gesellschaftsvertrag genau zu bezeichnen (Bestimmtheitsgrundsatz).[270] Nach der Kernbereichslehre der Rechtsprechung[271] sind darüber hinaus bestimmte Beschlussgegenstände einer Mehrheitsentscheidung nicht zugänglich.[272]

In der *Kapitalgesellschaft* gilt grundsätzlich das Mehrheitsprinzip, § 47 Abs. 1 GmbHG, § 133 Abs. 1 AktG. Satzungsänderungen erfordern grundsätzlich eine qualifizierte Mehrheit, § 53 Abs. 2 S. 1 GmbHG, § 179 Abs. 2 S. 1 AktG.

In der *KGaA* ist umstritten, ob hinsichtlich der Mehrheitsanforderungen nach den Gesellschaftergruppen oder nach den Beschlussgegenständen zu differenzieren ist.[273] Auch dieses spezielle Abgrenzungsproblem zwischen Personengesellschaftsrecht und Aktienrecht soll im besonderen Teil ausführlich behandelt werden.[274]

---

267 *Assmann/Sethe,* in: GroßKomm AktG, § 286 Rn. 41.

268 Strittig. Zu den Mehrheitsanforderungen bei Satzungsänderungen vgl. ausführlich unten § 3 F. V.

269 *Baumbach/Hopt,* HGB, § 119 Rn. 37.

270 Vgl. die Nachweise unter § 2 A. XII. 2. Fn. 188.

271 Vgl. die Nachweise unter § 2 A. XII. 2. Fn. 190, 191.

272 Dies gilt für die Teilnahme des Komplementärs an Komplementärversammlungen, für das Recht des Komplementärs auf Mindestinformation, § 118 Abs. 2 HGB, und das Antragsrecht des Komplementärs auf gerichtliche Auflösung, § 133 Abs. 3 HGB; *Ulmer,* in: GroßKomm HGB, § 119 Rn. 41. Vgl. § 2 A. XII. 2. Fn. 191.

273 *Wichert* beispielsweise differenziert nach Beschlussgegenständen; *Wichert,* AG 1999, 362, 365 r. Sp.

274 Vgl. dazu ausführlich unter Gliederungspunkt § 3 F. V.: Mehrheitsanforderungen bei Satzungsänderungen.

B. Die Generalverweisungen des § 278 Abs. 2, 3 AktG auf Personengesellschaftsrecht und Aktienrecht – Eine gesetzessystematische Auslegung

Bereits in der Einleitung wurde auf die herausragende Bedeutung der beiden Generalverweisungen des § 278 Abs. 2, 3 AktG hingewiesen. Durch diese Verweisungen werden zwei Teilmengen gebildet: Jeweils eine Masse an personengesellschaftsrechtlichen und aktienrechtlichen Vorschriften, die auf die KGaA Anwendung finden.

Die Spezialregelungen und -verweisungen in den §§ 279 bis 290 AktG dienen lediglich als Ergänzungen und Ausfüllungen. Auch die KGaA-rechtlichen Regelungen, die nicht im zweiten Buch des Aktiengesetzes zu finden sind, spielen eine untergeordnete Rolle.[275] Ausgehend von diesen Beobachtungen wurden die zwei methodischen Grundentscheidungen getroffen:

Zunächst sind die Verweisungen des § 278 Abs. 2, 3 AktG auszulegen; daran anschließend werden die speziellen Regelungen eingepasst (deduktiver Aufbau)[276].

Durch eine gesetzessystematische Auslegung[277] der Generalverweisungen sollen eine personengesellschaftsrechtliche und eine aktienrechtliche Teilmenge an Vorschriften und Grundsätzen gebildet werden, die zusammengenommen die KGaA möglichst lückenlos und widerspruchsfrei beschreiben.

Dem gesetzessystematischen Ansatz folgend muss zunächst ein Bedeutungszusammenhang für § 278 Abs. 2, 3 AktG erstellt werden, bevor die Rechtsverhältnisse in den beiden Vorschriften geordnet, harmonisiert und ergänzt werden können.[278]

---

275 Die Vorschriften der §§ 291 ff. AktG über verbundene Unternehmen sind nach dem Wortlaut des § 291 AktG auch auf die KGaA anwendbar.

Das Umwandlungsgesetz enthält für Umwandlungsvorgänge, an denen eine KGaA beteiligt ist, spezielle Vorschriften, z. B. § 78 UmwG.

Gem. § 9 Abs. 1 Nr. 1 KStG mindern der Gewinnanteil und die Tantiemen für die Geschäftsführung der Komplementäre einer KGaA die Bemessungsgrundlage für die Körperschaftssteuer.

276 Vgl. die Begründung für den deduktiven Aufbau unter § 1 B. IV. 1.

277 Vgl. die Beschreibung der gesetzessystematischen Auslegungsmethode unter § 1 B. IV. 2.

278 Vgl. die Aufzählung der Arbeitsschritte, die zur Erstellung eines Prüfungsschemas führen sollen, unter § 1 B. IV. 3.

I. Der Bedeutungszusammenhang des § 278 Abs. 2, 3 AktG

Der Bedeutungszusammenhang des § 278 Abs. 2, 3 AktG lässt sich aus der Stellung der KGaA im Gesetz und dem Wortlaut der §§ 278, 285 Abs. 2 S. 1 AktG erschließen:

- *1. Tatsache:*
  Die Kommanditgesellschaft auf Aktien ist im zweiten Buch des Aktiengesetzes geregelt.

  1. Schlussfolgerung:
  Die Kommanditgesellschaft auf Aktien ist eine besondere Form der Aktiengesellschaft.[279]

- *2. Tatsache:*
  Die KGaA enthält im Vergleich zur Aktiengesellschaft als zusätzliches Element persönlich haftende Gesellschafter, § 278 Abs. 1 AktG.[280] Gleichzeitig fällt der Vorstand als Geschäftsleitungsorgan weg.

  2. Schlussfolgerung:
  Systematisch ist der Komplementär in der Aktiengesellschaft ein Fremdkörper. Folge der Aufnahme eines Komplementärs in eine Aktiengesellschaft ist die Begründung zusätzlicher gesellschaftsrechtlicher Rechtsverhältnisse, deren rechtliche Beurteilung fraglich ist.

- *3. Tatsache:*
  Die Verhältnisse zwischen der Gesamtheit der Kommanditaktionäre und der – im Vergleich zu der Aktiengesellschaft – zusätzlichen Gesellschaftergruppe der Komplementäre richtet sich gem. § 278 Abs. 2 AktG nach Personengesellschaftsrecht.

  3. Schlussfolgerung:
  Bei der Integration des Komplementär-Fremdkörpers in die besondere Aktiengesellschaft KGaA hat sich der Gesetzgeber nicht darauf beschränkt, den Vorstand gegen Komplementäre auszutauschen und die Angelegenheiten der Komplementäre dem Gesellschaftsrecht zu unterwerfen. Mit der Anwendung von Personengesellschaftsrecht auf das Verhältnis der Gesellschaftergruppen untereinander wird eine personengesellschaftsrechtliche Ebene geschaffen, die neben die starre aktienrechtliche Struktur „Geschäftsleitungsorgan – Aufsichtsrat – Hauptversammlung" tritt.

---

279 Bereits diese erste Schlussfolgerung ist umstritten: *Wichert,* in: AnwaltKomm AktR, § 278 Rn. 2; *Assmann/Sethe,* in: GroßKomm AktG, Vor § 278 Rn. 142.

280 Die wesentlichen Strukturmerkmale der KGaA ergeben sich bereits aus § 278 Abs. 1 AktG. Die §§ 279 bis 290 AktG und die gem. § 278 Abs. 2, 3 AktG anwendbaren Vorschriften des HGB und des AktG enthalten nur mehr Konkretisierungen der Strukturmerkmale des § 278 Abs. 1 AktG. Vgl. oben im Anschluss an § 2 A.

- *4. Tatsache:*
  Die Beschlüsse der Hauptversammlung bedürfen der Zustimmung der Komplementäre bei allen Angelegenheiten, die auch in der Kommanditgesellschaft das Einverständnis der Komplementäre voraussetzen, § 285 Abs. 2 S. 1 AktG.

  4. Schlussfolgerung:
  Wie in einer Kommanditgesellschaft entscheiden über außergewöhnliche Geschäftsführungsmaßnahmen[281] und Grundlagengeschäfte[282] grundsätzlich alle Gesellschafter gemeinsam, d. h. in der gesetzestypischen KGaA läuft gegen die Komplementäre nichts, da die auch für gewöhnliche Geschäftsführungsmaßnahmen zuständig sind, § 278 Abs. 2 AktG i.V.m. §§ 161 Abs. 2, 114, 115 HGB.

- *Der Bedeutungszusammenhang des § 278 Abs. 2, 3 AktG – Zusammenfassung:*
  Die KGaA ist eine besondere Aktiengesellschaft mit einem Komplementär-Fremdkörper. An die Stelle des Vorstandes wurden mit den Komplementären starke Geschäftsleiter platziert:

  Die geschäftsführungs- und vertretungsbefugten Komplementäre handeln als Organ für die KGaA. Die Komplementäre können als „geborene" Geschäftsleiter nicht abgewählt werden.[283] Bei nahezu allen Angelegenheiten der Gesellschaft hat jeder einzelne Komplementär zumindest ein Vetorecht.

  Die KGaA bietet Unternehmern die Möglichkeit, über die Börse Eigenkapital einzusammeln und gleichzeitig die Kontrolle über die Gesellschaft zu behalten. In der börsennotierten KGaA können die Aktionäre über den Aktienkurs die unternehmerische Leistung der Komplementäre entweder honorieren oder bestrafen.

  Die KGaA ist ein mächtiges Instrument für starke Unternehmerpersönlichkeiten.[284]

---

281 Zu den außergewöhnlichen Geschäftsführungsmaßnahmen im Personengesellschaftsrecht vgl. bereits oben § 2 A. VI. 2.

282 Zu den Grundlagengeschäften im Personengesellschaftsrecht § 2 A. VI. 2. Eine Aufzählung der Grundlagengeschäfte in der KG und der KGaA findet sich unter § 3 A. IV. Fn. 34.

283 Vgl. im Gegensatz dazu die „gekorenen" Vorstandsmitglieder der Aktiengesellschaft, die vom Aufsichtsrat für höchstens fünf Jahre gewählt und bei Vorliegen eines wichtigen Grundes vom Aufsichtsrat abberufen werden können, § 84 Abs. 1 S. 1, Abs. 3 S. 1 AktG.

284 So lässt sich wohl das gesetzliche Leitbild der KGaA auf den Punkt bringen. Das gesetzliche Leitbild verhindert freilich nicht die Fortentwicklung der KGaA. Nach Abwägung zwischen dem gesetzlichen Leitbild der KGaA und der Privatautonomie kam der BGH zu dem Ergebnis, dass auch eine kapitalistische KGaA, d. h. eine Kapitalgesellschaft & Co. KGaA zulässig ist, BGHZ 134, 392, 393, 393 ff.

II. Die gesetzessystematische Auslegung des § 278 Abs. 2, 3 AktG

Der dargestellte Bedeutungszusammenhang liefert bereits ein klares Bild vom Wesen der KGaA. Betrachtet man jedoch § 278 Abs. 2, 3 AktG im Detail, ergeben sich Ordnungs-, Harmonisierungs- und Abgrenzungsprobleme zwischen den einzelnen Verweisungen auf Personengesellschaftsrecht und Aktienrecht: Die Integration des Komplementär-Fremdkörpers in eine Aktiengesellschaft ist durch den Wortlaut des § 278 Abs. 2, 3 AktG nur sehr verkürzt dargestellt.

Arbeitshypothese im Sinne der gesetzessystematischen Auslegungsmethode ist die Annahme, dass die Verweisungen des § 278 Abs. 2, 3 AktG die KGaA im Rahmen eines „widerspruchsfreien, kohärenten Sinnganzen"[285] vollständig regeln.[286] Vermeintliche Gesetzeslücken, Widersprüche und Unklarheiten des § 278 Abs. 2, 3 AktG sind dementsprechend in den Bedeutungszusammenhang der Vorschrift (vgl. § 2 B. I.) einzuordnen und zu lösen. Die folgenden vier Problemstellungen, die sich aus dem Wortlaut des § 278 Abs. 2, 3 AktG ergeben, sollen nach diesen Vorgaben behandelt werden:

1. Erstes Problem

In § 278 Abs. 2, 3 AktG sind nicht alle denkbaren Rechtsverhältnisse zwischen Gesellschaftern, Gesellschaftergruppen, der Gesellschaft selbst sowie außenstehenden Dritten ausdrücklich genannt.

Bei einer gesetzessystematischen Betrachtung muss man diese Lücken in den Verweisungen des § 278 Abs. 2, 3 AktG durch die in § 278 Abs. 1 AktG festgelegte Grundstruktur der KGaA ergänzen. Die gesetzessystematische Betrachtung korrigiert insoweit den Wortlaut des § 278 Abs. 3 AktG, der wie eine unbeschränkte Auffangvorschrift für alle in § 278 Abs. 2 AktG nicht ausdrücklich genannten Rechtsverhältnisse formuliert ist.

Nach dem Wortlaut des § 278 Abs. 3 AktG würde sich beispielsweise das Verhältnis zwischen einem einzelnen Komplementär und der KGaA nach Aktienrecht richten. Der Komplementär ist jedoch das personengesellschaftsrechtliche Charakteristikum[287] der KGaA. Das Rechtsverhältnis des einzelnen Komplementärs zur KGaA ist deshalb ausschließlich nach Personengesellschaftsrecht zu beurteilen.[288]

---

285 Vgl. die Formulierung bei *Säcker*, in: Münch Komm BGB, Einl Rn. 125.

286 Vgl. die Beschreibung der gesetzessystematischen Auslegungsmethode unter § 1 B. IV. 2.

287 Dieser treffende Begriff, der von *Fett* eingeführt wurde, wird im Folgenden häufig verwendet, um bei der Behandlung der einzelnen Ordnungs-, Harmonisierungs- und Abgrenzungsproblemen zwischen Personengesellschaftsrecht und Aktienrecht nicht die gesetzliche Grundstruktur der KGaA (vgl. § 2 B. I.) aus den Augen zu verlieren. Zum Begriff vgl. *Fett*, in: Hdb KGaA, § 3 Rn. 25 (S. 30).

288 Vgl. zu den einzelnen mitgliedschaftlichen Rechten, die sich aus diesem Rechtsverhältnis ableiten § 3 A. I.

Dieses Ergebnis ist notwendig aus der Struktur der KGaA zu begründen. Das personengesellschaftsrechtliche Element der KGaA ist der Komplementär, der gem. § 278 Abs. 1 AktG in eine Aktiengesellschaft eingepflanzt wird. § 278 Abs. 2 AktG zieht lediglich die Konsequenz aus dieser Strukturentscheidung und unterwirft die Rechtsverhältnisse des Komplementärs dem Personengesellschaftsrecht.

Dass dies für alle Aspekte der mitgliedschaftlichen Stellung[289] des Komplementärs und damit auch für das Verhältnis des Komplementärs zur KGaA gelten muss, ist schon aufgrund der Strukturentscheidung des § 278 Abs. 1 AktG vorgegeben und wird durch die ausdrückliche Erwähnung der persönlichen Haftung des Komplementärs in § 278 Abs. 1 AktG nur bestätigt.[290] Dieser gesetzessystematische Begründungsansatz ist teleologischen Begründungsansätzen, die Teilbereiche des Rechtsverhältnisses zwischen Komplementär und KGaA – wie z. B. die Vermögenseinlage des Komplementärs – herausgreifen und die Anwendung von Personengesellschaftsrecht mit teleologischen Argumenten – wie z. B. dem Gläubigerschutz begründen – überlegen.[291] Erst die Tatsache, dass eine genaue Abgrenzung der Verweisungen des § 278 AktG nie versucht wurde, verursachte Folgeprobleme, die die KGaA als komplizierte und schwer handhabbare Rechtsform erscheinen ließ.[292]

Nach dem Wortlaut des § 278 Abs. 3 AktG wäre auch das Verhältnis zwischen einem einzelnen Kommanditaktionär und den Komplementären nach Aktienrecht zu beurteilen. Aus der Struktur der KGaA ergibt sich, dass ein solches Rechtsverhältnis nicht besteht. § 278 Abs. 2 AktG führt den Begriff der Gesamtheit der Kommanditaktionäre ein, womit die Interessen der Kommanditaktionäre im Verhältnis zu den Komplementären gebündelt werden. Das Rechtsverhältnis zwischen einem einzelnen Kommanditaktionär und den Komplementären geht damit im Rechtsverhältnis zwischen der Gesamtheit der Kommanditaktionäre und den Komplementären auf.[293]

---

289 Zur mitgliedschaftlichen Stellung eines Gesellschafters gehören sowohl das Rechtsverhältnis zur Gesellschaft als auch das Rechtsverhältnis zu den übrigen Gesellschaftern, vgl. oben § 2 A. IV. Die Mitgliedschaften in der Personengesellschaft und einer Aktiengesellschaft unterscheiden sich insoweit nicht.

290 Zunächst betrifft die persönliche Haftung des Komplementärs nur das Verhältnis zu außenstehenden Dritten. Durch § 278 Abs. 1 AktG wird jedoch gleichzeitig auch der Innenregress im Verhältnis zur KGaA dem Personengesellschaftsrecht unterworfen. Dem Komplementär, der Gesellschaftsgläubiger befriedigt, steht ein Regressanspruch gegen die KGaA gem. § 110 HGB zu, vgl. *Schütz/Reger*, in: Hdb KGaA, § 5 Rn. 223 f. (S. 154 f.); *Herfs*, in: Münch Hdb AG, § 76 Rn. 21.

291 So z. B. *Wichert*, Die Finanzen der KGaA, S. 55.

292 Vgl. z. B. *Wichert*, der konsequent auch die Anwendung einzelner aktienrechtlicher Schutzvorschriften auf die Vermögenseinlage der Komplementäre ausschließlich anhand teleologischer Gesichtspunkte untersucht; *Wichert*, Die Finanzen der KGaA, S. 55 f.; S. 112 ff. Zum Problem der Gründungsprüfung bei Vermögenseinlagen vgl. bereits oben § 2 A. XIII. 3.

293 Im Ergebnis auch *Masuch:* Da mit dem Rechtsverhältnis zwischen Komplementären und der Gesamtheit der Kommanditaktionäre gleichzeitig immer auch das Verhältnis zwi-

Für die Rechtsverhältnisse eines einzelnen Kommanditaktionärs zur KGaA, zu anderen Kommanditaktionären sowie zu Dritten ist hingegen § 278 Abs. 3 AktG einschlägig; insoweit passt der Wortlaut auch unter gesetzessystematischen Gesichtspunkten.

2. Zweites Problem

Welcher Verweisung gebührt der Vorrang, wenn sowohl ein Rechtsverhältnis eines Komplementärs im Sinne des § 278 Abs. 2 AktG als auch ein Rechtsverhältnis eines Kommanditaktionärs im Sinne des § 278 Abs. 3 AktG betroffen ist?

Wenn gleichzeitig mitgliedschaftliche Rechte beider Gesellschaftergruppen betroffen sind, ist auch das Verhältnis zwischen den Gesellschaftergruppen berührt. Den Konfliktfall zwischen mitgliedschaftlicher Position der Komplementäre und der Kommanditaktionäre hat das Gesetz in § 278 Abs. 2 AktG zugunsten des Personengesellschaftsrechts entschieden.

3. Drittes Problem

Wie sind Angelegenheiten zu beurteilen, die keine mitgliedschaftlichen Rechtsverhältnisse der KGaA-Gesellschafter betreffen?

Die KGaA ist eine juristische Person. Die Organisation einer juristischen Person ist verabsolutiert, d. h. sie ist gegenüber ihren Mitgliedern verselbstständigt[294] und verfügt über eine ganz auf die Gesellschaft bezogene Satzungsverfassung.[295]

Im Gegensatz dazu ist die Personengesellschaft zwar Rechtsträger, lebt aber erst als Personenverbund.[296] Die Personengesellschaft ist mit der Gruppe identisch, die

---

schen einzelnem Komplementär und einzelnem Kommanditaktionär betroffen sei, habe das Verhältnis zwischen den Gesellschaftergruppen gem. § 278 Abs. 2 AktG immer Vorrang. Andernfalls würde die Regelung des § 278 Abs. 2 AktG für das Verhältnis der Gesellschaftergruppen unterlaufen; *Masuch,* NZG 2003, 1048, 1050. Ebenso *Mertens,* AktG, § 278 Rn. 39.

Da zwischen einem einzelnen Kommanditaktionär und den Komplementären kein gesellschaftsrechtliches Rechtsverhältnis existiert, bestehen zwischen ihnen auch keine Treuepflichten. Im Ergebnis zustimmend *Assmann/Sethe,* in: GroßKomm AktG, § 278 Rn. 60; *Fett,* in: Hdb KGaA, § 3 Rn. 23 (S. 29). A. A. *Wichert,* in: AnwaltKomm AktR, § 278 Rn. 48, 53, der darauf hinweist, dass die „Gesamtheit der Kommanditaktionäre" kein eigenständiger Personenverband innerhalb der KGaA sei und deshalb nur Rechtsverhältnisse zu den einzelnen Kommanditaktionären existierten. Dieses Argument kann jedoch schon deshalb nicht durchgreifen, da die fehlende Rechts- und Parteifähigkeit der Gesamtheit der Kommanditaktionäre Prozesse zwischen den Gesellschaftergruppen nicht ausschließt, vgl. den Wortlaut des § 287 Abs. 1 AktG. Zum Rechtsverhältnis und zu den Prozessen zwischen den Gesellschaftergruppen vgl. auch unten § 2 B. III.

294 *Flume,* Personengesellschaft, § 7 II.

295 *K. Schmidt,* Gesellschaftsrecht, § 8 IV. 2. a) [S. 207].

296 *K. Schmidt,* Gesellschaftsrecht, § 8 IV. 2. a) [S. 207].

sich durch den Gesellschaftsvertrag verbunden hat, d. h. die Gesellschaft konstituiert sich durch die gesellschaftsvertraglich geregelte Verbindung der Gesellschafter.[297]

Die KGaA lässt sich damit als eine besondere Aktiengesellschaft charakterisieren; sie ist eine juristische Person, der erst mit der Integration der Komplementäre personengesellschaftsrechtliche Elemente eingepflanzt werden.

Im Umkehrschluss bedeutet das: Dort, wo die Integration des Komplementär-Fremdkörpers in eine Aktiengesellschaft keine Änderungen erforderlich macht, bleibt die KGaA Aktiengesellschaft, d. h. die Organisation der juristischen Person bleibt erhalten. Anders als in der Personengesellschaft gibt es daher auch in der KGaA Angelegenheiten, die sich nicht aus den Rechtsverhältnissen der Gesellschafter ableiten lassen, sondern allein Angelegenheiten der juristischen Person sind. Für diese Angelegenheiten besteht die Organstruktur der Aktiengesellschaft – Vorstand, Aufsichtsrat und Hauptversammlung – unverändert; auf die Komplementäre sind die aktienrechtlichen Vorschriften für den Vorstand sinngemäß anzuwenden, vgl. § 283 AktG.

Im Ergebnis gelten für Angelegenheiten, die nicht die Rechtsverhältnisse der Gesellschafter, sondern die KGaA als selbstständige Rechtspersönlichkeit betreffen, die Vorschriften des ersten Buches des Aktiengesetzes.

Daneben ist Aktienrecht auf die Rechtsverhältnisse der Kommanditaktionäre im Verhältnis zur Gesellschaft, zu den anderen Kommanditaktionären und zu außenstehenden Dritten anzuwenden.[298]

Diese Unterscheidung aktienrechtlicher Angelegenheiten der KGaA soll im Folgenden bei der Zitierung der gesetzlichen Verweisungen deutlich gemacht werden:

Sind Rechtsverhältnisse der Kommanditaktionäre betroffen, ergibt sich die Anwendung von Aktienrecht aus § 278 Abs. 3 AktG.

Bei Angelegenheiten, die keine Rechtsverhältnisse der KGaA-Gesellschafter, sondern nur die KGaA in ihrer Eigenschaft als juristische Person berühren, ergibt sich die Anwendung von Aktienrecht bereits aus § 278 Abs. 1 AktG. Obwohl § 278 Abs. 3 AktG wie eine unbegrenzte Auffangvorschrift formuliert ist, ist § 278 Abs. 3 AktG für Angelegenheiten der KGaA nicht einschlägig.[299] Die Abschichtung der Angelegenheiten der KGaA gem. § 278 Abs. 1 AktG von den Rechtsverhältnissen der Kommanditaktionäre gem. § 278 Abs. 3 AktG ist u. a. für die aktienrechtlichen Vorstandsaufgaben der Komplementäre von Bedeutung: Diese Vorstandsaufgaben werden durch die speziellen Verweisungen in § 283 AktG nicht

---

297 *Flume*, Personengesellschaft, § 7 II.

298 Zu den Rechtsverhältnissen und den Treuepflichten der Aktionäre einer AG untereinander vgl. bereits oben § 2 A. IV. und § 2 A. V. 1.

299 So aber die herrschende Meinung; vgl. beispielsweise *Mertens*, in: Kölner Komm AktG, § 280 Rn. 7; *Assmann/Sethe*, in: GroßKomm AktG, § 280 Rn. 19: Die allgemeinen Gründungsvorschriften gelten gem. § 278 Abs. 3 AktG auch in der KGaA.

vollständig erfasst; im Übrigen muss auf die Grundstruktur der KGaA gem. § 278 Abs. 1 AktG zurückgegriffen werden.[300]

Gem. § 278 Abs. 1 AktG gilt Aktienrecht beispielsweise für folgende Angelegenheiten der KGaA:

- § 285 Abs. 2 S. 2 AktG zählt einige Beschlussgegenstände auf, für die ausschließlich die Hauptversammlung zuständig ist.
- Dem Gesellschaftsorgan Aufsichtsrat verbleiben im Vergleich zur Aktiengesellschaft jedenfalls solche Befugnisse, die nicht im Widerspruch zur Zuständigkeitsverteilung gem. § 278 Abs. 2, 3 AktG stehen.
- Die Gründung betrifft die Existenz der KGaA. Gem. § 278 Abs. 1 AktG gelten neben den KGaA-rechtlichen Spezialvorschriften der §§ 280 bis 282 AktG die aktienrechtlichen Gründungsvorschriften der §§ 23 bis 53 AktG.
- Die Auflösung betrifft ebenfalls die Existenz der KGaA. § 289 AktG enthält zwar für Teilaspekte der Auflösung – insbesondere für die Auflösungsgründe – eine spezielle Verweisung auf das Personengesellschaftsrecht; im Übrigen bleibt es aber gem. § 278 Abs. 1 AktG beim Aktienrecht.
- Die Abwicklung richtet sich – von der Spezialregelung in § 290 AktG abgesehen – gem. § 278 Abs. 1 AktG nach den §§ 264 bis 274 AktG.

4. Viertes Problem

Nach der Klärung der Probleme 1 bis 3 kann nun Problem 4 formuliert werden, das sich nach näherer Analyse als *Bruchlinie zwischen Personengesellschaftsrecht und Aktienrecht* erweisen wird. Entlang dieser Linie liegen die Gesetzeslücken und Abgrenzungsprobleme zwischen Personengesellschaftsrecht und Aktienrecht aufgereiht. Problem 4 lautet wie folgt:

> *Wie sind Angelegenheiten zu beurteilen, die sowohl gem. § 278 Abs. 2 AktG das Verhältnis der Gesellschaftergruppen untereinander als auch gem. § 278 Abs. 1 AktG die KGaA in ihrer Eigenschaft als juristische Person betreffen?*

Mertens hat zu Problem 4 folgende gesetzessystematische Aussage formuliert:

> „Der § 278 Abs. 2 AktG durchbricht im Rahmen seines Anwendungsbereiches aktienrechtliche Strukturen."[301]

---

[300] A. A. *Assmann/Sethe,* die davon ausgehen, dass die Rechtsstellung der Komplementäre durch die § 278 Abs. 2, 283 AktG umfassend geregelt wurden, *Assmann/Sethe,* in: GroßKomm AktG, § 278 Rn. 24.

[301] *Mertens,* in: Kölner Komm AktG, Vor § 278 Rn. 4 ff.; *ders.* in: FS Barz [1974], 253, 258 ff. Die Überlegungen von *Mertens* waren durch inzwischen rechtshistorische Entwicklungen veranlasst. *Mertens* setzte sich mit der Frage auseinander, ob die durch das AktG von 1965 im ersten Buch des Aktiengesetzes vorgenommenen Änderungen auf die KGaA durchschlagen oder ob § 278 Abs. 2 AktG auch nach der Reform die neuen aktienrechtlichen Strukturen durchbricht.

Diese Aussage enthält zwei Feststellungen:

- Die KGaA ist eine Aktiengesellschaft, deren Besonderheit darin besteht, dass ihre starren Strukturen durch das Personengesellschaftsrecht teilweise durchbrochen werden.
- Wenn § 278 Abs. 2 AktG einschlägig ist, besteht ein Anwendungsvorrang gegenüber dem Aktienrecht.

An anderer Stelle macht Mertens jedoch deutlich, dass mit dieser Aussage zur Gesetzessystematik der KGaA im Grunde lediglich das Abgrenzungsproblem zwischen Personengesellschaftsrecht und Aktienrecht auf den Punkt gebracht wird[302]:

Wie weit reicht der Anwendungsbereich des § 278 Abs. 2 AktG?

An dieser Stelle ist nun die *Bruchlinie zwischen Personengesellschaftsrecht und Aktienrecht* lokalisiert: Für das Verhältnis der Gesellschaftergruppen untereinander ist der Anwendungsbereich des Personengesellschaftsrechts durch § 278 Abs. 2 AktG an sich eröffnet. Für den Fall, dass gleichzeitig die KGaA gem. § 278 Abs. 1 AktG in ihrer Eigenschaft als juristische Person betroffen ist, können die damit gleichzeitig betroffenen aktienrechtlichen Strukturen der KGaA durch § 278 Abs. 2 AktG nur insoweit durchbrochen werden, als § 278 Abs. 2 AktG dafür eine ausreichende gesetzliche Grundlage bietet.

Betrachtet man den Wortlaut des § 278 Abs. 2 AktG, fällt auf, dass § 278 Abs. 2 AktG an Rechtsverhältnisse anknüpft und nicht an materiell-rechtliche Regelungsbereiche. Die gesetzlichen Regelungen knüpfen für die Abgrenzung zwischen Personengesellschaftsrecht und Aktienrecht daran an, welche Handlungseinheiten[303] der KGaA durch eine bestimmte Angelegenheit betroffen sind und nicht welcher Gegenstand.

§ 278 Abs. 2 AktG durchbricht damit für die angesprochenen Rechtsverhältnisse zunächst nur die aktienrechtlichen *Entscheidungszuständigkeiten.* Diese Tatsache wird durch die Präzisierung in § 285 Abs. 2 S. 1 AktG bestätigt: Hauptversammlung und Komplementäre sind gemeinsam zuständig, wenn in einer KG alle Gesellschafter gemeinsam zuständig wären.

Für die Aspekte einer Angelegenheit, die nicht die Entscheidungszuständigkeit, sondern den *Entscheidungsgegenstand* betreffen, enthält der Wortlaut des Gesetzes keine ausdrücklichen Aussagen. Belegen lässt sich diese Feststellung durch die beiden Regelbeispiele in § 278 Abs. 2 AktG. Die Formulierung in § 278 Abs. 2 AktG lautet:

> „... namentlich die Befugnis der persönlich haftenden Gesellschafter zur Geschäftsführung und Vertretung der Gesellschaft bestimmt sich nach den Vorschriften des Handelsgesetzbuchs über die Kommanditgesellschaft."

302 *Mertens,* in: FS Barz [1974], 253, 258 f.

303 Zum Begriff der Handlungseinheit vgl. § 1 B. IV. 1. Fn. 31.

Damit wird nur in Ansehung der Entscheidungsbefugnis auf Personengesellschaftsrecht verwiesen. Nicht geregelt ist mit dieser Formulierung, ob bei bestimmten Geschäftsführungshandlungen, wie z. B. bei der Aufstellung des Jahresabschlusses, die Komplementäre personengesellschaftsrechtliche oder aktienrechtliche Vorschriften beachten müssen.[304]

Die gesetzessystematische Auslegung von Problem 4 führt damit zu folgendem Ergebnis:

- Gem. §§ 278 Abs. 2, 285 Abs. 2 S. 1 AktG gilt in der KGaA grundsätzlich die personengesellschaftsrechtliche Zuständigkeitsverteilung. Bei der aktienrechtlichen Zuständigkeitsverteilung bleibt es nur dann, wenn nicht die KGaA-Gesellschafter, sondern ausschließlich die KGaA als selbstständige Rechtspersönlichkeit betroffen ist.

  Offen bleiben dagegen folgende Fragen:

- Gelten gem. § 278 Abs. 2 AktG lediglich die personengesellschaftsrechtlichen Entscheidungszuständigkeiten oder wird durch die Verweisung ein personenrechtliches Band zwischen den Gesellschaftergruppen geschaffen, auf das Satzungsautonomie und Gesellschafterklage anwendbar sind?[305]
- Gelten für Aspekte eines Entscheidungsgegenstandes, die nicht die Zuständigkeit betreffen, personengesellschaftsrechtliche oder aktienrechtliche Vorschriften?

  Da § 278 Abs. 2 AktG in dieser Hinsicht nichts zu entnehmen ist, müssen Quellen herangezogen werden, die im Folgenden noch genauer definiert werden müssen.[306]
- Wie ist zu verfahren, wenn Entscheidungszuständigkeit und Entscheidungsgegenstand über Kreuz liegen, d. h. wenn für die Entscheidungszuständigkeit gem. §§ 278 Abs. 2, 285 Abs. 2 S. 1 AktG Personengesellschaftsrecht und Satzungsautonomie, für den Entscheidungsgegenstand Aktienrecht und Satzungsstrenge gelten?[307]

III. Das personengesellschaftsrechtliche Rechtsverhältnis zwischen den Gesellschaftergruppen

Zunächst ist also fraglich, ob § 278 Abs. 2 AktG nicht nur die Zuständigkeiten zwischen den Komplementären und den Kommanditaktionären verteilt, sondern auch ein personengesellschaftsrechtliches Rechtsverhältnis zwischen den Gesellschaftergruppen begründet. Die Folge wäre, dass die KGaA-Gesellschafter dieses

---

304 Zum Problem unten ausführlich § 3 J. I. 1., 2.

305 Vgl. dazu unten ausführlich § 2 B. III.

306 Vgl. dazu unten ausführlich § 2 B. IV.

307 Vgl. schematische Darstellung auf S. 108. Dazu ausführlich unter § 2 D. I. 5., II. und § 3 *I.*

Rechtsverhältnis privatautonom gestalten könnten, d. h. § 278 Abs. 2 AktG würde die aktienrechtliche Satzungsstrenge, § 23 Abs. 5 AktG, durchbrechen. Darüber hinaus könnte das personengesellschaftsrechtliche Rechtsverhältnis zum Gegenstand von Rechtsstreitigkeiten gemacht werden, d. h. Gesellschafterklagen[308] zwischen den Gesellschaftergruppen wären grundsätzlich möglich.

Das Problem liegt nicht im Gesetzeswortlaut, da § 278 Abs. 2 AktG ausdrücklich von einem Rechtsverhältnis zwischen den Gesellschaftergruppen spricht. Schwierigkeiten bereitet vielmehr die Rechtsnatur der Gesamtheit der Kommanditaktionäre:

Ein personengesellschaftsrechtliches Rechtsverhältnis zwischen Komplementären und Aktionären erscheint fraglich, da die Gesamtheit der Kommanditaktionäre rechtsfähig sein müsste. Die Gesellschafterklage zwischen den Gesellschaftergruppen würde grundsätzlich die Parteifähigkeit der Gesamtheit der Kommanditaktionäre voraussetzen.

1. Die Rechtsfähigkeit der Gesamtheit der Kommanditaktionäre

Das konstruktive Problem des personengesellschaftsrechtlichen Rechtsverhältnisses zwischen Komplementären und der Gesamtheit der Kommanditaktionäre i. S. d. § 278 Abs. 2 AktG liegt in der Tatsache begründet, dass ein Rechtsverhältnis grundsätzlich nur zwischen zwei rechtsfähigen Personen bestehen kann. Nach zutreffender und heute ganz herrschender Ansicht ist die Gesamtheit der Kommanditaktionäre kein rechtsfähiger Personenverband.[309] Stattdessen werden die Kommanditaktionäre organisatorisch zur Willensbildung und zur Willensartikulierung – wie in einer Aktiengesellschaft – in der Hauptversammlung, d. h. in einem Gesellschaftsorgan, zusammengefasst.[310]

Das personengesellschaftsrechtliche Rechtsverhältnis i. S. d. § 278 Abs. 2 AktG müsste daher zwischen rechtsfähigen Personen, den Komplementären, und dem nicht-rechtsfähigen[311] Gesellschaftsorgan, der Hauptversammlung, bestehen.

In der Literatur wird daraus zum Teil der Schluss gezogen, dass es zwischen den Komplementären und der Gesamtheit der Kommanditaktionäre kein personenge-

---

308 Zum Wesen der Gesellschafterklagen in der Personengesellschaft vgl. bereits oben § 2 A. VI. 2. Fn. 75.

309 *Assmann/Sethe,* in: GroßKomm AktG, § 287 Rn. 62; *Fett,* in: Hdb KGaA, § 3 Rn. 6 (S. 21). Diese Ansicht vertreten selbst die Autoren, die die Gesamtheit der Kommanditaktionäre für parteifähig halten: *Semler/Perlitt,* in: Münch Komm AktG, § 287 Rn. 74; *Herfs,* in: Münch Hdb AG, § 76 Rn. 44.

310 *Kessler,* Die Möglichkeiten der Kommanditaktionäre, S. 17.

311 Nach überzeugender Ansicht von Rechtsprechung und wohl herrschender Meinung in der Literatur sind Gesellschaftsorgane nicht rechtsfähig.

sellschaftsrechtliches Rechtsverhältnis[312] bzw. dass es kein besonderes gesellschaftsrechtliches Verhältnis[313] gebe. Stattdessen sei § 278 Abs. 2 AktG als reine Zuständigkeitsregelung aufzufassen.[314] Zum Teil wird auch vertreten, dass das Verhältnis zwischen den Gesellschaftergruppen vollständig im Verhältnis der Komplementäre zur KGaA aufgehe.[315] Grund dafür sei die Tatsache, dass eine doppelstöckige Konstruktion – Außenverhältnis: juristische Person, darunter im Innenverhältnis: ein eigenständiges personenrechtliches Band zwischen Komplementären und der Gesamtheit der Kommanditaktionäre – sich mit der körperschaftlichen Verfassung der KGaA nicht in Einklang bringen ließe.[316]

M.E. ist die personengesellschaftsrechtliche Verbindung der KGaA-Gesellschafter durch das Gesetz vorgegeben: In § 278 Abs. 2 AktG heißt es, das „Rechtsverhältnis" und nicht die „Zuständigkeitsverteilung" zwischen den Gesellschaftergruppen bestimme sich nach Personengesellschaftsrecht. Bevor auf das Kernproblem der fehlenden Rechtsfähigkeit der Gesamtheit der Kommanditaktionäre eingegangen wird, sollen im Folgenden zunächst die anderen Bedenken, die gegen das personenrechtliche Band zwischen den Gesellschaftergruppen vorgebracht werden, behandelt werden:

So lässt sich das personengesellschaftsrechtliche Rechtsverhältnis zwischen Komplementären und Kommanditaktionären durchaus mit der körperschaftlichen Verfassung der KGaA in Einklang zu bringen. Die KGaA wird zwar nicht durch

---

Eine Mindermeinung in der Literatur vertritt die Ansicht, Organe der Aktiengesellschaft könnten Träger subjektiver, einklagbarer Rechte sein. Die Durchsetzung solcher Rechte könnten die Organe im sog. Organstreit gerichtlich verfolgen. Die Vertreter dieser Ansicht knüpfen hierzu vor allem an § 90 Abs. 3 S. 1 AktG an, der dem Aufsichtsrat der Aktiengesellschaft ein subjektives, einklagbares Recht einräume, vom Vorstand jederzeit über Angelegenheiten der Gesellschaft Berichterstattung zu verlangen; vgl. *Bork,* ZGR 1989, 1, 22 ff.; *Hommelhoff,* ZHR 143 [1979], 288, 291 ff., 307; *Raiser,* AG 1989, 185, 188 f.; im Ergebnis auch *Häsemeyer,* ZHR 144 [1980], 265 ff.

Der BGH hat die Zulässigkeit des Organstreits bisher offengelassen, vgl. BGH AG 1989, 89 f. [Opel].

Mit der wohl herrschenden Meinung ist der sog. Organstreit als unzulässig anzusehen. Klagt der Aufsichtsrat auf Berichterstattung gem. § 90 Abs. 3 S. 1 AktG, macht er ein Recht der Gesellschaft und kein Recht des Aufsichtsrats als Organ geltend, vgl. *Flume,* Die juristische Person, § 11 V. [S. 406]. Aus § 90 Abs. 3 S. 1 AktG ergibt sich weder eine Grundlage noch eine Notwendigkeit für die Zulässigkeit des Organstreits. Darüber hinaus würde die Kompetenzverteilung innerhalb der Aktiengesellschaft, die dem Vorstand das operative Geschäft und dem Aufsichtsrat die Kontrolle der Vorstandstätigkeit zuweist, zur Makulatur, wenn bei jeder Streitfrage die Gerichte eingeschaltet werden könnten. Im Ergebnis zustimmend OLG Hamburg AG 1992, 197; *Stodolkowitz,* ZHR 154 [1990], 1 ff.; *Brücher,* AG 1989, 190 ff.; *Mertens,* ZHR 154 [1990], 24 ff.

312 *Wichert,* Die Finanzen der KGaA, S. 47 f.; *ders.* in: AnwaltKomm AktR, § 278 Rn. 51 ff.

313 *Mertens,* in: FS Barz [1974], 253, 256 f. sowie 257 Fn. 17.

314 *Wichert,* Die Finanzen der KGaA, S. 52.

315 *Kessler,* Die Möglichkeiten der Kommanditaktionäre, S. 17.

316 *Wichert,* Die Finanzen der KGaA, S. 47 f.

die gesellschaftsvertragliche Verbindung ihrer Mitglieder konstituiert, sondern existiert als juristische Person unabhängig von ihren Mitgliedern.[317] Im Umkehrschluss kann daraus aber nicht gefolgert werden, dass die Gesellschafter einer juristischen Person die Gesellschaft nicht zu ihrem Objekt machen und ausformen dürfen.[318] *De lege ferenda* hätte beispielsweise die Möglichkeit bestanden, auch im Aktienrecht den Gesellschaftern – ähnlich wie in einer GmbH[319] – die Befugnis einzuräumen, ihre Rechtsbeziehungen untereinander frei zu gestalten. Die Tatsache, dass die Aktiengesellschaft über eine „Satzung" und nicht über einen „Gesellschaftsvertrag" verfügt, wäre hierfür kein Hindernis gewesen. Korporative Regelungen haben sowohl in der Personengesellschaft als auch in der Aktiengesellschaft normative und nicht schuldrechtliche Wirkung.[320] Die zwischen den Gesellschaftsformen bestehenden Unterschiede betreffen lediglich das Verfahren und die Gestaltungsfreiheit und nicht die Rechtsnatur der korporativen Regelungen.[321]

In der KGaA hat der Gesetzgeber durch die Regelung des § 278 Abs. 2 AktG von dieser Möglichkeit Gebrauch gemacht. Die KGaA ist daher auch nicht als das Hybrid entgegengesetzter gesellschaftsrechtlicher Strukturprinzipien aufzufassen.[322] Stattdessen ist die KGaA eine Variante der Aktiengesellschaft, d. h. eine juristische Person, in der eine Plattform existiert, auf der die KGaA-Gesellschafter Herren der Gesellschaft[323], insbesondere Herren über die korporativen Satzungsregelungen sind.

Wie oben bereits ausgeführt, besteht das Kernproblem für das Rechtsverhältnis zwischen den Gesellschaftergruppen in der fehlenden Rechtsfähigkeit der Gesamtheit der Kommanditaktionäre; im Ergebnis ist jedoch auch dieses Problem durch das Gesetz gelöst:

Betrachtet man es aus dem Blickwinkel des Gesetzgebers, ergibt sich folgendes Dilemma: Will man in einer Aktiengesellschaft eine Plattform etablieren, auf der die Gesellschafter ihre Rechtsbeziehungen gestalten können wie Gesellschafter einer Personengesellschaft, können die mitgliedschaftlichen Gestaltungsrechte nur jedem einzelnen Gesellschafter und damit auch nur jedem einzelnen Kommanditaktionär eingeräumt werden. Dadurch würde man jedoch eine Art Generalversammlung schaffen, die neben der aktienrechtlichen Organstruktur Geschäftsleitungsorgan – Aufsichtsrat – Hauptversammlung bestünde. Das Gesetz hat dieses Problem dadurch gelöst, dass es das Begriffsdoppel Gesamtheit der Kommanditaktionäre / Hauptversammlung verwendet, vgl. §§ 278 Abs. 2, 287 Abs. 2 AktG und § 285 Abs. 2 S. 1 AktG.

---

317 Vgl. dazu bereits oben § 2 A. I. und § 2 B. II. 3.

318 Für die Personengesellschaft: *Ulmer,* in: GroßKomm HGB, § 105 Rn. 211.

319 *Zöllner,* in: Baumbach / Hueck, GmbHG, § 45 Rn. 1 ff.

320 *K. Schmidt,* Gesellschaftsrecht, § 5 I. 3. [S. 83].

321 *K. Schmidt,* Gesellschaftsrecht, § 5 I. 3. [S. 83].

322 So aber beispielsweise *Fett,* in: Hdb KGaA, Überschrift zu § 3 (S. 17).

323 Für die Personengesellschaft: *Ulmer,* in: GroßKomm HGB, § 114 Rn. 15.

Der Begriff der *Gesamtheit der Kommanditaktionäre* bringt zum Ausdruck, dass jeder einzelne Kommanditaktionär Rechtsträger im mehrseitigen Rechtsverhältnis zwischen Komplementären und Kommanditaktionären i. S. d. § 278 Abs. 2 AktG ist. Die Kommanditaktionäre sind aber gleichzeitig eine Gesamtheit, d. h. eine notwendige Rechtsgemeinschaft, die im Verhältnis zu den Komplementären einheitlich auftritt und in diesem Verhältnis durch den Aufsichtsrat vertreten wird, § 287 Abs. 1 AktG. Die Gesamtheit der Kommanditaktionäre ist mit der *Hauptversammlung* identisch, d. h. die Gestaltungsrechte des einzelnen Kommanditaktionärs werden dadurch wieder verkürzt, dass er diese Rechte organisatorisch nur in der Hauptversammlung ausüben darf und sich den aktienrechtlichen Mehrheiten und Verfahren unterwerfen muss, die gem. § 278 Abs. 3 AktG für die Willensbildung innerhalb der Gesellschaftergruppe der Kommanditaktionäre gelten.

Im Ergebnis ist es daher richtig, dass das Gesetz die Hauptversammlung meint, wenn es von der Gesamtheit der Kommanditaktionäre spricht.[324] Nicht gefolgt werden kann jedoch der Ansicht, dass der Begriff der Gesamtheit der Kommanditaktionäre mit dem Begriff der Hauptversammlung identisch sei und keinen darüber hinausgehenden Bedeutungsgehalt habe.[325]

Das Begriffspaar Gesamtheit der Kommanditaktionäre / Hauptversammlung ist ein Januskopf. Die eine Seite des Begriffspaares, die Gesamtheit der Kommanditaktionäre, stellt das Scharnier dar, in das das personengesellschaftsrechtliche Rechtsverhältnis zu den Komplementären eingehängt werden kann. Die andere Seite, die Hauptversammlung, verankert das personenrechtliche Verhältnis zwischen den Gesellschaftergruppen in der körperschaftlichen Verfassung der Aktiengesellschaft.

Im Ergebnis besteht ein personengesellschaftsrechtliches Rechtsverhältnis zwischen den Komplementären und der Gesamtheit der Kommanditaktionäre. Damit durchbricht § 278 Abs. 2 AktG im Rahmen seines Anwendungsbereichs[326] nicht nur die aktienrechtliche Kompetenzverteilung, sondern auch die aktienrechtliche Satzungsstrenge: Im Anwendungsbereich des § 278 Abs. 2 AktG können die KGaA-Gesellschafter ihre Rechtsbeziehungen frei gestalten.

2. Die Parteifähigkeit der Gesamtheit der Kommanditaktionäre

Eine inzwischen überholte Ansicht vertrat die Auffassung, dass die Gesamtheit der Kommanditaktionäre einen innerhalb der KGaA selbstständigen Personenver-

---

324 *Kessler,* Die Möglichkeiten der Kommanditaktionäre, S. 17; *Semler/Perlitt,* in: Münch Komm AktG, § Vor § 278 Rn. 56; § 278 Rn. 232; ähnlich *Assmann/Sethe,* in: GroßKomm AktG, § 278 Rn. 93; Vor § 278 Rn. 66.

325 In dieser Deutlichkeit nur *Wichert,* Die Finanzen der KGaA, S. 52.

326 Die aktienrechtliche Kompetenzverteilung bleibt bestehen, wenn kein Rechtsverhältnis der KGaA-Gesellschafter, sondern nur die KGaA selbst betroffen ist, vgl. oben § 2 B. II. 3.

band darstelle, der in Prozessen mit den Komplementären parteifähig sei.[327] Dieser eigenständige Personenverband werde gem. § 278 Abs. 2 S. 1 AktG in Prozessen durch den Aufsichtsrat vertreten.[328]

Die heute wohl herrschende Meinung geht davon aus, dass die Gesamtheit der Kommanditaktionäre nicht parteifähig sei; stattdessen vertrete der Aufsichtsrat in Prozessen mit den Komplementären die KGaA, die als juristische Person parteifähig sei.[329] Die Vertreter der heute herrschenden Meinung argumentieren, der Begriff der Gesamtheit der Kommanditaktionäre sei inzwischen historisch überholt; er stamme aus einer Zeit, als die KGaA noch als Abart der KG im ADHGB geregelt gewesen sei und noch nicht über eine selbstständige Rechtspersönlichkeit verfügt habe. Damals sei es notwendig gewesen, die „Gesamtheit der Kommanditaktionäre" als eigenständigen Personenverband innerhalb der KGaA zu begreifen. Seitdem im Aktiengesetz von 1937 die KGaA in § 219 AktG 1937 mit einer eigenständigen Rechtspersönlichkeit ausgestattet worden sei, sei auch der Begriff „Gesamtheit der Kommanditaktionäre" überflüssig geworden.[330]

Der herrschenden Meinung ist im Ergebnis zuzustimmen: Die Gesamtheit der Kommanditaktionäre ist nicht parteifähig. Die Begründung trifft m.E. nur zum Teil zu: Der Begriff der Gesamtheit der Kommanditaktionäre ist zwar historisch überholt, weil keine Notwendigkeit besteht, einen selbstständigen Personenverband innerhalb der KGaA anzunehmen. Überflüssig ist der Begriff der Gesamtheit der Kommanditaktionäre dagegen auch im Prozessrecht nicht: Er bringt vielmehr zum Ausdruck, dass Gegenstand des Prozesses das personengesellschaftsrechtliche Rechtsverhältnis zwischen den Komplementären und der Gesamtheit der Kommanditaktionäre ist. Rechtsstreitigkeiten über die Rechtsverhältnisse der Gesellschafter einer Personengesellschaft werden im Wege der Gesellschafterklage[331] ausgetragen.

Vor diesem Hintergrund wird auch heute noch vereinzelt vertreten, die Gesamtheit der Kommanditaktionäre müsse wie ein einzelner Kommanditist an Gesellschafterklagen im Verhältnis zu den Komplementären teilnehmen; deshalb sei die Gesamtheit der Kommanditaktionäre parteifähig, wenn auch kein selbstständiger Personenverband. Dogmatisch wird diese Annahme mit Hinweis auf § 287 Abs. 2 S. 1 AktG begründet: Diese Vorschrift weise der Gesamtheit der Kommanditaktionäre die Parteifähigkeit explizit zu.[332] Die wohl herrschende Meinung hält

---

327 RGZ 74, 303; *Barz,* in: GroßKomm AktG, 3. Aufl., § 278 Rn. 8; § 287 Rn. 8; *Godin/Wilhelmi,* AktG, § 287 Rn. 5; *Baumbach/Hueck,* AktG, § 287 Rn. 3.

328 *Barz,* in: GroßKomm AktG, 3. Aufl., § 278 Rn. 8.

329 *Assmann/Sethe,* in: Großkomm AktG, § 287 Rn. 62; *Mertens,* in: Kölner Komm AktG, § 287 Rn. 13; *Hüffer,* AktG, § 287 Rn. 2; *Fett,* in: Hdb KGaA, § 3 Rn. 6 (S. 21); *Reger,* in: Hdb KGaA, § 5 Rn. 613 (S. 270); *Raiser,* Kapitalgesellschaften, § 23 Rn. 41; *Wichert,* Die Finanzen der KGaA, S. 49 ff.

330 *Mertens,* in: Kölner Komm AktG, § 278 Rn. 37; *Fett,* in: Hdb KGaA, § 3 Rn. 6 (S. 21); *Wichert,* in: AnwaltKomm AktR, § 278 Rn. 52.

331 Zur Gesellschafterklage bereits oben § 2 A. VI. 2. Fn. 75.

§ 287 Abs. 2 S. 1 AktG im Gegensatz dazu für eine Kompetenznorm: Die Gesamtheit der Kommanditaktionäre beschließe über die Klageerhebung, die anschließend der Aufsichtsrat im Namen der Gesellschaft vor Gericht erhebe.[333]

Im Ergebnis ist der herrschenden Meinung zuzustimmen. Die prozessrechtlichen Probleme, die das personengesellschaftsrechtliche Rechtsverhältnis zwischen den Gesellschaftergruppen aufwirft, hat § 287 Abs. 2 AktG wiederum nur sehr lückenhaft geregelt: Der Aufsichtsrat vertritt die Gesamtheit der Kommanditaktionäre vor Gericht. Nicht geregelt ist, wer als Prozesspartei aktiv und passiv an den Gesellschafterklagen mit den Komplementären teilnehmen darf.[334] Auch hier hilft der Vergleich des Begriffspaares Gesamtheit der Kommanditaktionäre / Hauptversammlung mit einem Januskopf weiter: Der Begriff *Gesamtheit der Kommanditaktionäre* bringt zum Ausdruck, dass jeder einzelne Kommanditaktionär materiell Berechtigter im personengesellschaftsrechtlichen Rechtsverhältnis zu den Komplementären ist. Der Begriff *Hauptversammlung* bringt zum Ausdruck, dass die materielle Berechtigung der einzelnen Kommanditaktionäre in der Weise verkürzt ist, dass sie nicht individuell, sondern nur innerhalb der Hauptversammlung ausgeübt werden darf.[335] Eine Rechtsausübung vor Gericht ist damit erst recht ausgeschlossen; eine Klageerhebung durch die einzelnen Kommanditaktionäre in notwendiger Streitgenossenschaft kommt daher nicht in Frage. Doch auch die Hauptversammlung scheidet als Prozesspartei aus, da sie ein Gesellschaftsorgan ist.[336]

---

332 *Semler/Perlitt,* in: Münch Komm AktG, § 287 Rn. 74; *Herfs,* in: Münch Hdb AG, § 76 Rn. 44.

333 *Assmann/Sethe,* in: GroßKomm AktG, § 287 Rn. 62; *Reger,* in: Hdb KGaA, § 5 Rn. 616 (S. 271).

334 Zu den Gesellschafterklagen, die das personengesellschaftsrechtliche Rechtsverhältnis zwischen Komplementären und Kommanditaktionären zum Gegenstand haben, zählen zunächst die Zustimmungsklagen einer Gesellschaftergruppe gegen die andere, z. B. Klage auf Zustimmung zum Jahresabschluss, § 286 AktG, oder eine Klage auf Zustimmung zu einem anderen Grundlagengeschäft. Aber auch die Gesellschafterklagen gegen einen einzelnen Komplementär, die durch alle übrigen Gesellschafter erhoben werden, z. B. Antrag auf Entziehung der Geschäftsführungs- und / oder Vertretungsbefugnis, Ausschließungsklage, §§ 117, 127, 140 HGB, gehören hierher; vgl. *Reger,* in: Hdb KGaA, § 5 Rn. 608 ff. (S. 269 ff.), § 5 Rn. 633 ff. (S. 276 ff.) Zum Grundlagengeschäft und zur Gesellschafterklage vgl. bereits oben § 2 A. VI. 2. und § 2 A. VI. 2. Fn. 75.

335 Die Verkürzung der Mitwirkungsrechte der einzelnen Kommanditaktionäre durch die Zwischenschaltung der Hauptversammlung geht aber auch nicht weiter als in der Aktiengesellschaft, d. h. werden die Mitgliedschaftsrechte der Kommanditaktionäre durch Missachtung der Hauptversammlungszuständigkeit verletzt, steht dem einzelnen Kommanditaktionär gem. § 278 Abs. 3 AktG eine Unterlassungs- und Beseitigungsklage zu, vgl. OLG Stuttgart AG 2003, 527, 530; *Semler/Perlitt,* in: Münch Komm AktG, § 278 Rn. 87; a. A. *Assmann/Sethe,* die aus der Tatsache, dass die Mitwirkungsrechte nur in der Hauptversammlung ausgeübt werden dürfen, schließen, dass die einzelnen Kommanditaktionäre auch nicht materiell Berechtigte sein können; vgl. *Assmann/Sethe,* in: GroßKomm AktG, § 278 Rn. 93. Zur Aktionärsklage als mitgliedschaftliches Recht der einzelnen Kommanditaktionäre vgl. § 3 A. II.

336 Zur Diskussion über den Organstreit vgl. bereits oben § 2 B. III. 1 Fn. 311.

Die Gesamtheit der Kommanditaktionäre scheidet als Prozesspartei ebenfalls aus; die Ansicht, die in § 287 Abs. 2 AktG eine gesetzliche Zuweisung der Parteifähigkeit an die Gesamtheit der Kommanditaktionäre sieht, ist abzulehnen. Der Begriff der Gesamtheit der Kommanditaktionäre bringt zum Ausdruck, dass in der Hauptversammlung einer KGaA auch die personengesellschaftsrechtlichen Kontroll- und Mitwirkungsbefugnisse der einzelnen Kommanditaktionäre zusammengefasst werden. Eine quasi-selbstständige Scheinexistenz als parteifähiger, aber nicht-rechtsfähiger Personenverband ist aus § 287 Abs. 2 AktG nicht zwingend abzuleiten und würde gegen die Organisationsstruktur der KGaA verstoßen. Stattdessen setzt § 287 Abs. 2 AktG am komplizierten Interessengeflecht zwischen den zahlreichen Handlungseinheiten[337] der KGaA an und strukturiert es wie folgt: Der Aufsichtsrat nimmt im personengesellschaftsrechtlichen Rechtsverhältnis und in Gesellschafterklagen mit den Komplementären die Interessen der Gesamtheit der Kommanditaktionäre wahr.

Letztlich bleibt als einzig mögliche Prozesspartei, die auf Seiten der Kommanditaktionäre am Prozess teilnehmen kann, nur die KGaA selbst übrig. Die Rollen bei personengesellschaftsrechtlichen Gesellschafterklagen sind damit auf Seiten der Kommanditaktionäre wie folgt verteilt[338]: Die Sachbefugnis liegt bei den einzelnen Kommanditaktionären, d. h. sie sind die Inhaber der mitgliedschaftlichen Mitwirkungs- und Kontrollrechte, auf die in den §§ 278 Abs. 2, 285 Abs. 2 S. 1 AktG verwiesen wird. Da die Gesamtheit der Kommanditaktionäre / Hauptversammlung nicht parteifähig ist, liegt die Prozessführungsbefugnis bei der KGaA selbst. Diese wiederum wird gem. § 287 Abs. 2 S. 1 AktG vom Aufsichtsrat vertreten.

Folge dieser Konstruktion ist, dass der Aufsichtsrat eine Doppelrolle erfüllen muss: Zum Aufgabenbereich des Aufsichtsrats gehören die Überwachung der geschäftsführungsbefugten Komplementäre, § 278 Abs. 3, 111 Abs. 1 AktG. Gleichzeitig ist er Vertretungsorgan der Gesamtheit der Kommanditaktionäre. Entgegen einer in der Literatur vertretenen Ansicht[339] ist diese Doppelrolle – auch im Hinblick auf die Arbeitnehmervertreter im Aufsichtsrat – nicht bedenklich.

3. Die Vertretung der Gesamtheit der Kommanditaktionäre durch den Aufsichtsrat

Entgegen der von Fischer vertretenen Ansicht ergeben sich für die Aufsichtsratsmitglieder bei der Vertretung der Kommanditaktionäre gem. § 287 AktG keine In-

337 Zum Begriff der Handlungseinheit oben § 1 B. IV. 1. Fn. 31.

338 *Reger,* in: Hdb KGaA, § 5 Rn. 620 ff. (S. 272).

339 *Mertens,* der die Vertretung der Kommanditaktionäre durch Arbeitnehmervertreter im Aufsichtsrat als „absurd“ bezeichnet, vgl. *Mertens,* in: FS Barz [1974], 253, 256. Ähnlich *Fischer,* Die KGaA nach dem Mitbestimmungsgesetz, S. 54 ff.; *Wichert,* Die Finanzen der KGaA, S. 48 f.

teressenkollisionen.[340] Die Aufsichtsratsmitglieder unterliegen auch dann einer einheitlichen Verhaltensmaxime, wenn sie Aufgaben des Aufsichtsrats gem. § 287 AktG als Vertretungsorgan der Gesamtheit der Kommanditaktionäre wahrnehmen: Die Aufsichtsratsmitglieder sind in der KGaA – genauso wie in der AG – allein auf das Unternehmensinteresse verpflichtet.[341] Die Rolle, die ein Aufsichtsratsmitglied spielt, wenn der Aufsichtsrat als Vertretungsorgan der Kommanditaktionäre auftritt, ist der Rolle vergleichbar, die ein Arbeitnehmervertreter im Aufsichtsrat einer AG spielt: Wenn dieser Arbeitnehmervertreter im Aufsichtsrat Maßnahmen gem. § 111 Abs. 4 S. 2 AktG ablehnt, die den Arbeitnehmern zugute gekommen wären, haftet er weder gegenüber der Gesellschaft gem. §§ 116, 93 AktG noch gegenüber den Arbeitnehmervertretern, wenn die Ablehnung der Maßnahme durch das Unternehmensinteresse gerechtfertigt war.[342] Ebenso verhält es sich in der KGaA: Vertritt der Aufsichtsrat in der KGaA die Gesamtheit der Kommanditaktionäre, spielt jedes Aufsichtsratmitglied – einschließlich der Arbeitnehmervertreter – die Rolle eines Kommanditaktionärsvertreters. Auch dieser „Kommanditaktionärsvertreter" kann gegen die Interessen der Kommanditaktionäre verstoßen, wenn die Entscheidung durch das Unternehmensinteresse gerechtfertigt war, und macht sich in diesem Fall weder gegenüber der Gesellschaft i. S. d. §§ 278 Abs. 3, 116, 93 AktG noch gegenüber den Kommanditaktionären haftbar.

Im Ergebnis wirft die Interessenkonstellation des mitbestimmten Aufsichtsrats der KGaA im Fall des § 287 AktG keine dogmatischen Widersprüche auf. Das von Fischer angesprochene Problem der einheitlichen Verhaltensmaxime[343] liegt allein bei den Kommanditaktionären, die von einem mitbestimmten Aufsichtsrat nicht immer erwarten können, dass dieser stets ausschließlich seine Interessen vertritt. Konkret besteht folgende Gefahr: Die Hauptversammlung beschließt beispielsweise, Klage auf Zustimmung der Komplementäre zum Jahresabschluss zu erheben.[344] Der Aufsichtsrat ist gem. § 287 Abs. 2 AktG verpflichtet, Klage im Namen der KGaA gegen die Komplementäre zu erheben. Nur wenn er seine gesetzliche Pflicht zur Klageerhebung gem. § 287 Abs. 2 AktG verletzt, weil er die Klage nicht erhebt oder sofort wieder zurücknimmt, verstieße er gegen die gesetzliche Verhaltenspflicht aus § 287 Abs. 2 AktG, was eine Haftung gem. §§ 278 Abs. 3, 116, 93 AktG begründen könnte.[345] Vor Gericht kann ein Aufsichtsratsmitglied

---

340 *Fischer,* Die KGaA nach dem Mitbestimmungsgesetz, S. 56.

341 A. A. *Fischer,* Die KGaA nach dem Mitbestimmungsgesetz, S. 56, der die Aufsichtsratsmitglieder im Fall des § 287 AktG allein an Kommanditaktionärsinteressen gebunden sieht.

342 *Semler,* in: Münch Komm AktG, § 116 Rn. 29; *Hoffmann-Becking,* in: Münch Hdb AG, § 33 Rn. 50.

343 *Fischer,* Die KGaA nach dem Mitbestimmungsgesetz, S. 56.

344 Zu dieser Prozesskonstellation vgl. *Reger,* in: Hdb KGaA, § 5 Rn. 629 ff. (S. 275 f.).

345 Entgegen der Ansicht von *Fischer* bestünde in diesem Fall weder das Problem einer Pflichtenkollision für die Aufsichtsratsmitglieder, noch das Problem, eine Haftung zu begründen; vgl. *Fischer,* Die KGaA nach dem Mitbestimmungsgesetz, S. 56 f.

aber jederzeit eine Rechtsauffassung vertreten, die nicht mit der Rechtsauffassung der Kommanditaktionäre übereinstimmt. Solange diese Rechtsauffassung nicht gegen das Unternehmensinteresse verstößt, macht er sich nicht haftbar.[346]

Doch auch dieses Problem der Kommanditaktionäre, das in der Doppelrolle des Aufsichtsrats begründet wird, ist durch das Gesetz gelöst: Die Hauptversammlung kann gem. § 287 Abs. 2 S. 1 AktG besondere Vertreter wählen, wenn sie fürchtet, dass der Aufsichtsrat ihre Interessen nicht nachdrücklich genug vertritt. Im Hinblick auf die Tatsache, dass der Aufsichtsrat gem. § 287 Abs. 1 AktG auch außergerichtlich die Gesamtheit der Kommanditaktionäre vertritt, erscheint es jedoch dringend geboten, durch eine Satzungsregelung die Aufgaben des § 287 AktG insgesamt auf einen Kommanditaktionärsausschuss oder einen Beirat zu übertragen, dessen Mitglieder von der Hauptversammlung gewählt werden.[347]

4. Die Prozesskonstellationen mit Beteiligung der Gesamtheit der Kommanditaktionäre

Nachdem nun die prozessrechtlichen Probleme gelöst sind, die sich aus der Rechtsnatur der Gesamtheit der Kommanditaktionäre ergeben, sollen im Folgenden kurz Prozesskonstellationen dargestellt werden, an denen die Gesamtheit der Kommanditaktionäre aktiv oder passiv beteiligt sein kann:

- Die Klagen auf Entziehung der Geschäftsführungs- und / oder Vertretungsbefugnis gem. § 278 Abs. 2 AktG i.V.m. §§ 161 Abs. 2, 117, 127 HGB sowie die Ausschließungsklage gem. § 278 Abs. 2 AktG i.V.m. §§ 161 Abs. 2, 140 HGB sind von allen übrigen – d. h. einschließlich der nicht-geschäftsführungs- und / oder vertretungsbefugten – Komplementären und der KGaA[348] in notwendiger Streitgenossenschaft gegen den betroffenen Komplementär zu erheben.[349]
- Die *actio pro socio* kann nur durch die KGaA, nicht durch einen einzelnen Kommanditaktionär erhoben werden.[350]

---

346 Im Ergebnis zustimmend: *Assmann / Sethe,* in: GroßKomm AktG, § 287 Rn. 65 f.; *Mertens,* in: Kölner Komm AktG, § 287 Rn. 17; a. A. *Semler / Perlitt,* in: Münch Komm AktG, § 287 Rn. 78 f.; *Bürgers,* in: Hdb KGaA, § 5 Rn. 502 (S. 241 f.).

347 *Bürgers,* in: Hdb KGaA § 5 Rn. 562 f. (S. 258). Zur Zulässigkeit einer solchen Satzungsregelung vgl. auch *Hüffer,* AktG, § 287 Rn. 1; *Semler / Perlitt,* in: Münch Komm AktG, 3 287 Rn. 13 f.; *Herfs,* in: Münch Hdb AG, § 77 Rn. 64.

348 In der folgenden Aufzählung bezeichnet die Klage der KGaA die soeben unter § 2 B. III. 3. erläuterte Konstellation: Es klagt die KGaA als prozessführungsbefugte Partei, vertreten durch den Aufsichtsrat, an Stelle der Gesamtheit der Kommanditaktionäre.

349 Für die Ausschließungsklage: *Hüffer,* AktG, § 289 Rn. 7; *Schütz / Reger,* in: Hdb KGaA, § 5 Rn. 326 (S. 186); *Semler / Perlitt,* in: Münch Komm AktG, § 289 Rn. 125 f.; a. A. *Wichert,* Die Finanzen der KGaA, S. 51; *ders.,* in: AnwaltKomm AktR, § 289 Rn. 20; *Raiser,* Kapitalgesellschaften, § 23 Rn. 15.

350 *Reger,* in: Hdb KGaA, § 5 Rn. 666 f. (S. 286); *Assmann / Sethe,* in: GroßKomm AktG, § 278 Rn. 93.

- Für den Fall, dass die Hauptversammlungszuständigkeit, z. B. bei außergewöhnlichen Geschäftsführungsmaßnahmen gem. §§ 278 Abs. 285 Abs. 2 S. 1 AktG i.V.m. § 164 S. 1 2. HS HGB, verletzt wird, kann die KGaA gegen den oder die Komplementäre klagen (Unterlassungs- und Beseitigungsklagen).[351]

Daneben ist gem. § 278 Abs. 3 AktG auch jeder einzelne Kommanditaktionär klagebefugt[352]; diese Klage ist gegen die KGaA zu richten.

5. Zusammenfassung

Die in § 2 B. II. 4. formulierte Fragestellung lautete: Wie weit reicht der Anwendungsbereich des § 278 Abs. 2 AktG, d. h. welche aktienrechtlichen Strukturen werden durch § 278 Abs. 2 AktG in der KGaA durchbrochen?

Als Zwischenergebnis kann festgestellt werden: Abgesehen von den Angelegenheiten der KGaA als selbstständiger Gesellschaft gem. § 278 Abs. 1 AktG ersetzt § 278 Abs. 2 AktG nicht nur die aktienrechtliche Zuständigkeitsverteilung durch die personengesellschaftsrechtliche Zuständigkeitsverteilung, sondern begründet auch ein personenrechtliches Band zwischen den Komplementären und der Gesamtheit der Kommanditaktionäre, das durch die Gesellschafter gestaltet werden kann (Satzungsautonomie[353]) und in dem Prozesse geführt werden können (Gesellschafterklage[354]).

IV. Die Entscheidungsgegenstände in der KGaA zwischen Personengesellschaftsrecht und Aktienrecht

Wie unter Gliederungspunkt § 2. B. II. 4. nachgewiesen wurde, enthält der Wortlaut des § 278 Abs. 2, 3 AktG keine Aussage im Hinblick auf die Beurteilung der einzelnen Entscheidungsgegenstände in der KGaA. Mit Hilfe von gesetzessystematischen Überlegungen soll diese Lücke im Folgenden weiter eingeengt werden.

1. Naheliegende, aber unzutreffende Argumentationsmuster

In der Literatur wird bisher nicht ausreichend klar zwischen Entscheidungszuständigkeit und Entscheidungsgegenstand unterschieden. Das Problem, dass

---

351 Eine Klage gegen die Gesellschaft wäre an sich ebenfalls denkbar (vgl. zum Meinungsstand in der KG oben § 2 A. VII. 2. Fn. 106), würde aber in der KGaA zu einem In-sich-Prozess führen.

352 OLG Stuttgart AG 2003, 527, 530; *Semler/Perlitt,* in: Münch Komm AktG, § 278 Rn. 87; a. A. *Assmann/Sethe,* in: GroßKomm AktG, § 278 Rn. 93. Zur sog. Aktionärsklage als mitgliedschaftliches Recht vgl. auch § 3 A. II.

353 Zur Satzungsautonomie in der Personengesellschaft vgl. oben § 2 A. XII. 2.

354 Zur Gesellschafterklage vgl. oben § 2 A. VI. Fn. 75.

§ 278 Abs. 2, 3 AktG keine Regelung für die personengesellschaftsrechtliche oder aktienrechtliche Beurteilung der einzelnen Entscheidungsgegenstände enthält, wird dementsprechend auch nicht ausdrücklich angesprochen. Stattdessen drängen sich zwei unterschiedliche Argumentationen auf, nach denen stillschweigend verfahren wird:

- Da §§ 278 Abs. 2, 285 Abs. 2 S. 1 AktG für die Entscheidungszuständigkeit auf Personengesellschaftsrecht verweisen, wird vielfach automatisch vorausgesetzt, dass – gewissermaßen als Annex – auch der Entscheidungsgegenstand dem Personengesellschaftsrecht unterworfen wurde.
- Aus der Tatsache, dass § 278 Abs. 3 AktG wie eine unbegrenzte Auffangvorschrift formuliert ist, wird ohne weitere Begründung geschlossen, dass die Entscheidungsgegenstände stets aktienrechtlich zu beurteilen sind.

Beide Argumentationen sind unzutreffend, wie sich mit Hilfe der folgenden Überlegungen belegen lässt:

Die Erhöhung der Vermögenseinlage eines Komplementärs betrifft genauso wie die Erhöhung des Grundkapitals das Rechtsverhältnis zwischen den Gesellschaftergruppen gem. § 278 Abs. 2, da beide Maßnahmen Auswirkungen auf die Gewinnverteilung zwischen den Gesellschaftergruppen haben können.[355] Beide Maßnahmen erfordern grundsätzlich die Zustimmung von Hauptversammlung und Komplementären gem. §§ 278 Abs. 2, 285 Abs. 2 S. 1 AktG i.V.m. den personengesellschaftsrechtlichen Grundsätzen für Grundlagengeschäfte. Es wäre allerdings sinnlos, beide Entscheidungsgegenstände im Übrigen nach Personengesellschaftsrecht oder beide Entscheidungsgegenstände nach Aktienrecht zu beurteilen. Es wäre wenig erfolgversprechend, im Aktiengesetz nach Vorschriften für die Vermögenseinlage zu suchen. Genauso aussichtslos ist es, im HGB nach Vorschriften für das Grundkapital zu fahnden.

Stattdessen richtet sich die Vermögenseinlage als personengesellschaftsrechtliches Charakteristikum der KGaA nach Personengesellschaftsrecht, das Grundkapital als aktienrechtliches Charakteristikum nach Aktienrecht.[356] Dies ergibt sich bereits aus der in § 278 Abs. 1 AktG geregelten Grundstruktur der KGaA.

Die beiden Argumentationsmuster sind damit widerlegt. Stattdessen müssen aus dem Gesetzeszusammenhang Kriterien entwickelt werden, die eine klare Zuordnung zum Personengesellschaftsrecht oder zum Aktienrecht ermöglichen.

---

355 Nach Abzug eines Gewinnvoraus für die Komplementäre gilt die Verteilung nach Kapitalanteilen als angemessen i. S. d. § 278 Abs. 2 AktG i.V.m. § 168 Abs. 2 HGB, *Assmann/ Sethe,* in: GroßKomm AktG, § 288 Rn. 29.

356 Ähnlich *Fett,* in: Hdb KGaA, § 3 Rn. 25 ff. (S. 30 f.).

2. Die Entscheidungsgegenstände der Gesellschaftergruppen

Gem. § 278 Abs. 1 AktG sind die Komplementäre personengesellschaftsrechtliches, die Kommanditaktionäre aktienrechtliches Charakteristikum der KGaA. Dementsprechend sind Entscheidungsgegenstände, die die Gesellschaftergruppe der Komplementäre betreffen, personengesellschaftsrechtlich zu beurteilen, solche, die die Kommanditaktionäre betreffen, aktienrechtlich.

Entscheidungsgegenstände, die die Komplementäre betreffen, sind z. B. Aufnahme und Austritt eines Komplementärs, Satzungsregelungen über die Verteilung der Geschäftsführungsbefugnisse der Komplementäre (Ressortaufteilung, Gesamtgeschäftsführungsbefugnis, Ausschließung einzelner Komplementäre von der Geschäftsführung[357]), Mehrheitsanforderungen für Beschlüsse der Komplementäre, Beurteilung der Einlagefähigkeit und Bilanzierungsfähigkeit der Vermögenseinlage der Komplementäre[358] etc.; sie richten sich nach Personengesellschaftsrecht. Daraus folgt insbesondere die Tatsache, dass die aktienrechtlichen Kapitalaufbringungs- und Kapitalerhaltungsgrundsätze auf die Vermögenseinlagen der Komplementäre keine Anwendung finden.[359]

Zu den Entscheidungsgegenständen, die Sache der Kommanditaktionäre sind, zählen vor allem Angelegenheiten, die das Grundkapital berühren, z. B. die Kapitalaufbringungs- und Kapitalerhaltungsvorschriften, die Vorschriften über Kapitalmaßnahmen etc.; sie richten sich nach Aktienrecht. Die aktienrechtlichen Vorschriften, die das Grundkapital als Entscheidungsgegenstand betreffen, gelten zwingend.

Komplizierter ist die Beurteilung von Entscheidungsgegenständen, die keiner Gesellschaftergruppe zugeordnet werden können (dazu sogleich unter § 2 B. IV. 3.).

3. Die Entscheidungsgegenstände, die keiner Gesellschaftergruppe zugeordnet werden können

Die Zuordnung der übrigen Entscheidungsgegenstände erfordert im Gegensatz zu den Entscheidungsgegenständen der Gesellschaftergruppen u.U. einen höheren Begründungsaufwand.

---

357 Vgl. zu den Regelungsmöglichkeiten in der Personengesellschaft oben § 2 A. VII. 2.

358 Vgl. hierzu oben § 2 A XVI.

359 Die Tatsache, dass die Komplementäre einer KGaA bei der Überbewertung ihrer eingebrachten Sacheinlage den Differenzbetrag in bar auszugleichen haben, ist folglich aus dem Personengesellschaftsrecht abzuleiten. Die Übertragung der aktienrechtlichen Differenzhaftung auf die Vermögenseinlage ist demgegenüber dogmatisch nicht haltbar. Vgl. dazu bereits oben mit weiteren Nachweisen § 2 A. XIII. 3.

Nach der hier gewählten deduktiven Methode soll zunächst versucht werden, möglichst allgemeine Grundsätze für die Zuordnung der übrigen Entscheidungsgegenstände zu entwickeln.

Betrachtet man die Definition für Geschäftsführung, fällt auf, dass die Geschäftsführung eine nahezu unbegrenzte Anzahl von denkbaren Geschäftsführungshandlungen umfasst:

> „Die Geschäftsführung umfasst als solche jedes bewusste und gewollte Tätigwerden im Rechtskreis oder Interesse der Gesellschaft, ...“[360]

Würde man § 278 Abs. 3 AktG seiner Formulierung entsprechend als unbegrenzte Auffangvorschrift auffassen, wären die Anforderungen an die einzelnen Geschäftsführungshandlungen dem Aktienrecht zu entnehmen. Da das Aktienrecht eine wesentlich höhere Regelungsdichte aufweist, würde die personengesellschaftsrechtliche Geschäftsführung gem. § 278 Abs. 2 AktG nur nach Maßgabe der speziellen aktienrechtlichen Regelungen gelten. Dadurch würden letztlich die Unterschiede zur KGaA eingeebnet[361] und die Existenzberechtigung der KGaA als Alternative zur überregulierten Aktiengesellschaft in Frage gestellt.[362]

Im Ergebnis begründen die §§ 278 Abs. 2, 285 Abs. 2 S. 1 AktG eine Vermutung dafür, dass neben der Entscheidungszuständigkeit auch der Entscheidungsgegenstand personengesellschaftsrechtlich zu beurteilen ist.

Die aktienrechtliche Beurteilung eines Entscheidungsgegenstandes muss demnach explizit begründet werden, um die Vermutung aus §§ 278 Abs. 2, 285 Abs. 2 S. 1 AktG zu widerlegen. Nach der gesetzessystematischen Auslegungsmethode können sich Indizien für eine aktienrechtliche Beurteilung nicht nur aus den §§ 278 bis 290 AktG, sondern aus dem gesamten gesellschaftsrechtlichen Gesetzeszusammenhang der KGaA ergeben:

Finden sich im AktG, im HGB oder in sonstigen Nebengesetzen gesetzliche oder gesetzessystematische Grundlagen für die Anwendung von Aktienrecht auf einen bestimmten Entscheidungsgegenstand in der KGaA, sind die aktienrechtlichen Vorschriften anwendbar. Die Aufstellung des Jahresabschlusses ist beispielsweise eine Geschäftsführungsmaßnahme, für die die Vermutung des § 278 Abs. 2 AktG für das Personengesellschaftsrecht gilt. Der Überschrift des zweiten Abschnittes des dritten Buches des HGB ist zu entnehmen, dass die ergänzenden Rechnungslegungsvorschriften für Kapitalgesellschaften auch auf die KGaA anwendbar sind. Der Gesetzeszusammenhang ist nun daraufhin zu untersuchen, ob damit die Vermutung widerlegt und der Jahresabschluss nach aktienrechtlichen Grundsätzen zu erstellen ist.[363]

---

360 *Ulmer,* in: GroßKomm HGB, § 114 Rn. 11.

361 *Mertens,* in: FS Barz [1974], 253, 262.

362 *Sethe,* in: Die personalistische Kapitalgesellschaft, S. 262 f.

363 Dieses Problem wird im besonderen Teil ausführlich behandelt und entschieden, vgl. § 3 J. I. 1., 2.

V. Die Ergebnisse der gesetzessystematischen Auslegung

Unter den Gliederungspunkten § 2 B. II. bis IV. wurden die Generalverweisungen des § 278 Abs. 2, 3 AktG gesetzessystematisch ausgelegt. Dabei wurden folgende Erkenntnisse gewonnen:

Die Generalverweisungen der §§ 278 Abs. 2, 3 AktG weisen den einzelnen Komplementären und den einzelnen Kommanditaktionären die mitgliedschaftlichen Rechte zu, die ihrer Rechtsnatur entsprechen (vgl. § 2 B. II. 1. und 3.).

Durch die §§ 278 Abs. 2, 285 Abs. 2 S. 1; § 278 Abs. 1 AktG werden zwei Entscheidungsplattformen geschaffen, die die Zuständigkeitsverteilung zwischen den Handlungseinheiten[364] der KGaA regeln:

Gem. §§ 278 Abs. 2, 285 Abs. 2 S. 1 AktG besteht zwischen den Gesellschaftergruppen ein personengesellschaftsrechtliches Rechtsverhältnis, das die Entscheidungszuständigkeiten wie in einer Kommanditgesellschaft verteilt (vgl. § 2 B. II. 4. und § 2 B. III. 1.). Für das personenrechtliche Band gilt Gestaltungsfreiheit, d. h. die Zuständigkeitsverteilung kann grundsätzlich in den personengesellschaftsrechtlichen Grenzen[365] geregelt werden.

Im Übrigen gilt gem. § 278 Abs. 1 AktG die aktienrechtliche Zuständigkeitsverteilung zwischen den Gesellschaftsorganen: Vorstand – Aufsichtsrat – Hauptversammlung in der KGaA entsprechend (vgl. § 2 B II 3; an die Stelle des Vorstands treten die Komplementäre). Einziger Unterschied ist die Tatsache, dass die Vorstandsaufgaben in der KGaA von den Komplementären wahrgenommen werden.

Die Generalverweisungen der §§ 278, 285 Abs. 2 S. 1 AktG gliedern die KGaA damit horizontal in drei Stufen:

1. Stufe: mitgliedschaftliche Rechte und Pflichten der einzelnen KGaA-Gesellschafter
2. Stufe: personengesellschaftsrechtliches Rechtsverhältnis zwischen den Gesellschaftergruppen
3. Stufe: aktienrechtliche Zuständigkeitsverteilung zwischen den Gesellschaftsorganen

Neben dieser horizontalen Schichtung nach Entscheidungszuständigkeiten existiert eine vertikale Gliederung nach Entscheidungsgegenständen (vgl. § 2 B. II. 4.). Da der Wortlaut der §§ 278 Abs. 2, 3, 285 Abs. 2 S. 1 AktG für die Anwendung von Personengesellschaftsrecht oder Aktienrecht auf die unterschiedlichen Entscheidungsgegenstände keine Aussagen enthält, muss auf die Grundstruktur der KGaA gem. § 278 Abs. 1 AktG zurückgegriffen werden:

Auf die Entscheidungsgegenstände, die eine Gesellschaftergruppe betreffen, ist das Regelungsregime anwendbar, das der Rechtsnatur der Gesellschaftergruppe entspricht (vgl. § 2 B. IV. 2.).

---

364 Zum Begriff der Handlungseinheiten § 1 B. IV. 1. Fn. 31.

365 Zu Bestimmtheitsgrundsatz und Kernbereichslehre vgl. § 2 A. XII. 2.

In den Fällen, in denen eine Zuordnung des Entscheidungsgegenstandes zu einer Gesellschaftergruppe nicht möglich ist, können Hinweise im Gesetz oder u.U. auch teleologische Argumente den Ausschlag dafür geben, ob ein Entscheidungsgegenstand nach Personengesellschaftsrecht oder Aktienrecht zu beurteilen ist (vgl. § 2 B. IV. 3.).

VI. Die Struktur der KGaA: Ein Doppelkreuz

Die ersten Arbeitsschritte, die in der Einleitung unter Gliederungspunkt § 1 B. IV. 3. formuliert wurden, sind damit abgearbeitet: Die in § 278 Abs. 2, 3 AktG genannten Rechtsverhältnisse, wurden geordnet, harmonisiert und ergänzt. Verbleibende Widersprüche konnten gelöst (§ 2 B. III.) und Gesetzeslücken zumindest verengt (vgl. § 2 B. IV.) werden. Im nächsten Schritt soll nun aus den Ergebnissen der gesetzessystematischen Auslegung ein möglichst widerspruchsfreies Gesamtkonzept erstellt werden, in das sich die KGaA-rechtlichen Spezialvorschriften und -verweisungen der §§ 279 bis 290 AktG einordnen lassen:

Die KGaA bildet ein Doppelkreuz.[366] Die beiden Gesellschaftergruppen mit den dazugehörigen Entscheidungsgegenständen bilden die beiden vertikalen Säulen, die sich mit den beiden horizontalen Entscheidungsplattformen – dem personengesellschaftsrechtlichen Rechtsverhältnis zwischen den Gesellschaftergruppen[367] und der aktienrechtlichen Zuständigkeitsverteilung zwischen den Gesellschaftsorganen[368] – schneiden.

C. Das systematische Prüfungsschema für die KGaA

Alle im besonderen Teil zu behandelnden Detailprobleme sind Ausprägungen ein und derselben Frage:

Gelten für die jeweilige Angelegenheit personengesellschaftsrechtliche oder aktienrechtliche Vorschriften oder Grundsätze?

Das in § 2 B. entwickelte Gesamtkonzept ermöglicht nun die Einordnung der einzelnen Angelegenheiten in das besondere Spannungsverhältnis zwischen Personengesellschaftsrecht und Aktienrecht in der KGaA. Der systematische Standort einer Detailfrage kann in der schematischen Darstellung der KGaA (vgl. S. 108) dargestellt werden. Es lässt sich aufzeigen, unter welche Variante des Leitthemas[369] das jeweilige Problem zu subsumieren ist.

---

366 Vgl. dazu die schematische Darstellung sogleich auf S. 108.

367 Vgl. hierzu oben § 2 B. III. 1.

368 Vgl. hierzu oben § 2 B. II. 3.

369 Zu den Varianten des Leitthemas vgl. § 1 B. III. 1., 2., 3.

<table>
<tr><td></td><td>Personengesellschaftsrechtliche Entscheidungsgegenstände
(Vermögenseinlage etc.)
Gestaltungsfreiheit</td><td>Aktienrechtliche Entscheidungsgegenstände
(Grundkapital etc.)
Satzungsstrenge</td></tr>
<tr><td rowspan="2">Stufe 3:

§ 278 Abs. 1 AktG
(vgl. § 2 B. II. 3.)</td><td>Komplementäre</td><td>Hauptversammlung</td></tr>
<tr><td colspan="2">Aktienrechtliche Zuständigkeitsverteilung

KGaA-Satzung</td></tr>
<tr><td rowspan="2">Stufe 2

§ 278 Abs. 2 AktG</td><td>Komplementäre</td><td>Gesamtheit der Kommanditaktionäre/
Hauptversammlung</td></tr>
<tr><td colspan="2">Personengesellschaftsrechtliches Rechtsverhältnis

Personengesellschaftsrechtliche Zuständigkeitsverteilung
Gestaltungsfreiheit
Gesellschafterklage</td></tr>
<tr><td>Stufe 1

§ 278 Abs. 2, Abs. 3 AktG</td><td>§ 278 Abs. 2 AktG:
Mitgliedschaftsrechte der Komplementäre

Einstimmigkeitsprinzip; abdingbar</td><td>§ 278 Abs. 3 AktG:
Mitgliedschaftsrechte der Kommanditaktionäre

Mehrheitsprinzip; im Rahmen der §§ 133, 179 AktG zwingend</td></tr>
</table>

Systematische Darstellung der Generalverweisungen des § 278 Abs. 2, 3 AktG

Bevor das jeweilige Problem gelöst werden kann, muss es wieder in die gesetzlichen Vorschriften eingeordnet werden. Es ist deshalb notwendig zu klären, in welcher Reihenfolge die KGaA-rechtlichen Vorschriften zu prüfen sind und in welchem Verhältnis die erzielten Resultate zueinander stehen.

I. Die Prüfungsreihenfolge für die §§ 278 bis 290 AktG

In einem ersten Schritt soll die Struktur der KGaA (vgl. S. 108) in eine Prüfungsreihenfolge für die §§ 278 bis 290 AktG übersetzt werden, die im besonderen Teil auf jede Ausprägung der Leitfrage angewendet werden kann:

1. Deduktiver Aufbau

Betrachtet man die §§ 279 bis 290 AktG, fällt sofort auf, dass diese Vorschriften KGaA-rechtliche Spezialvorschriften und -verweisungen enthalten. Es liegt daher nahe, zunächst dort nach passenden Regelungen zu suchen, bevor man auf die Generalverweisungen des § 278 Abs. 2, 3 AktG zurückgreift. Diesselben Argumente, die für einen deduktiven Aufbau der gesetzessystematischen Auslegung gesprochen haben[370], lassen jedoch auch eine deduktive Prüfungsreihenfolge sinnvoll erscheinen: Die §§ 279 bis 290 AktG enthalten nur wenige Spezialvorschriften, die sich darüber hinaus oft nur marginal von Vorschriften unterscheiden, die sich so auch im ersten Buch des Aktiengesetzes oder im HGB finden. Es bietet sich daher an, zunächst den systematischen Standort einer Angelegenheit durch § 278 Abs. 2, 3 AktG zu bestimmen, bevor man nach Spezialregelungen sucht. Dies erleichtert zunächst einmal das Verständnis: Führt sich der personengesellschaftsrechtlich vorgebildete Rechtsanwender zuerst vor Augen, dass grundsätzlich gem. § 278 Abs. 2 AktG die personengesellschaftsrechtliche Entnahmeregelungen der §§ 161 Abs. 2, 122 HGB anwendbar sind, lassen sich die wenigen Besonderheiten des § 288 AktG leichter einordnen. Entscheidend ist jedoch eine gesetzessystematische Überlegung: Die §§ 279 bis 290 AktG stellen stets abschließende Regelungen[371] dar, die die Ergebnisse der Generalverweisungen nur ergänzen und nicht verdrängen.[372] Gesetzeslücken in den KGaA-rechtlichen Spezialvorschriften gibt es daher *per se* nicht, da Lücken immer durch die Auffangvorschriften des § 278 Abs. 2, 3 AktG zu füllen sind. Im Einzelfall kann die Spezialvorschrift die Resultate der Generalverweisung verdrängen. Doch auch in diesen Fällen kann man nur von einer Ergänzung sprechen, da der Anwendungsbereich der spezielleren Norm auch immer enger ist als derjenige der Generalverweisung. Mit anderen Worten: Das Ergebnis der Generalverweisung hat Bestand und wird nur zum Teil überlagert, nie aber vollständig ausgehebelt.

2. Systematische Prüfungsreihenfolge

Ausgehend von den soeben unter § 2 C. I. 1. angestellten systematischen Überlegungen kann aus der schematischen Darstellung auf S. 108 eine Prüfungsreihenfolge entwickelt werden:

Es sind die Rechtsverhältnisse des § 278 Abs. 2, 3 AktG aufsteigend nach den Stufen 1 bis 3 nacheinander abzufragen. Bei jedem Rechtsverhältnis ist zu prüfen, ob speziellere Vorschriften in den §§ 279 bis 290 AktG oder KGaA-rechtliche Re-

---

370 Zum deduktiven Aufbau vgl. § 1 B. IV. 1.

371 Für die Spezialverweisungen des § 283 AktG: *Assmann/Sethe,* in: GroßKomm AktG, § 283 Rn. 4.

372 Für die Spezialverweisungen des § 283 AktG: *Assmann/Sethe,* in: GroßKomm AktG, § 283 Rn. 3.

gelungen außerhalb des zweiten Buchs des Aktiengesetzes das Ergebnis ergänzen oder zum Teil verdrängen. Auf der zweiten und dritten Stufe sind Entscheidungszuständigkeit und -gegenstand getrennt zu prüfen.

II. Dreistufige Gliederung – dreistufiges Prüfungsschema

Die soeben unter § 2 C. I. 2. grob vorgebene Prüfungsreihenfolge kann nun in einem ausführlichen Prüfungsschema ausformuliert werden.

1. Erster Prüfungsschritt (entspricht der 1. Stufe)

Zunächst ist die Sachfrage daraufhin zu untersuchen, ob das Rechtsverhältnis eines KGaA-Gesellschafters zur KGaA betroffen ist:

Gegenstand dieses Rechtsverhältnisses sind die *mitgliedschaftlichen Rechte und Pflichten,* die dem Gesellschafter gegenüber der KGaA zustehen.

Dem Komplementär stehen grundsätzlich diejenigen mitgliedschaftlichen Rechte zu, die seiner Rechtsnatur entsprechen; gem. § 278 Abs. 2 AktG gelten die personengesellschaftsrechtlichen Vorschriften. Für den Kommanditaktionär gilt gem. § 278 Abs. 3 AktG für seine Rechte entsprechend das gleiche.

Die Geschäftsführungs- und Vertretungsbefugnisse der phG bestehen im Grunde auch gegenüber der Gesellschaft; da sie aber gleichzeitig die Zuständigkeitsverteilung zwischen den Gesellschaftergruppen betreffen, ist es übersichtlicher, diese Rechte erst im zweiten Prüfungsschritt zu prüfen.

Die Rechte und Pflichten der KGaA-Gesellschafter werden durch Spezialvorschriften in den §§ 279 bis 290 AktG zum Teil ergänzt: Gem. § 288 AktG gelten z. B. für den Komplementär in der KGaA strengere Entnahmebeschränkungen als in der Personengesellschaft. Gem. § 278 Abs. 2 AktG i.V.m. §§ 161 Abs. 2, 122 HGB hat das Entnahmerecht im Übrigen Bestand. Ein anderes Beispiel ist § 285 Abs. 1 AktG: Für die dort aufgezählten Entscheidungsgegenstände ist das Stimmrecht von Kommanditaktionären, die gleichzeitig Komplementäre sind, in der Hauptversammlung ausgeschlossen.

Danach ist zu prüfen, ob die Rechtsverhältnisse der Gesellschafter einer Gesellschaftergruppe untereinander betroffen sind:

Gem. § 278 Abs. 2 AktG gilt für das Verhältnis der Komplementäre untereinander Personengesellschaftsrecht; gem. § 278 Abs. 3 AktG gilt für das Verhältnis der Kommanditaktionäre untereinander Aktienrecht. Zu diesen Rechtsverhältnissen zählen beispielsweise die Mehrheitsanforderungen für Beschlüsse der jeweiligen Gesellschaftergruppe.

Im Einzelfall kann auch das Rechtsverhältnis eines KGaA-Gesellschafters gegenüber außenstehenden Dritten betroffen sein:

Der Komplementär haftet für Gesellschaftsverbindlichkeiten persönlich, der Kommanditaktionär nicht, § 278 Abs. 1 AktG.

2. Zweiter Prüfungsschritt (entspricht der 2. Stufe)

Im zweiten Prüfungsschritt wird untersucht, ob das Verhältnis der Gesellschaftergruppen untereinander betroffen ist. Gem. § 278 Abs. 2 AktG ist grundsätzlich Personengesellschaftsrecht anzuwenden.

Die *Zuständigkeitsverteilung zwischen den Gesellschaftergruppen* wird durch die §§ 278 Abs. 2, 285 Abs. 2 S. 1 AktG geregelt: Bei gewöhnlichen Geschäftsführungsmaßnahmen und der Vertretung der KGaA nach außen sind die Komplementäre einzeln berechtigt, §§ 161 Abs. 2, 115 Abs. 1, 125 Abs. 1 HGB. Bei außergewöhnlichen Geschäftsführungsmaßnahmen und Grundlagengeschäften entscheiden gem. §§ 278 Abs. 2, 285 Abs. 2 S. 1 AktG beide Gesellschaftergruppen gemeinsam. Für diese Zuständigkeiten gilt grundsätzlich die Satzungsautonomie. Die §§ 279 bis 290 AktG und Nebengesetze sind auf Spezialvorschriften durchzusehen, die die Gestaltungsfreiheit teilweise wieder einschränken.

Der *Entscheidungsgegenstand* ist anschließend daraufhin zu überprüfen, ob er personengesellschaftsrechtlich oder aktienrechtlich zu beurteilen ist. Ist die Gesellschaftergruppe der Komplementäre betroffen, gilt Personengesellschaftsrecht.[373] Entscheidungsgegenstände der Kommanditaktionäre sind aktienrechtlich zu beurteilen.[374] Liegt keiner der beiden Fälle vor, ist der Gesamtzusammenhang des Gesetzes daraufhin zu überprüfen, ob Aktienrecht oder Personengesellschaftsrecht anwendbar ist. U.U. können dann auch teleologische Argumente berücksichtigt werden.[375]

3. Dritter Prüfungsschritt (entspricht der 3. Stufe)

Im dritten Prüfungsschritt ist davon auszugehen, dass alle Angelegenheiten, die kein Rechtsverhältnis der KGaA-Gesellschafter betreffen, Angelegenheiten der KGaA als selbstständiger Rechtspersönlichkeit sind. Gem. § 278 Abs. 1 AktG ist grundsätzlich Aktienrecht anwendbar.

Daneben werden durch die Spezialverweisungen in § 283 AktG einige Gegenstände zu solchen der KGaA erklärt; für sie gelten die aktienrechtlichen Zuständig-

373 Vgl. § 2 B. IV. 2.

374 Vgl. § 2 B. IV. 2.

375 Vgl. § 2 B. IV. 3.

keiten. Das an sich betroffene personenrechtliche Band zwischen den Gesellschaftergruppen wird durch Aktienrecht überlagert.

Umgekehrt werden zum Teil auch Angelegenheiten der KGaA durch spezielle Regelungen dem personengesellschaftsrechtlichen Rechtsverhältnis zugewiesen:

Die Auflösung beispielsweise betrifft die Existenz der Gesellschaft und damit die dritte Stufe der KGaA. Grundsätzlich wären die Auflösungsgründe gem. § 278 Abs. 1 AktG dem § 262 AktG zu entnehmen. § 289 Abs. 1 AktG enthält jedoch eine Spezialverweisung auf die Auflösungsgründe der Kommanditgesellschaft.

III. Das systematische Prüfungsschema – Ein Baukastensystem

Fraglich ist, was das Prüfungsschema im Hinblick auf das Leitthema zu leisten vermag. Thema sind ausschließlich solche Probleme, die unter folgende Frage subsumiert werden können:

Gelten für die jeweilige Angelegenheit personengesellschaftsrechtliche oder aktienrechtliche Vorschriften oder Grundsätze?

Durch Untersuchung der Gesetzestechnik der §§ 278 bis 290 AktG wurde herausgefunden, dass sich die Leitfrage in drei Ausprägungen[376] stellt. Jede Variante des Themas erfordert die Bewältigung einer bestimmten Aufgabe: Die Ordnung, Harmonisierung und Abgrenzung personengesellschaftsrechtlicher und aktienrechtlicher Vorschriften, die auf bestimmte Angelegenheiten anwendbar sind. Ziel war es, möglichst einheitliche Kriterien für die Lösung der jeweiligen Detailfragen zu erarbeiten, um den Umgang mit der KGaA zu vereinfachen und verlässlicher zu gestalten.

Arbeitet man diese Prüfungsreihenfolge für jedes Detailproblem, das unter das in der Einleitung formulierte Leitthema[377] fällt, nacheinander ab, werden die unter Gliederungspunkt § 1 B. III. formulierten Varianten des Leitthemas zumindest zum Teil bewältigt:

Die *Ordnungsaufgabe*[378] kann vollständig erfüllt werden, da sich nun alle anwendbaren Paragraphen – d. h. sowohl KGaA-rechtliche Spezialvorschriften als auch durch Verweisung geltende Regelungen des Aktiengesetzes oder des HGB – systematisch einordnen lassen. Dies soll im besonderen Teil unter § 3 A. I. bis VIII. geschehen; so wird das Auffinden der passenden Vorschriften erheblich erleichtert.

Die Ordnungsprinzipien der §§ 278 bis 290 AktG erweisen sich als eine Art *Baukastensystem,* d. h. bei ein und derselben Angelegenheit ergänzen sich die je-

376 Vgl. § 1 B. III. 1., 2., 3.

377 Vgl. die Einführung im Anschluss an § 1 B. III.

378 § 1 B. III. 1.

weiligen Vorschriften beider Regelungsregime. Es wird klar, dass Vorschriften des HGB und AktG zum Teil nebeneinander angewendet werden können, ohne dass sich Widersprüche ergeben müssen: Die mitgliedschaftlichen Rechte der KGaA-Gesellschafter werden durch die beiden Entscheidungsplattformen auf der 2. und 3. Stufe nur ergänzt und nicht verdrängt: Für Hauptversammlungsbeschlüsse gelten beispielsweise die aktienrechtlichen Mehrheitsanforderungen; sie werden durch die personengesellschaftsrechtliche Zuständigkeitsverteilung auf der 2. Stufe grundsätzlich nicht berührt.

Die beiden weiteren Varianten des Leitthemas, die einzelnen Harmonisierungs- und Abgrenzungsaufgaben, lassen sich durch das Prüfungsschema zumindest im Gesetz lokalisieren. Daran anknüpfend können Problemtypen definiert werden. Für diese sind systematisch überzeugende Vorgaben zu entwickeln (vgl. dazu § 2 D.).

Vorher wird an einem Beispiel gezeigt, wie sich die Vorschriften des Aktiengesetzes und des HGB durch das Prüfungsschema ordnen lassen, § 2 C. IV.

IV. Die Funktionsweise des Baukastensystems dargestellt an einem Beispiel

Die Funktionsweise des Baukastensystems soll hier ergänzend am relativ einfachen Beispiel einer Kapitalerhöhung gegen Einlagen vorgestellt werden:

1. Erster Prüfungsschritt

Gem. § 278 Abs. 3 i.V.m. § 186 Abs. 1 S. 1 AktG steht jedem Kommanditaktionär ein Bezugsrecht auf die neuen Aktien zu. Ein Bezugsrecht der Komplementäre auf neue Aktien oder auf Erhöhung ihrer Vermögenseinlage in demselben Verhältnis besteht nicht.[379] Die Satzung kann jedoch Regelungen vorsehen, die den Gleichlauf der Vermögensbeteiligungen sicherstellen.[380]

2. Zweiter Prüfungsschritt

Die Kapitalmaßnahme betrifft das Verhältnis zwischen den Gesellschaftergruppen, da sie Auswirkungen auf die Gewinnverteilungsregelung zwischen den Gesellschaftergruppen haben kann. Die *Entscheidungszuständigkeit* liegt gem. §§ 278 Abs. 2, 285 Abs. 2 S. 1 AktG grundsätzlich bei beiden Gesellschaftergruppen ge-

379 *Assmann/Sethe,* in: GroßKomm AktG, § 278 Rn. 185; *Herfs,* in: Münch Hdb AG, § 78 Rn. 10.

380 *Assmann/Sethe,* in: GroßKomm AktG, § 278 Rn. 186; *Herfs*, in: Münch Hdb AG, § 78 Rn. 10; *Fett,* in: Hdb KGaA, § 7 Rn. 3 ff. (S. 351 ff.); *Hüffer,* AktG, § 278 Rn. 19; *Schlitt,* Die Satzung der KGaA, S. 147.

meinsam, da die Kapitalerhöhung ein Grundlagengeschäft ist. Gem. § 278 Abs. 1 AktG i.V.m. § 182 Abs. 1 S. 1 AktG ist zwingend ein Hauptversammlungsbeschluss erforderlich. Die Zustimmung der Komplementäre ist in den personengesellschaftsrechtlichen Grenzen abdingbar, § 278 Abs. 2 AktG.

Der *Entscheidungsgegenstand* betrifft das durch die Kommanditaktionäre aufgebrachte Grundkapital, d. h. die Gesellschaftergruppe der Kommanditaktionäre, und unterliegt den aktienrechtlichen Vorschriften der §§ 182 ff. AktG. Die Durchführung der Kapitalerhöhung ist gem. § 188 AktG zur Eintragung in das Handelsregister anzumelden. Die Einreichung zum Handelsregister ist erst nach Zustimmung der Komplementäre möglich, § 285 Abs. 3 S. 1 AktG. Die Formvorschrift des § 285 Abs. 3 S. 2 AktG ist zu beachten.

3. Dritter Prüfungsschritt

Die geschäftsführenden Komplementäre melden die Kapitalerhöhung zusammen mit dem Aufsichtsrat zur Eintragung beim Handelsregister an, §§ 278 Abs. 1, 283 Nr. 1 i.V. m. § 188 Abs. 1 AktG. Eine weitere Vorstandsbefugnis der Komplementäre ergibt sich aus § 283 Nr. 13 AktG: Gegen den Hauptversammlungsbeschluss über die Kapitalerhöhung kann gem. § 283 Nr. 13 i.V.m. § 245 Nr. 4 AktG jeder einzelne Komplementär Anfechtungs- und Nichtigkeitsklage erheben.[381]

D. Einheitliche Lösungskriterien für die Harmonisierungs- und Abgrenzungsaufgaben des besonderen Teils

Im Hinblick auf zwei Varianten des Leitthemas, die Harmonisierungs-[382] und Abgrenzungsaufgaben[383], konnte durch die gesetzessystematische Auslegung des § 278 Abs. 2, 3 AktG schon Einiges erreicht werden:

Der systematische Standort des jeweiligen Problems lässt sich besonders anschaulich durch die schematische Darstellung auf S. 108 darstellen. Auf diese Weise können die einzelnen Streitfragen typisiert werden. Durch das systematische Prüfungsschema werden die Problemtypen in gesetzliche Vorschriften zurückübersetzt.

Für die einzelnen Harmonisierungs- und Abgrenzungsaufgaben sind nun einheitliche Kriterien zu entwickeln. Im Ergebnis reicht es wohl zumeist aus, die durch die gesetzessystematische Auslegung gewonnenen Ergebnisse (vgl. § 2 B. I., II., III., IV.) auf den jeweiligen Problemtyp zu übertragen.

---

381 Vgl. hierzu ausführlich unten § 3 B. III., IV.

382 § 1 B. III. 2.

383 § 1 B. III. 3.

I. Definition, Standortbestimmung und Lösungskriterien für Problemtypen des besonderen Teils

Aus der systematischen Darstellung des § 278 Abs. 2, 3 AktG auf S. 108 lassen sich die Konfliktlinien zwischen Personengesellschaftsrecht und Aktienrecht herauslesen. Für jeden Konflikt sollen im Folgenden durch gesetzessystematische Auslegung der jeweils betroffenen Vorschriften abstrakte Lösungsgrundsätze erarbeitet werden.

1. Gestaltungsfreiheit der §§ 278 Abs. 2, 285 Abs. 2 S. 1 AktG contra Satzungsstrenge der KGaA-rechtlichen Spezialvorschriften

Der in der Überschrift angesprochene Konflikt wird in § 3 A. I. bis VIII. im Detail erörtert.

a) Standort in der schematischen Darstellung auf S. 108

Der erste Problemtypus stellt die Frage, welche Auswirkungen KGaA-rechtliche Spezialvorschriften und -verweisungen auf der 2. Stufe im Bezug auf die übrigen Prinzipien der 2. Stufe, insbesondere auf die Gestaltungsfreiheit haben. Es handelt sich um eine Harmonisierungsaufgabe[384] innerhalb der 2. Stufe.

b) Gesetzessystematische Auslegung

Gem. §§ 278 Abs. 2, 285 Abs. 2 S. 1 AktG gilt in der KGaA die personengesellschaftsrechtliche Zuständigkeitsverteilung, d. h. für außergewöhnliche Geschäftsführungsmaßnahmen und für Grundlagengeschäfte sind grundsätzlich beide Gesellschaftergruppen gemeinsam zuständig. Diese Entscheidungsbefugnisse unterliegen im Grundsatz der Satzungsautonomie. Fraglich ist nun, ob die Gestaltungsfreiheit durch KGaA-rechtliche Spezialvorschriften, die Zuständigkeitsregelungen enthalten, wieder eingeschränkt wird.

Für KGaA-rechtliche Spezialvorschriften in den §§ 279 bis 290 AktG, im dritten Buch des Aktiengesetzes und in Nebengesetzen gilt die Satzungsstrenge. Konkret bedeutet das: Wird z. B. für den Jahresabschluss gem. § 286 S. 1 AktG ein Hauptversammlungsbeschluss gefordert, so ist dieser entgegen dem allgemeinen Grundsatz der 2. Stufe nicht abdingbar. Dasselbe gilt für den Zustimmungsbeschluss der Komplementärversammlung, der in § 286 S. 2 AktG angeordnet wird.

384 Vgl. Variante 2 des Leitthemas in § 1 B. III. 2.

Wie bereits oben herausgearbeitet wurde[385], bleibt allerdings jede Spezialvorschrift auf ihren begrenzten Anwendungsbereich beschränkt; im Übrigen bleibt es also bei der Verweisung des § 278 Abs. 2 AktG auf die Satzungsautonomie. Für den Jahresabschluss hat dies zur Folge, dass die Mehrheitsanforderungen für den Komplementärbeschluss – § 278 Abs. 2 AktG verweist für das Verhältnis der Komplementäre untereinander auf Personengesellschaftsrecht – frei in der Satzung ausgestaltet werden können; auf die Zustimmung einzelner Komplementäre, z. B. der nicht-geschäftsführungsbefugten, kann verzichtet werden.

c) Lösungskriterium

Als abstraktes Lösungskriterium kann festgehalten werden: Die Satzungsstrenge KGaA-rechtlicher Spezialvorschriften zur Zuständigkeitsverteilung bleibt auf den jeweiligen Anwendungsbereich, beispielsweise auf die jeweilige Gesellschaftergruppe, beschränkt.

Diese Harmonisierungsaufgabe soll unter § 3 A. I. bis VIII. zusammen mit der Ordnungsaufgabe im Detail erörtert werden. Dem Rechtsanwender wird dadurch nicht nur das Auffinden der einzelnen anwendbaren Vorschriften des AktG, des HGB und der Nebengesetze erleichtert; gleichzeitig findet er eine Aussage zur Abdingbarkeit der jeweiligen Vorschriften.

2. Ergänzung und Überlagerung der personengesellschaftsrechtlichen Zuständigkeitsverteilung durch aktienrechtliche Vorschriften

Für die Detailbehandlung im besonderen Teil unter Gliederungspunkt § 3 B. soll im Folgenden eine einheitliche Vorgabe entwickelt werden.

a) Standort in der schematischen Darstellung auf S. 108

Dieser Problemtypus betrifft das Verhältnis zwischen 2. und 3. Stufe. Fraglich ist, wie einzelne Vorschriften über die aktienrechtliche Zuständigkeitsverteilung in der KGaA (3. Stufe) mit dem personengesellschaftsrechtlichen Rechtsverhältnis auf der 2. Stufe zu vereinbaren sind. Es stellt sich die Aufgabe, Aktienrecht und Personengesellschaftsrecht auf der 2. und 3. Stufe zu harmonisieren.[386]

---

385 Vgl. § 2 C. I. 1.

386 Vgl. die 2. Variante des Leitthemas in § 1 B. III. 2.

b) Gesetzessystematische Auslegung

Aktienrechtliche Zuständigkeiten der 3. Stufe, auf die § 283 AktG oder § 278 Abs. 1 AktG[387] verweisen, stehen im Konflikt mit dem personengesellschaftsrechtlichen Rechtsverhältnis auf der 2. Stufe: Vorschriften für den AG-Vorstand sind in der KGaA auf Komplementäre anzuwenden; der Aufsichtsrat hat keine Fremdgeschäftsführer, sondern geschäftsführende Gesellschafter zu überwachen.

Die Lösung dieser Widersprüche erfordert grundlegende Aussagen zum Verhältnis von Personengesellschaftsrecht und Aktienrecht in der KGaA: Hat sich das Aktienrecht nach den personengesellschaftsrechtlichen Elementen der KGaA zu richten oder umgekehrt? Hier muss grundsätzlich die erste Alternative gelten. Die KGaA ist eine Aktiengesellschaft mit Komplementär-Fremdkörper.[388] Würde man die personengesellschaftsrechtlichen Elemente, die mit diesem Fremdkörper einhergehen, einschränkend auslegen, wären die Unterschiede zur Aktiengesellschaft kaum mehr erkennbar, die KGaA wäre als Alternative zur AG überflüssig.

c) Lösungskriterium

Als allgemeines Lösungskriterium kann daher formuliert werden: Die aktienrechtlichen Vorschriften gelten nach Maßgabe der personengesellschaftsrechtlichen Elemente der KGaA.

3. Abgrenzung zwischen personengesellschaftsrechtlicher und aktienrechtlicher Zuständigkeitsverteilung

Diese Grenzlinie zwischen den Regelungsregimen wird unter Gliederungspunkt § 3 C. eingehend behandelt.

a) Standort in der schematischen Darstellung auf S. 108

Zwischen 2. und 3. Stufe ergibt sich ein weiteres Konfliktfeld: Wie ist die Trennlinie zwischen beiden Stufen im Hinblick auf Zuständigkeitsvorschriften auszulegen? Hierbei handelt es sich um eine Abgrenzungsaufgabe[389], da aus § 278 Abs. 3 AktG – nach hier verwendeter Zitierweise aus § 278 Abs. 1 AktG (vgl. § 2 B. II. 3.) – nicht klar hervorgeht, welche aktienrechtlichen Zuständigkeitsvorschriften erfasst sind und welche nicht. Das Gesetz ist insoweit lückenhaft.

---

387 Vgl. 3. Prüfungsschritt des systematischen Prüfungsschemas § 2 C. II. 3.

388 Vgl. § 2 B. I.

389 Vgl. die 3. Variante des Leitthemas in § 1 B. III. 3.

b) Gesetzessystematische Auslegung

Personengesellschaftsrechtliche Zuständigkeitsverteilung auf der 2. Stufe bedeutet folgendes: Die Komplementäre sind gem. § 278 Abs. 2 AktG i.V.m. §§ 161 Abs. 2, 115 Abs. 1, 125 Abs. 1 HGB grundsätzlich einzeln zur Vornahme gewöhnlicher Geschäftsführungsmaßnahmen sowie zur Vertretung der KGaA gegenüber Dritten berechtigt.[390] Für außergewöhnliche Geschäftsführungsmaßnahmen und Grundlagengeschäfte sind beide Gesellschaftergruppen gemeinsam zuständig, §§ 278 Abs. 2, 285 Abs. 2 S. 1 AktG i.V.m. § 164 S. 1 2. HS HGB und den Grundsätzen des Personengesellschaftsrechts.

Fraglich ist, ob spezielle aktienrechtliche Zuständigkeitsvorschriften aus dem ersten Buch des Aktiengesetzes (3. Stufe), beispielsweise für den Aufsichtsrat § 112 AktG, diese Regelungen auf der 2. Stufe zumindest teilweise wieder überlagern können. Bereits bei der Analyse der Generalverweisungen des § 278 Abs. 2, 3 AktG wurde festgestellt, dass die aktienrechtliche Zuständigkeitsverteilung nur dann gilt, wenn die personengesellschaftsrechtliche Zuständigkeitsverteilung nach dem Wortlaut des § 278 Abs. 2 AktG nicht einschlägig ist.[391] Aktienrechtliche Vorschriften sind ergänzend nur dann anwendbar, wenn ausschließlich die KGaA in ihrer Eigenschaft als selbstständige Rechtspersönlichkeit gem. § 278 Abs. 1 AktG betroffen ist oder ausdrücklich auf sie verwiesen wird, vgl. § 283 AktG.

c) Lösungskriterium

Die Grenzlinie zwischen 2. und 3. Stufe ist für Zuständigkeitsvorschriften absolut. Eine Grauzone sich überlagernder Doppelzuständigkeiten gibt es nicht.

4. Modifikation aktienrechtlicher Strukturen durch personengesellschaftsrechtliche Prinzipien

Diese Harmonisierungsaufgabe soll speziell für die Aufnahme eines neuen Komplementärs unter § 3 E. und allgemein unter § 3 F. gelöst werden.

390 Genau genommen handelt es sich bei der Geschäftsführung- und Vertretungsbefugnis der Komplementäre gleichzeitig um ein mitgliedschaftliches Recht der phG und um Zuständigkeitsregelungen der 2. Stufe, vgl. § 3 A. I. und III.

391 Vgl. § 2 B. II. 3., 4.: Die personengesellschaftsrechtliche Zuständigkeitsverteilung durchbricht die aktienrechtliche für ihren Anwendungsbereich.

a) Standort in der schematischen Darstellung auf S. 108

Das in der Überschrift genannte Problem beschäftigt sich ähnlich wie § 2 D. II. 3. mit der Trennlinie zwischen 2. und 3. Stufe. Die Frage stellt sich jedoch unter anderen Vorzeichen: Auf der 3. Stufe sind nicht einzelne Vorschriften, sondern aktienrechtliche Strukturprinzipien der KGaA betroffen. Sie sind mit dem personengesellschaftsrechtlichen Rechtsverhältnis auf der 2. Stufe zu vereinbaren. Es liegt daher keine Abgrenzungsaufgabe vor; vielmehr sind durch die Verweisungen erfasste Prinzipien des Personengesellschaftsrechts und Aktienrechts zu harmonisieren[392].

b) Gesetzessystematische Auslegung

Die KGaA ist gem. § 278 Abs. 1 AktG eine juristische Person, die notwendig über eine ganz auf die Gesellschaft bezogene Satzungsverfassung verfügt.[393] Die KGaA hat also eine Satzung und keinen Gesellschaftsvertrag; es gelten somit grundsätzlich die §§ 179 ff. AktG. Gleichzeitig betreffen alle Satzungsänderungen das Verhältnis zwischen den Gesellschaftergruppen: Es gelten gem. §§ 278 Abs. 2, 285 Abs. 2 S. 1 AktG die personengesellschaftsrechtliche Zuständigkeitsverteilung und insoweit auch die Satzungsautonomie. Diese personengesellschaftsrechtlichen Elemente der KGaA können im Ergebnis die Satzung als aktienrechtliche Organisationsklammer der KGaA nicht durchbrechen, sondern müssen in die starre Organisationsverfassung eingepasst werden.

Allerdings ist grundsätzlich auch hier zu beachten, dass für die personengesellschaftsrechtlichen Elemente, insbesondere für die Gestaltungsfreiheit, ein Anwendungsbereich verbleiben muss, der durch die §§ 179 ff. AktG nicht ausgehebelt wird. Eine einschränkende Auslegung des Personengesellschaftsrechts würde die Unterschiede der KGaA zur AG einebnen und die KGaA als eigenständige Rechtsform in Frage stellen.

c) Lösungskriterium

Die personengesellschaftsrechtlichen Elemente auf der 2. Stufe sind möglichst ohne Bedeutungsverlust in die Satzungsverfassung einzupassen.

---

392 Vgl. zur 2. Variante des Leitthemas § 1 B. III. 2.

393 *K. Schmidt,* Gesellschaftsrecht, § 8 IV. 2. a) [S. 207].

5. Satzungsstrenge für Hauptversammlungsbeschlüsse

Die unterschiedlichen Varianten dieses Abgrenzungsproblems werden unter den Gliederungspunkten § 3 D., F., G., H., I. diskutiert.

a) Standort in der schematischen Darstellung auf S. 108

Der Hauptversammlungsbeschluss ist für Angelegenheiten der 2. Stufe grundsätzlich abdingbar. Dennoch wird die Gestaltungsfreiheit für den Beschluss der Kommanditaktionäre unter verschiedenen Vorzeichen in Frage gestellt. Die Konfliktlinie für dieses Abgrenzungsproblem[394] verläuft in der schematischen Darstellung auf S. 108 zwischen dem Begriffspaar Hauptversammlung / Gesamtheit der Kommanditaktionäre hindurch.

b) Gesetzessystematische Auslegung

Legt man besonderes Gewicht auf die Hauptversammlung als Scharnier zur aktienrechtlichen Organisationsverfassung, wird man die Zustimmung der Kommanditaktionäre zumeist für unverzichtbar halten. Auf der anderen Seite bringt der Begriff der „Gesamtheit der Kommanditaktionäre" zum Ausdruck, dass die Hauptversammlung im personengesellschaftsrechtlichen Rechtsverhältnis auf der 2. Stufe Partner der Komplementäre ist. Misst man letzterem Aspekt höhere Bedeutung bei, wird man den Verzicht auf den Hauptversammlungsbeschluss in der Satzung eher für zulässig halten.

Im Gesetz ist das Verhältnis zwischen personengesellschaftsrechtlichen Elementen gem. § 278 Abs. 2 AktG und aktienrechtlicher Organisationsverfassung gem. § 278 Abs. 1 AktG angesprochen. Die Struktur der KGaA als einer „besonderen AG mit Komplementären"[395] wird allerdings nicht grundlegend in Frage gestellt, wenn die Zuständigkeit der Hauptversammlung für bestimmte Angelegenheiten abbedungen wird. Um die Unterschiede zwischen KGaA und AG nicht zu marginalisieren, ist es notwendig am Gesetzeswortlaut festzuhalten, nachdem gem. §§ 278 Abs. 2, 285 Abs. 2 S. 1 AktG für die Zuständigkeitsverteilung zwischen Komplementären und Hauptversammlung vorrangig auf die Kommanditgesellschaft und die Gestaltungsfreiheit verwiesen wird.

---

394 Vgl. zur 3. Variante des Leitthemas § 1 B. III. 3.

395 Vgl. § 2 B. I.

c) Lösungskriterium

Der gesetzliche Vorrang des § 278 Abs. 2 AktG für das frei zu gestaltende Rechtsverhältnis zwischen den Gesellschaftergruppen muss im Grundsatz gegenüber der starren Organisationsverfassung gem. § 278 Abs. 1 AktG Bestand haben.

Ausnahmen sind wohl nur für den Schnittpunkt zwischen aktienrechtlichem Entscheidungsgegenstand und personengesellschaftsrechtlicher Zuständigkeitsverteilung zu erwägen (vgl. Darstellung S. 108). Im Ergebnis ist der Beschluss der Gesamtheit der Kommanditaktionäre auch in diesem Fall nur dann zwingend notwendig, wenn ein aktienrechtliches Charakteristikum der KGaA betroffen ist wie z. B. das Grundkapital. Dieses Problem wird unter § 3 *I* behandelt.

6. Die Beurteilung bestimmter Entscheidungsgegenstände

Bezüglich der einzelnen Entscheidungsgegenstände ist zwischen personengesellschaftsrechtlicher und aktienrechtlicher Beurteilung abzugrenzen. Für die Rechnungslegung soll dies im besonderen Teil unter§ 3 J. I. 1., 2. ausführlich erörtert werden.

a) Standort in der schematischen Darstellung auf S. 108

Fraglich ist, ob für Entscheidungsgegenstände, die sich keiner Gesellschaftergruppe und damit weder der linken noch der rechten Säule auf S. 108 zuordnen lassen, Vorschriften des Aktiengesetzes oder des HGB gelten. Es liegt eine Gesetzeslücke vor, die die Abgrenzung[396] zwischen Aktienrecht und Personengesellschaftsrecht erfordert.

b) Gesetzessystematische Auslegung

Wie bereits oben ausführlich erörtert wurde[397], ist § 278 Abs. 2, 3 AktG grundsätzlich keine Aussage im Hinblick auf die Beurteilung einzelner Entscheidungsgegenstände zu entnehmen. Für Angelegenheiten, die weder die Komplementäre noch die Kommanditaktionäre, sondern die KGaA als Ganzes betreffen, gilt daher die Vermutung, dass die personengesellschaftsrechtliche Zuständigkeitsverteilung auch für den jeweiligen Gegenstand gilt. Ergeben sich allerdings aus dem AktG, dem HGB oder aus Nebengesetzen Hinweise darauf, dass Aktienrecht einschlägig ist, kann diese Vermutung widerlegt werden.[398]

---

396 Vgl. zur 3. Variante des Leitthemas § 1 B. III. 3.

397 Vgl. § 2 B. II. 4.

398 Ausführlich oben § 2 B. IV. 3.

c) Lösungskriterium

Gem. § 278 Abs. 2 AktG besteht für die personengesellschaftsrechtliche Einordnung von Entscheidungsgegenständen eine Vermutung; sie kann durch gesetzliche Anhaltspunkte widerlegt werden.

7. Wegfall von Strukturelementen

Der Fortfall von Rechtsformmerkmalen hat Auswirkungen auf den Bestand der Gesellschaft. Für den Wegfall des letzten Komplementärs wird dies im besonderen Teil unter § 3 K. II. erörtert.

a) Standort in der schematischen Darstellung auf S. 108

Welche Folgen haben Ereignisse, die zum Verschwinden der Komplementäre, d. h. der gesamten linken Säule der KGaA führen? In den §§ 278 bis 290 AktG wird das Problem nicht geregelt. Die Gesetzeslücke könnte sowohl nach aktienrechtlichen als auch nach personengesellschaftsrechtlichen Prinzipien geschlossen werden.[399]

b) Gesetzessystematische Auslegung

Die KGaA ist eine „besondere AG mit Komplementär-Fremdkörper"[400]. Aus dem gesetzlichen Zusammenhang, insbesondere aus dem Regelungsstandort der KGaA im zweiten Buch des Aktiengesetzes direkt im Anschluss an die AG, kann abgeleitet werden, dass grundsätzlich alle Unterschiede der KGaA zur AG aus diesem systematischen Fremdkörper abgeleitet werden.

c) Lösungskriterium

Aus einer KGaA, die ihren letzten Komplementär-Fremdkörper verliert, wird automatisch wieder eine einfache AG.

---

399 Zur Abgrenzung zwischen personengesellschaftsrechtlicher und aktienrechtlicher Lösung vgl. die 3. Variante des Leitthemas § 1 B. III. 3.

400 Vgl. § 2 B. I.

8. Die dynamischen Verweisungen der KGaA

Über die Verweisungen haben Neuerungen im ersten Buch des AktG, des HGB und der Nebengesetze automatisch Auswirkungen auf die KGaA. Im besonderen Teil werden die Neuregelungen für das Ausscheiden von Gesellschaftern in OHG und KG durch die HGB-Reform[401] (§ 3 K. I., III.), die Entsprechenserklärung im Bezug auf den Corporate Governance Kodex (§ 3 L.) und die Anwendung des WpÜG auf die KGaA (§ 3 M.) behandelt.

a) Standort in der schematischen Darstellung auf S. 108

Diese Streitfrage lässt sich keiner bestimmten Stufe oder Säule im Gesamtkonzept der KGaA zuweisen. Das besondere Problem beruht auf der Tatsache, dass die in den §§ 278 bis 290 AktG angewendete Verweisungstechnik notwendig dynamisch auszulegen ist, will man die KGaA an Entwicklungen des Gesellschaftsrechts anpassen. Da die Änderungen in AktG, HGB oder Nebengesetzen oft vorgenommen werden ohne die Folgen für die KGaA zu regeln, ist es erforderlich, die jeweiligen Neuerungen mit den besonderen personengesellschaftsrechtlichen oder aktienrechtlichen Elementen der KGaA zu harmonisieren.[402]

b) Gesetzessystematische Auslegung

Da die Besonderheit des Problems lediglich darin besteht, dass es erst nachträglich auftritt, muss die jeweilige Frage einer der Problemtypen des § 2 D. II. 1. bis 7. zugeordnet werden.

c) Lösungskriterien

Auch hier ist im Grundsatz davon auszugehen, dass aktienrechtliche Neuregelungen nach Maßgabe der personengesellschaftsrechtlichen Elemente der KGaA anzuwenden sind, um Unterschiede und Vorteile im Vergleich zur AG zu wahren.

Spezielle Regelungen in den §§ 279 bis 290 AktG können durch die Dynamik der Verweisungen ihre Bedeutung teilweise oder vollständig verlieren.

---

401 Handelsrechtsreformgesetz (HRefG) vom 22. 06. 1998, BGBl. I 1998, S. 1474 ff.

402 Zur Harmonisierungsaufgabe vgl. bereits oben unter § 1 B. III. 3.

II. Die Lösungskriterien als Kurzformel

Die gesetzessystematisch gefundenen einheitlichen Lösungsansätze für das Spannungsverhältnis zwischen Personengesellschaftsrecht und Aktienrecht lassen sich mit folgender Kurzformel beschreiben:

Das Aktienrecht gilt in der KGaA nach Maßgabe der personengesellschaftsrechtlichen Regelungen, die gem. § 278 Abs. 2 AktG oder gem. der Spezialverweisungen in den §§ 279 bis 290 AktG anwendbar sind.

Ausnahmen ergeben sich ausschließlich aus den aktienrechtlichen Charakteristika der KGaA, insbesondere aus dem Grundkapital; hier können die personengesellschaftsrechtlichen Vorschriften überlagert werden (vgl. in der schematischen Darstellung auf S. 108: Schnittpunkt der rechten vertikalen Säule „aktienrechtliche Entscheidungsgegenstände" mit dem horizontalen Balken „personengesellschaftsrechtliche Zuständigkeitsverteilung").

Im besonderen Teil muss nun überprüft werden, ob diese Lösungskriterien geeignet sind, den Umgang mit der KGaA zu vereinfachen und verlässlicher zu gestalten. Es sollen alle Fragen, die unter das Leitthema (vgl. Ausführungen im Anschluss an § 1 B. III.) fallen, daraufhin überprüft werden, ob sich die gesetzessystematisch begründeten Ergebnisse mit dem jeweiligen Gesetzeszweck vereinbaren lassen. An dieser Stelle findet dann auch die Auseinandersetzung mit den verschiedenen Ansichten in Literatur und Rechtsprechung statt.

§ 3 Besonderer Teil

Im besonderen Teil werden ausschließlich solche Probleme behandelt, die durch ein und dieselbe Frage miteinander verklammert sind:

Gelten für die jeweilige Angelegenheit personengesellschaftsrechtliche oder aktienrechtliche Vorschriften oder Grundsätze?

Das Leitthema stellt sich in drei verschiedenen Ausprägungen dar: Personengesellschaftsrechtliche und aktienrechtliche Vorschriften, die auf die KGaA anwendbar sind, müssen entweder systematisch geordnet[1], harmonisiert[2] oder gegeneinander abgegrenzt[3] werden. Durch die im allgemeinen Teil entwickelte Methodik sollen diese drei Varianten im Folgenden detailliert behandelt werden.

A. Die dreistufige Gliederung der mitgliedschaftlichen Rechte und Entscheidungszuständigkeiten durch §§ 278, 285 Abs. 2 S. 1 AktG

Durch das auf S. 108 dargestellte Gesamtkonzept und das daraus abgeleitete Prüfungsschema (vgl. § 2 C. II.) kann die erste Variante des Themas bewältigt werden: Die auf die KGaA anwendbaren personengesellschaftsrechtlichen und aktienrechtlichen Vorschriften lassen sich systematisch ordnen[4]; dadurch sind sie leichter aufzufinden als in Kommentierungen, die sich in ihrem Aufbau an den §§ 278 bis 290 AktG orientieren.

Unter § 3 A. sollen also die mitgliedschaftlichen Rechte und Zuständigkeiten den jeweiligen Handlungseinheiten in der KGaA zugeordnet werden:

Auf der *ersten Stufe* geht es um das Rechtsverhältnis des einzelnen KGaA-Gesellschafters zur KGaA gem. § 278 Abs. 2 und Abs. 3 AktG. Dementsprechend werden unter § 2 A. I. und II. die mitgliedschaftlichen Rechte der einzelnen Komplementäre und der einzelnen Kommanditaktionäre aufgezählt, die diesen gegenüber der KGaA zustehen.

---

1 Vgl. § 1 B. III. 1.

2 Vgl. § 1 B. III. 2.

3 Vgl. § 1 B. III. 3.

4 Zur Ordnungsaufgabe § 1 B. III. 1.

Auf der *zweiten Stufe* geht es um das Rechtsverhältnis zwischen den Gesellschaftergruppen gem. § 278 Abs. 2 AktG. Nachdem oben festgestellt wurde, dass durch § 278 Abs. 2 AktG nicht nur die personengesellschaftsrechtliche Zuständigkeitsverteilung angeordnet, sondern auch ein personengesellschaftsrechtliches Rechtsverhältnis begründet wurde, verweisen die §§ 278 Abs. 2, 285 Abs. 2 S. 1 AktG auf die mitgliedschaftlichen[5] Verwaltungsrechte[6] der Komplementäre und für die Gesamtheit der Kommanditaktionäre auf die mitgliedschaftlichen Verwaltungsrechte der Kommanditisten. Auf der zweiten Stufe sollen auch diejenigen KGaA-rechtlichen Spezialvorschriften[7] aufgezählt werden, die die personengesellschaftsrechtliche Satzungsautonomie teilweise wieder einschränken. Damit wird die im allgemeinen Teil unter § 2 D. I. 1. definierte Harmonisierungsaufgabe bewältigt.

Auf der *dritten Stufe* werden die aktienrechtlichen Zuständigkeiten aufgezählt, die den Handlungseinheiten „im Übrigen" zustehen.

I. Die Rechte der Komplementäre (1. Stufe)

Die mitgliedschaftlichen *Verwaltungsrechte*[8] der Komplementäre in der gesetzestypischen KGaA[9] sind umfassend:

---

5 Aus dogmatischen Gründen wurde hier auf die Unterscheidung zwischen mitgliedschaftlichen und organschaftlichen Verwaltungsrechten der Komplementäre verzichtet, vgl. dagegen: *Schütz/Reger,* in: Hdb KGaA, § 5 (S. 80 ff.): Das Prinzip der Selbstorganschaft besagt, dass organschaftliche Geschäftsführer grundsätzlich nur Gesellschafter sein können; vgl. *Baumbach/Hopt,* HGB, § 114 Rn. 24. Die Komplementäre besitzen schon aufgrund ihrer Gesellschafterstellung Organfunktionen und erhalten die Organfunktionen nicht erst durch ihre Bestellung als Geschäftsführungsorgan; vgl. *K. Schmidt,* Gesellschaftsrecht, § 22 II. 1. [S. 657].

6 Zur Terminologie vgl. *K. Schmidt,* Gesellschaftsrecht, § 28 I. 1. a) [S. 797], der im Hinblick auf die mitgliedschaftlichen Rechte des Aktionärs zwischen Mitverwaltungsrechten und Vermögensrechten unterscheidet.

7 Für eine Definition der KGaA-rechtlichen Spezialvorschriften vgl. § 1 B. II. Fn. 29.

8 Die mitgliedschaftlichen Verwaltungsrechte der Komplementäre bestehen sowohl im Verhältnis zur Gesellschaft als auch im Verhältnis zu den Mitgesellschaftern, d. h. in der KGaA auch im Verhältnis zur Gesamtheit der Kommanditaktionäre; vgl. zur Mitgliedschaft in einer Personengesellschaft oben § 2 A. IV. Die Mitverwaltungsrechte der Komplementäre werden deshalb doppelt, d. h. sowohl auf der ersten Stufe als auch auf der zweiten Stufe erwähnt.

Ansprüche aus den mitgliedschaftlichen Verwaltungsrechten bestehen daher sowohl gegenüber der Gesellschaft als auch gegenüber den Mitgesellschaftern. Unterlassungs- und Beseitigungsklagen gegen Maßnahmen anderer Gesellschafter oder Gesellschaftsorgane, die diese Verwaltungsrechte missachten, können daher – nach hier vertretener Ansicht – nicht nur gegen die Mitgesellschafter, sondern auch gegen die Gesellschaft gerichtet werden, vgl. oben zur KG § 2 A. VII. 2. Fn. 106 und zur Prozesskonstellation in der KGaA § 2 B. III. 2., 3., 4.

9 Zum Begriff der gesetzestypischen KGaA bereits oben § 2 A. VII. 3 Fn. 115.

- die Einzelgeschäftsführungsbefugnis gem. § 278 Abs. 2 AktG i.V.m. §§ 161 Abs. 2, 115 Abs. 1 HGB,
- die Einzelvertretungsbefugnis gem. § 278 Abs. 2 AktG i.V.m. §§ 161 Abs. 2, 125 Abs. 1 HGB.[10]

Darüber hinaus stehen dem Komplementär folgende Kontrollrechte zu:

- die *actio pro socio,*[11]
- das Kündigungsrecht, das zum automatischen Ausscheiden des Komplementärs führt, § 289 Abs. 1 AktG i.V.m. § 131 Abs. 3 Nr. 3 HGB,
- das Recht auf Erhebung der Auflösungsklage, § 289 Abs. 1 AktG i.V.m. §§ 161 Abs. 2, 131 Abs. 1 Nr. 4, 133 HGB.

Die *Vermögensrechte* der Komplementäre hängen in der gesetzestypischen KGaA davon ab, ob der Komplementär eine Vermögenseinlage erbracht hat. Hat er eine Vermögenseinlage erbracht, stehen ihm folgende Vermögensrechte zu:

- das Gewinnbezugsrecht, § 278 Abs. 1 AktG i.V.m. §§ 168, 121 HGB,[12]
- das Entnahmerecht gem. § 278 Abs. 1 AktG i.V.m. §§ 161 Abs. 2, 122 HGB in den Grenzen des § 288 AktG,
- der Anspruch auf Beteiligung am Abwicklungsüberschuss, § 278 Abs. 1 AktG i.V.m. § 155 Abs. 1 HGB.[13]

---

10 Gem. § 278 Abs. 2 AktG i.V.m. § 170 HGB sind die Kommanditaktionäre von der organschaftlichen Vertretung der KGaA gegenüber Dritten grundsätzlich ausgeschlossen.

11 Die *actio pro socio* der Komplementäre in der KGaA ist umstritten. Zustimmend *Assmann/Sethe,* in: GroßKomm AktG, § 278 Rn. 62; *Reger,* in: Hdb KGaA, § 5 Rn. 665 (S. 285); einschränkend: *Mertens,* in: Kölner Komm AktG, § 278 Rn. 27; ablehnend: *Semler/Perlitt,* in: Münch Komm AktG, § 278 Rn. 80.

12 Das Jahresergebnis der KGaA ist zunächst auf die beiden Gesellschaftergruppen (2. Stufe) und dann innerhalb der Gesellschaftergruppen auf die einzelnen Gesellschafter (1. Stufe) zu verteilen. Vorab ist allerdings zu klären, ob das Jahresergebnis nach personengesellschaftsrechtlichen und / oder nach aktienrechtlichen Rechnungslegungsvorschriften zu ermitteln ist. Dazu ausführlich unten § 3 J. I. 1., 2.

Das Gewinnbezugsrecht wird üblicherweise in der Satzung speziell geregelt. Ein Gewinnbezugsrecht kann in der Satzung auch einem Komplementär ohne Vermögenseinlage i. S. d. § 281 Abs. 2 AktG eingeräumt werden. Für die OHG: *Baumbach/Hopt,* HGB, § 120 Rn. 23.

13 Hier zeigen sich in besonders anschaulicher Weise die verschiedenen Stufen der Verweisungstechnik:

Die Verteilung des auf die jeweilige Gesellschaftergruppe entfallenden Anteils am Abwicklungsüberschuss betrifft die erste Stufe und richtet sich deshalb nach dem für jede Gesellschaftergruppe einschlägigen Recht:

Die Verteilung des auf die Komplementäre entfallenden Anteils am Abwicklungsüberschuss richtet sich gem. § 278 Abs. 2 AktG i.V.m. §§ 161 Abs. 2, 155 Abs. 1 HGB nach dem Verhältnis der Vermögenseinlagen untereinander.

Die Verteilung des auf die Kommanditaktionäre entfallenden Anteils am Abwicklungsüberschuss richtet sich gem. § 278 Abs. 3 i.V.m. § 271 Abs. 2 AktG nach den Anteilen am Grundkapital.

II. Die Rechte der Kommanditaktionäre (1. Stufe)

Das Verhältnis der Kommanditaktionäre untereinander und das Verhältnis des einzelnen Kommanditaktionärs gegenüber der KGaA unterliegt Aktienrecht, § 278 Abs. 3 AktG. Im Aktienrecht umfasst das Verhältnis der Aktionäre untereinander alle Vorschriften, die die *Mitverwaltungsrechte* der Aktionäre regeln, wobei gleichgültig ist, ob der einzelne Aktionär diese Rechte innerhalb oder außerhalb der Hauptversammlung ausübt oder ob er diese Rechte alleine oder nur im Rahmen einer Aktionärsminderheit geltend machen darf.[14] Im Einzelnen stehen daher auch dem Kommanditaktionär folgende aktienrechtliche Mitverwaltungsrechte zu:

Der einzelne Kommanditaktionär hat innerhalb der Hauptversammlung folgende Mitverwaltungsrechte:

- das Teilnahmerecht, § 278 Abs. 3 i.V.m. § 118 Abs. 1 AktG,[15]
- das Rederecht, § 278 Abs. 2 i.V.m. § 118 Abs. 1 AktG,
- das Antragsrecht, § 278 Abs. 3 i.V.m. § 126 AktG,[16]
- den Auskunftsanspruch, § 278 Abs. 3 i.V.m. § 131 AktG,[17]
- das Stimmrecht, § 278 Abs. 3 i.V.m. § 134 AktG.[18] Ein Kommanditaktionär, der gleichzeitig Komplementär ist, besitzt für die Gegenstände, die in der KGaA-

---

Vorher ist der Abwicklungsüberschuss zwischen den Gesellschaftergruppen zu verteilen. Dies betrifft das Verhältnis der Gesellschaftergruppen zueinander und damit die zweite Stufe. Gem. § 278 Abs. 2 AktG richtet sich die Verteilung zwischen den Gesellschaftergruppen nach den §§ 161 Abs. 2, 155 Abs. 1 HGB: Die Verteilung erfolgt nach dem Verhältnis zwischen der Summe der Vermögenseinlagen der Komplementäre und dem Grundkapital.

14 *Assmann/Sethe,* in: GroßKomm AktG, Vor § 278 Rn. 57.

15 Komplementäre, die gleichzeitig Aktien halten und den Stimmverboten des § 285 Abs. 1 S. 2 Nr. 1 bis 6 AktG unterliegen, sind schon als Komplementäre zur Teilnahme verpflichtet, § 278 Abs. 1 i.V.m. § 118 Abs. 2 AktG, *Bärwaldt,* in: Semler/Volhard, Arbeitshandbuch für die Hauptversammlung, § 10 Rn. 72 ff. (S. 350 ff.).

16 Der einzelne Kommanditaktionär hat in der Hauptversammlung das Recht, Gegenanträge zu stellen, d. h. das Recht, einen Antrag zu stellen, der inhaltlich von einem Vorschlag der Komplementäre abweicht. *Schlitt,* in: Semler/Volhard, Arbeitshandbuch für die Hauptversammlung, § 4 Rn. 281 ff. (S. 213 ff.).

Die Ergänzung der Tagesordnung kann dagegen nur eine Kommanditaktionärsminderheit erzwingen, § 278 Abs. 3 i.V.m. § 122 Abs. 2 AktG.

17 Gem. § 286 Abs. 1 S. 1 AktG beschließt die Hauptversammlung der KGaA im Gegensatz zur Hauptversammlung der AG auch über den Jahresabschluss. Aus diesem Grunde ist der Auskunftsanspruch in der KGaA auch weitergehend als in der AG. Der Anspruch erstreckt sich auch auf die stillen Reserven und die Bilanzierungs- und Bewertungsmethoden, da die Beschränkungen des § 131 Abs. 3 Nr. 3, 4 AktG in der KGaA nicht gelten, *Schütz/Reger,* in: Hdb KGaA, Rn. 366 (S. 198); *Herfs,* in: Münch Hdb AG, § 76 Rn. 45.

18 Das Stimmrecht ist nicht notwendig mit dem Teilnahmerecht verknüpft. Ein Kommanditaktionär, der durch den Versammlungsleiter aus dem Saal verwiesen wurde, kann sein Stimmrecht durch einen Bevollmächtigten ausüben lassen. *Bärwaldt,* in: Semler/Volhard, Arbeitshandbuch für die Hauptversammlung, § 10 Rn. 23 f. (S. 334 f.) i.V.m. § 10 Rn. 45 f. (S. 343 f.).

rechtlichen Spezialregelung des § 285 Abs. 1 AktG aufgezählt sind, keine Stimmberechtigung.

Der einzelne Kommanditaktionär hat außerhalb der Hauptversammlung folgende Mitverwaltungsrechte:

- die verschiedenen aktienrechtlichen Rechte auf Einsichtnahme in Unterlagen der Gesellschaft, § 278 Abs. 3 i.V.m. §§ 52 Abs. 2; 175; 179a Abs. 2 S. 1 AktG; § 209 Abs. 6 i.V.m. § 175 Abs. 2 AktG; §§ 293 f., 295 Abs. 1 S. 2 AktG,
- das Recht auf Schadensersatz gem. § 278 Abs. 3 AktG i.V.m. § 117 Abs. 1 S. 2, Abs. 2 AktG,[19]
- das gesetzlich nicht geregelte Recht der Aktionärsklage gegen rechtswidrige Maßnahmen der Verbandsorgane.[20]

Von den Mitverwaltungsrechten einer Kommanditaktionärsminderheit seien hier nur die wichtigsten Rechte genannt:

- das Recht auf Aufnahme von Beschlussgegenständen in die Tagesordnung und deren Bekanntmachung, § 278 Abs. 3 i.V.m. § 122 Abs. 2 AktG,[21]
- das Recht auf Einberufung der Hauptversammlung, § 278 Abs. 3 i.V.m. § 122 AktG,[22]
- das Recht, die Geltendmachung von Ersatzansprüchen zu erzwingen, § 278 Abs. 3 i.V.m. § 147 Abs. 1 AktG.[23]

---

19 Der Aktionär kann bei demjenigen, der der Gesellschaft gem. § 117 Abs. 1 S. 1 AktG haftet, seinen eigenen unmittelbaren Schaden geltend machen und gerichtlich durchsetzen. *Mertens,* in: Kölner Komm AktG, § 117 Rn. 38; *Kropff,* in: Geßler/Hefermehl, AktG, § 117 Rn. 38.

20 OLG Stuttgart AG 2003, 527, 530. Für die Einordnung als aktienrechtliches Mitgliedschaftsrecht: *K. Schmidt,* Gesellschaftsrecht, § 28 I. 1. a) [S. 797]. Die Aktionärsklage ist das Ergebnis einer Rechtsfortbildung des BGH, vgl. BGHZ 83, 122 [Holzmüller]. Zur Unterlassungs- und Beseitigungsklage der Gesamtheit der Kommanditaktionäre vgl. § 2 B. III. 4. und zum Meinungsstand in der KG § 2 A. VII. 2 Fn. 106.

21 Auf Verlangen einer Kommanditaktionärsminderheit, deren Anteile zusammen den zwanzigsten Teil des Grundkapitals oder den anteiligen Betrag von 500.000 Euro erreichen, müssen weitere Beschlussgegenstände in die Tagesordnung aufgenommen und bekanntgemacht werden, § 278 Abs. 3 i.V.m. 122 Abs. 2 AktG.

22 Das Gericht kann eine Kommanditaktionärsminderheit, deren Anteile den zwanzigsten Teil des Grundkapitals erreichen, ermächtigen, die Hauptversammlung einzuberufen, § 278 Abs. 3 AktG i.V.m. § 122 Abs. 1, 3 AktG.

23 Eine Kommanditaktionärsminderheit, die mindestens zehn Prozent des Grundkapitals hält, kann durch Stellung des Verlangens in der Hauptversammlung die Geltendmachung von Ersatzansprüchen aus der Gründung gegen die in den §§ 46 bis 48, 53 AktG genannten Personen, die Geltendmachung von Schadensersatzansprüchen wegen fehlerhafter Geschäftsführung gegen die Komplementäre gem. § 283 Nr. 3 i.V.m. § 93 Abs. 2 AktG sowie die Geltendmachung von Schadensersatzansprüchen wegen pflichtwidriger Vernachlässigung der Überwachungsaufgaben gegen Aufsichtsratsmitglieder, § 278 Abs. 3 i.V.m. §§ 116, 93 AktG, erzwingen. Eine gleiche Kommanditaktionärsminderheit kann in der Hauptversammlung auch

Das Verhältnis des einzelnen Kommanditaktionärs gegenüber der KGaA betrifft insbesondere die Vermögensrechte des Kommanditaktionärs, für die § 278 Abs. 3 AktG ebenfalls auf das Aktienrecht verweist. Die wichtigsten *Vermögensrechte* des einzelnen Kommanditaktionärs sind:

- der Dividendenanspruch, § 278 Abs. 3 i.V.m. §§ 58 Abs. 4, 60 AktG,
- das Recht auf Bezug neuer Aktien bei Erhöhungen des Grundkapitals[24], § 278 Abs. 3 i.V.m. § 186 AktG,
- das Recht auf Beteiligung am Abwicklungsüberschuss, § 278 Abs. 3 i.V.m. § 271 AktG,
- das Recht auf Schadensersatz, § 278 Abs. 3 AktG i.V.m. § 117 Abs. 1 S. 2, Abs. 2 AktG.[25]

III. Die Rechte der Komplementäre (2. Stufe)

Für Komplementäre, auf die ihrer Rechtsnatur entsprechend Personengesellschaftsrecht angewandt wird, ändert sich auf der zweiten Stufe, d. h. bei Angelegenheiten, die auch die Kommanditaktionäre betreffen, nichts. Da § 278 Abs. 2 AktG den Konfliktfall zugunsten des Personengesellschaftsrechts löst, bleiben die Komplementäre – einschließlich der nicht-geschäftsführungsbefugten Komplementäre – gem. § 116 Abs. 2 HGB in außergewöhnlichen Geschäftsführungsangelegenheiten und in Grundlagengeschäften grundsätzlich zustimmungsbefugt. Ihre Zustimmungsbefugnis kann grundsätzlich innerhalb der personengesellschaftsrechtlichen Grenzen abbedungen werden.

Die aktienrechtliche Grenze der Privatautonomie bilden die Spezialregelungen zu einigen Grundlagengeschäften:

---

die Geltendmachung von Schadensersatzansprüchen gegen eine beliebige Person erzwingen, die Verwaltungsmitglieder oder leitende Mitarbeiter zu einem für die KGaA schädlichen Verhalten veranlasst hat, § 278 Abs. 3 i.V.m. §§ 147 Abs. 1 S. 1, 117 AktG.

24 Grundkapital ist in der KGaA ausschließlich das Kapital, das durch die Kommanditaktionäre aufgebracht wird. Im Gegensatz dazu bezeichnet der Begriff „Gesamtkapital" die Summe aus dem Grundkapital und den durch die Komplementäre eingebrachten Einlagen.

25 Durch § 117 Abs. 1 S. 1 AktG wird zunächst nur ein Schadensersatzanspruch der Gesellschaft begründet. Schadensersatzpflichtig ist jeder, der seinen Einfluss auf die KGaA benutzt und dadurch die Gesellschaft schädigt. Potentieller Schädiger ist jeder, der eine faktische Machtstellung besitzt, die ihm die Möglichkeit einer Einflussnahme auf die Gesellschaft eröffnet, vgl. *Brüggemeier,* AG 1988, 93, 95. Gem. § 117 Abs. 1 S. 2 AktG kann der Aktionär von dem Schädiger der Gesellschaft Schadensersatz verlangen, wenn dieser zusätzlich auch den einzelnen Aktionär unmittelbar geschädigt hat. Kein unmittelbarer Schaden des Aktionärs sind Kursverluste seiner Aktien, die auf die Schädigung des Gesellschaftsvermögens zurückzuführen sind, vgl. *Hüffer,* AktG, § 117 Rn. 9.

In den folgenden Fällen ist die Zustimmung der Komplementäre zwingend und eine Mehrheitsentscheidung der Komplementärversammlung wird ausdrücklich für zulässig erklärt:

- der Formwechsel einer KGaA in eine andere Rechtsform, § 240 Abs. 3 S. 2 UmwG,
- die Verschmelzung unter Beteiligung einer KGaA, § 78 S. 3 AktG,
- die Spaltung unter Beteiligung einer KGaA, § 125 S. 1 i.V.m. § 78 S. 3 UmwG.

Für das *squeeze-out* ist das Zustimmungrecht der Komplementäre gesetzlich ausgeschlossen und kann auch nicht in der Satzung angeordnet werden, § 327a Abs. 1 S. 2 AktG.

Für die Feststellung des Jahresabschlusses ist die Zustimmung der Komplementäre zwingend angeordnet, § 286 Abs. 1 S. 2 AktG; der Zustimmungsbeschluss der Komplementäre kann jedoch in der Satzung näher ausgestaltet werden.[26]

Für den Gewinnverwendungsbeschluss ist die Zustimmung der Komplementäre nicht erforderlich; ein Zustimmungsrecht der Komplementäre darf auch in der Satzung nicht angeordnet werden.[27]

Darüber hinaus sind die personengesellschaftsrechtlichen Grenzen der Privatautonomie zu beachten.[28]

IV. Die Rechte der Gesamtheit der Kommanditaktionäre[29] (2. Stufe)

Auf der *zweiten Stufe* geht es um das Verhältnis zwischen den Komplementären und den Kommanditaktionären.

---

26 Im Ergebnis zustimmend: *Riotte/Hansen,* in: Hdb KGaA, § 6 Rn. 32 (S. 321); *A/D/S,* Rechnungslegung, AktG, § 286 Rn. 17; *Hüffer,* AktG, § 286 Rn. 1. Zur exakten Abgrenzung zwischen Personengesellschaftsrecht und Aktienrecht vgl. unten ausführlich § 3 J. II.

27 Zum Gewinnverwendungsbeschluss ausführlich unten § 3 J. III.

28 Die Satzungsregelungen müssen dem Bestimmtheitsgrundsatz und der Kernbereichslehre entsprechen. Vgl. hierzu oben ausführlich § 2 A. XII. 2.

Eine Mehrheitsklausel für und ein Verzicht auf die Zustimmung der Komplementäre in der Satzung ist beispielsweise dann unzulässig, wenn die Entscheidung der Komplementäre auf der Grundlage eines Berichts getroffen werden muss. Ohne die in dem Bericht enthaltenen Informationen kann eine fundierte Entscheidung nicht getroffen werden, weshalb auch eine antizipierte Zustimmung in der Satzung ausscheidet, vgl. *Assmann/Sethe,* in: GroßKomm AktG, § 285 Rn. 72. Eine Pflicht zur Berichterstattung besteht insbesondere beim Abschluss von Unternehmensverträgen, § 291 Abs. 1 S. 1 AktG i.V.m. § 293a AktG.

29 Die materielle Rechtsinhaberschaft der kommanditrechtlichen Mitwirkungs- und Kontrollrechte liegt im Grunde bei den einzelnen Kommanditaktionären. Die Rechte können aber nur innerhalb der Hauptversammlung ausgeübt werden. Zuordnungsobjekt für die kommanditrechtlichen Mitwirkungs- und Kontrollrechte ist im Verhältnis zwischen den Gesellschaftergruppen die Gesamtheit der Kommanditaktionäre. In diesem Sinne ist die Überschrift

Hier versagt die einfache Regel der ersten Stufe, die die Rechtsverhältnisse jeder Gesellschaftergruppe dem Regelungsregime unterwirft, das ihrer Rechtsnatur entspricht. An dieser Stelle brechen die Konflikte auf, die in der besonderen Struktur der KGaA angelegt sind: Wie hat der Gesetzgeber den Komplementär-Fremdkörper in die selbstständige Rechtspersönlichkeit KGaA (vgl. § 278 Abs. 1 AktG) integriert?

Auf dieser Zwischenebene gilt, wie in einer Personengesellschaft auch, dass die KGaA-Gesellschafter die Geschäfte grundsätzlich gemeinsam verfolgen. Die Ermächtigung der Komplementäre zur Geschäftsführung[30] beschränkt sich deshalb grundsätzlich auf die Geschäfte, die nach Größe und Tätigkeit der Gesellschaft aus einer *ex – ante* - Perspektive zu erwarten sind.[31]

Über alle Geschäfte, die darüber hinausgehen, entscheiden grundsätzlich alle KGaA-Gesellschafter gemeinsam.[32] Die Gesamtheit der Kommanditaktionäre behält auf der zweiten Stufe ein Zustimmungsrecht für folgende Gegenstände:

- außergewöhnliche Geschäftsführungsmaßnahmen[33], §§ 278 Abs. 2, 285 Abs. 2 S. 1 AktG i.V.m. § 164 S. 1 2. HS HGB,
- Grundlagengeschäfte, § 278 Abs. 2 AktG i.V.m. den Grundsätzen des Personengesellschaftsrechts.[34]

„Rechte der Gesamtheit der Kommanditaktionäre" zu verstehen. Vgl. dazu ausführlich oben § 2 B. III. 1.

30 Die Geschäftsführungsbefugnis ist gleichzeitig mitgliedschaftliches Recht der Komplementäre auf der ersten Stufe der Verweisungstechnik, vgl. oben § 3 A. I.

31 *Ulmer,* in: GroßKomm HGB, § 116 Rn. 2.

32 Für das Verfahren enthält § 285 Abs. 2 S. 1 AktG eine Spezialregelung: Gem. § 285 Abs. 2 S. 1 AktG entscheiden auf der zweite Stufe nicht alle KGaA-Gesellschafter durch Beschluss einer Generalversammlung. Stattdessen nimmt die Gesamtheit der Kommanditaktionäre ihre Mitentscheidungsrechte innerhalb der Hauptversammlung wahr, d. h. die Kommanditaktionäre entscheiden durch Beschluss der Hauptversammlung, dem dann die Komplementäre zustimmen müssen. Damit ist klargestellt, dass der einzelne Kommanditaktionär seine Mitwirkungsrechte nicht unmittelbar wahrnimmt, sondern sich gegenüber den Komplementären durch einen Hauptversammlungsbeschluss artikuliert. *Semler/Perlitt,* in: Münch Komm AktG, Vor § 278 Rn. 39. Ist der Beschluss der Hauptversammlung zur Eintragung in das Handelsregister anzumelden, muss die Zustimmung der Komplementäre der Form des § 285 Abs. 3 AktG entsprechen.

33 Zur Definition der außergewöhnlichen Geschäftsführungsmaßnahmen vgl. bereits oben § 2 A. VI. 2.

34 Zur Definition der Grundlagengeschäfte in der Personengesellschaft vgl. bereits oben § 2 A. VI. 2.

Grundlagengeschäfte sind in der *Personengesellschaft* alle Änderungen des Gesellschaftsvertrages. *Koller,* in: Koller/Roth/Morck, HGB, § 114 Rn. 2; *Mayen,* in: Ebenroth/Boujong/Joost, HGB, § 114 Rn. 7; *Baumbach/Hopt,* HGB, § 114 Rn. 3. Satzungsänderungen stellen deshalb auch in der *KGaA* grundsätzlich Grundlagengeschäfte i. S. d. § 278 Abs. 2 AktG dar.

Im einzelnen sind in der *Personengesellschaft* folgende Maßnahmen Grundlagengeschäfte:

- die Feststellung des Jahresabschlusses, BGHZ 132, 263,

Die Zuständigkeit der Gesamtheit der Kommanditaktionäre ist in den personengesellschaftsrechtlichen Grenzen grundsätzlich abdingbar. Die Ansicht, die bei Grundlagengeschäften generell einen Hauptversammlungsbeschluss für erforderlich hält, ist abzulehnen.[35]

Wichtig ist die Abgrenzung zur Willensbildung innerhalb der Gesamtheit der Kommanditaktionäre. Gem. § 278 Abs. 3 AktG gelten für die Willensbildung der

---

- der Auflösungsbeschluss, *Sethe*, Die personalistische Kapitalgesellschaft, S. 110,
- der Fortsetzungsbeschluss, *Baumbach / Hopt*, HGB, § 131 Rn. 31 i.V.m. § 119 Rn. 37,
- der Konzernierungsbeschluss, *Ulmer*, in: GroßKomm HGB, Anh § 105 Rn. 59,
- der Erlass von Ersatzansprüchen gegen Gesellschafter aus pflichtwidriger Geschäftsführung, BGH NJW 1985, 2830, 2831,
- die Übertragung des gesamten Vermögens, BGH NJW 1995, 596; in der *KGaA* ist § 179a AktG sinngemäß anzuwenden, vgl. hierzu § 3 G,
- der Gewinnverwendungsbeschluss, *Ulmer*, in: GroßKomm HGB, § 120 Rn. 32, 40, 42.

Für diese Grundlagengeschäfte gelten in der *KGaA* besondere KGaA-rechtliche Vorschriften, die die Satzungsautonomie beschränken, vgl. dazu sogleich unten S. 134.

Darüber hinaus sind in der *Personengesellschaft* folgende Maßnahmen Grundlagengeschäfte:

- die Änderung der Firma, *Stuhlfelner*, in: Glanegger / Güroff / Kirnberger, HGB, § 114 Rn. 2,
- die Entscheidung über einen Antrag auf Entziehung der Geschäftsführungs- und / oder Vertretungsbefugnis, §§ 117, 127 HGB; *Mayen*, in: Ebenroth / Boujong / Joost, HGB, § 114 Rn. 7,
- die Entscheidung über die Erhebung einer Ausschließungsklage gegen einen Komplementär, § 140 HGB, und die Ausschließung durch Gesellschafterbeschluss auf Grundlage einer entsprechenden gesellschaftsvertraglichen Regelung, *Baumbach / Hopt*, HGB, § 114 Rn. 3,
- die Aufnahme eines neuen Komplementärs, BGHZ 76, 160, 164,
- die Entscheidung über die Geltendmachung von Ansprüchen wegen einer Verletzung des Wettbewerbsverbotes, § 113 HGB, *Mayen*, in: Ebenroth / Boujong / Joost, HGB, § 114 Rn. 7,
- die generelle Befreiung eines Gesellschafters vom Wettbewerbsverbot, *Horn*, in: Heymann, HGB, § 164 Rn. 7,
- die Herabsetzung und Erhöhung der Beiträge, *Stuhlfelner*, in: Glanegger / Güroff / Kirnberger, HGB, § 114 Rn. 2.

Für diese Grundlagengeschäfte gilt in der *KGaA* die Satzungsautonomie in ihren personengesellschaftsrechtlichen Grenzen, d. h. das Zustimmungsrecht der Gesamtheit der Kommanditaktionäre kann grundsätzlich abbedungen werden. Die nach der Kernbereichslehre notwendigen Voraussetzungen für eine antizipierte Zustimmung müssen beachtet werden, vgl. oben § 2 A. XII. 2.

Auch die Wahl der Abschlussprüfer ist in der *Personengesellschaft* ein Grundlagengeschäft, vgl. BGHZ 76, 338, 342. In der *KGaA* gilt gem. §§ 285 Abs. 2 S. 2, 119 Abs. 1 Nr. 4 AktG die alleinige aktienrechtliche Zuständigkeit der Hauptversammlung, vgl. § 3 A VII.

Darüber hinaus zählen in der *Personengesellschaft* auch sog. strukturverändernde Maßnahmen zu den Grundlagengeschäften (strittig; vgl. dazu § 3 H I 2).

In der *KGaA* ist die Zustimmung der Gesamtheit der Kommanditaktionäre zu strukturverändernden Maßnahmen in den personengesellschaftsrechtlichen Grenzen abdingbar. Dies ist strittig. Zum Problem ausführlich vgl. unten § 2 H. II.

35 Zum Problem ausführlich unten § 3 D.

Kommanditaktionäre untereinander die aktienrechtlichen Mehrheitsanforderungen gem. §§ 133, 179 AktG; die aktienrechtliche Satzungsstrenge ist anwendbar, d. h. die Satzung kann nur solche Abweichungen vorsehen, die in den §§ 133, 179 AktG ausdrücklich genannt werden.

Allerdings ist auch die vollständige Abbedingung des Zustimmungserfordernisses der Hauptversammlung nur eingeschränkt zulässig. Aufgrund KGaA-rechtlicher Spezialregelungen[36] darf das Zustimmungsrecht der Hauptversammlung zu folgenden Grundlagengeschäften nicht ausgeschlossen werden:

- die Feststellung des Jahresabschlusses, § 286 Abs. 1 S. 1 AktG,
- der Auflösungsbeschluss, § 289 Abs. 1 AktG i.V.m. § 131 Abs. 1 Nr. 2 HGB, § 289 Abs. 4 S. 1 AktG,
- der Fortsetzungsbeschluss, § 278 Abs. 1 i.V.m. § 274 AktG,
- der Abschluss und die Änderung von Unternehmensverträgen durch die Gesellschaft, §§ 293 Abs. 1 S. 1, 295 Abs. 1 S. 2 AktG,
- der Abschluss und die Änderung von Beherrschungs- und Gewinnabführungsverträgen durch den „anderen Vertragsteil“, §§ 293 Abs. 2 S. 1, 295 Abs. 1 S. 2 AktG,
- der Ausschluss von Minderheitsaktionären (squeeze-out), § 327a Abs. 1 S. 1 AktG,
- der Formwechsel einer KGaA in eine andere Rechtsform, § 240 Abs. 3 S. 1 UmwG,
- die Verschmelzung unter Beteiligung einer KGaA, § 78 S. 3 UmwG,
- die Spaltung unter Beteiligung einer KGaA, § 125 S. 1 i.V.m. § 78 S. 3 UmwG,
- die Eingliederung in eine andere Gesellschaft, §§ 319 Abs. 1 S. 1, 320 Abs. 1 S. 3 AktG,
- die Eingliederung einer anderen Gesellschaft, §§ 319 Abs. 2 S. 1, 320 Abs. 1 S. 3 AktG.

In diesen Fällen bleibt, von einigen Spezialregelungen abgesehen, eine Mehrheitsklausel für oder ein vollständiger Verzicht auf den Beschluss der Komplementärversammlung in den personengesellschaftsrechtlichen Grenzen grundsätzlich möglich.[37]

Für die generelle Befreiung von einem Wettbewerbsverbot kann der Hauptversammlungsbeschluss abbedungen werden. Die Zuständigkeit zur Befreiung kann auf eine einzelne Person übertragen werden oder eine generelle Befreiung sogleich in der Satzung geregelt werden. § 284 Abs. 1 S. 1 AktG steht dem nicht entgegen,

---

36 Zur Definition der KGaA-rechtlichen Spezialvorschriften vgl. § 1 B. II. Fn. 29.

37 Zu Gestaltungsmöglichkeiten und Einschränkungen der Satzungsautonomie beim Zustimmungbeschluss der Komplementäre oben ausführlich § 3 A. III.

da diese Regelung lediglich die Befreiungsmöglichkeit vom Wettbewerbsverbot für den Einzelfall betrifft.[38] Die Satzungsautonomie gem. § 278 Abs. 2 AktG hat im Übrigen Bestand. Ausnahmen ergeben sich zum Teil aus der vertikalen Gliederung der KGaA nach Entscheidungsgegenständen.[39]

Bei allen übrigen Grundlagengeschäften ist die Zustimmung der Hauptversammlung in den personengesellschaftsrechtlichen Grenzen abdingbar. Dies gilt insbesondere für die sog. strukturverändernden Maßnahmen.[40]

Der Gewinnverwendungsbeschluss ist in der KGaA kein Grundlagengeschäft.[41] Er betrifft in der KGaA lediglich das Verhältnis der Kommanditaktionäre untereinander, d. h. § 278 Abs. 3 AktG verweist für den Gewinnverwendungsbeschluss auf § 174 AktG.

Neben diesen Mitentscheidungsrechten stehen der Gesamtheit der Kommanditaktionäre gem. § 278 Abs. 2 AktG auch die Kontrollrechte eines einzelnen Kommanditisten in der KG zu:

- das Prüfungs- und Einsichtsrecht gem. § 278 Abs. 2 AktG i.V.m. § 166 HGB,[42]
- das Auskunftsrecht gem. § 278 Abs. 2 AktG i.V.m. §§ 161 Abs. 2, 105 Abs. 3 HGB, §§ 713, 666 BGB,
- die *actio pro socio,*[43]
- die Unterlassungs- oder Beseitigungsklage gegen einseitige, die Mitwirkungsrechte der Gesamtheit der Kommanditaktionäre missachtende Maßnahmen der geschäftsführungsbefugten Komplementäre,[44]

---

38 *Hüffer,* AktG, § 284 Rn. 1; *Assmann/Sethe,* in: GroßKomm AktG, § 284 Rn. 25, 29; *Semler/Perlitt,* in: Münch Komm AktG, § 284 Rn. 27; *Mertens,* in: Kölner Komm AktG, § 284 Rn. 3; *Förl,* Die GmbH & Co. KGaA als abhängiges Unternehmen, S. 19; a. A. *Armbrüster,* ZIP 1997, 1269, 1272; *Herfs,* in: Münch Hdb AG, § 76 Rn. 25.

39 Vgl. dazu ausführlich § 3 I.

40 Dies ist umstritten. Zum Problem ausführlich unten § 2 H. II. Zur Definition der strukturverändernden Maßnahmen vgl. oben § 2 A. VI. 1.

41 Vgl. dazu unten ausführlich § 3 J. III.

42 Dieses personengesellschaftsrechtliche Prüfungs- und Einsichtsrecht gem. § 278 Abs. 2 AktG i.V.m. § 166 HGB steht lediglich der Gesamtheit der Kommanditaktionäre zu; denn die Verweisung des § 278 Abs. 2 AktG auf das Personengesellschaftsrecht betrifft die Gesellschaftergruppe als Gesamtheit, *Assmann/Sethe,* in: GroßKomm AktG, § 278 Rn. 140; *Mertens,* in: Kölner Komm AktG, § 278 Rn. 43. Die Rechtsstellung des einzelnen Kommanditaktionärs ergibt sich hingegen gem. § 278 Abs. 3 AktG aus dem Aktienrecht; § 166 HGB steht mithin dem einzelnen Kommanditaktionär nicht zu. Neben den aktienrechtlichen Minderheiten- und Auskunftsrechten der einzelnen Kommanditaktionäre hat dieses Recht der Gesamtheit der Kommanditaktionäre aber kaum Bedeutung.

43 *Reger,* in: Hdb KGaA, § 5 Rn. 666 (S. 286). Hinsichtlich der Geltendmachung von Ersatzansprüchen i. S. d. § 147 Abs. 1 AktG wird die *actio pro socio* auf der dritten Stufe durch die §§ 283 Nr. 8, 147 Abs. 3 AktG überlagert.

44 Zum Meinungsstand in der KG vgl. oben § 2 A. VII. 2. Fn. 106 sowie zur Prozesskonstellation in der KGaA oben § 2 B. III. 2., 3., 4.

- das Antragsrecht der Gesamtheit der Kommanditaktionäre auf Auflösung der KGaA durch gerichtliche Entscheidung, § 289 Abs. 1 AktG i.V.m. § 131 Abs. 1 Nr. 4, 133 HGB. Die Geltung des Personengesellschaftsrechts ergibt sich hier nicht aus § 278 Abs. 2 AktG, sondern aus der Spezialverweisung in § 289 Abs. 1 AktG. Gleichwohl ist die Satzungsautonomie eingeschränkt: Aus der Spezialregelung des § 289 Abs. 4 S. 2 AktG ergibt sich, dass dieses Antragsrecht der Gesamtheit der Kommanditaktionäre nicht abbedungen werden darf.

Ein gesetzliches Kündigungsrecht der Gesamtheit der Kommanditaktionäre besteht dagegen nicht.[45]

Für das Ausscheiden der einzelnen Kommanditaktionäre bleibt es beim Aktienrecht: Der einzelne Kommanditaktionär scheidet aus, wenn er alle Aktien, die er besitzt, an einen anderen oder einen neuen Kommanditaktionär übereignet. Ein zusätzliches Recht der Gesamtheit der Kommanditaktionäre, ihr Ausscheiden als Gesellschaftergruppe zu beschließen, besteht dagegen nicht.

V. Die Kompetenzen des Aufsichtsrats (2. Stufe)

Gem. § 287 AktG tritt der Aufsichtsrat im personengesellschaftsrechtlichen Rechtsverhältnis zwischen den Gesellschaftergruppen[46] als Repräsentant der Gesamtheit der Kommanditaktionäre auf.[47]

- Die *Ausführungszuständigkeit* gem. § 287 Abs. 1 AktG betrifft die Geltendmachung von Ansprüchen der Gesamtheit der Kommanditaktionäre gegenüber den Komplementären aus dem personengesellschaftsrechtlichen Rechtsverhältnis zwischen den Gesellschaftergruppen.[48] Beispiele hierfür sind die Geltendmachung der Prüfungs- und Einsichtsrechte gem. § 278 Abs. 2 AktG i.V.m. § 166 HGB und des Auskunftsrechts gem. § 278 Abs. 2 AktG i.V.m. §§ 161 Abs. 2, 105 Abs. 3 HGB, §§ 713, 666 BGB gegenüber den Komplementären, nachdem die Hauptversammlung dies beschlossen hat.

  Der wichtigste Bereich der Ausführungskompetenz sind jedoch die außergewöhnlichen Geschäftsführungsmaßnahmen und die Grundlagengeschäfte, die grundsätzlich die Zustimmung beider Gesellschaftergruppen erfordern. Die Ausführungskompetenz gem. § 287 Abs. 1 AktG beschränkt sich auf die gesellschaftsinterne Vertretung der Gesamtheit der Kommanditaktionäre gegenüber den Komplementären: So ist es Sache des Aufsichtsrats, die tatsächliche Umsetzung einer durch beide Gesellschaftergruppen beschlossenen Maßnahme einzufordern. Ebenso kann der Aufsichtsrat durch die Hauptversammlung beauf-

---

[45] Vgl. hierzu ausführlich unten § 3 K. III.

[46] Vgl. § 2 B. III. 1. sowie die schematische Darstellung auf S. 108.

[47] Zur gerichtlichen Vertretung vgl. § 2 B. III. 3.

[48] *Bürgers,* in: Hdb KGaA, § 5 Rn. 491 (S. 237).

tragt werden, von den Komplementären die Zustimmung zu einer notwendigen Maßnahme einzufordern, wenn diese Zustimmung erforderlich ist und von den Komplementären bisher verweigert wurde.

Die Ausführung von bereits beschlossenen Maßnahmen, die Wirkung gegenüber Dritten entfalten, ist im Gegensatz dazu eine einfache Geschäftsführungs- und Vertretungshandlung, die gem. § 278 Abs. 2 AktG i.V.m. §§ 161 Abs. 2, 114, 125 HGB den geschäftsführungsbefugten Komplementären obliegt.[49]

- Die *gerichtliche Vertretung* der Gesamtheit der Kommanditaktionäre gem. § 287 Abs. 2 AktG betrifft die gerichtliche Geltendmachung der Ansprüche aus dem personengesellschaftsrechtlichen Rechtsverhältnis gegenüber den Komplementären. Der Aufsichtsrat hat die Gesamtheit der Kommanditaktionäre in Gesellschafterklagen gegen Komplementären zu vertreten, §§ 278 Abs. 2 AktG i.V.m. § 161 Abs. 2, 117, 127, 140 HGB. Verweigern die übrigen Komplementäre die Zustimmung zu einer solchen Klage, hat der Aufsichtsrat diese Komplementäre auf Zustimmung zu verklagen.

  Verweigern die Komplementäre die Zustimmung zu außergewöhnlichen Geschäftsführungsmaßnahmen oder zu Grundlagengeschäften, hat der Aufsichtsrat auf Zustimmung zu klagen, wenn dies die Hauptversammlung beschließt.[50]

  Auch die übrigen Klagerechte der Gesamtheit der Kommanditaktionäre setzt der Aufsichtsrat vor Gericht durch, z. B. die Auflösungsklage gem. § 289 Abs. 1 AktG i.V.m. §§ 161 Abs. 2, 133 HGB oder die *actio pro socio*.

Im personengesellschaftsrechtlichen Rechtsverhältnis auf der zweiten Stufe besteht Gestaltungsfreiheit, d. h. dem Aufsichtsrat können diejenigen Befugnisse eines aktienrechtlichen Aufsichtsrats durch Satzungsregelung eingeräumt werden, die ihm wegen der personengesellschaftsrechtlichen Elemente der KGaA nach dem Gesetz nicht zustehen.[51]

VI. Die Vorstandsaufgaben der Komplementäre (3. Stufe)

Zuständigkeitsvorschriften zum Vorstand der Aktiengesellschaft sind gem. § 278 Abs. 1 AktG auf die Komplementäre nur dann anzuwenden, wenn Angelegenheiten nicht das Verhältnis der Gesellschaftergruppen untereinander, sondern allein die KGaA als selbstständige Rechtspersönlichkeit betreffen.[52]

---

49 *Martens,* in: Schlegelberger, HGB, § 114 Rn. 7. Zu den Grundlagengeschäften, die nicht nur die Rechtsbeziehungen der Gesellschafter betreffen, sondern gleichzeitig Geschäfte der Gesellschaft selbst darstellen, vgl. ausführlich unter § 3 H. I. 2., II.

50 Zur Interessenbindung des Aufsichtsrats sowie zur Rechts- und Parteifähigkeit der Gesamtheit der Kommanditaktionäre vgl. oben ausführlich § 2 B. III. 1., 2., 3.

51 *Bürgers,* in: Hdb KGaA, § 5 Rn. 507 (S. 243). Vgl. auch die Aufzählung dieser Befugnisse unter § 3 B. VIII.

52 Vgl. § 2 B. II. 3.

Darüber hinaus sind nur solche aktienrechtliche Zuständigkeitsregelungen anwendbar, auf die in § 283 AktG ausdrücklich verwiesen wird.

Mit der folgenden Aufzählung wird auf Abgrenzungsprobleme zwischen 2. und 3. Stufe nicht eingegangen. An dieser Stelle soll ausschließlich die Ordnungsaufgabe[53] erfüllt, d. h. das Auffinden der anwendbaren Vorschriften erleichtert werden.

Nebenbei zeigt diese Liste aber auch, dass die Verweisungen in § 283 AktG nicht vollständig sind, d. h. es werden nicht alle Vorstandsaufgaben der Komplementäre erfasst. Stattdessen muss zum Teil auf § 278 Abs. 1 AktG als Auffangvorschrift zurückgegriffen werden.[54] Die Komplementäre besitzen die aktienrechtlichen Vorstandszuständigkeiten für diese Angelegenheiten:

- Die Vorbereitung und Ausführung von Hauptversammlungsbeschlüssen gem. § 278 Abs. 1 i.V.m. § 83 AktG. Diese Ausführungszuständigkeit beschränkt sich auf Zuständigkeiten der Hauptversammlung auf der dritten Stufe.[55]

- Die Berichtspflicht gegenüber dem Aufsichtsrat gem. § 283 Nr. 4 i.V.m. § 90 AktG.

- Die Organisationspflicht aus § 278 Abs. 1 i.V.m. § 91 Abs. 2 AktG, die die Einrichtung eines Überwachungssystems vorschreibt. Die Funktionsfähigkeit des Überwachungssystems ist in der börsennotierten KGaA Gegenstand der externen Abschlussprüfung, §§ 316, 317 Abs. 4, 321 Abs. 4 HGB.

- Die Vorstandspflichten bei Verlust, Überschuldung oder Zahlungsunfähigkeit gem. § 278 Abs. 1 i.V.m. § 92 AktG. Die Verletzung dieser Pflichten ist gem. § 408 i.V.m. § 402 AktG strafbewehrt.

- Die Bekanntmachungspflicht bei – nach Überzeugung der Komplementäre – gesetzeswidriger Zusammensetzung des Aufsichtsrats gem. § 283 Nr. 1 i.V.m. § 97 Abs. 1 S. 1 AktG.

- Die Antragsberechtigung auf gerichtliche Entscheidung über die Zusammensetzung des Aufsichtsrats gem. § 278 Abs. 1 i.V.m. § 98 Abs. 2 S. 1 Nr. 1 AktG.

- Das Recht auf Einberufung des Aufsichtsrats gem. § 278 Abs. 1 AktG i.V.m. § 110 Abs. 1, 2 AktG.

- Die Teilnahmepflicht der einzelnen Vorstandsmitglieder an der Hauptversammlung, § 278 Abs. 1 i.V.m. § 118 Abs. 2 AktG. Sie kann allerdings nicht durch die

---

53 Vgl. § 1 B. III. 1.

54 A. A. *Assmann/Sethe,* die davon ausgehen, dass die Rechtsstellung der Komplementäre durch die §§ 278 Abs. 2, 283 AktG umfassend geregelt wurden, *Assmann/Sethe,* in: GroßKomm AktG, § 278 Rn. 24.

55 Zu den Hauptversammlungszuständigkeiten auf der dritten Stufe vgl. im Anschluss unter § 3 A. VII. Zur Ausführungszuständigkeit für Beschlüsse der Hauptversammlung / Gesamtheit der Kommanditaktionäre auf der zweiten Stufe vgl. oben § 3 A. V.

Kommanditaktionäre erzwungen werden. Als Sanktion kommen allenfalls Schadensersatzansprüche und die Entlastungsverweigerung in Betracht.[56]

- Das Einberufungsrecht für die Hauptversammlung gem. § 283 Nr. 6 i.V.m. § 121 Abs. 2 S. 1 AktG.
- Die Pflicht zur Ausarbeitung von Beschlussvorschlägen für sämtliche Tagesordungspunkte der Hauptversammlung gem. § 278 Abs. 1 i.V.m. § 124 Abs. 3 AktG.
- In einer börsennotierten KGaA die Entsprechenserklärung gem. § 278 Abs. 1 i.V.m. § 161 AktG.[57]
- Die Pflicht, den Jahresabschluss und den Lagebericht unverzüglich nach ihrer Aufstellung dem Aufsichtsrat zur Prüfung vorzulegen, § 283 Nr. 9 i.V.m. § 170 Abs. 1 AktG. Obwohl der Aufsichtsrat in der KGaA gem. § 286 Abs. 1 AktG[58] an der Feststellung des Jahresabschlusses nicht beteiligt ist, bleibt seine Zuständigkeit zur Prüfung des Jahresabschlusses gem. § 278 Abs. 1 i.V.m. 171 AktG unberührt.[59]
- Die Pflicht, dem Aufsichtsrat einen Vorschlag zur Verwendung des Bilanzgewinns zur Prüfung vorzulegen, § 283 Nr. 9 i.V.m. § 170 Abs. 2 AktG. Der Gewinnverwendungsbeschluss ist in der KGaA gem. § 278 Abs. 3 i.V.m. § 174 AktG allein Sache der Hauptversammlung.[60] Das Prüfungsrecht des Aufsichtsrats bleibt hiervon unberührt.
- Die Anfechtungsbefugnis gem. § 283 Nr. 13 i.V.m. § 245 Nr. 4 AktG.
- Ein Übernahmeangebot, das auf den Erwerb der Kommanditaktien einer KGaA gerichtet ist, verpflichtet die Komplementäre der KGaA als Zielgesellschaft i. S. d. § 1 Abs. 3 WpÜG zur Neutralität, § 33 WpÜG.[61]

Die aktienrechtlichen Vorschriften, auf die die §§ 283, 278 Abs. 1 AktG verweisen, müssen mit dem personengesellschaftsrechtlichen Rechtsverhältnis auf der 2. Stufe in Einklang gebracht werden. Diese Harmonisierungsaufgabe wird unter Gliederungspunkt § 3 B. ausführlich erörtert.

---

56 *Bärwaldt,* in: Semler/Volhard, Arbeitshandbuch für die Hauptversammlung, § 10 Rn. 72 ff. (S. 350 ff.).

57 Str.; a. A. *Wieneke/Fett,* in: Hdb KGaA, § 10 Rn. 105 ff. (S. 521 ff.). Siehe dazu ausführlich unten § 3 L II 1.

58 Die Feststellung des Jahresabschlusses ist in der Personengesellschaft Grundlagengeschäft, BGHZ 132, 263. An sich wären in der KGaA die §§ 278 Abs. 2, 285 Abs. 2 S. 1 AktG einschlägig. § 286 Abs. 1 AktG ist Spezialvorschrift gegenüber den §§ 278 Abs. 2, 285 Abs. 2 S. 1 AktG, der die Satzungsautonomie für die Zuständigkeitsverteilung ausschließt.

59 *Bürgers,* in: Hdb KGaA, § 5 Rn. 481 (S. 234); *Sethe,* DB 1998, 1044, 1045; *Ellrott/M.Ring,* in: Beck'scher BilanzKomm, Vor § 325 Rn. 33; *Arnold,* Die GmbH & Co. KGaA, S. 127.

60 Vgl. ausführlich unter § 2 I. *III.*

61 Vgl. dazu unten ausführlich § 3 M. III. 2.

VII. Die aktienrechtlichen Zuständigkeiten der Hauptversammlung (3. Stufe)

Die Hauptversammlung beschließt im Rahmen ihrer aktienrechtlichen Zuständigkeiten der dritten Stufe gem. § 278 Abs. 1 i.V.m. § 119 AktG alleine. Für einige der folgenden Beschlussgegenstände ist dies in § 285 Abs. 2 S. 2 AktG ausdrücklich angeordnet; für die übrigen Beschlussgegenstände kann die ausschließliche Zuständigkeit der Hauptversammlung auf die Grundstruktur der KGaA gem. § 278 Abs. 1 AktG gestützt werden: Auf der dritten Stufe wird die KGaA wie eine Aktiengesellschaft behandelt. Da es sich um aktienrechtliche Zuständigkeiten der Hauptversammlung handelt, kann auch in der Satzung kein Zustimmungsrecht der Komplementäre angeordnet werden.[62]

Im Einzelnen handelt es sich um folgende Zuständigkeiten der Hauptversammlung:

- die Wahl der Mitglieder des Aufsichtsrats, § 278 Abs. 1 i.V.m. §§ 119 Abs. 1 Nr. 1, 101 Abs. 1 1. Fall AktG,[63]
- die Entlastung der Komplementäre und der Aufsichtsratsmitglieder, § 278 Abs. 1 AktG i.V.m. § 119 Abs. 1 Nr. 3 AktG,
- die Bestellung der Abschlussprüfer und der Konzernabschlussprüfer, §§ 285 Abs. 2 S. 2, 119 Abs. 1 Nr. 4 AktG i.V.m. § 318 Abs. 1 HGB,
- die Bestellung der Sonderprüfer, §§ 285 Abs. 2 S. 2, 119 Abs. 1 Nr. 7 AktG.

Die ausschließliche Zuständigkeit der Hauptversammlung für Satzungsänderungen gem. § 119 Abs. 1 Nr. 5 AktG gilt demgegenüber in der KGaA nicht. Gem. §§ 278 Abs. 2, 285 Abs. 2 S. 1 AktG sind grundsätzlich beide Gesellschaftergruppen gemeinsam zuständig. Wenn keine mitgliedschaftlichen Rechte der Kommanditaktionäre entgegenstehen, kann der Hauptversammlungsbeschluss in der Satzung antizipiert werden.

Außerhalb des § 119 AktG verfügt die Hauptversammlung der KGaA über folgende aktienrechtliche Zuständigkeiten:

- die Zustimmung zu Nachgründungsverträgen, gem. § 278 Abs. 1 i.V.m. § 52 AktG,

---

[62] Für die in § 285 Abs. 2 S. 2 AktG aufgezählten ausschließlichen Zuständigkeiten der Hauptversammlung ist dies unstreitig, vgl. *Semler/Perlitt,* in: Münch Komm AktG, § 285 Rn. 46; *Assmann/Sethe,* in: GroßKomm AktG, § 285 Rn. 21.

Für die in § 285 Abs. 2 S. 2 AktG nicht ausdrücklich genannten aktienrechtlichen Zuständigkeiten der Hauptversammlung ist umstritten, ob die Einführung eines Zustimmungsrechts der Komplementäre zulässig ist. Das Problem wird in der Literatur unter der Überschrift „Ausweitung des Vetorechts der Komplementäre" diskutiert. Vgl. hierzu § 3 J. III.

[63] Gewählt werden nur diejenigen Aufsichtsratsmitglieder, für die kein Entsendungsrecht besteht, § 101 Abs. 1 AktG.

- die Abberufung von Aufsichtsratsmitgliedern gem. § 278 Abs. 1 i.V.m. § 103 Abs. 1 AktG,
- die Festsetzung der Aufsichtsratsvergütung gem. § 278 Abs. 1 i.V.m. § 113 Abs. 1 S. 2, Abs. 2 AktG,
- die Entscheidung der Hauptversammlung über die Geltendmachung von Schadensersatzansprüchen[64], §§ 285 Abs. 2 S. 2, 283 Nr. 8 i.V.m. § 147 Abs. 1 AktG,[65]
- die Entscheidung über die Folgen einer Sonderprüfung, § 278 Abs. 1 i.V.m. 261 Abs. 3 S. 2 AktG,[66]
- die Feststellung der Liquidationseröffnungsbilanz und der Liquidationsjahresabschlüsse sowie die Entlastung der Abwickler und Aufsichtsratsmitglieder gem. § 278 Abs. 1 i.V.m. § 270 Abs. 2 S. 1 AktG,
- die Ermächtigung zum Erwerb eigener Aktien, § 278 Abs. 1 i.V.m. § 71 Abs. 1 Nr. 8 S. 1 AktG,
- die Ermächtigung zur gleichbehandlungswidrigen Veräußerung eigener Aktien, § 278 Abs. 1 i.V.m. § 71 Abs. 1 Nr. 8 S. 5 AktG,
- die Ermächtigung zur Einziehung der gem. § 71 Abs. 1 Nr. 8 S. 1 AktG erworbenen eigenen Aktien, § 278 Abs. 1 i.V.m. § 71 Abs. 1 Nr. 8 S. 6 AktG.

VIII. Die Kompetenzen des Aufsichtsrats (3. Stufe)

Der Aufsichtsrat verfügt über solche Kompetenzen des aktienrechtlichen Aufsichtsrats, die nicht im Widerspruch zu den personengesellschaftsrechtlichen Elementen der KGaA stehen. Die Ordnungsaufgabe[67] erfordert es, an dieser Stelle nur die tatsächlich geltenden Vorschriften aufzuzählen.

Die Harmonisierungsaufgabe[68] zwischen aktienrechtlicher Zuständigkeitsverteilung und personengesellschaftsrechtlichen Zuständigkeiten wird erst unter

---

64 Die Geltendmachung von Schadensersatzansprüchen ist in der Personengesellschaft kein Grundlagengeschäft, sondern eine einfache Geschäftsführungsmaßnahme, *Habermeier,* in: Staudinger, BGB, § 705 Rn. 41.

In der KGaA verdrängt allerdings die Spezialverweisung des § 283 Nr. 8 AktG auf § 147 AktG den § 278 Abs. 2 AktG, der für die Geschäftsführung Personengesellschaftsrecht anordnet.

65 Das Recht einer Kommanditaktionärsminderheit, Schadensersatzansprüche gem. § 278 Abs. 3 i.V.m. § 147 Abs. 1 AktG geltend zu machen, bleibt davon unberührt.

66 Ergibt sich aus einer Sonderprüfung die unzulässige Unterbewertung bestimmter Posten im Jahresabschluss, entscheidet die Hauptversammlung über den Ertrag einer höheren Bewertung nach der Sonderprüfung, § 278 Abs. 1 i.V.m. 261 Abs. 3 S. 2 AktG.

67 Vgl. die 1. Variante des Leitthemas § 1 B. III. 1.

68 Vgl. die 2. Variante des Leitthemas § 1 B. III. 2.

§ 3 B. VIII. behandelt; dort werden die Befugnisse aufgezählt, die dem Aufsichtsrat in der KGaA verwehrt bleiben, weil sie sich auf geschäftsführende, persönlich haftende Gesellschafter nicht anwenden lassen.

Im Gegensatz dazu gelten folgende Regelungen auf der 3. Stufe:

- Die Kompetenz zur Einforderung von Berichten der geschäftsführungsbefugten Komplementäre; gem. § 283 Nr. 4 AktG unterliegen die geschäftsführungsbefugten Komplementäre der Berichtspflicht gem. § 90 AktG. Die Vertretung der Gesellschaft gegenüber der Geschäftsleitung gem. § 112 AktG regelt demgegenüber lediglich ein Recht des Aufsichtsrats, das auf Seiten der Komplementäre keine Pflicht auslöst; § 283 Nr. 4 AktG stellt daher keine Verweisung auf § 112 AktG dar.[69]
- Die Prüfung des Jahresabschlusses gem. § 283 Nr. 9, 10 i.V.m. § 170, 171 AktG. Die Tatsache, dass der Aufsichtsrat gem. § 286 Abs. 1 AktG nicht an der Feststellung des Jahresabschlusses beteiligt ist, lässt das Prüfungsrecht des Aufsichtsrats unberührt.[70]
- Das Recht zur Einberufung der Hauptversammlung gem. § 278 Abs. 1 i.V.m. § 111 Abs. 3 S. 1 AktG.
- Das Recht zur Geltendmachung von Schadensersatzansprüchen gegenüber den Komplementären aus der Geschäftsführung gem. § 283 Nr. 8 i.V.m. §§ 147, 111 Abs. 1, 112 AktG.[71]

B. Die Harmonisierung von personengesellschaftsrechtlicher und aktienrechtlicher Zuständigkeitsverteilung

Das Problem fällt unter die in der Einleitung formulierte Leitfrage[72]: Gelten für die Zuständigkeitsverteilung personengesellschaftsrechtliche oder aktienrechtliche Vorschriften oder Grundsätze?

Auf die personengesellschaftsrechtliche Zuständigkeitsverteilung der 2. Stufe wird als sog. 3. Stufe eine aktienrechtliche Zuständigkeitsordnung gesetzt (vgl.

---

69 Die Ansicht von *Mertens* ist daher abzulehnen, vgl. *Mertens,* in: FS Barz [1974], 253, 260 Fn. 26. Zur Anwendbarkeit von § 112 AktG in der KGaA ausführlich unter § 3 C.

70 *Bürgers,* in: Hdb KGaA, § 5 Rn. 481 (S. 234); *Sethe,* DB 1998, 1044, 1045; *Ellrott/ M.Ring,* in: Beck'scher BilanzKomm, Vor § 325 Rn. 33; *Arnold,* Die GmbH & Co. KGaA, S. 127.

71 Die Geltendmachung von Schadensersatzansprüchen gegen die Komplementäre muss der Aufsichtsrat im Rahmen seiner Überwachungskompetenz prüfen. Kommt der Aufsichtsrat nach einer sorgfältigen und sachgerechten Risikoanalyse zu dem Ergebnis, dass durchsetzbare Schadensersatzansprüche bestehen, ist er grundsätzlich verpflichtet, Klage zu erheben; vgl. für die AG: BGHZ 135, 244 f. [ARAG / Garmenbeck].

72 Vgl. das Leitthema im Anschluss an § 1 B. III.

schematische Darstellung auf S. 108). Die sich zwischen den Vorschriften der unterschiedlichen Stufen ergebenden Konflikte müssen durch Modifikation der einen oder anderen Vorschrift gelöst werden.[73]

Für diesen Problemtyp an der Grenzlinie zwischen den beiden Entscheidungsplattformen wurde folgendes abstraktes Lösungskriterium entwickelt:

Die aktienrechtlichen Vorschriften gelten nach Maßgabe der personengesellschaftsrechtlichen Elemente der KGaA.[74]

I. Persönliche Voraussetzungen für geschäftsführende Komplementäre

In der KGaA können auch nicht voll geschäftsfähige Personen Komplementäre mit Geschäftsführungsbefugnissen werden.[75]

Die aktienrechtlichen Anforderungen an Vorstandsmitglieder sind auf die phG der KGaA nicht übertragbar. § 76 Abs. 3 AktG steht im Widerspruch zu § 278 Abs. 2 AktG, der für die mitgliedschaftliche Stellung (1. Stufe) und die Geschäftsführungsbefugnis (2. Stufe) der Komplementäre auf Personengesellschaftsrecht verweist.[76]

II. Die Ausführung aktienrechtlicher Leitungsaufgaben durch Komplementäre

Die aktienrechtliche Leitungsmacht[77] gem. § 76 Abs. 1 AktG steht den Komplementären nicht zu.[78] Zwar verfügen die phG gem. §§ 283, 278 Abs. 1 AktG, 1 Abs. 3 WpÜG auch über gesetzliche Leitungsbefugnisse eines Vorstandes i. S. d. §§ 83, 90, 91 Abs. 2, 92, 97, 98 Abs. 1 S. 1 Nr. 1, 110 Abs. 1, 2, 121 Abs. 2 S. 1, 161, 170, 245 Nr. 4 AktG, 33 WpÜG.[79] In der Aktiengesellschaft sind diese ge-

---

73 Berührt ist die 2. Variante des Leitthemas: Die Harmonisierungsaufgabe, vgl. § 1 B. III. 2.

74 Vgl. § 2 D. I. 2. c).

75 *Assmann/Sethe,* in: GroßKomm AktG, § 278 Rn. 24 ff.; *Schütz/Reger,* in: § 5 Rn. 77 (S. 111); a. A. *Semler/Perlitt,* in: Münch Komm AktG, § 278 Rn. 24 f.

76 In der Personengesellschaft ist die Geschäftsführung durch eine nicht voll geschäftsfähige Person zulässig, *Emmerich,* in: Heymann, HGB, § 114 Rn. 6, *Baumbach/Hopt,* HGB, § 114 Rn. 4. Enger *Ulmer,* der das Einverständnis der übrigen Gesellschafter für erforderlich hält. Wurde z. B. die nicht voll geschäftsfähige Person im Wege des Erbganges Komplementär, soll ein Antrag auf Entziehung der Geschäftsführungsbefugnis gem. § 117 HGB begründet sein, *Ulmer,* in: GroßKomm HGB, § 114 Rn. 27, 32.

77 Zum Begriff der aktienrechtlichen Leitungsmacht bereits ausführlich oben § 1 A. II. 7.

78 Wohl herrschende Meinung: *Schütz/Reger,* in: Hdb KGaA, § 5 Rn. 117 (S. 124); *Mertens,* in: Kölner Komm AktG, Vor § 278 Rn. 5; im Ergebnis wohl auch *Assmann/Sethe,* in: GroßKomm AktG, § 283 Rn. 3.

setzlichen Leitungsaufgaben originäre Angelegenheit des Gesamtvorstands.[80] In der KGaA gelten allerdings auch aktienrechtliche Leitungsbefugnisse nur nach Maßgabe der personengesellschaftsrechtlichen Zuständigkeitsverteilung. Sie müssen daher als einfache Geschäftsführung qualifiziert und entweder als gewöhnliche oder außergewöhnliche Geschäftsführungsmaßnahmen i. S. d. §§ 115 Abs. 1, 116 Abs. 2 HGB eingeordnet werden.

Die gesetzlichen Vorstandsaufgaben sind gewöhnliche Geschäftsführungsangelegenheiten, die gem. §§ 161 Abs. 2, 115 Abs. 1 HGB jeder geschäftsführungsbefugte Komplementär grundsätzlich alleine erledigen darf. Den übrigen geschäftsführungsbefugten Komplementären steht gem. 278 Abs. 2 AktG i.V.m. §§ 161 Abs. 2, 115 Abs. 1 2. HS HGB lediglich ein Widerspruchsrecht zu, das aber in der Satzung abbedungen werden kann. Die personengesellschaftsrechtliche Satzungsautonomie lässt auch die Übertragung dieser gesetzlichen Aufgaben auf andere Organe (Hauptversammlung, Beirat) zu; die Delegation auf leitende Angestellte ist im personengesellschaftsrechtlichen Rahmen der Selbstorganschaft möglich.[81] All dies wäre in der Aktiengesellschaft für Maßnahmen der Unternehmensleitung ausgeschlossen: Dort sind Leitungsaufgaben originäre Aufgaben des Gesamtvorstands, die nicht einmal im Rahmen einer Geschäftsverteilung gem. § 77 AktG auf einzelne Vorstandsmitglieder übertragen werden können.[82]

Strategische Entscheidungen der Geschäftsführung sind – im Gegensatz zur AG[83] – in der KGaA keine Leitungsaufgaben des Geschäftsleitungsorgans, sondern in der Regel außergewöhnliche Geschäftsführungsmaßnahmen i. S. d. §§ 164 S. 1 2. HS, 116 Abs. 2 HGB.

III. Die Anfechtungsbefugnis der geschäftsführungsbefugten Komplementäre

Auch die Anfechtungsbefugnis gem. § 245 Nr. 4 AktG stellt in der AG eine Leitungsaufgabe des Gesamtvorstands dar.[84]

---

79 Die gesetzlichen Pflichten der §§ 83, 90, 91, 110 Abs. 2, 121 Abs. 2, 124 Abs. 3, 161 AktG zählen zu den Leitungsaufgaben des Vorstandes i. S. d. § 76 AktG, vgl. *Hefermehl/Spindler,* in: Münch Komm AktG, § 76 Rn. 16; *Kort,* in: GroßKomm AktG, § 76 Rn. 35 f. Diese Vorschriften gelten gem. §§ 278 Abs. 1, 283 AktG auch in der KGaA, vgl. die Aufzählung auf S. 137 ff.

80 *Kort,* in: GroßKomm AktG, § 76 Rn. 33 f.

81 Zum Grundsatz der Selbstorganschaft vgl. oben § 2 A. III.

82 Vgl. zur Leitungsmacht in der Aktiengesellschaft § 2 A. VII. 1.

83 Zur AG vgl. oben § 2 A. VII. 1.

84 *Kort,* in. GroßKomm AktG, § 76 Rn. 35; *Hefermehl/Spindler,* in: Münch Komm AktG, § 76 Rn. 16.

In der KGaA gelten die §§ 283 Nr. 13, 245 Nr. 4 AktG nach Maßgabe der personengesellschaftsrechtlichen Kompetenzverteilung.[85] Für die KGaA bedeutet das, dass gesetzliche Leitungsbefugnisse des Vorstandes für die Komplementäre gewöhnliche Geschäftsführungsmaßnahmen darstellen.[86] Aus der Einzelgeschäftsführungsbefugnis der Komplementäre gem. § 278 Abs. 2 AktG i.V.m. §§ 161 Abs. 2, 115 Abs. 1 HGB folgt, dass gem. §§ 283 Nr. 13, 245 Nr. 4 AktG grundsätzlich jeder Komplementär allein und nicht die Gesamtheit der Komplementäre anfechtungsberechtigt ist.[87] Auf das Anfechtungsrecht jedes einzelnen Vorstandsmitglieds gem. § 245 Nr. 5 AktG, das nur unter gewissen Voraussetzungen besteht, muss deshalb nicht zurückgegriffen werden. Eine andere Frage ist, ob das Anfechtungsrecht gem. §§ 283 Nr. 13, 245 Nr. 4 AktG auch jedem einzelnen nicht-geschäftsführungsbefugten Komplementär zusteht (vgl. dazu sogleich unter § 3 B. IV.).

IV. Die Anfechtungsbefugnis der nicht-geschäftsführungsbefugten Komplementäre

Die aktienrechtlichen Leitungsaufgaben der §§ 83, 90, 91 Abs. 2, 92, 97, 98 Abs. 1 S. 1 Nr. 1, 110 Abs. 1, 2, 121 Abs. 2 S. 1, 161, 170, 245 Nr. 4 AktG, 33 WpÜG, auf die die §§ 278 Abs. 1, 283 AktG verweisen, sind in der KGaA nach Maßgabe der personengesellschaftsrechtlichen Kompetenzverteilung als gewöhnliche Geschäftsführungsmaßnahmen zu beurteilen; diese Vorschriften sind folgerichtig auf die nicht-geschäftsführungsbefugten Komplementäre nicht anwendbar.[88] Mit anderen Worten: Durch die personengesellschaftsrechtliche Satzungsautonomie auf der zweiten Stufe, d. h. durch die tatsächliche Ausgestaltung der KGaA-Satzung wird der Rahmen für die aktienrechtlichen Zuständigkeiten der dritten Stufe abgesteckt.[89]

Eine Ausnahme gilt für die Anfechtungsbefugnis gem. §§ 283 Nr. 13, 245 Nr. 4 AktG. Auch diese Verweisung (3. Stufe) muss nach Maßgabe des gem. § 278 Abs. 2 AktG zwischen den Komplementären und der Hauptversammlung bestehenden personengesellschaftsrechtlichen Rechtsverhältnisses (2. Stufe) ausgelegt werden. Das Rechtsverhältnis entspricht grundsätzlich demjenigen zwischen den Komplementären und einem Kommanditisten in der KG.[90] Der Hauptversammlungsbeschluss überlagert allerdings den in der KG zu fassenden Gesellschafter-

85 Vgl. § 2 D. I. 2. c).

86 Vgl. soeben unter § 3 B II.

87 A. A. *Semler/Perlitt,* in: Münch Komm AktG, § 283 Rn. 39; *Reger,* in Hdb KGaA, § 5 Rn. 642 (S. 279).

88 *Assmann/Sethe,* in: GroßKomm AktG, § 283 Rn. 7.

89 Instruktiv *Mertens,* in: FS Barz [1974], 253, 261.

90 Vgl. zum personengesellschaftsrechtlichen Rechtsverhältnis zwischen den Gesellschaftergruppen § 2 B. III. 1.

beschluss. Im Gegensatz zum personengesellschaftsrechtlichen Gesellschafterbeschluss[91] ist der fehlerhafte Hauptversammlungsbeschluss nicht nichtig, sondern grundsätzlich wirksam und anfechtbar.[92] Da nun der nicht-geschäftsführungsbefugte Komplementär in der KG auf Feststellung der Nichtigkeit von Gesellschafterbeschlüssen, die gem. §§ 164 S. 1 2. HS, 161 Abs. 2, 116 Abs. 2 HGB gefasst wurden, klagen kann[93], muss ihm das entsprechende Klagerecht auch in der KGaA zugestanden werden. Allerdings kann ihm dieses „mitgliedschaftliche" Anfechtungsrecht gem. §§ 283 Nr. 13, 245 Nr. 4 AktG nur gegen Hauptversammlungsbeschlüsse i. S. d. §§ 278 Abs. 2, 285 Abs. 2 S. 1 AktG zustehen, d. h. gegen alle Zustimmungsbeschlüsse der Hauptversammlung zu außergewöhnlichen Geschäftsführungsmaßnahmen und Grundlagengeschäften.[94]

Im Gegensatz dazu steht gegen Hauptversammlungsbeschlüsse, deren Zuständigkeit sich aus Aktienrecht ergibt, nur den geschäftsführungsbefugten Komplementären ein Anfechtungsrecht gem. §§ 283 Nr. 13, 245 Nr. 4 AktG zu.[95] Auf der aktienrechtlichen Ebene (3. Stufe) wird der Vorstand als Geschäftsleitungsorgan durch die einzelnen geschäftsführungsbefugten Komplementäre ersetzt.

Die Gemeinsamkeit des umfassenden Anfechtungsrechts des einzelnen geschäftsführungsbefugten Komplementärs und des auf die zweiten Stufe beschränkten Anfechtungsrechts des einzelnen nicht-geschäftsführungsbefugten Komplementärs besteht in der Tatsache, dass sich beide Anfechtungsbefugnisse aus der Verweisung des § 283 Nr. 13 AktG auf § 245 Nr. 4 AktG und nicht auf § 245 Nr. 5 AktG ergeben. Im Ergebnis kommt es daher auf den Streit, ob die Verweisung des § 283 Nr. 13 AktG auf § 245 Nr. 5 AktG als Rechtsgrundverweisung oder als Rechtsfolgeverweisung aufzufassen ist, gar nicht an.[96]

---

[91] Ein fehlerhafter Gesellschafterbeschluss ist im Personengesellschaftsrecht automatisch unwirksam, *Baumbach / Hopt*, HGB, § 119 Rn. 31.

[92] *Hüffer*, AktG, § 243 Rn. 48.

[93] *Baumbach / Hopt*, HGB, § 119 Rn. 32.

[94] Vgl. die Aufzählung der Zuständigkeiten der Hauptversammlung gem. §§ 278 Abs. 2, 285 Abs. 2 S. 1 AktG unter § 3 A. IV.

[95] Vgl. die Aufzählung der aktienrechtlichen Zuständigkeiten der Hauptversammlung unter § 3 A. VII.

[96] Für die Auslegung als Rechtsgrundverweisung: *Semler / Perlitt*, in: Münch Komm AktG § 283 Rn. 10, 39; a. A. die wohl herrschende Meinung, die den § 283 Nr. 13 AktG als Rechtsfolgenverweisung auffaßt: *Hüffer*, AktG § 283 Rn. 2; *Mertens*, in: Kölner Komm AktG, § 283 Rn. 2, 15; *Assmann / Sethe*, in: GroßKomm AktG, § 285 Rn. 12; *Schütz / Reger*, in: Hdb KGaA, § 5 Rn. 643 (S. 279).

V. Die Vorstandsaufgaben der nicht-geschäftsführungsbefugten Komplementäre

Folgende Verweisungen betreffen Vorstandsaufgaben der Komplementäre, die nicht im Konflikt mit dem personengesellschaftsrechtlichen Rechtsverhältnis der KGaA stehen. Eine Harmonisierung mit der Kompetenzordnung der 2. Stufe ist demnach nicht notwendig, d. h. die Aufgaben obliegen auch den nicht-geschäftsführungsbefugten Komplementären:

- die Gründungsprüfung gem. § 283 Nr. 2;
- die Zulässigkeit einer Kreditgewährung gem. §§ 283 Nr. 5, 89, 288 Abs. 2 i.V.m. § 286 Abs. 2 S. 4 AktG.

Die erste Verweisung trifft die Gründer und nicht die Mitglieder des Geschäftsleitungsorgans; die Gründung ist gem. § 278 Abs. 1 AktG Angelegenheit der KGaA als juristischer Person und daher aktienrechtlich zu beurteilen.

Die zweite Verweisung geht über eine bloße Klarstellung hinaus: Durch die §§ 283 Nr. 5, 288 Abs. 2 AktG wird der aktienrechtliche Schutzstandard für die Kreditgewährung an Geschäftsleitungsmitglieder ausdrücklich angeordnet und für die Komplementäre modifiziert. Grund hierfür ist die Tatsache, dass die Komplementäre schon aufgrund ihrer Stellung als Gesellschafter und der dadurch hervorgerufenen Interessenkonflikte eine unmissverständliche Regelung erforderlich machten.

Im Ergebnis treffen beide Verweisungen auch die nicht-geschäftsführungsbefugten Komplementäre.[97]

VI. Die Sorgfaltspflichten der Komplementäre

Für Sorgfaltspflicht und Verantwortung[98] verweist § 283 Nr. 3 AktG auf den Vorstand der AG. Der personengesellschaftsrechtliche Verschuldensmaßstab der eigenüblichen Sorgfalt, der an sich gem. § 278 Abs. 2 AktG i.V.m. §§ 161 Abs. 2, 105 Abs. 3 HGB, 708 BGB einschlägig wäre, wird durch die Verweisung des § 283 Nr. 3 AktG auf den Verschuldensmaßstab des § 93 Abs. 1 S. 1 AktG überlagert.

Da § 93 Abs. 1 S. 1 AktG gleichzeitig Generalklausel für die Verhaltenspflichten ist, die dem einzelnen Vorstandsmitglied obliegen[99], ist fraglich, wie die Verweisung des § 283 Nr. 3 AktG auf § 92 Abs. 1 S. 1 AktG nach Maßgabe der personengesellschaftsrechtlichen Kompetenzordnung i. S. d. §§ 278 Abs. 2, 285 Abs. 2 S. 1 AktG im Detail auszulegen ist:

97 *Assmann/Sethe,* in: GroßKomm AktG, § 283 Rn. 8.

98 Für Sorgfaltspflicht und Verantwortung in Aktiengesellschaft und Personengesellschaft vgl. oben § 2 A. VIII. 1., 2.

99 *Hüffer,* AktG, § 93 Rn. 3. Zur Doppelfunktion des § 93 Abs. 1 S. 1 AktG für Sorgfaltspflicht und Verantwortlichkeit des Vorstands bereits oben § 2 A. VIII. 1.

Obwohl § 283 Nr. 3 AktG scheinbar pauschal auf alle aktienrechtlichen Pflichten i. S. d. § 93 AktG verweist, ergeben sich die Verhaltensanforderungen der phG grundsätzlich gem. § 278 Abs. 2 AktG aus dem Personengesellschaftsrecht. Die Vorstandsaufgaben der 3. Stufe, auf die die §§ 283, 278 Abs. 1 AktG verweisen, kommen lediglich ergänzend hinzu (vgl. die Aufzählung unter § 3 A. VI.). Diese aktienrechtlichen Verhaltenspflichten gelten nach Maßgabe der personengesellschaftsrechtlichen Elemente der KGaA auf der ersten und der zweiten Stufe, d. h. jeder einzelne Handlungsauftrag der §§ 283, 278 Abs. 1 AktG ist im Einzelfall daraufhin zu untersuchen, ob das Personengesellschaftsrecht eine Modifikation notwendig macht.

Als Beispiel für die angepassten Verhaltensanforderungen sei die Anfechtungsbefugnis gem. §§ 283 Nr. 13, 245 Nr. 4 AktG genannt: Das Anfechtungsrecht des Vorstands ist in der AG ein Pflichtrecht, d. h. der Vorstand muss einen Hauptversammlungsbeschluss anfechten, wenn er erkennt, dass der Beschluss die Unternehmensinteressen verletzt.[100] In der KGaA trifft den nicht-geschäftsführungsbefugten Komplementär keine Anfechtungspflicht. Er muss lediglich die Treuepflichten eines Gesellschafters beachten: Bei Beschlüssen, bei denen er gem. §§ 278 Abs. 2, 285 Abs. 2 S. 1 AktG i.V.m. § 161 Abs. 2, 116 Abs. 2 HGB ein Zustimmungsrecht besitzt, darf er seine Zustimmung nicht pflichtwidrig erteilen oder verweigern.[101]

Die Verweisung des § 283 Nr. 3 AktG auf die Regelbeispiele in § 93 Abs. 1 S. 2, Abs. 3 AktG begründet im Ergebnis materiell keine zusätzlichen Verhaltenspflichten der Komplementäre. Jede einzelne Sorgfaltsanforderung ergibt sich aus den Verweisungen der §§ 278 Abs. 1, 283 AktG auf die jeweils anwendbaren aktienrechtlichen Vorschriften. Die folgende Aufzählung dient der leichteren Auffindbarkeit der Sorgfaltspflichten und soll Unsicherheiten bei der Anwendung von § 283 Nr. 3 AktG vermeiden helfen:

- die §§ 283 Nr. 12, 199 AktG bei einer bedingten Kapitalerhöhung (vgl. Regelbeispiel § 93 Nr. 9);
- die §§ 278 Abs. 1, 92 AktG bei Zahlungen nach Insolvenzreife (vgl. Regelbeispiel § 93 Nr. 6);
- die §§ 278 Abs. 1, 113, 114 AktG bei Vergütungen an Aufsichtsratsmitglieder (vgl. Regelbeispiel § 93 Nr. 7);
- die §§ 283 Nr. 5, 89, 288 Abs. 2 i.V.m. § 286 Abs. 2 S. 4 AktG bei Kreditgewährung an Komplementäre (vgl. Regelbeispiel § 93 Nr. 8 AktG);
- die §§ 278 Abs. 1, 115 AktG bei Kreditgewährung der KGaA an Aufsichtsratsmitglieder (vgl. für die Haftung der Aufsichtsratsmitglieder §§ 278 Abs. 1, 116, 93 Nr. 8 AktG).

---

100 *Mertens,* in: Kölner Komm AktG, § 93 Rn. 31.

101 Eine pflichtwidrig erteilte Zustimmung ist allerdings im Regelfall sanktionslos, vgl. für die Personengesellschaft: *Ulmer,* in: GroßKomm HGB, § 116 Rn. 20, 22.

Zum Teil sind die hinter den Regelbeispielen stehenden aktienrechtlichen Vorschriften anwendbar, weil der jeweilige Entscheidungsgegenstand in der KGaA aktienrechtlich zu beurteilen ist.[102] Das gilt insbesondere für die Kapitalaufbringungs- und Kapitalerhaltungsvorschriften, die das durch die Kommanditaktionäre aufgebrachte Grundkapital, d. h. die Gesellschaftergruppe der Kommanditaktionäre und damit das Aktienrecht betreffen. In diesen Fällen sind gegenüber der Aktiengesellschaft keine Modifizierungen notwendig; das bedeutet vor allem, dass eine Ausdehnung der Pflichten auf die personengesellschaftsrechtlichen Komponenten wie z. B. auf die Vermögenseinlage nicht erfolgt:

- das Verbot der Einlagenrückgewähr, §§ 57, 230 AktG (vgl. Regelbeispiel § 93 Nr. 1 AktG);
- die §§ 57 Abs. 2, 3; 58 Abs. 4; 233 AktG bei der Zahlung von Zinsen oder Gewinnanteilen an die Kommanditaktionäre (vgl. Regelbeispiel § 93 Nr. 2 AktG);
- die §§ 56, 71 bis 71e, 237 bis 239 AktG bei Geschäften im Bezug auf eigene Aktien (vgl. Regelbeispiel § 93 Nr. 3);
- § 10 Abs. 2 AktG bei vorzeitiger Ausgabe von Inhaberaktien (vgl. Regelbeispiel § 93 Nr. 4);
- §§ 57 Abs. 3, 225 Abs. 2, 230, 233, 237 Abs. 2, 271, 272 AktG bei Verteilung von Gesellschaftsvermögen (vgl. Regelbeispiel § 93 Nr. 5 AktG).

VII. Der gesetzliche Ausschluss der aktienrechtlichen Gesamtverantwortung für mehrere geschäftsführungsbefugte Komplementäre

Die Verweisung des § 283 Nr. 3 AktG auf § 93 AktG gilt lediglich nach Maßgabe der personengesellschaftsrechtlichen Zuständigkeitsverteilung gem. §§ 278 Abs. 2, 285 Abs. 2 S. 1 AktG.[103] Deshalb ist auch die Gesamtverantwortung des Vorstands[104] auf mehrere geschäftsführungsbefugte Komplementäre in einer KGaA nicht übertragbar.[105] Wird die Geschäftsführungsbefugnis eines Komplementärs auf einen Geschäftsbereich beschränkt, verliert er gleichzeitig die Verantwortung für die anderen Geschäftsbereiche; mit der Geschäftsverteilung verliert

102 Zur aktienrechtlichen Beurteilung von Entscheidungsgegenständen vgl. oben § 2 III. 2., 3.

103 Vgl. das Lösungskriterium zur Harmonisierung von aktienrechtlicher und personengesellschaftsrechtlicher Zuständigkeitsverteilung § 2 D. I. 2. c).

104 Zur aktienrechtlichen Gesamtverantwortung vgl. oben § 2 A. VIII. 1.

105 A. A. die wohl herrschende Meinung in der Literatur: *Schütz/Reger,* in: Hdb KGaA, § 5 Rn. 132 (S. 127 f.); *Assmann/Sethe,* in: GroßKomm AktG, § 278 Rn. 143; *Herfs,* in: Münch Hdb AG, § 77 Rn. 6.

der Komplementär sein Widerspruchsrecht gem. §§ 278 Abs. 2 AktG i.V.m. §§ 161 Abs. 2, 115 Abs. 1 2. HS HGB für diejenigen Geschäftsführungsmaßnahmen, die nicht seinen eigenen Geschäftsbereich betreffen.[106] Eine Umwandlung der Geschäftsführungsbefugnis in eine Aufsichtspflicht gegenüber den anderen Komplementären würde im Widerspruch zu dieser personengesellschaftsrechtlichen Kompetenzverteilung stehen. Die jeweilige Satzungsgestaltung auf der zweiten Stufe steckt den Rahmen ab, in dem §§ 283 Nr. 3, 93 AktG auf der dritten Stufe aktienrechtliche Pflichten begründen können.[107] Würde man umgekehrt § 278 Abs. 2 AktG nach Maßgabe von § 93 AktG anwenden, würden die Unterschiede zur AG verwischt und die Ausgestaltung der KGaA als personalistische Alternative zur AG konterkariert werden.[108]

Die fehlende Gesamtverantwortung mehrerer geschäftsführungsbefugter Komplementäre zeigt sich auch an folgendem Beispiel: Betrifft die gesellschaftsschädigende Geschäftsführungsmaßnahme eines Kollegen ausnahmsweise auch den eigenen Geschäftsbereich, begründet das pflichtwidrige Unterlassen des Widerspruchs gem. § 115 Abs. 1 2. HS HGB eine Haftung gem. §§ 283 Nr. 3, 92 Abs. 2 AktG gegenüber der Gesellschaft; im Innenverhältnis ist er aber nach personengesellschaftsrechtlichen Grundsätzen gegenüber dem handelnden Komplementär in vollem Umfange zum Regress berechtigt.[109]

VIII. Die Einschränkungen bei den Befugnissen des Aufsichtsrats

Um der Ordnungsaufgabe[110] zu entsprechen, wurden unter den Gliederungspunkten § 3 A. V. und VIII. nur die positiv gegebenen Befugnisse des Aufsichtsrats aufgezählt. Die Harmonisierung der aktienrechtlichen mit der personengesellschaftsrechtlichen Zuständigkeitsverteilung schließt einige Rechte des Aufsichtsrats aus. Die aktienrechtlichen Befugnisse des Aufsichtsrats, durch die er in Tagesgeschäft und Unternehmensstrategie eingreifen kann, lassen sich mit der Tatsache nicht vereinbaren, dass die geschäftsführungsberechtigen Komplementäre über ihre persönliche Haftung am Unternehmensrisiko teilnehmen:[111]

---

106 Für die Personengesellschaft vgl. *Wirth,* in: Münch Hdb KG, § 7 Rn. 35; *Ulmer,* in: GroßKomm HGB, § 115 Rn. 10.

107 *Mertens,* in: FS Barz [1974], 253, 261.

108 *Mertens,* in: FS Barz [1974], 253, 261 f. Vgl. auch *Sethe,* Die personalistische Kapitalgesellschaft, S. 262 f.

109 Für die Personengesellschaft: *Wirth,* in: Münch Hdb KG, § 7 Rn. 48; *Ulmer,* in: GroßKomm HGB, § 115 Rn. 8.

110 Vgl. die Einführung im Anschluss an § 3 A und die Bestimmung der 1. Variante des Leitthemas unter § 1 B. III. 1.

111 Vgl. z. B. *Assmann/Sethe,* in: GroßKomm AktG, § 287 Rn. 37 ff.; *Bürgers,* in: Hdb KGaA, § 5 Rn. 477 ff. (S. 232 ff.).

- Der Aufsichtsrat entscheidet nicht über den Jahresabschluss. An die Stelle des § 172 S. 1 AktG tritt § 286 AktG.
- Der Aufsichtsrat darf keine Geschäftsordnung für die Komplementäre erlassen, § 77 Abs. 2 S. 1 AktG.
- Geschäftsführungsmaßnahmen kann der Aufsichtsrat nicht von seiner Zustimmung abhängig machen, § 111 Abs. 4 S. 2 AktG.
- Die Personalkompetenz für das Geschäftsleitungsorgan gem. § 84 AktG steht dem Aufsichtsrat in der KGaA nicht zu.

C. Die rechtsgeschäftliche und gerichtliche Vertretung der KGaA gegenüber einzelnen Komplementären

Die Vertretung der KGaA gegenüber einzelnen Komplementären fällt unter das in der Einleitung formulierte Leitthema: Richtet sich die Vertretung nach personengesellschaftsrechtlichen oder aktienrechtlichen Vorschriften oder Grundsätzen?

Umstritten ist, ob gem. § 278 Abs. 3 i.V.m. § 112 AktG der Aufsichtsrat die KGaA im Verhältnis zu den Komplementären vertritt oder ob gem. § 278 Abs. 2 AktG i.V.m. §§ 161 Abs. 2, 125 Abs. 1 HGB ein vertretungsberechtigter Komplementär zuständig ist.

Das Problem wurde in Literatur und Rechtsprechung umfangreich diskutiert. Die Ausführungen zu diesem Problem machen – unabhängig von der jeweils vertretenen Ansicht – besonders deutlich, wie wichtig die Aufklärung der Gesetzessystematik hinter den §§ 278 bis 290 AktG ist.[112]

Die Abgrenzungsaufgabe[113] wird notwendig, weil § 278 Abs. 2, 3 AktG lückenhaft formuliert ist: Dem Wortlaut kann nicht eindeutig entnommen werden, ob § 278 Abs. 3 AktG den § 112 AktG erfasst oder nicht.

Systematisch geht es um die Frage, wie die Grenzlinie zwischen personengesellschaftsrechtlicher und aktienrechtlicher Zuständigkeitsverteilung auf der 2. und 3. Stufe der KGaA beschaffen ist (vgl. die schematische Darstellung auf S. 108): Entweder gilt sie absolut oder es existiert ein Graubereich sich überschneidender Zuständigkeiten.

Als einheitliches Lösungskriterium für diesen Problemtyp wurde im allgemeinen Teil formuliert: Die Grenzlinie zwischen 2. und 3. Stufe ist absolut.[114] Damit wäre gem. § 278 Abs. 2 AktG i.V.m. §§ 161 Abs. 2, 125 Abs. 1 HGB ein vertretungsbefugter Komplementär und nicht der Aufsichtsrat zuständig.

---

112 Vgl. beispielsweise die Ausführungen bei *Mertens,* in: FS Barz [1974], 253, 258 ff., 262; *Kessler,* Die Möglichkeiten der Kommanditaktionäre, S. 13.

113 Vgl. § 1 B. III. 3.

114 Vgl. § 2 D. I. 3. c).

Im Folgenden soll das Problem durch das systematische Prüfungsschema[115] in die gesetzlichen Vorschriften eingeordnet werden; das im allgemeinen Teil gewonnene Lösungskriterium[116] kann dann vor allem im Hinblick auf teleologische Argumente überprüft werden.

Praktisch relevant wird die rechtsgeschäftliche Vertretung der KGaA gegenüber einem Komplementär vor allem dann, wenn mit einem geschäftsführungsbefugten Komplementär ein gesonderter Dienstvertrag geschlossen und in diesem Rahmen eine Tätigkeitsvergütung vereinbart werden soll.[117]

Rechtsstreitigkeiten zwischen Komplementären und KGaA haben dagegen nicht notwendig Ansprüche aus Verträgen zum Gegenstand. Die Prozesskonstellation ist auch dann gegeben, wenn der einzelne Komplementär mitgliedschaftliche Rechte gegenüber der KGaA oder die KGaA die Leistung einer Vermögenseinlage geltend macht.[118]

Im Anschluss soll zunächst die rechtsgeschäftliche Vertretung (vgl. § 3 C. I. bis III.) untersucht werden. Das Ergebnis kann dann auf die Gerichtsverfahren übertragen werden (vgl. § 3 C. IV.).

I. Erster Prüfungsschritt

Der jeweilige Vertrag wird zwischen KGaA und Komplementär geschlossen. Zwar wird in § 278 Abs. 2 AktG dieses Rechtsverhältnis nicht ausdrücklich erwähnt; da aber der Komplementär das personengesellschaftsrechtliche Charakteristikum der KGaA darstellt, ist § 278 Abs. 2 AktG einschlägig.[119]

Etwas anderes könnte sich daher nur dann ergeben, wenn die §§ 279 bis 290 AktG eine KGaA-rechtliche Spezialregelung[120] enthalten würden. Da eine solche Vorschrift fehlt, bleibt es – jedenfalls nach dem ersten Prüfungsschritt – beim Personengesellschaftsrecht.[121]

---

115 § 2 C II.

116 § 2 D. I. 3. c).

117 Zur Ausgestaltung solcher Dienstverträge vgl. *Hecht,* in: Hdb KGaA, § 5 Rn. 259 ff. (S. 165 ff.).

118 Zu den denkbaren Prozesskonstellationen vgl. *Reger,* in: Hdb KGaA, § 5 Rn. 636 ff. (S. 277 ff.).

119 Vgl. dazu und zur abweichenden Ansicht von *Cahn* oben die Ausführungen zu Problem 1, § 2 B. II. 1.

120 Zum Begriff der KGaA-rechtlichen Spezialregelung vgl. § 1 B. II. Fn. 29.

121 Auf diesen Gesichtspunkt weist zutreffend *Bürgers* hin; vgl. *Bürgers,* in: Hdb KGaA, § 5 Rn. 498 (S. 239 f.).

II. Zweiter Prüfungsschritt

Die Vertretungsbefugnis der Komplementäre gem. § 278 Abs. 2 AktG i.V.m. §§ 161 Abs. 2, 125 Abs. 1 HGB ist zum einen mitgliedschaftliches Recht und müsste an sich bereits im ersten Prüfungsschritt angesprochen werden. Es ist jedoch übersichtlicher, die Vertretung der KGaA erst im 2. Prüfungsschritt anzusprechen, da sie zur personengesellschaftsrechtlichen Zuständigkeitsverteilung gehört: Gem. § 278 Abs. 2 AktG ist also grundsätzlich ein vertretungsberechtigter Komplementär zuständig.

III. Dritter Prüfungsschritt

Im Rahmen des dritten Prüfungsschritts lässt sich die Gesetzeslücke herauspräparieren:

Nach dem Gesetzeswortlaut sind § 278 Abs. 2 AktG, der für die Vertretung der Gesellschaft auf das Personengesellschaftsrecht verweist, und § 278 Abs. 3 AktG, der im übrigen – und damit auch für den Aufsichtsrat – auf Aktienrecht verweist, gleichermaßen einschlägig.

Nach der gesetzessystematischen Auslegung des § 278 Abs. 2, 3 AktG lässt sich das Problem wie folgt formulieren:

Neben den Rechtsverhältnissen der Komplementäre gem. § 278 Abs. 2 AktG (1. und 2. Prüfungsschritt) ist gleichzeitig auch die KGaA in ihrer Eigenschaft als juristische Person gem. § 278 Abs. 1 AktG[122] (3. Prüfungsschritt) betroffen: Gem. § 278 Abs. 1 AktG gilt im Übrigen die aktienrechtliche Zuständigkeitsverteilung zwischen Geschäftsleitungsorgan – Aufsichtsrat – Hauptversammlung in der KGaA entsprechend.[123]

Für die Lösung des Problems ist es daher ganz entscheidend, wie man das Verhältnis zwischen § 278 Abs. 2 AktG und § 278 Abs. 1 AktG zueinander definiert. Will man der KGaA den Ruf einer komplizierten und schwer handhabbaren Rechtsform nehmen, muss man dieses Verhältnis einheitlich auslegen.

Die unterschiedlichen Ansichten in Rechtsprechung und Literatur zur rechtsgeschäftlichen Vertretung der KGaA im Verhältnis zu den Komplementären gehen zumeist stillschweigend von einer bestimmten Auslegung von § 278 Abs. 2, 3 AktG aus.

Gerade weil die jeweiligen Autoren ihre Auslegungsmethode im Hinblick auf andere Abgrenzungsprobleme nicht immer durchhalten, spielen wohl zumeist Zweckmäßigkeitserwägungen eine Rolle, die von den Autoren nicht immer aufgedeckt werden:

---

122 Zur Zitierung von § 278 Abs. 1 AktG statt § 278 Abs. 3 AktG vgl. § 2 B. II. 3.

123 Vgl. § 2 B. II. 3.

Die bislang herrschende Meinung vertritt die Zuständigkeit des Aufsichtsrats gem. §§ 278 Abs. 3, 112 AktG.[124]

Innerhalb dieser Ansicht werden unterschiedliche Meinungen zum Verhältnis zwischen § 278 Abs. 2 AktG und § 278 Abs. 3 AktG vertreten, die im Anschluss unter den Gliederungspunkten § 3 C. III. 1., 2., 3. und 4. dargestellt werden sollen.

1. Meinung: Die parallele Geltung von § 278 Abs. 2 AktG und § 278 Abs. 3 AktG

Zum Teil wird die Ansicht vertreten, die personengesellschaftsrechtliche Vertretungsbefugnis der Komplementäre gem. § 278 Abs. 2 AktG i.V.m. §§ 161 Abs. 2, 125 Abs. 1 HGB und die aktienrechtliche Vertretungsbefugnis des Aufsichtsrats gem. §§ 278 Abs. 3, 112 AktG seien nebeneinander anwendbar. Folgerichtig nehmen die Vertreter dieser Ansicht eine parallele Zuständigkeit von einzelvertretungsberechtigten Komplementären und Aufsichtsrat an, wobei Aufsichtsrat und Komplementär jeweils für sich alleine vertretungsberechtigt seien.[125] Ebenfalls wird vertreten, eine Satzungsregelung, mit der die Vertretungszuständigkeit auch anderen Organen der KGaA eingeräumt werde, sei trotz § 112 AktG – wohl im Hinblick auf die gem. § 278 Abs. 2 AktG parallel geltende Satzungsautonomie – zulässig.[126]

Auch wenn die Vertreter der eben zitierten Ansicht nicht ausdrücklich auf das Spannungsverhältnis zwischen § 278 Abs. 2 AktG und § 278 Abs. 3 AktG eingehen, so kann man doch Rückschlüsse auf das zugrundegelegte Verhältnis zwischen den Verweisungen des § 278 AktG ziehen: Geht man davon aus, dass § 278 Abs. 2 AktG und § 278 Abs. 3 AktG parallele Zuständigkeiten begründen können, auf die nebeneinander Satzungsautonomie und Satzungsstrenge anwendbar sein sollen[127], nimmt man die parallele Geltung von zwei Regelungsmaterien an, die sich stets ergänzen, nie aber ausschließen. Hinter dieser Argumentation scheint der Gedanke

---

124 OLG München AG 1996, 86; *Assmann/Sethe,* in: GroßKomm AktG, § 287 Rn. 67; *Semler/Perlitt,* in: Münch Komm AktG, § 287 Rn. 68; *Mertens,* in: Kölner Komm AktG, § 287 Rn. 12; *Herfs,* in: Münch Hdb AG, § 77 Rn. 52; *Hüffer,* AktG, § 278 Rn. 16; *Schlitt,* Die Satzung der KGaA, S. 179; *Dirksen/Möhrle,* ZIP 1998, 1377, 1384; *Arnold,* Die GmbH & Co. KGaA, S. 128 f.; *Raiser,* Kapitalgesellschaften, § 23 Rn. 25; *Sethe,* AG 1996, 289, 298 f.; *Ihrig/Schlitt,* ZHR-Beiheft 67 / 1998, 33, 54 ff.; *Fischer,* Die KGaA nach dem Mitbestimmungsgesetz, S. 79; *Heineke,* Anlegerschutz in der KGaA, S. 103 ff.; *Kiefer,* Anlegerschutz durch Gesellschaftsrecht, S. 84 ff.; *Kessler,* Die Möglichkeiten der Kommanditaktionäre, S. 13.

125 *Mertens,* in: Münch Komm AktG, § 287 Rn. 11 f.; *ders.* in: FS Barz [1974] 253, 262 Fn. 30.

126 OLG München AG 1996, 86; *Herfs,* in: Münch Hdb AG, § 77 Rn. 52.

127 Die Abdingbarkeit der Zuständigkeit des Aufsichtsrats gem. § 112 AktG vertreten – wohl im Hinblick auf § 23 Abs. 5 AktG – weder das OLG München noch *Herfs,* vgl. OLG München AG 1996, 86; *Herfs,* in: Münch Hdb AG, § 77 Rn. 52.

zu stehen, dass die KGaA leichter zu handhaben ist und an Flexibilität gewinnt, wenn Personengesellschaftsrecht und Aktienrecht nebeneinanderstehen, ohne sich auszuschließen.

Diese Ansicht ist abzulehnen, da eine klare Abgrenzung der Zuständigkeiten und Regelungsprinzipien erforderlich ist, um die Interessengeflechte innerhalb der KGaA zu ordnen. Die Annahme von Parallelzuständigkeiten würde die Selbstblockade der Gesellschaft und die Auslagerung von Interessenkonflikten auf die Gerichte bewirken. Die Seetüchtigkeit der KGaA wird dadurch beeinträchtigt und nicht erhöht.

2. Meinung: Die uneingeschränkte Verweisung des § 278 Abs. 3 AktG auf speziellere Vorschriften

Eine andere Ansicht innerhalb der wohl herrschenden Meinung nimmt an, dass die Aufsichtsratszuständigkeit gem. §§ 278 Abs. 3, 112 AktG ausschließlich und unabdingbar sei.[128] Im Gegensatz zur vorher dargestellten Ansicht wird hier das Spannungsverhältnis zwischen § 278 Abs. 2 AktG und § 278 Abs. 3 AktG eindeutig zugunsten der Verweisung auf das Aktienrecht entschieden: Wendet man § 112 AktG an, schließt die aktienrechtliche Satzungsstrenge gem. § 23 Abs. 5 AktG nicht nur die Übertragung der Vertretungszuständigkeit auf ein anderes Organ der KGaA, sondern auch eine Parallelzuständigkeit gem. § 278 Abs. 2 AktG aus.

Da allerdings bereits § 278 Abs. 2 AktG für die Vertretung der KGaA auf Personengesellschaftsrecht verweist, scheint diese Literaturansicht die Formulierung in § 278 Abs. 3 AktG „im Übrigen gelten ... die Vorschriften ... über die Aktiengesellschaft sinngemäß“ folgendermaßen auszulegen:

Spezielle aktienrechtliche Regelungen mit einem engeren Anwendungsbereich als die an sich einschlägigen personengesellschaftsrechtlichen Vorschriften sind in der KGaA in jedem Fall anwendbar. Eine spezielle Verweisung in den §§ 279 bis 290 AktG ist für die Anwendung nicht notwendig.

Im Ergebnis wären die Verweisungen des § 283 AktG nicht als abschließend, sondern als Regelbeispiele des § 278 Abs. 3 AktG aufzufassen.

Diese Auslegung ist mit folgender Überlegung abzulehnen: Die Beobachtung, dass § 283 AktG auf aktienrechtliche Vorschriften verweist, die dem Schutze von Öffentlichkeit, Gläubigern und Aktionären dienen[129], lässt sich verallgemeinern: Die AG ist – anders als der Regeltyp der Personengesellschaft – schon nach ihrer gesetzlichen Ausgestaltung auf die Mitgliedschaft einer unbestimmten Vielzahl

---

128 *Semler/Perlitt,* in: Münch Komm AktG, § 287 Rn. 66; *Assmann/Sethe,* in: GroßKomm AktG, § 287 Rn. 68; *Sethe,* AG 1996, 289, 298 f.; *Ihrig/Schlitt,* ZHR-Beiheft 67/1998, 33, 54 f.; *Arnold,* Die GmbH & Co. KGaA, S. 128 f.; *Raiser,* Kapitalgesellschaften, § 23 Rn. 25; *Förl,* Die GmbH & Co. KGaA als abhängiges Unternehmen, S. 19 f.

129 *Assmann/Sethe,* in: GroßKomm AktG, § 283 Rn. 3.

rein kapitalistisch beteiligter Gesellschafter ausgerichtet.[130] Das Aktienrecht weist deshalb eine höhere Regelungsdichte auf als das Personengesellschaftsrecht, und die spezielleren Vorschriften des Aktienrechts dienen zumeist dem Schutz von Kapitalanlegern, Gläubigern und dem Rechtsverkehr. Damit sind auch die Zweckmäßigkeitserwägungen offengelegt, die hinter der Anwendung aktienrechtlicher Vorschriften auch ohne ausdrückliche Verweisung in den §§ 279 bis 290 AktG stehen: Die spezielle aktienrechtliche Vorschrift des § 112 AktG sei anzuwenden, weil der Schutzzweck der Vorschrift in der KGaA angeblich gut passe.[131]

Dieses Argument kann nicht überzeugen: Wie die Aktiengesellschaft ist auch die KGaA bereits nach ihrer gesetzlichen Ausgestaltung auf die Aufnahme einer Vielzahl von eher kapitalistisch beteiligten Kommanditaktionären ausgerichtet.[132] Vor diesem Hintergrund ist davon auszugehen, dass das Gesetz auch im Hinblick auf die kapitalistischen Strukturen der KGaA personengesellschaftsrechtliche und aktienrechtliche Elemente gegeneinander austariert hat.

Für das konkrete Problem des § 112 AktG bedeutet das Folgendes: Der Gesetzeszweck des § 112 AktG besteht darin, jeden Anschein zu vermeiden, dass das Geschäftsleitungsorgan bei Angelegenheiten, die seine Mitglieder betreffen, die Kollegen begünstigen und zu Lasten der Gesellschaft und der Anteilseigner handeln könnte.[133] Da das Gesetz für die KGaA nicht ausdrücklich auf § 112 AktG verweist, soll nach dem Gesetz das niedrigere Schutzniveau des Personengesellschaftsrechts gelten.[134] Damit ist es nicht notwendig, bereits den Anschein eines Fehlverhaltens zu vermeiden. Stattdessen bleibt es den KGaA-Gesellschaftern überlassen, durch eine Satzungsregelung dieses höhere Schutzniveau herzustellen, wenn sie es denn wünschen. Könnte man dagegen die Anwendung aktienrechtlicher Vorschriften allein mit dem Hinweis auf das höhrere Schutzniveau in der Aktiengesellschaft rechtfertigen, würden die Unterschiede zur AG eingeebnet und die Existenzberechtigung der KGaA als Alternative zur überregulierten Aktiengesellschaft würde in Frage gestellt.[135]

---

130 Vgl. die Definition des BGH für eine Publikumspersonengesellschaft, die erst durch ihre faktische Ausgestaltung an eine Kapitalgesellschaft angeglichen wird, BGHZ 69, 207, 209. Parallel zur faktischen Ausgestaltung hat der BGH Rechtsprechungsgrundsätze entwickelt, die zum Schutz der Kapitalanleger und im Interesse der Funktionsfähigkeit der Publikumsgesellschaft auf das Kapitalgesellschaftsrecht zurückgreifen, BGHZ 84, 383, 386.

131 Vgl. *Assmann/Sethe,* in: GroßKomm AktG, § 287 Rn. 68; *Ammenwerth,* Die KGaA – Eine Rechtsformalternative, S. 32; *Heineke,* Anlegerschutz in der KGaA, S. 104; *Kiefer,* Anlegerschutz durch Gesellschaftsrecht, S. 84.

132 *Schütz/Reger,* in: Hdb KGaA, § 5 Rn. 18 (S. 94).

133 *Geßler,* in: Geßler/Hefermehl, AktG, § 112 Rn. 2; *Mertens,* in: Kölner Komm AktG, § 112 Rn. 2.

134 Eine solche Verweisung enthält auch § 283 Nr. 4 AktG nicht, a. A. *Mertens,* in: FS Barz [1974] 253, 260 Fn. 26. Dazu ausführlich oben § 3 A. VIII.

135 *Sethe,* in: Die personalistische Kapitalgesellschaft, S. 262 f.

Für die abstrakte Frage nach dem Verhältnis zwischen § 278 Abs. 2 AktG und § 278 Abs. 3 AktG kann daher nur gelten: Würde man § 278 Abs. 3 AktG als Auffangverweisung auf alle spezielleren aktienrechtlichen Vorschriften auffassen, die im Personengesellschaftsrecht keine Entsprechung finden, würde man die Unterschiede zwischen den Rechtsformen aufheben. Stattdessen sind nur solche Vorschriften anwendbar, auf die § 283 AktG ausdrücklich verweist. Statt erweiternd ist § 283 AktG einschränkend auszulegen, d. h. die Verweisungen sind unter der Maßgabe anzuwenden, dass die gem. § 278 Abs. 2 AktG geltende personengesellschaftsrechtliche Zuständigkeitsverteilung durch § 283 AktG ergänzt, aber nicht ausgehebelt wird.[136]

3. Meinung: Die Anwendung des § 112 AktG als Ausnahme zur subsidiären Geltung des Aktienrechts gem. § 278 Abs. 3 AktG

Da die Vertreter der 2. Meinung zumeist nicht ausdrücklich auf das Verhältnis zwischen § 278 Abs. 2 AktG und § 278 Abs. 3 AktG eingehen[137], können die Ergebnisse der 2. Meinung auch anders interpretiert werden:

§ 283 Abs. 3 AktG verweise zwar nur dann auf speziellere aktienrechtliche Vorschriften, wenn § 278 Abs. 2 AktG nicht einschlägig sei; bei § 112 AktG sei aber eine Ausnahme zu machen. Mit anderen Worten: § 112 AktG gelte ausnahmsweise doch, obwohl § 283 AktG abschließend sei und keine Verweisung auf § 112 AktG enthalte. Wenn aber die §§ 278 Abs. 3, 112 AktG ausnahmsweise doch einschlägig seien, müssten sie konsequent auch als ausschließlich und unabdingbar angesehen werden.

Im Ergebnis ist auch dieser Begründungsansatz abzulehnen. Teleologisch zwingende Gründe, die eine solche Durchbrechung der Gesetzessystematik für den Ausnahmefall rechtfertigen würden, sind nicht ersichtlich:

Die Gefahr einer Interessenkollision beim Abschluss von schuldrechtlichen Verträgen mit Gesellschaftern, die § 112 AktG vermeiden will, wird vom Gesetzgeber sowohl für die Personengesellschaft als auch für die Aktiengesellschaft gesehen, jedoch unterschiedlich geregelt. Die Tatsache allein, dass das Schutzniveau in der Aktiengesellschaft höher ist als in der Personengesellschaft, genügt jedenfalls nicht, um die Anwendung in der KGaA zu begründen. Im Einzelnen unterscheiden sich die personengesellschaftsrechtliche und die aktienrechtliche Lösung wie folgt:

---

136 Vgl. die – allerdings nur in ihrer abstrakten Formulierung zustimmende – Argumentation bei *Mertens,* in: FS Barz [1974] 253, 262.

137 Vgl. die Ausführungen bei den Vertretern der 2. Meinung: *Semler/Perlitt,* in: Münch Komm AktG, § 287 Rn. 66; *Ihrig/Schlitt,* ZHR-Beiheft 67/1998, 33, 54 f.; *Arnold,* Die GmbH & Co. KGaA, S. 128 f.; *Raiser,* Kapitalgesellschaften, § 23 Rn. 25; *Förl,* Die GmbH & Co. KGaA als abhängiges Unternehmen, S. 19 f.

Das Personengesellschaftsrecht hält das Verbot des In-sich-Geschäfts gem. § 181 BGB für ausreichend.[138] Die Satzung kann den Komplementär vom Verbot des In-sich-Geschäfts, § 181 BGB, befreien oder die Vertretungsbefugnis auf ein anderes Organ, z. B. einen Beirat, übertragen. Mit anderen Worten: Die Satzung der Personengesellschaft kann das Schutzniveau für die übrigen Gesellschafter erhöhen oder herabsetzen.

Der Schutzzweck der aktienrechtlichen Regelung des § 112 AktG reicht im Gegensatz dazu weiter, da zusätzlich zur personengesellschaftsrechtlichen Lösung bereits die abstrakte Gefahr der Begünstigung[139] durch einen anderen Komplementär ausgeschlossen werden soll. Darüber hinaus werden die Aktionäre gegenüber einer Hauptversammlungsmehrheit und gegebenenfalls auch gegenüber sich selbst geschützt, da eine von § 112 AktG abweichende Regelung der Vertretungsbefugnis in der Satzung gem. § 23 Abs. 5 AktG ausgeschlossen ist.

Der Gesetzgeber hat damit das Problem in beiden Gesellschaftsformen erkannt, bei der Regelung des Problems jedoch ein unterschiedliches Gewicht auf den Anlegerschutz gelegt. Betrachtet man die beiden Lösungen vor dem Hintergrund, dass die Ausgestaltung der KGaA als Mischform zwischen Personengesellschaft und Aktiengesellschaft eine Entscheidung zwischen beiden Lösungen erforderlich machte, wird deutlich, dass es bei der Auslegung des Gesetzes darum gehen muss, welches Schutzniveau das Gesetz für die KGaA *de lege lata* geregelt hat; dagegen kann es bei der Auslegung nicht darum gehen, welches Schutzniveau im Interesse der Anleger *de lege ferenda* vermeintlich wünschenswert ist oder gewesen wäre.[140]

In § 278 Abs. 2 AktG hat das Gesetz eine Zuständigkeitsordnung wie in einer KG geschaffen: Die Anlegerrechte sind in der KG an der einen Stelle stärker und an der anderen Stelle schwächer ausgestaltet als in der AG, bilden aber ebenfalls ein in sich stimmiges System der checks-and-balances. Dieses austarierte System der Zuständigkeitsverteilung hat der Gesetzgeber durch § 278 Abs. 2 AktG im Ganzen auf die KGaA übertragen und nur dort, wo es ihm notwendig erschien, mit den Verweisungen des § 283 AktG um aktienrechtliche Vorschriften ergänzt. Es würde deshalb dem Gesetz widersprechen, wenn man mit Hinweis auf eine bestimmte Interessengruppe, z. B. mit Hinweis auf den Anlegerschutz, eine aktienrechtliche Vorschrift herausgreifen würde, die auch in der KGaA gelten sollte.

---

138 Organschaftliche Vertreter juristischer Personen unterliegen den Beschränkungen des § 181 BGB, vgl. BGHZ 33, 189, 190; BGHZ 56, 97, 101 und die herrschende Meinung in der Literatur: *Schramm,* in: Münch Komm BGB, § 181 Rn. 37; *Schilken,* in: Staudinger, BGB, § 181 Rn. 19.

139 BGH AG 1991, 269.

140 Nimmt man in Übereinstimmung mit der objektiven Auslegungstheorie an, dass das Gesetz unter Umständen klüger sein kann als sein Urheber (vgl. *Coing,* in: Staudinger, BGB, Einl zum BGB, Rn. 134, 137), ist zunächst davon auszugehen, dass das Gesetz sich entschieden hat, auch wenn der Gesetzgeber das Problem u. U. übersehen haben sollte. *Coing,* in: Staudinger, BGB, Einl zum BGB, Rn. 134, 137.

Gem. § 283 Nr. 3 AktG gilt im Übrigen der Haftungstatbestand des § 93 Abs. 2 AktG auf die Komplementäre entsprechend. Mit anderen Worten: Für den Fall, dass der Komplementär beim Abschluss schuldrechtlicher Verträge mit einem anderen Komplementär oder nach Befreiung von § 181 BGB mit sich selbst tatsächlich gegen das Unternehmensinteresse verstößt und die KGaA schädigt, ist er gem. § 93 Abs. 2 AktG zum Schadensersatz verpflichtet. Diesen Schaden kann notfalls auch eine Kommanditaktionärsminderheit gem. § 278 Abs. 3, 147 Abs. 1 AktG durchsetzen; zur Durchsetzung, d. h. zur gerichtlichen Vertretung der KGaA gegenüber dem Komplementär, ist gem. § 283 Nr. 8 AktG, der für die Geltendmachung von Ersatzansprüchen wegen der Geschäftsführung auf § 112 AktG verweist, der Aufsichtsrat zuständig; die Hauptversammlung oder das Gericht können besondere Vertreter bestellen, §§ 283 Nr. 8, 147 Abs. 2, 3 AktG.[141] Das Gesetz hat diesen Schutz für ausreichend befunden[142] und im Hinblick auf die rechtsgeschäftliche Vertretung der KGaA gegenüber den Komplementären in § 283 AktG nicht auf § 112 AktG verwiesen.

Im Ergebnis reichen die teleologischen Argumente nicht aus, um eine Ausnahme von der Gesetzessystematik der §§ 283, 278 Abs. 2, 3 AktG zu begründen.

4. Meinung: Die Vertretung der Gesellschaft gegenüber den Komplementären gehört zur Regelungsmaterie „Aufsichtsrat“

Zum Teil begründen die Vertreter der 2. Meinung die ausschließliche und unabdingbare Vertretungszuständigkeit des Aufsichtsrats wie folgt: Es sei zwar richtig, dass § 278 Abs. 2 AktG im Hinblick auf die Vertretung der Gesellschaft auf Personengesellschaftsrecht verweise und § 278 Abs. 3 AktG grundsätzlich subsidiär gelte. Wenn man aber die Vertretung der Gesellschaft im Verhältnis zu den Komplementären der Regelungsmaterie „Aufsichtsrat“ zuordne, könnte man § 278 Abs. 3 AktG anwenden, ohne gegen die subsidiäre Geltung dieser Vorschrift zu verstoßen.[143]

Diese gesetzessystematische Argumentation ist nicht geeignet, die Anwendungsbereiche von Personengesellschaftsrecht und Aktienrecht klar abzugrenzen. Es bliebe letztlich offen, welches Regelungsregime gelten soll, wenn § 278 Abs. 2 AktG und § 278 Abs. 3 AktG gleichzeitig einschlägig sind.[144]

---

141 Ein Fall des § 287 Abs. 2 AktG liegt nicht vor, da die Hauptversammlungsmehrheit oder die Kommanditaktionärsminderheit gem. § 147 Abs. 1, 93 AktG Ansprüche der KGaA und keine eigenen Ansprüche aus dem personengesellschaftsrechtlichen Verhältnis gem. § 278 Abs. 2 AktG geltend macht, *Mertens,* in: Kölner Komm AktG, § 287 Rn. 13.

142 *Bürgers,* in: Hdb KGaA, § 5 Rn. 501 (S. 241).

143 *Assmann/Sethe,* in: GroßKomm AktG, § 287 Rn. 69; *Sethe,* AG 1996, 289, 299.

144 Vgl. § 2 B. II. 4.

5. Die Lösung: Die §§ 278 bis 290 AktG als Baukastensystem

Zum Teil wird schließlich vertreten, die einzelvertretungsbefugten Komplementäre seien auch für die rechtsgeschäftliche Vertretung der KGaA gegenüber den Komplementären zuständig; § 112 AktG sei in der KGaA nicht anwendbar.[145]

Dieser Ansicht ist zuzustimmen. Die Abgrenzung zwischen den Verweisungen des § 278 Abs. 2, 3 AktG muss nach abstrakten Kriterien erfolgen, da auf andere Weise keine Rechtssicherheit gewährleistet werden kann.

Im Anschluss an § 3 C. III. wurde bereits herausgearbeitet, dass grundsätzlich sowohl § 278 Abs. 2 AktG als auch § 278 Abs. 1 AktG einschlägig sind: Sowohl für die Zuständigkeit „Vertretung der Gesellschaft" als auch für das „Verhältnis zwischen Gesellschaft und Komplementär[146] verweist § 278 Abs. 2 AktG auf Personengesellschaftsrecht. Die Kontrollzuständigkeiten des Aufsichtsrats betreffen Angelegenheiten der Gesellschaft, für die gem. § 278 Abs. 1 AktG Aktienrecht gilt.[147]

Das Verhältnis der betroffenen Zuständigkeiten wurde durch die gesetzessystematische Auslegung bestimmt: Die Kompetenzordnung des § 278 Abs. 2 AktG durchbricht die des § 278 Abs. 1 AktG für seinen Anwendungsbereich.[148] Ergänzend verweist § 278 Abs. 1 AktG lediglich dann auf die aktienrechtlichen Befugnisse, wenn KGaA-Gesellschafter nicht betroffen sind.[149] Dadurch wird eine absolute Grenzlinie zwischen personengesellschaftsrechtlicher und aktienrechtlicher Kompetenzordnung auf 2. und 3. Stufe der KGaA geschaffen (vgl. systematische Darstellung S. 108).

Dieses klare Verhältnis zwischen § 278 Abs. 2 AktG und § 278 Abs. 3 AktG kann nur durch eine speziellere Verweisung auf aktienrechtliche Zuständigkeiten überlagert werden: Da eine solche speziellere Verweisung auf § 112 Akt in § 283 AktG fehlt, bleibt es bei der personengesellschaftsrechtlichen Vertretungsbefugnis der Komplementäre gem. § 278 Abs. 2 AktG.

Diese gesetzessystematisch einheitliche Auslegung schafft Rechtssicherheit. Die von den Gegenansichten zugrundegelegten teleologischen Argumente können eine Ausnahme nicht rechtfertigen. Die für den Problemtyp entwickelten Kriterien – vgl. § 2 D. I. 3. c) – konnten bestätigt werden.

---

145 *Bürgers,* in: Hdb KGaA, § 5 Rn. 498 (S. 239 f.).

146 Vgl. § 2 B. II. 1.

147 Vgl. § 2 B. II. 3.

148 Vgl. § 2 B. II. 4.

149 Vgl. § 2 B. II. 3.

6. Ergebnis

Die einzelvertretungsbefugten Komplementäre sind für die rechtsgeschäftliche Vertretung der KGaA gegenüber einzelnen Komplementären gem. § 278 Abs. 2 AktG auch in der KGaA zuständig; § 112 AktG ist in der KGaA nicht anwendbar. Für den Fall, dass möglicherweise nur ein vertretungsbefugter Komplementär verbleibt, empfiehlt sich eine Satzungsregelung, mit der der Komplementär vom Verbot des Selbstkontrahierens, § 181 BGB, befreit wird.

Gem. § 278 Abs. 2 AktG gilt für die Zuständigkeitsverteilung in der KGaA die personengesellschaftsrechtliche Satzungsautonomie, d. h. in die Satzung kann auch eine Regelung aufgenommen werden, die inhaltlich der des § 112 AktG entspricht.

IV. Gerichtliche Vertretung der KGaA gegenüber einzelnen Komplementären

Die Ergebnisse der obigen Untersuchung lassen sich auf die gerichtliche Vertretung der KGaA gegenüber einzelnen Komplementären übertragen.

Eine Einschränkung ergibt sich für die Geltendmachung von Ersatzansprüchen aus der Geschäftsführung, da hierfür § 283 Nr. 8 AktG ausdrücklich auf Aktienrecht verweist; nur in diesem Fall ist § 112 AktG anwendbar.[150]

Klarstellend muss daraufhingewiesen werden, dass für die Durchsetzung von Ansprüchen der Gesamtheit der Kommanditaktionäre gegen die Komplementäre aus dem personengesellschaftsrechtlichen Rechtsverhältnis i. S. d. § 278 Abs. 2 AktG (2. Stufe) die Regelung des § 287 Abs. 2 AktG einschlägig ist.[151] Der Aufsichtsrat vertritt in diesem Fall zwar die KGaA gegenüber den Komplementären; die KGaA ist aber nicht materiell berechtigt, sondern lediglich prozessführungsbefugt.[152]

D. Satzungsstrenge für alle Hauptversammlungszuständigkeiten

Das Problem fällt unter die in der Einleitung formulierte Leitfrage[153]: Gelten für die Hauptversammlungszuständigkeit personengesellschaftsrechtliche oder aktienrechtliche Grundsätze?

---

150 Vgl. auch § 2 A. VIII.

151 *Mertens,* in: Kölner Komm AktG, § 287 Rn. 13; *Bürgers,* in: Hdb KGaA, § 5 Rn. 502 (S. 241 f.).

152 Vgl. zu dieser Prozesskonstellation oben ausführlich § 2 B. III. 2., 3., 4.

153 Vgl. das Leitthema im Anschluss an § 1 B. III.

Für die Zuständigkeitsverteilung gilt gem. § 278 Abs. 2, 285 Abs. 2 S. 1 AktG grundsätzlich Personengesellschaftsrecht und die Satzungsautonomie. Gleichwohl wird zum Teil in der Literatur die Ansicht vertreten, die Zuständigkeit der Hauptversammlung sei niemals abdingbar.[154]

Angesprochen ist damit die Gestaltungsfreiheit in der personengesellschaftsrechtlichen Kompetenzordnung auf der zweiten Stufe, die für die rechte Seite unter verschiedenen Vorzeichen eingeschränkt werden soll.[155] Die Konfliktlinie verläuft zwischen dem Begriffspaar Gesamtheit der Kommanditaktionäre / Hauptversammlung hindurch (vgl. schematische Darstellung auf S. 108).

Nach der herrschenden Meinung gilt für den Beschluss der Gesamtheit der Kommanditaktionäre grundsätzlich die personengesellschaftsrechtliche Satzungsautonomie, d. h. der Hauptversammlungsbeschluss kann grundsätzlich im Wege der antizipierten Zustimmung in der Satzung vorweggenommen werden; Bestimmtheitsgrundsatz und Kernbereichslehre sind zu beachten.[156]

Ohne den Begriff der aktienrechtlichen Satzungsstrenge ausdrücklich zu nennen, wird in der Literatur teils mit historischen[157], teils mit systematischen[158] Argumenten versucht zu begründen, dass die Willensbildung bei Grundlagengeschäften nicht auf die Komplementäre verlagert werden dürfe.

Die rechtshistorischen Argumente knüpfen an die Tatsache an, dass die KGaA im ADHGB von 1861 erstmalig einheitlich geregelt wurde. Die KGaA war im ADHGB als eine Sonderform der Kommanditgesellschaft geregelt und wurde erst mit dem AktG 1937 in das Aktiengesetz übernommen.[159] Zum Teil wird auf § 180 g Abs. 1 ADHGB hingewiesen, der vorschrieb, dass „die Abänderung des Gesellschaftsvertrages nicht ohne Beschluss der Generalversammlung der Kommanditisten erfolgen kann". Die Tatsache, dass nach dem Wortlaut des § 285 Abs. 2 S. 1 AktG nun nicht mehr die „Generalversammlung" zustimmen muss, sondern umgekehrt die Komplementäre der Hauptversammlung zustimmen müssen, bringe zum Ausdruck, dass mit dem § 285 Abs. 2 S. 1 AktG der Schwerpunkt der Zuständigkeitsordnung auf die Hauptversammlung verlegt worden sei.[160] Vor diesem Hinter-

---

154 *Knur,* in: FS Flume [1978], 173, 184; *Grafmüller,* Die KGaA als geeignete Rechtsform, S. 126; *Ladwig/Motte,* DStR 1996, 800, 805; *Wichert,* Die Finanzen der KGaA, S. 64 ff.; *Mertens,* in: Kölner Komm AktG, § 285 Rn. 17. Letzterer hält allerdings die Aufnahme neuer Komplementäre auch ohne Zustimmung der Hauptversammlung für möglich; siehe hierzu § 3 F. I.

155 Vgl. den Problemtyp § 2 D. I. 5.

156 *Assmann/Sethe,* in: GroßKomm AktG, Vor § 278 Rn. 59 sowie § 285 Rn. 79; *Heermann,* ZGR 2000, 61, 84; *Semler/Perlitt,* in: Münch Komm AktG, Vor § 278 Rn. 34; differenzierend *Wichert,* in: AnwaltKomm AktR, § 281 Rn. 24, der den Hauptversammlungsbeschluss bei der Änderung aktienrechtlicher Satzungsbestandteile für unabdingbar hält.

157 *Knur,* in: FS Flume [1978], 173, 184.

158 *Grafmüller,* Die KGaA als geeignete Rechtsform, S. 126.

159 *Assmann/Sethe,* in: Großkomm AktG, Vor § 278 Rn. 18.

160 *Knur,* in: FS Flume [1978], 173, 184.

grund wird aus der Formulierung des § 285 Abs. 2 S. 1 AktG der Schluss gezogen, der Hauptversammlungsbeschluss werde als ohnehin zwingend erforderlich vorausgesetzt.[161]

Diese Argumentation trifft nicht zu. Mit der Formulierung des § 285 Abs. 2 S. 1 AktG sollte nicht der Vorrang der Hauptversammlung zum Ausdruck gebracht werden; vielmehr spiegelt die Formulierung nur den formalen Ablauf in der gesetzestypischen KGaA wider:

Bei Beschlüssen, die in das Handelsregister einzutragen sind, erfordert es der formale Ablauf, dass zunächst die Hauptversammlung abstimmt und dann die Komplementäre zustimmen: Grund hierfür ist die Tatsache, dass die Zustimmungserklärungen der Komplementäre gem. § 285 Abs. 3 S. 2 AktG in der Verhandlungsniederschrift der Hauptversammlung oder in einem Anhang zur Verhandlungsniederschrift der Hauptversammlung beurkundet werden müssen. Folge dieser zwingenden Formvorschrift[162] ist die Tatsache, dass die Beschlüsse nicht eher wirksam werden, als die Zustimmungserklärungen nicht zumindest zum Anhang der Verhandlungsniederschrift gemacht wurden.[163]

In der atypischen KGaA[164], in der durch wirksame Satzungsklausel der Hauptversammlungsbeschluss abbedungen wurde, reicht hingegen die alleinige Entscheidung der Komplementäre aus. In diesem Fall verdrängt die Satzungsklausel die gesetzliche Regelung in § 285 Abs. 2 S. 1 AktG und damit auch die Formvorschrift des § 285 Abs. 2 S. 1 AktG.

Die Zustimmung der Hauptversammlung bei Grundlagengeschäften betrifft das Verhältnis zwischen den beiden Gesellschaftergruppen und ergibt sich systematisch bereits aus § 278 Abs. 2 AktG. § 285 Abs. 2 S. 1 AktG dient lediglich der Klarstellung, dass die Entscheidung über Grundlagengeschäfte beide Gesellschaftergruppen betrifft und deshalb nach Kommanditgesellschaftsrecht zu beurteilen ist.[165] Damit ist § 285 Abs. 2 S. 1 AktG als Verweisungsnorm für die Entscheidung

---

161 *Knur,* in: FS Flume [1978], 173, 184.

162 *Hüffer,* AktG, § 285 Rn. 4; *Assmann/Sethe,* in: GroßKomm AktG, § 285 Rn. 95.

163 Die bloße notarielle Beurkundung der Zustimmungserklärungen der Komplementäre genügt nicht; *Semler/Perlitt,* in: Münch Komm AktG, § 285 Rn. 53. Zwar können die Zustimmungserklärungen der Komplementäre bereits vor der Hauptversammlung gegebenenfalls von einem anderen Notar beurkundet worden sein; wirksam werden die Erklärungen jedoch erst dann, wenn sie zum Anhang der Verhandlungsniederschrift gemacht worden sind; *Assmann/Sethe,* in: GroßKomm AktG, § 285 Rn. 94; *Mertens,* in: Kölner Komm AktG, § 285 Rn. 23. Ausreichend ist es jedoch ausnahmsweise, wenn sich aus dem beurkundeten Hauptversammlungsprotokoll einschließlich der Anlagen zweifelsfrei ergibt, dass der Komplementär in seiner Eigenschaft als Kommanditaktionär zugestimmt hat; OLG Stuttgart ZIP 2003, 670, 671 li. Sp.

164 Der Begriff „atypische KGaA“ bezeichnet eine KGaA, in deren Satzung von der Gestaltungsfreiheit Gebrauch gemacht worden ist. Die „atypische KGaA“ ist streng von der Kapitalgesellschaft & Co. KGaA bzw. der GmbH & Co. KGaA zu unterscheiden, bei denen nicht lediglich natürliche Personen als Komplementäre beteiligt sind.

beider Gesellschaftergruppen über Grundlagengeschäfte aufzufassen. Ob die Komplementäre dem Hauptversammlungsbeschluss zustimmen müssen oder umgekehrt die Hauptversammlung den Erklärungen der Komplementäre zustimmen muss, ist für die materiell-rechtliche Zuständigkeitsverteilung in der gesetzestypischen KGaA gleichgültig. Ebenso unerheblich ist diese Tatsache für die Frage der Gestaltungsfreiheit in der atypischen KGaA. Für die Gestaltungsfreiheit ist allein die Tatsache wichtig, dass § 285 Abs. 2 S. 1 AktG eine Verweisung in das Kommanditgesellschaftsrecht beinhaltet. In der Kommanditgesellschaft kann die Zustimmung der Kommanditisten zu Grundlagengeschäften bei Beachtung von Bestimmtheitsgrundsatz und Kernbereichslehre ausgeschlossen werden.

Im Ergebnis kann der Hauptversammlungsbeschluss im Anwendungsbereich des § 278 Abs. 2 AktG grundsätzlich abbedungen werden. § 285 Abs. 2 S. 1 AktG schließt diese Möglichkeit nicht aus. Im Ergebnis konnte das durch gesetzessystematische Auslegung gewonnene abstrakte Lösungskriterium[166] weder durch die historischen noch durch die systematischen Argumente der Literatur widerlegt werden.

E. Die Aufnahme eines neuen Komplementärs

Die Aufnahme eines neuen Komplementärs fällt unter die in der Einleitung formulierte Leitfrage[167]: Sind auf die materiellen und formellen Aspekte des Beitritts eines phGs personengesellschaftsrechtliche oder aktienrechtliche Vorschriften oder Grundsätze anzuwenden?

Systematisch müssen die unterschiedlichen Grundsätze der 2. und 3. Stufe in Übereinstimmung gebracht werden: KGaA-Satzung, personengesellschaftsrechtliche Zuständigkeitsverteilung und Satzungsautonomie (vgl. schematische Darstellung auf S. 108). Diese Harmonisierungsaufgabe[168] ist kompliziert, da nicht lediglich einzelne Vorschriften, sondern verschiedene Strukturprinzipien miteinander zu vereinbaren sind.[169] Als systematisches Lösungskriterium wurde für diesen Problemtyp im allgemeinen Teil vorgegeben:

Die personengesellschaftsrechtlichen Elemente auf der 2. Stufe sind möglichst ohne Bedeutungsverlust in die Satzungsverfassung einzupassen.[170] Daran soll sich die folgende Lösung orientieren.

---

165 Ähnlich *Sethe,* der § 285 Abs. 2 S. 1 AktG lediglich deklaratorische Bedeutung beimisst; *Sethe,* Die personalistische Kapitalgesellschaft, S. 123.

166 Vgl. § 2 D. I. 5. c).

167 Vgl. das Leitthema im Anschluss an § 1 B. III.

168 Vgl. die 2. Variante des Leitthemas § 1 B. III. 2.

169 Vgl. Problemtyp § 2 D. I. 4.

170 Vgl. § 2 D. I. 4. c).

Ausnahmsweise wird an dieser Stelle von der deduktiven Methode[171] abgewichen und die spezielle Satzungsänderung „Aufnahme eines neuen Komplementärs“ behandelt, bevor die Satzungsänderungen in der KGaA unter Gliederungspunkt § 3 F. abstrakt untersucht werden. Für diese Reihenfolge gibt es zwei Gründe:

Nur für den Beitritt neuer phG gibt es Literaturmeinungen, die sich mit der Gesetzessystematik des § 278 Abs. 2, 3 AktG auseinandersetzen: Die im allgemeinen Teil erzielten Ergebnisse sollen daher an diesem Fall überprüft werden.

Darüber hinaus bietet sich die Aufnahme eines Komplementärs für die Darstellung der unterschiedlichen Aspekte einer Satzungsänderung an. An diesem Beispiel kann besonders anschaulich gezeigt werden, wie das Prüfungsschema als *Baukastensystem*[172] funktioniert. Insbesondere die formellen Aspekte, die durch die Aufnahme eines neuen Komplementärs auf der Grundlage einer Satzungsregelung berührt werden, sollen geklärt und mit der Aufnahme eines neuen Komplementärs nach dem gesetzlichen Verfahren verglichen werden.

All dies soll durch Lösung eines Beispielsfalls im Folgenden geleistet werden:

I. Der Streitfall

Welche Schwierigkeiten auftauchen, wenn die KGaA-Satzung für die Aufnahme eines neuen Komplementärs ein abweichendes Verfahren vorsieht, lässt sich anhand des folgenden Beispielsfalls verdeutlichen:

Die Satzung einer einfachen KGaA mit mehreren Komplementären enthält die Klausel, dass über die Aufnahme neuer Komplementäre der Komplementär A alleine entscheidet. Des Weiteren ist der Aufsichtsrat durch Satzungsklausel ermächtigt, gem. § 179 Abs. 1 S. 2 AktG über Fassungsänderungen der Satzung zu entscheiden. Komplementär A vereinbart mit B mündlich dessen Aufnahme als neuer Komplementär der KGaA. Auf Veranlassung von A fasst der Aufsichtsrat der KGaA mit einfacher Mehrheit einen Beschluss, mit dem festgestellt wird, dass B Komplementär der KGaA ist. A stellt beim Registergericht in öffentlich beglaubigter Form[173] Antrag auf Eintragung. A reicht zusammen mit dem Antrag die Niederschrift des Aufsichtsratsbeschlusses in der Form des § 107 Abs. 2 AktG und den vollständigen Wortlaut der Satzung mit den gem. § 281 Abs. 1 AktG notwendigen Angaben zu B und der notariellen Bescheinigung gem. § 181 Abs. 1 S. 2 AktG beim Registergericht ein. Schließlich trägt das Registergericht B als neuen Komplementär ein.

Fraglich ist, ob die Zuständigkeit des Aufsichtsrats gem. § 179 Abs. 1 S. 2 AktG i.V.m. der Satzungsermächtigung begründet war oder nicht. Darüber hinaus ist um-

171 Vgl. § 1 B. IV. 1.

172 Vgl. § 2 C. III.

173 Anmeldungen zum Handelsregister müssen gem. § 12 Abs. 1 HGB in öffentlich beglaubigter Form erfolgen. Die formellen Anforderungen ergeben sich im Einzelnen aus § 129 Abs. 1 BGB i.V.m. §§ 39, 40 BeurkG.

stritten, ob B schon zum Zeitpunkt der mündlichen Vereinbarung mit A oder erst mit der Eintragung in das Handelsregister gem. § 181 Abs. 3 AktG Komplementär der KGaA geworden ist.

Eine Meinung in der Literatur hält die Eintragung für konstitutiv hinsichtlich des Erwerbs der Komplementärstellung[174]:

Die Aufnahme eines Komplementärs betreffe gleichzeitig Rechtsverhältnisse des § 278 Abs. 2 AktG und Rechtsverhältnisse des § 278 Abs. 3 AktG.[175] Der Eintritt eines neuen Komplementärs betreffe wegen dessen Geschäftsleitungsbefugnis auch die Kommanditaktionäre; daher sei das Verhältnis zwischen den Gesellschaftergruppen gem. § 278 Abs. 2 AktG betroffen. Gleichzeitig sei aber auch das Verhältnis zwischen dem Komplementär und der Gesellschaft selbst betroffen. Da dieses Verhältnis in § 278 Abs. 2 AktG nicht erwähnt sei, müsse man das Verhältnis zwischen Komplementär und KGaA als sonstige Materie im Sinne des § 278 Abs. 3 AktG einordnen und aktienrechtlich beurteilen.[176] In Fällen, in denen gleichzeitig § 278 Abs. 2 AktG und § 278 Abs. 3 AktG einschlägig sei, müsse der Verweisung der Vorrang eingeräumt werden, der bei wertender Betrachtung die übergeordnete Bedeutung zukomme.[177]

Darüber hinaus sei die Aufnahme eines neuen Komplementärs in die materielle Entscheidungszuständigkeit und die formellen Anforderungen an die Aufnahme in die Gesellschaft aufzuspalten. Materiell überwiege § 278 Abs. 2 AktG, da nicht nur das Verhältnis zu den Kommanditaktionären, sondern auch das Verhältnis zu den übrigen Komplementären und durch die Verbreiterung der Haftungsbasis auch das Verhältnis zu den Gesellschaftsgläubigern, d. h. das Verhältnis gegenüber Dritten im Sinne des § 278 Abs. 2 AktG, betroffen sei.[178] Formell sei die Satzung dagegen einheitlich wie die Satzung einer AG zu behandeln, d. h. eine Aufspaltung in aktienrechtliche und kommanditrechtliche Satzungsbestandteile sei nicht angebracht. Vielmehr seien grundsätzlich bei jeder Satzungsänderung die aktienrechtlichen Vorschriften der §§ 179 ff. AktG zu beachten.[179] Für den vorliegenden Fall wäre nach dieser Ansicht die Eintragung des B gem. § 181 Abs. 3 AktG konstitutiv für dessen Erwerb der Gesellschafterstellung.

Die soeben referierte Ansicht legt die Verweisungen des § 278 Abs. 2, 3 AktG in einigen Aspekten systematisch grundlegend anders aus, als dies in der Untersuchung im allgemeinen Teil unter § 2 B. II. 1. bis 4. geschehen ist. Die hier erzielten Ergebnisse lassen sich daher gut überprüfen, wenn man sich mit dieser abweichenden Literaturmeinung auseinandersetzt. Dies soll im Rahmen des systematischen Prüfungsschemas erfolgen:

---

174 *Cahn,* AG 2001, 579, 585.

175 *Cahn,* AG 2001, 579, 581 f.

176 *Cahn,* AG 2001, 579, 581 r. Sp.

177 *Cahn,* AG 2001, 579, 582 r. Sp.

178 *Cahn,* AG 2001, 579, 582.

179 *Cahn,* AG 2001, 579, 583.

1. Erster Prüfungsschritt

Im ersten Prüfungsschritt ist zu untersuchen, ob mitgliedschaftliche Rechte eines Gesellschafters betroffen sind.

Mit der Aufnahme des neuen Komplementärs werden seine mitgliedschaftlichen Rechte begründet. Die Aufnahme des Komplementärs richtet sich nach Personengesellschaftsrecht, da jeder KGaA-Gesellschafter seiner Rechtsnatur entsprechend zu behandeln ist. Der Komplementär ist das personengesellschaftsrechtliche Element der KGaA; seine mitgliedschaftlichen Rechtsverhältnisse gegenüber anderen Komplementären, gegenüber außenstehenden Dritten und gegenüber der Gesellschaft unterliegen gem. § 278 Abs. 2 AktG Personengesellschaftsrecht. Die Literaturansicht[180], die auf das Verhältnis zwischen Gesellschaft und Komplementär gem. § 278 Abs. 3 AktG Aktienrecht anwenden will, ist abzulehnen. Es wäre widersinnig, dem Komplementär gem. § 278 Abs. 1 AktG als typisch personengesellschaftsrechtliche Pflicht die persönliche Haftung aufzuerlegen, ihm aber gleichzeitig die mitgliedschaftlichen Rechte eines Komplementärs gegenüber der KGaA vorzuenthalten.[181]

2. Zweiter Prüfungsschritt

Durch die Aufnahme des neuen Komplementärs wird auch sein gesellschaftsrechtliches Rechtsverhältnis zur Gesamtheit der Kommanditaktionäre erst begründet.[182] Gem. § 278 Abs. 2 AktG gilt für das Verhältnis zwischen den Gesellschaftergruppen Personengesellschaftsrecht. Die Aufnahme eines neuen Komplementärs ist gem. §§ 278 Abs. 2, 285 Abs. 2 S. 1 AktG – genauso wie in der Personengesellschaft – ein Grundlagengeschäft, dem grundsätzlich alle Gesellschafter zustimmen müssen.

Zum Teil wird argumentiert, gleichzeitig sei das Verhältnis des Komplementärs zur KGaA betroffen, das gem. § 278 Abs. 3 AktG nach Aktienrecht zu beurteilen sei. Deshalb sei die Verweisung des § 278 Abs. 3 AktG jedenfalls auch einschlägig.[183] Wenn aber beide Verweisungen des § 278 Abs. 2, 3 AktG nebeneinander einschlägig seien, müsse anhand einer wertenden Betrachtung beurteilt werden, welcher Verweisung der Vorrang gebühre.[184] Wie im ersten Prüfungsschritt festgestellt, sind die Rechtsverhältnisse des Komplementärs und damit auch sein Verhältnis zur KGaA nach Personengesellschaftsrecht zu beurteilen.

---

180 Vgl. *Cahn,* AG 2001, 579, 581 r. Sp.

181 Vgl. dazu oben § 2 B. II. 1.

182 *Fett,* in: Hdb KGaA, § 3 Rn. 25 (S. 30).

183 *Cahn,* AG 2001, 579, 581 f.

184 *Cahn,* AG 2001, 579, 582 r. Sp.

Allerdings ist aus einem anderen Grund neben § 278 Abs. 2 AktG gleichzeitig auch § 278 Abs. 3 AktG betroffen: Durch das Gewinnbezugsrecht des neuen Komplementärs wird der Anspruch der Kommanditaktionäre auf Dividende, gem. § 278 Abs. 3 i.V.m. §§ 58 Abs. 4, 60 AktG, beeinträchtigt und damit das Verhältnis des einzelnen Kommanditaktionärs zur KGaA gem. § 278 Abs. 3 AktG berührt. Es ist aber abzulehnen, den Vorrang zwischen § 278 Abs. 2 AktG und § 278 Abs. 3 AktG mit Hilfe einer wertenden Betrachtung zu ermitteln.[185] Wenn gleichzeitig beide Gesellschaftergruppen betroffen sind, ist auch das Verhältnis zwischen den Gesellschaftergruppen berührt. Dieser Konflikt der beiden Regelungsregime wird durch das Gesetz in § 278 Abs. 2 AktG zugunsten des Personengesellschaftsrechts entschieden[186]; eine wertende Betrachtung ist daher nicht notwendig.

Die Aufnahme eines Komplementärs richtet sich also grundsätzlich nach Personengesellschaftsrecht. Dennoch ist fraglich, ob und inwieweit gem. § 278 Abs. 1 AktG die aktienrechtlichen Verfahrensvorschriften der §§ 179 ff. AktG einzuhalten sind, da die KGaA-Satzung die auf die Gesellschaft bezogene Organisationsverfassung einer gegenüber ihren Mitgliedern verselbstständigten juristischen Person darstellt.[187] Es ist also fraglich, welches Regelungsregime anwendbar ist, wenn gleichzeitig § 278 Abs. 2 AktG und die KGaA als selbstständige Rechtspersönlichkeit gem. § 278 Abs. 1 AktG betroffen sind.[188]

Beim Eintritt neuer Komplementäre geht es nicht nur um die Harmonisierung einzelner aktienrechtlicher Vorschriften mit personengesellschaftsrechtlichen Regelungen. Vielmehr sind die personengesellschaftsrechtliche Zuständigkeitsverteilung für Grundlagengeschäfte und die Gestaltungsfreiheit möglichst ohne Bedeutungsverlust in die aktienrechtliche Satzungsverfassung der KGaA einzupassen.[189]

Im Folgenden sollen daher zunächst die verschiedenen in Frage kommenden Verfahren dargestellt werden. Sodann soll untersucht werden, wie eine Harmonisierung der Strukturprinzipien nach der gesetzessystematischen Vorgabe erreicht werden kann.

a) Das Verfahren für die Änderung des Gesellschaftsvertrages in der Personengesellschaft

Die Aufnahme eines Komplementärs setzt in der Personengesellschaft die Änderung des Gesellschaftsvertrages voraus[190], die grundsätzlich formlos möglich

---

185 *Fett,* in: Hdb KGaA, § 3 Rn 24 ff. (S. 29 ff.).

186 Vgl. oben § 2 B. II. 2.

187 Vgl. oben § 2 B. II. 3.

188 Vgl. oben § 2 B. II. 4.

189 Vgl. das Lösungskriterium für diesen Problemtyp § 2 D. I. 4. c).

190 *Baumbach/Hopt,* HGB, § 105 Rn. 67.

ist.[191] Im Personengesellschaftsrecht gibt es keinen gesetzlich festgesetzten Mindestinhalt für einen schriftlich niedergelegten Gesellschaftsvertrag. Mit der Anmeldung der Personenhandelsgesellschaft zur Eintragung in das Handelsregister gem. §§ 161 Abs. 2, 106 HGB ist auch kein Gesellschaftsvertrag einzureichen.

Wurden dennoch Angaben zu den Komplementären (beispielsweise Name, Vorname und Wohnort) in einen schriftlich niedergelegten Gesellschaftsvertrag aufgenommen, können Änderungen des schriftlichen Gesellschaftsvertrages grundsätzlich auch mündlich erfolgen.[192] Dies gilt auch für die Aufnahme eines neuen Gesellschafters.[193]

b) Die beiden Verfahren für Satzungsänderungen in der Aktiengesellschaft

Die Vorschriften der §§ 179 ff. AktG stellen für Änderungen der Satzung einer Aktiengesellschaft die notwendigen Verfahren zur Verfügung.[194]

Es sind ordentliche Satzungsänderungen und bloße Fassungsänderungen zu unterscheiden:

Satzungsänderungen setzen immer einen Hauptversammlungsbeschluss gem. § 179 Abs. 1 S. 1 AktG voraus. Die Änderung wird mit Eintragung in das Handelsregister wirksam, § 181 Abs. 3 AktG.

Fassungsänderungen vollziehen sich demgegenüber außerhalb der Satzung, d. h. der Satzungswortlaut muss den geänderten Umständen angepasst werden.[195] Technisch ist bei Fassungsänderungen also nur eine redaktionelle Änderung des Satzungstextes erforderlich.[196] Die Zuständigkeit für Fassungsänderungen kann gem. § 179 Abs. 1 S. 2 AktG auf den Aufsichtsrat übertragen werden. Die Änderung des Satzungstextes hat rein deklaratorische Wirkung; § 181 Abs. 3 AktG gilt nicht.

Folgende Formvorschriften gelten für Satzungsänderungen und Fassungsänderungen gleichermaßen:

Änderungen des Satzungswortlauts sind gem. § 181 Abs. 1 S. 1 AktG zur Eintragung in das Handelsregister anzumelden. Gem. § 181 Abs. 1 S. 2 AktG ist der vollständige Wortlaut der Satzung mit einer notariellen Bescheinigung beim Han-

---

191 *Ulmer,* in: GroßKomm HGB, § 105 Rn. 169, 192.

192 *Ulmer,* in: GroßKomm HGB, § 105 Rn. 169, 192. Selbst eine im Gesellschaftsvertrag festgelegte Schriftformklausel kann u. U. mit der mündlichen Vertragsänderung konkludent abbedungen werden.

193 *Ulmer,* in: GroßKomm HGB, § 105 Rn. 193.

194 *Hüffer,* AktG, § 179 Rn. 4.

195 *Wiedemann,* in: GroßKomm AktG, § 179 Rn. 107.

196 *Hüffer,* AktG, § 179 Rn. 11. Ein Beispiel hierfür ist die bedingte Kapitalerhöhung: Mit Ausgabe der Bezugsaktien wird der Satzungstext unrichtig, *Hüffer,* AktG, § 195 Rn. 1.

delsregister einzureichen. Durch die Vorschrift des § 181 Abs. 1 S. 2 AktG soll vermieden werden, dass derjenige, der den aktuellen Wortlaut der Satzung beim Handelsregister einsehen will, diesen Wortlaut erst mühsam aus verschiedenen Dokumenten zusammenstellen muss.[197] Daher ist es für § 181 Abs. 1 S. 2 AktG auch unerheblich, auf welchem Wege die Änderung des Satzungswortlautes herbeigeführt wurde; die Vorschrift gilt sowohl für Satzungsänderungen im Sinne des § 179 Abs. 1 S. 1 AktG als auch für Fassungsänderungen im Sinne des § 179 Abs. 1 S. 2 AktG.[198]

c) Die Verfahren für Satzungsänderungen in der KGaA

Die Anwendung des personengesellschaftsrechtlichen Verfahrens auf Satzungsbestandteile, die entweder die personengesellschaftsrechtliche Zuständigkeitsverteilung, z. B. die Geschäftsverteilung oder personengesellschaftsrechtlich zu beurteilende Entscheidungsgegenstände, wie z. B. die Vermögenseinlagen der Komplementäre oder die Aufnahme eines neuen Komplementärs betreffen, scheidet aus. Damit würde die Rechtsnatur der KGaA als juristischer Person ignoriert.[199] Die KGaA verfügt als juristische Person über eine ganz auf die Gesellschaft bezogene Satzungsverfassung. Die Satzung bildet die aktienrechtliche Organisationsklammer[200] der KGaA, in die auch die personengesellschaftsrechtlichen Elemente eingepasst werden müssen:

Die Publizitätsanforderungen an eine juristische Person erfordern es, dass stets eine vollständige Satzung beim Handelsregister einsehbar sein muss, § 278 Abs. 1 i.V.m. § 181 Abs. 1 S. 2 AktG.[201] Für Änderungen der KGaA-Satzung kommen daher nur die beiden aktienrechtlichen Verfahren zur ordentlichen Satzungsänderung und zur Fassungsänderung gem. §§ 179 ff. AktG in Betracht.

d) Die im Streitfall anzuwendenden Verfahrensvorschriften

Die §§ 179 ff. AktG gelten in der KGaA nach Maßgabe der personengesellschaftsrechtlichen Zuständigkeitsverteilung und Satzungsautonomie, §§ 278 Abs. 2, 285 Abs. 2 S. 1 AktG.

Wurde wie im vorliegenden Fall von der Satzungsautonomie Gebrauch gemacht und die Entscheidungszuständigkeit auf einen einzelnen Komplementär übertragen, muss eines der beiden aktienrechtlichen Verfahren i. S. d. §§ 179 ff. AktG gewählt werden.

---

197 BT-Drucks. V / 3862 S. 13.

198 *Hüffer,* AktG, § 181 Rn. 7, 11.

199 Vgl. § 2 A. I., II.

200 Vgl. die schematische Darstellung auf Seite 108.

201 *Hüffer,* AktG, § 181 Rn. 7, 11.

Das Verfahren für ordentliche Satzungsänderungen gem. §§ 179 ff. AktG muss in einem solchen Fall ausscheiden, da es zwingend einen Hauptversammlungsbeschluss voraussetzt, der der gem. § 278 Abs. 2 AktG zulässigen Übertragung der Entscheidungszuständigkeit auf einen einzelnen Komplementär widersprechen würde.

Aus diesem Grund ist im vorliegenden Fall das Verfahren für Fassungsänderungen i. S. d. §§ 179 ff. AktG anwendbar. Danach vollzieht sich die Satzungsänderung außerhalb der KGaA-Satzung nach dem personengesellschaftsrechtlichen Verfahren. Mit dem personengesellschaftsrechtlichen Verfahren ist dabei nicht das Verfahren für Änderungen eines personengesellschaftsrechtlichen Gesellschaftsvertrags gemeint, sondern das Verfahren, das aufgrund der personengesellschaftsrechtlichen Satzungsautonomie i. S. d. §§ 278 Abs. 2, 285 Abs. 2 S. 1 AktG in der KGaA-Satzung geregelt wurde: Die Satzungsänderung durch einen einzelnen Komplementär. Mit der Entscheidung des Komplementärs wird der Satzungstext unrichtig und muss redaktionell angepasst werden.

Bei entsprechender Satzungsermächtigung kann der Aufsichtsrat gem. § 179 Abs. 1 S. 2 AktG die Fassungsänderung beschließen.[202] Die Zustimmung der Komplementäre ist für die Fassungsänderung nicht erforderlich:[203] Fassungsänderungen betreffen lediglich die KGaA in ihrer Eigenschaft als juristische Person gem. § 278 Abs. 1 AktG und nicht das Verhältnis zwischen den Gesellschaftergruppen i. S. d. § 278 Abs. 2 AktG. Die Tatsache, dass der vollständige Wortlaut der Satzungsregelungen beim Handelsregister einsehbar sein muss, ergibt sich aus den Publizitätsanforderungen an die KGaA als juristische Person, § 181 Abs. 1 S. 2 AktG. Fassungsänderungen sind notwendig, um den Satzungstext redaktionell mit den materiell gültigen Regelungen in Übereinstimmung zu bringen.[204]

Die Anmeldung beim Handelsregister erfordert die Einreichung des richtigen Satzungstextes im vollen Wortlaut, § 181 Abs. 1 S. 1, 2 AktG.

---

202 Die Ansicht von *Mertens,* der zusätzlich zum Beschluss des Aufsichtsrats die Zustimmung der Komplementäre fordert, ist abzulehnen, vgl. *Mertens,* in: Münch Komm AktG, § 278 Rn. 93. §§ 278 Abs. 2, 285 Abs. 2 S. 1 AktG gelten lediglich für die Entscheidung über die ordentliche Satzungsänderung. Die Fassungsänderung als lediglich redaktionelle Änderung der Satzungsfassung betrifft lediglich die KGaA in ihrer Eigenschaft als juristische Person gem. § 278 Abs. 1 AktG; es sind ausschließlich die aktienrechtlichen Regelungen für Fassungsänderungen anwendbar.

203 A. A. *Wichert,* in: AG 1999, 362, 365 li. Sp.; *Mertens,* in: Kölner Komm AktG, § 278 Rn. 93.

204 *Hüffer,* AktG, § 179 Rn. 11.

3. Dritter Prüfungsschritt

Zuständig für die Anmeldung der Fassungsänderung beim Handelsregister sind gem. § 283 Nr. 1 i.V.m. § 181 Abs. 1 S. 1 AktG die Komplementäre in vertretungsberechtigter Anzahl.

4. Die Lösung des Streitfalls

Die Aufnahme des B wurde nach personengesellschaftsrechtlichen Grundsätzen materiell schon mit der mündlichen Vereinbarung zwischen dem entscheidungsbefugten A und dem eintretenden B wirksam. Die Eintragung der Fassungsänderung hatte nur noch deklaratorische Bedeutung.

Die Entscheidung über Fassungsänderungen war im vorliegenden Fall gem. § 179 Abs. 1 S. 2 AktG durch Satzungsklausel auf den Aufsichtsrat übertragen worden. Nachdem die Entscheidung des Aufsichtsrats über die Fassungsänderung vorlag, konnte A im Rahmen seiner Vertretungsbefugnis gem. § 283 Nr. 1 i.V.m. § 181 Abs. 1 S. 1 AktG die Fassungsänderung beim Handelsregister anmelden. Das Vorgehen von A war daher korrekt.

II. Zulässige Satzungsregelungen für die Aufnahme eines Komplementärs

Gem. §§ 278 Abs. 2, 285 Abs. 2 S. 1 AktG gilt für die Zuständigkeitsverteilung die personengesellschaftsrechtliche Satzungsautonomie. Die gesetzliche Zuständigkeit zur Entscheidung über die Aufnahme eines neuen Komplementärs kann nach ganz herrschender Ansicht in der Satzung modifiziert werden.[205] Möglich sind z. B. folgende Satzungsregelungen:

- Die Entscheidungsbefugnis über die Aufnahme neuer Komplementäre kann auf die Hauptversammlung, auf den Aufsichtsrat oder auf die Komplementärversammlung übertragen werden.[206]
- Die Übertragung auf einen einzelnen Komplementär ist zulässig.[207]
- Sogar außenstehende Dritte dürfen mit der Entscheidung betraut werden.[208] Die Satzung kann vorsehen, dass ein Beirat, der mit gesellschaftsfremden Dritten besetzt ist, über die Aufnahme neuer Komplementäre entscheidet.[209]

---

205 *Herfs,* in: Münch Hdb AG, § 76 Rn. 5; *Assmann/Sethe,* in: GroßKomm AktG, § 278 Rn. 45 ff.; *Semler/Perlitt,* in: Münch Komm AktG, § 278 Rn. 67 ff.; *Schütz/Reger,* in: Hdb KGaA, § 5 Rn. 312 ff. (S. 180 ff.).

206 *Semler/Perlitt,* in: Münch Komm ÁktG, § 278 Rn. 68; *Assmann/Sethe,* in: Groß-Komm AktG, Rn. 46.

207 *Herfs,* in: Münch Hdb AG, § 76 Rn. 5; *Wichert,* in: AG 1999, 362, 367.

- Dem neuen Komplementär selbst kann in der Satzung ein Beitrittsrecht eingeräumt werden, das er durch Erklärung gegenüber einem vertretungsberechtigten Komplementär ausüben kann.[210] Das Beitrittsrecht kann von bestimmten Bedingungen abhängig gemacht werden.

Die personengesellschaftsrechtlichen Grenzen der Satzungsautonomie stehen solchen Regelungen nicht entgegen.[211]

F. Die Satzungsänderungen in der KGaA

Auch Satzungsänderungen in der KGaA fallen unter die in der Einleitung formulierte[212] Leitfrage: Sind auf Satzungsänderungen personengesellschaftsrechtliche oder aktienrechtliche Vorschriften oder Grundsätze anwendbar?

Das Problem erfordert die Harmonisierung[213] verschiedener Strukturprinzipien der KGaA: Personengesellschaftsrechtliches Rechtsverhältnis auf der 2. Stufe und aktienrechtliche KGaA-Satzung auf der 3. Stufe (vgl. schematische Darstellung auf S. 108).

Satzungsänderungen sind in der KGaA immer Grundlagengeschäfte, für die gem. §§ 278 Abs. 2, 285 Abs. 2 S. 1 AktG grundsätzlich beide Gesellschaftergruppen gemeinsam zuständig sind, wobei der Hauptversammlungsbeschluss im Grundsatz stets abbedungen werden kann. Die Anwendung der §§ 179 ff. AktG auf Satzungsänderungen ist u. a. deshalb problematisch, da der HV-Beschluss gem. § 179 AktG an sich unverzichtbar wäre.

Die Lösung des Problemtyps[214] wird sich im Ergebnis am systematischen Lösungskriterium orientieren: Die personengesellschaftsrechtlichen Elemente sind möglichst ohne Bedeutungsverlust in die aktienrechtliche Satzungsverfassung zu integrieren.[215] Zuvor sind jedoch alternative Auslegungsmöglichkeiten zu überprüfen, um die gesetzessystematisch erzielten Ergebnisse an den teilweise teleologischen Argumenten der Literatur und Rechtsprechung zu messen.

---

208 *Herfs*, in: Münch Hdb AG, § 76 Rn. 6; *Assmann/Sethe*, in: GroßKomm AktG, § 278 Rn. 47.

209 *Herfs*, in: Münch Hdb AG, § 76 Rn. 6; *Assmann/Sethe*, in: GroßKomm AktG, § 278 Rn. 47.

210 *Semler/Perlitt*, in: Münch Komm AktG, § 278 Rn. 68.

211 Bei Vorliegen eines wichtigen Grundes können die Komplementäre dem Beitritt oder der Aufnahme eines neuen Komplementärs wegen Verletzung der Treuepflicht widersprechen; *Schütz/Reger*, in: Hdb KGaA, § 5 Rn. 313 (S. 181).

212 Vgl. das Leitthema im Anschluss an § 1. B. III.

213 Vgl. die 2. Variante des Leitthemas § 1. B. III. 2.

214 Vgl. die Überschrift zu § 2 D. I. 4.

215 Vgl. § 2 D. I. 4. c).

Der hier angesprochene Problemtyp (§ 2 D. I. 4.) wurde bereits unter Gliederungspunkt § 3 E. für den speziellen Fall der „Aufnahme eines Komplementärs auf Grundlage einer Satzungsregelung“ behandelt. Dort ist es gelungen, die personengesellschaftsrechtliche Zuständigkeitsverteilung und Gestaltungsfreiheit ohne entscheidenden Bedeutungsverlust in die Satzungsverfassung der KGaA einzufügen. Eine allgemeine Formel für das Verhältnis zwischen §§ 278 Abs. 2, 285 Abs. 2 S. 1 AktG einerseits und §§ 278 Abs. 1, 179 ff. AktG andererseits fehlt allerdings noch.

Für die Anwendung der §§ 179 ff. AktG auf die KGaA bieten sich folgende abstrakte Interpretationen an:

I. Erste Auslegungsmöglichkeit: Die uneingeschränkte Anwendung der §§ 179 ff. AktG

Die erste denkbare Deutung lautet wie folgt: Die §§ 179 ff. AktG verdrängen die §§ 278 Abs. 2, 285 Abs. 2 S. 1 AktG für alle Änderungen der KGaA-Satzung. Dann wäre der Hauptversammlungsbeschluss gem. § 179 Abs. 1 AktG stets unabdingbar, d. h. auch für solche Satzungsregelungen, die erst durch die personengesellschaftsrechtliche Satzungsautonomie gem. §§ 278 Abs. 2, 285 Abs. 2 S. 1 AktG ermöglicht werden und die nicht zum Mindestinhalt einer KGaA-Satzung gem. § 281 Abs. 1 i.V.m. § 23 Abs. 3, 4 AktG, § 281 Abs. 1, 2 AktG gehören.[216] Im Ergebnis wäre z. B. eine Regelung zur Geschäftsverteilung unter mehreren geschäftsführungsbefugten Komplementären, die auch das Widerspruchsrecht der Kollegen für den eigenen Geschäftsbereich ausschließt[217], stets nur mit Zustimmung der Hauptversammlung zulässig. Auch die Aufnahme eines neuen Komplementärs wäre stets von den Kommanditaktionären abhängig. Für letzteren Fall nimmt der Vertreter dieser Ansicht an, dass der Ausschluss der Hauptversammlung und die Übertragung der Entscheidungszuständigkeit z. B. auf einen einzelnen Komplementär zulässig sein sollen.[218] Es bleibt jedoch unklar, ob es sich dabei seiner Ansicht nach um eine Ausnahme handelt[219] und wie diese Ausnahme begründet wird. Offen ist auch, weshalb beim Beitritt eines Komplementärs auf

216 *Mertens,* in: Kölner Komm AktG, § 278 Rn. 94.

217 Diese Regelung geht über die personengesellschaftsrechtliche Geschäftsordnungsbefugnis hinaus und muss im Gesellschaftsvertrag, in der KGaA in der Satzung geregelt werden, § 278 Abs. 2 AktG i.V.m. §§ 161 Abs. 2, 115 Abs. 1 2. HS. Für die Personengesellschaft: *Wirth,* in: Münch Hdb KG, § 7 Rn. 69; *Ulmer,* in: GroßKomm HGB, § 115 Rn. 10.

218 *Mertens,* in: Kölner Komm AktG, § 278 Rn. 24.

219 Auf die Möglichkeiten, die Geschäftsverteilungsbefugnis mit Ausschluss des Widerspruchsrechts gem. § 115 Abs. 1 S. 1 HGB oder die Befugnis zur einseitigen Erhöhung der Vermögenseinlage durch Satzungsklausel auf die Komplementärversammlung oder einen einzelnen Komplementär zu übertragen, geht *Mertens* nicht ausdrücklich ein, hält sie im Ergebnis aber wohl eher für unzulässig, vgl. *Mertens,* in: Kölner Komm AktG, § 281 Rn. 3; § 278 Rn. 92.

Grundlage einer solchen Satzungsklausel § 181 Abs. 3 AktG nicht anwendbar sein sollte.[220]

II. Zweite Auslegungsmöglichkeit: Die Differenzierung nach dem gesetzlichen Mindestinhalt der KGaA-Satzung

Denkbar ist auch diese Vorgabe für Satzungsänderungen:

Die §§ 179 ff. AktG gelten – außer für den aktienrechtlichen Mindestinhalt der KGaA-Satzung i. S. d. §§ 281 Abs. 1, 23 Abs. 3, 4 AktG – nur für die in § 281 Abs. 1, 2 AktG genannten notwendigen Festsetzungen einer KGaA-Satzung.[221]

Nach dieser Auslegung wären für alle übrigen Satzungsregelungen dann die Form- und Verfahrensvoraussetzungen für Änderungen eines personengesellschaftsrechtlichen Gesellschaftsvertrages einschlägig, d. h. es wäre nicht einmal das Verfahren für Fassungsänderungen i.S.d § 179 Abs. 1 S. 2 AktG anwendbar.

Der Gedanke, der dieser Auslegungsmöglichkeit zugrunde liegt, ist ein Umkehrschluss aus § 281 AktG: Diejenigen Satzungsregelungen, die durch den Verweis des § 278 Abs. 2 AktG auf Personengesellschaftsrecht im Vergleich zur AG möglich werden, sind nur dann in den Satzungstext aufzunehmen, wenn eine KGaA-rechtliche Spezialvorschrift wie § 281 AktG dies ausdrücklich vorschreibt. Nicht in die KGaA-Satzung aufzunehmen wären daher beispielsweise die Ausgestaltung der mitgliedschaftlichen Rechte und Pflichten der Komplementäre (z. B. durch eine generelle Befreiung vom Wettbewerbsverbot), die Regelung der personengesellschaftsrechtlichen Zuständigkeitsverteilung (z. B. die Geschäftsverteilung zwischen mehreren Komplementären) und personengesellschaftsrechtliche Entscheidungsgegenstände (z. B. die Behandlung der Vermögenseinlage der Komplementäre).[222]

Diese Auslegungsmöglichkeit würde aber dem Charakter des aktienrechtlichen Mindestinhalts i. S. d. § 23 Abs. 3, 4 AktG – der durch § 281 AktG für die KGaA nur ergänzt wird – widersprechen: § 23 Abs. 3, 4 AktG gibt nur an, was in einer gesetzestypischen AG in der Satzung mindestens geregelt werden muss. Alle Satzungsänderungen in der AG, die – in Abweichung zur aktienrechtlichen Satzungsstrenge, 23 Abs. 5 AktG – auf Grundlage besonderer aktienrechtlicher Vorschriften wie z. B. § 52 Abs. 5 S. 3 AktG[223] fakultativ auch nachträglich in die Satzung aufgenommen werden können, erfordern eine Satzungsänderung nach dem Verfahren der §§ 179 ff. AktG.[224]

---

220 *Mertens,* in: Kölner Komm AktG, § 281 Rn. 2.

221 Diese Auslegungsmöglichkeit wurde wohl bisher noch nicht vertreten.

222 Vgl. die schematische Darstellung auf S. 108.

223 Für eine Aufzählung vgl. *Hüffer,* AktG, § 23 Rn. 35.

224 *Hüffer,* AktG, § 179 Rn. 24 i.V.m. § 23 Rn. 34 f.

In diesem Sinne erweitert der Verweis in § 278 Abs. 2 AktG auf die personengesellschaftsrechtliche Satzungsautonomie im Vergleich zur AG nur die Zahl derjenigen Satzungsregelungen, die in der KGaA fakultativ nachträglich als Ausnahme zu § 23 Abs. 5 AktG in die Satzung aufgenommen werden können. Die Satzung als aktienrechtliche Struktur der KGaA wird durch den Verweis auf die personengesellschaftsrechtliche Satzungsautonomie nicht durchbrochen.[225] Mit anderen Worten: Die §§ 179 ff. AktG bleiben auch dann anwendbar, wenn die personengesellschaftsrechtlichen Satzungsregelungen nicht zum – gem. § 281 AktG im Vergleich zur AG erweiterten – Mindestinhalt der KGaA-Satzung gehören.

III. Dritte Auslegungsmöglichkeit: Die Differenzierung nach Entscheidungsgegenständen

Die dritte Möglichkeit lautet wie folgt:

Die §§ 179 ff. AktG gelten nur für die gem. §§ 281 Abs. 1, 23 Abs. 3, 4 AktG aktienrechtlich zu beurteilenden Satzungsbestandteile, z. B. die Änderung der Firma oder des Sitzes der Gesellschaft gem. 23 Abs. 3 Nr. 1 AktG oder die Erhöhung des Grundkapitals gem. § 23 Abs. 3 Nr. 3 AktG.[226] Für diese aktienrechtlichen Satzungsbestandteile kann der Hauptversammlungsbeschluss nicht abbedungen werden.

Für die kommanditrechtlichen Satzungsbestandteile, d. h. die Aufnahme eines Komplementärs gem. § 281 Abs. 1 AktG, die Erhöhung der Vermögenseinlage gem. § 281 Abs. 2 AktG, Regelungen zur Geschäftsführung gem. § 278 Abs. 2 AktG und Regelungen zu mitgliedschaftlichen Rechten der Komplementäre gem. § 278 Abs. 2 AktG wie z. B. zum Entnahmerecht und zum Gewinnanteil der Komplementäre, kann der Hauptversammlungsbeschluss abbedungen werden.[227]

Konsequent müssten bei allen Satzungsänderungen, die einen kommanditrechtlichen Satzungsbestandteil betreffen, die personengesellschaftsrechtlichen Form- und Verfahrensvorschriften für Änderungen eines Gesellschaftsvertrages anwendbar sein, d. h. die Änderung könnte sich formlos außerhalb der Satzung vollziehen.[228]

---

225 Vgl. die schematische Darstellung auf S. 108.

226 *Wichert,* in: AnwaltKomm AktR, § 281 Rn. 24; *Semler/Perlitt,* in: Münch Komm AktG, § 281 Rn. 63; mit Einschränkungen: *Jäger,* Aktiengesellschaft, § 14 Rn. 8 f.; *Cahn,* AG 2001, 579 ff.; *Fett,* in: Hdb KGaA § 3 Rn. 24 ff. (S. 24 ff.).

227 *Wichert,* in: AnwaltKomm AktR, § 281 Rn. 24; *Cahn,* AG 2001, 579 ff.; *Fett,* in: Hdb KGaA, § 3 Rn. 24 ff., 25 (S. 24 ff.).

228 *Semler/Perlitt* ziehen diese Konsequenz zumindest für einen Teilbereich der Satzungsänderungen, die kommanditrechtliche Satzungsbestandteile betreffen: Jedenfalls dann, wenn die Satzung zu einem kommanditrechtlichen Satzungsbestandteil bereits eine Regelung enthalte, vollziehe sich eine Satzungsänderung, die diese Regelung ausführt, außerhalb der KGaA-Satzung. Die Aufnahme eines Komplementärs sei schon dann ohne förmliche Sat-

Dieses Problem wird zum Teil erkannt und deshalb eine Differenzierung zwischen formellen und materiellen Aspekten bei Satzungsänderungen gefordert: Bei der Änderung von kommanditrechtlichen Satzungsbestandteilen seien die materiellen Aspekte personengesellschaftsrechtlich, die formellen Aspekte der §§ 179 ff. AktG aber aktienrechtlich zu beurteilen.[229] Danach wäre die Eintragung ins Handelsregister auch dann für die Aufnahme eines neuen Komplementärs konstitutiv, wenn die Entscheidung über die Aufnahme des neuen Komplementärs ein einzelner Komplementär auf der Grundlage einer entsprechenden Satzungsregelung getroffen hat.[230]

IV. Die Lösung: Die Anwendung der §§ 179 ff. AktG nach Maßgabe des § 278 Abs. 2 AktG

Wie bereits oben ausgeführt[231], stellt die KGaA-Satzung die aktienrechtliche Organisationsklammer dar, in die die personengesellschaftsrechtlichen Elemente eingepasst werden müssen. Damit gelten die §§ 179 ff. AktG grundsätzlich für alle, d. h. auch für solche Regelungen der Satzung, die personengesellschaftsrechtliche Elemente der KGaA betreffen. Die aktienrechtlichen Vorschriften für Satzungsänderungen müssen allerdings so angewendet werden, dass die personenrechtlichen Grundsätze möglichst nicht eingeschränkt werden:[232] Die §§ 179 ff. AktG gelten nach Maßgabe des § 278 Abs. 2 AktG.

1. Keine Differenzierung nach Satzungsbestandteilen

Die §§ 278 Abs. 1, 179 ff. AktG ergänzen auf der 3. Stufe die gem. §§ 278 Abs. 2, 285 Abs. 2 S. 1 AktG eröffnete personengesellschaftsrechtliche Zuständig-

---

zungsänderung wirksam, wenn in der KGaA-Satzung eine Bestimmung über persönliche Voraussetzungen eines Komplementärs, wie z. B. das Mindestalter, enthalten sei; *Semler/Perlitt,* in: Münch Komm AktG, § 281 Rn. 15 i.V.m. § 278 Rn. 67. Trotz § 281 Abs. 1 AktG sei dann auch eine Fassungsänderung i. S. d. §§ 179 ff. AktG nicht zwingend erforderlich, auch wenn sie empfohlen wird, *Semler/Perlitt,* in: Münch Komm AktG, § 281 Rn. 16.

Fett lässt offen, ob oder weshalb die erstmalige Regelung kommanditrechtlicher Satzungsbestandteile, wie z. B. Regelungen zu den Gesellschafterklagen gem. § 278 Abs. 2 AktG i.V.m. §§ 161 Abs. 2, 117, 127, 140 HGB oder die Regelung der Geschäftsverteilung unter mehreren Komplementären im Wege einer Fassungsänderung erfolgen kann; vgl. *Fett,* in: Hdb KGaA, § 3 Rn. 36, 38 (S. 33).

229 *Cahn,* AG 2001, 579, 583 ff.; zustimmend, aber ohne Begründung: *Wichert,* in: AnwaltKomm AktG, § 281 Rn. 27.

230 *Cahn,* AG 2001, 579, 583 ff.; *Wichert,* in: AnwaltKomm AktG, § 281 Rn. 27; vgl. den Sachverhalt im Anschluss an § 3 E. I.

231 Vgl. § 3 F. II. sowie die schematische Darstellung auf S. 108; zur Aufnahme eines neuen Komplementärs vgl. auch § 3 E. I. 2. c), d).

232 Vgl. das Lösungskriterium § 2 D. I. 4. c).

keitsverteilung und Satzungsautonomie lediglich insoweit, als sie den Prinzipien der 2. Stufe nicht widersprechen (vgl. schematische Darstellung auf S. 108).[233]

Die Satzungsautonomie für die Zuständigkeitsverteilung zwischen den Gesellschaftergruppen muss anwendbar bleiben unabhängig von der Beurteilung des jeweiligen Satzungsbestandteils. Sie besteht also auch bei der Änderung aktienrechtlicher Elemente, die gem. § 281 Abs. 1 i.V.m. § 23 Abs. 3, 4 AktG zum aktienrechtlichen Mindestinhalt der KGaA-Satzung gehören. Folglich kann das Zustimmungsrecht der Hauptversammlung z. B. auch für die Änderung der Firma oder des Sitzes der Gesellschaft grundsätzlich, d. h. im Rahmen der personengesellschaftsrechtlichen Grenzen, ausgeschlossen werden.

Allein aus der Tatsache, dass gem. § 179 Abs. 1 S. 1 AktG für Satzungsänderungen ein Hauptversammlungsbeschluss notwendig ist und § 179 Abs. 1 S. 1 AktG in der AG der Satzungsstrenge unterliegt, kann nicht abgeleitet werden, dass die Zustimmung der Kommanditaktionäre für Satzungsänderungen auch in der KGaA stets unabdingbar ist.[234] Da die §§ 179 ff. AktG nur nach Maßgabe der §§ 278 Abs. 2, 285 Abs. 2 S. 1 AktG gelten, ist die Satzungsautonomie nur dann ausgeschlossen, wenn KGaA-rechtliche Spezialregelungen[235] ausdrücklich einen Hauptversammlungsbeschluss fordern.[236]

Die Formel: „Anwendung der §§ 179 ff. AktG nach Maßgabe der §§ 278 Abs. 2, 285 Abs. 2 S. 1 AktG" stellt darüber hinaus folgendes klar: Die Verfahrensvorschriften der §§ 179 ff. AktG sind auf sämtliche Satzungsregelungen anwendbar, d. h. sowohl auf die aktienrechtlichen als auch auf die personengesellschaftsrechtlichen Bestandteile der KGaA-Satzung. Dies zeigt ein Vergleich mit der Aktiengesellschaft:

In der AG gelten die §§ 179 ff. AktG nicht nur für Satzungsregelungen, die den gesetzlichen Mindestinhalt i. S. d. § 23 Abs. 3, 4 AktG betreffen. Sie gelten auch für Satzungsregelungen, die aktienrechtliche Vorschriften als Ausnahme von der aktienrechtlichen Satzungsstrenge i. S. d. § 23 Abs. 5 AktG ausdrücklich zugelassen haben.[237]

In der KGaA wird die Satzungsautonomie, die diese aktienrechtlichen Vorschriften in der AG eröffnen, durch § 278 Abs. 2 AktG erheblich erweitert. Das ändert aber nichts an der Tatsache, dass Satzungsregelungen, die erst durch § 278 Abs. 2 AktG möglich werden, genauso in die KGaA-Satzung aufgenommen werden müs-

---

233 Von diesem Verständnis der §§ 179 ff. AktG scheinen auch *Assmann/Sethe* auszugehen, die die §§ 179 ff. AktG auf Satzungsänderungen in der KGaA zwar pauschal anwenden wollen. Der Hauptversammlungsbeschluss solle aber trotz § 179 AktG abbedungen werden können; vgl. *Assmann/Sethe,* in: GroßKomm AktG, § 278 Rn. 181 f.

234 So aber *Mertens,* in: Kölner Komm AktG, § 278 Rn. 94.

235 Für eine Definition der KGaA-rechtlichen Spezialvorschriften vgl. § 1 B. II. Fn. 29.

236 Vgl. die Aufzählung unter § 3 A IV.

237 *Hüffer,* AktG, § 179 Rn. 24 i.V.m. § 23 Rn. 34 f.

sen, wie diejenigen, die durch aktienrechtliche Vorschriften, wie z. B. §§ 278 Abs. 1, 52 Abs. 5 S. 3 AktG als Ausnahme zu § 23 Abs. 5 AktG für zulässig erklärt wurden.[238]

Das Gesetz differenziert nicht nach dem gesetzlichen Mindestinhalt der KGaA-Satzung[239] oder zwischen aktienrechtlichen und kommanditrechtlichen Satzungsbestandteilen[240], sondern nach der *Gestaltungsfreiheit* gem. § 278 Abs. 2 AktG und der *Satzungsstrenge* auf der 3. Stufe.

Folglich ist das ordentliche Verfahren für Satzungsänderungen gem. §§ 278 Abs. 1, 179 ff. AktG zwingend auch dann anwendbar, wenn eine Satzungsregelung erst durch die Verweisung auf die personengesellschaftsrechtliche Satzungsautonomie gem. § 278 Abs. 2 AktG zulässig wird.

2. Änderungen auf der Grundlage eines in der Satzung geregelten Verfahrens

Die Vorgabe, dass der durch § 278 Abs. 2 AktG eröffnete Anwendungsbereich für die Gestaltungsfreiheit möglichst nicht durch die §§ 179 ff. AktG eingeschränkt werden darf, hat noch eine andere Auswirkung:

Die Satzungsautonomie macht Regelungen möglich, die für zukünftige Satzungsänderungen auf einen Hauptversammlungsbeschluss verzichten.[241]

Immer dann, aber auch nur dann, wenn von dieser Option Gebrauch gemacht wurde, vollzieht sich diejenige Satzungsänderung, die dieses abweichende, in der Satzung normierte Verfahren tatsächlich ausführt, außerhalb der KGaA-Satzung. Das ordentliche Verfahren nach den §§ 179 ff. AktG ist in dem Fall nicht einzuhalten.[242] Im Ergebnis werden solche Satzungsänderungen nach dem in der Satzung geregelten personengesellschaftsrechtlichen Verfahren wirksam, d. h. beispielswei-

---

238 A. A. wohl nur *Semler/Perlitt,* die eine Fassungsänderung gem. §§ 179 ff. AktG beim späteren Beitritt eines Komplementärs auf Grundlage einer Satzungsregelung für nicht zwingend erforderlich halten, vgl. *Semler/Perlitt,* in: Münch Komm AktG, § 281 Rn. 16.

239 Vgl. § 3 F. II.

240 Vgl. § 3 F. III.

241 Regelungen in diesem Sinne sind z. B. die Einräumung eines Beitrittsrechts, das nach Eintritt einer aufschiebenden oder auflösenden Bedingung ausgeübt werden kann; die Übertragung der Entscheidungsbefugnis auf den Aufsichtsrat oder den Beirat etc.; vgl. dazu bereits oben § 3 E. II.

242 Im Gegensatz dazu regeln Satzungsklauseln, die beispielsweise lediglich besondere Anforderungen an die Person eines neuen Komplementärs, wie z. B. Mindestalter, stellen, kein von den §§ 179 ff. AktG abweichendes personengesellschaftsrechtliches Verfahren. Die Ausführung einer solchen Satzungsbestimmung erfordert deshalb eine Satzungsänderung gem. §§ 179 ff. AktG im ordentlichen Verfahren; a. A. *Semler/Perlitt,* in: Münch Komm AktG, § 281 Rn. 15 i.V.m. § 278 Rn. 67.

se durch Entscheidung eines einzelnen Komplementärs. Sieht die Satzung keine Formvorschriften vor, treten diese Änderungen formlos in Kraft.

Dennoch bleiben die §§ 179 ff. AktG anwendbar, wenn auch nur nach Maßgabe des Personengesellschaftsrechts. Das bedeutet in diesem Fall: Die Änderung nach dem in der Satzung vorgesehenen Verfahren ist durch die §§ 179 ff. AktG nachzuvollziehen. Mit anderen Worten: Durch redaktionelle Bearbeitung muss anschließend der Text der KGaA-Satzung aktualisiert werden, d. h. es ist das Verfahren für Fassungsänderungen i. S. d. §§ 179 ff. AktG durchzuführen. Diese nachträgliche Anpassung des Wortlauts kann aber dann nur noch deklaratorische und keine konstitutive Wirkung haben.[243]

Das Beschlussrecht für Fassungsänderungen liegt bei der Hauptversammlung; die Zustimmung der Komplementäre ist nicht erforderlich:[244] Änderungen der Satzungsfassung betreffen lediglich die KGaA in ihrer Eigenschaft als juristische Person gem. § 278 Abs. 1 AktG und nicht das Verhältnis zwischen den Gesellschaftergruppen i. S. d. § 278 Abs. 2 AktG. Es gilt daher auch nicht die personengesellschaftsrechtliche Zuständigkeitsverteilung gem. §§ 278 Abs. 2, 285 Abs. 2 S. 1 AktG, sondern die aktienrechtliche Beschlusskompetenz der Hauptversammlung gem. §§ 278 Abs. 1, 179 Abs. 1 S. 1 AktG. In der Satzung kann gem. § 179 Abs. 1 S. 2 AktG die Zuständigkeit für Fassungsänderungen pauschal auf den Aufsichtsrat übertragen werden.

V. Die Mehrheitsanforderungen bei Satzungsänderungen

Satzungsänderungen sind in der KGaA gem. §§ 278 Abs. 2, 285 Abs. 2 S. 1 AktG stets Angelegenheiten aller Gesellschafter; grundsätzlich ist daher die Zustimmung beider Gesellschaftergruppen notwendig.

Die Willensbildung jeder Gesellschaftergruppe betrifft die erste Stufe des dreistufigen Aufbaus der KGaA und unterliegt dem Rechtsgebiet, das ihrer Rechtsnatur entspricht:

Gem. § 278 Abs. 2 AktG gilt für das Verhältnis der Komplementäre untereinander Personengesellschaftsrecht. Die Komplementärversammlung muss die Satzungsänderung daher grundsätzlich einstimmig akzeptieren.[245] Gleichzeitig ist aber auf diesen Zustimmungsbeschluss der Komplementäre die Satzungsautonomie anwendbar, d. h. die Satzung kann einen Mehrheitsbeschluss vorsehen.[246]

---

243 *Assmann/Sethe,* in: GroßKomm AktG, § 281 Rn. 9; im Ergebnis zustimmend: *Fett,* in: Hdb KGaA, § 3 Rn. 37 (S. 33); *Semler/Perlitt,* in: Münch Komm AktG, § 281 Rn. 16; a. A. *Cahn,* AG 2001, 579, 583 ff.; *Wichert,* in: AnwaltKomm AktG, § 281 Rn. 27.

244 A. A. *Wichert,* AG 1999, 362, 365 li. Sp.; *Cahn,* AG 2001, 579, 584 li. Sp.; *Mertens,* in: Kölner Komm AktG, § 278 Rn. 93.

245 Zu den Mehrheitsanforderungen in Personengesellschaft und Aktiengesellschaft vgl. oben § 2 A. XVII.

Gem. § 278 Abs. 3 AktG unterliegt das Verhältnis der Kommanditaktionäre untereinander dem Aktienrecht. Über Satzungsänderungen beschließen daher die Kommanditaktionäre mit aktienrechtlichen Mehrheiten:[247] Gem. § 179 Abs. 2 S. 1 AktG ist eine Dreiviertelmehrheit des anwesenden Grundkapitals und zusätzlich die einfache Stimmenmehrheit gem. § 133 Abs. 1 AktG erforderlich.

Diese aktienrechtlichen Mehrheitsanforderungen sind in der KGaA zwingend. § 278 Abs. 3 AktG verweist auf der ersten Stufe auf Aktienrecht. Die Satzungsautonomie für die Zuständigkeitsverteilung gem. §§ 278 Abs. 2, 285 Abs. 2 S. 1 AktG auf der zweiten Stufe eröffnet zwar die Möglichkeit, die Zuständigkeit der Hauptversammlung ganz auszuschließen; die Gestaltungsfreiheit erfasst allerdings nicht das Verfahren in der Hauptversammlung, da hier ausschließlich das Verhältnis der Kommanditaktionäre untereinander berührt ist.

Auch die Tatsache, dass der Gegenstand der Satzungsänderung personengesellschaftsrechtlich oder aktienrechtlich zu beurteilen ist, hat auf die Mehrheitsanforderungen für den Hauptversammlungsbeschluss keine Auswirkungen.

Die Ansicht von Wichert kann nicht überzeugen. Wichert differenziert hinsichtlich der Beschlussmehrheiten nach Entscheidungsgegenständen. Nach Wichert sei bei der Änderung kommanditrechtlicher Satzungsbestandteile auf den Hauptversammlungsbeschluss § 133 Abs. 1 AktG anzuwenden.[248] Diese Ansicht widerspricht dem Gesetz, da § 278 Abs. 3 AktG für das Verhältnis der Kommanditaktionäre untereinander und damit für die Mehrheitsanforderungen von Hauptversammlungsbeschlüssen auf Aktienrecht verweist. Darüber hinaus ist die Ansicht von Wichert auch in sich nicht konsequent. Die Anwendung von Personengesellschaftsrecht auf die Hauptversammlungsbeschlüsse müsste vom personengesellschaftsrechtlichen Einstimmigkeitsgrundsatz ausgehen und satzungsmäßige Mehrheitsklauseln für zulässig halten.

VI. Ergebnis

Satzungsänderungen erfordern in der KGaA grundsätzlich die Zustimmung beider Gesellschaftergruppen gem. §§ 278 Abs. 2, 285 Abs. 2 S. 1 AktG. Für beide Beschlüsse der Gesellschaftergruppen gilt grundsätzlich die Satzungsautonomie. Für den Beschluss der Komplementäre gilt gem. § 278 Abs. 2 AktG Einstimmigkeit; die Satzung kann einen Mehrheitsbeschluss vorsehen. Für den Beschluss der Kommanditaktionäre gelten die aktienrechtlichen Mehrheitsanforderungen für Satzungsänderungen gem. §§ 179, 133 AktG; abweichende Satzungsregelungen sind

246 *Assmann/Sethe*, in: GroßKomm AktG, § 285 Rn. 60.

247 *Assmann/Sethe,* in: GroßKomm AktG, § 278 Rn. 181 f.

248 *Wichert,* in: AnwaltKomm AktR, § 281 Rn. 23; *ders.* in: AG 1999, 362, 365 r. Sp.; a. A. *Assmann/Sethe,* in: GroßKomm AktG, § 278 Rn. 181 f.

nur in den Grenzen zulässig, die in den Vorschriften ausdrücklich eröffnet werden, vgl. § 23 Abs. 5 AktG.

Wurde über eine Satzungsänderung nach Maßgabe eines in der Satzung geregelten Verfahrens ohne Hauptversammlungsbeschluss entschieden, gilt das Verfahren der §§ 179 ff. AktG für Fassungsänderungen; der Beschluss über die Fassungsänderung kann durch Satzungsregelung auf den Aufsichtsrat übertragen werden, § 179 Abs. 1 S. 2 AktG. Die Eintragung der Fassungsänderung ist deklaratorisch; § 181 Abs. 3 AktG gilt nicht.

G. Die Übertragung des gesamten Gesellschaftsvermögens

Auch bei diesem Problem stellt sich die in der Einleitung formulierte Leitfrage[249]: Gelten für die Übertragung des gesamten Gesellschaftsvermögens personengesellschaftsrechtliche oder aktienrechtliche Vorschriften oder Grundsätze?

Mit dem Problem ist die Konfliktlinie angesprochen, die zwischen dem Begriffspaar Gesamtheit der Kommanditaktionäre / Hauptversammlungsbeschluss hindurch läuft (vgl. die schematische Darstellung auf S. 108). Es ist eine Abgrenzung[250] zwischen personengesellschaftsrechtlicher Gestaltungsfreiheit und aktienrechtlicher Satzungsstrenge erforderlich: Die Hauptversammlung ist das Scharnier, in das das personengesellschaftsrechtliche Rechtsverhältnis zu den Komplementären eingehängt wird[251]; dieser Aspekt spricht für die Unabdingbarkeit von HV-Beschlüssen. Der Begriff der Gesamtheit der Kommanditaktionäre bestätigt dagegen die Tatsache, dass im personenrechtlichen Band zwischen den Gesellschaftergruppen grundsätzlich auch die Zustimmung der Aktionäre verzichtbar ist.

Das im allgemeinen Teil für diesen Problemtyp erarbeitete Lösungskriterium kann in diesem Fall nicht durchgreifen.[252] Aufgrund rechtshistorischer Überlegungen gilt für den Hauptversammlungsbeschluss notwendig die Satzungsstrenge:

Die Verpflichtung zur Übertragung des ganzen Gesellschaftsvermögens ist in der Personengesellschaft ein Grundlagengeschäft.[253] Damit wäre die Übertragung des gesamten Vermögens gem. §§ 278 Abs. 2, 285 Abs. 2 S. 1 AktG grundsätzlich auch in der KGaA nach Personengesellschaftsrecht zu beurteilen. Dennoch wird in der KGaA die aktienrechtliche Vorschrift des § 179a AktG auf die Übertragung des ganzen Gesellschaftsvermögens angewandt.[254] Dem ist zuzustimmen.

249 Zur Leitfrage vgl. im Anschluss an § 1 B. III.

250 Vgl. 3. Variante des Leitthemas § 1 B. III. 3.

251 Vgl. zum Begriffspaar Gesamtheit der Kommanditaktionäre / Hauptversammlung § 2 B. III. 1.

252 Vgl. § 2 D. I. 5. c).

253 BGH NJW 1995, 596.

Der Grund hierfür findet sich im § 361 AktG a.F., der inhaltlich mit § 179a AktG n.F. übereinstimmte. In § 361 AktG a.F. war die Anwendung der Vorschrift auf die KGaA ausdrücklich angeordnet. § 361 AktG a.F. war im Vierten Buch des Aktiengesetzes mit der Überschrift: „Verschmelzung, Vermögensübertragung, Umwandlung“ geregelt. Das Vierte Buch des Aktiengesetzes wurde mit der Schaffung des Umwandlungsgesetzes aus dem AktG herausgelöst und im UmwG berücksichtigt. § 361 AktG a.F. wurde als einzige umwandlungsrechtliche Vorschrift im AktG belassen und als § 179a AktG in das Erste Buch des Aktiengesetzes eingefügt. Die Tatsache, dass die KGaA im § 179a AktG nicht mehr erwähnt wird, stellt wohl ein Redaktionsversehen dar. Für diese Annahme spricht auch die Tatsache, dass die übrigen umwandlungsrechtlichen Vorschriften, die vom AktG in das neue UmwG transferiert worden sind, nach ihrem Wortlaut ausdrücklich auf die KGaA anwendbar bleiben.[255]

H. Die strukturverändernden Maßnahmen: Die Holzmüller-Doktrin

Das Problem wird von der in der Einleitung formulierten Leitfrage[256] erfasst: Gelten für strukturverändernde Maßnahmen personengesellschaftsrechtliche Vorschriften und Grundsätze oder ist die aktienrechtliche Holzmüller-Doktrin anwendbar?

Wie bei der Frage unter § 3 G. dargestellt, verläuft auch hier die Konfliktlinie zwischen dem Begriffspaar Gesamtheit der Kommanditaktionäre / Hauptversammlung[257] hindurch (vgl. schematische Darstellung auf S. 108). Das abstrakte Lösungskriterium für diesen Problemtyp bekräftigt den Vorrang der Gestaltungsfreiheit im Rechtsverhältnis zwischen den Gesellschaftergruppen vor der starren aktienrechtlichen Zuständigkeitsordnung.[258] Demnach wäre die Holzmüller-Doktrin auf die KGaA nicht übertragbar und die Zustimmung der Hauptversammlung zu strukturverändernden Maßnahmen abdingbar.

Dieses Ergebnis ist jedoch höchst umstritten und soll hier ausführlich überprüft werden. Der Abgrenzungsaufgabe zwischen personengesellschaftsrechtlichen und aktienrechtlichen Grundsätzen liegt hier ausnahmsweise keine Gesetzeslücke zugrunde[259], da die besondere Behandlung strukturverändernder Maßnahmen auch in der Aktiengesellschaft nicht auf gesetzlichen Vorschriften, sondern auf einer

254 Vgl. z. B. *Hüffer*, AktG, § 179a Rn. 22 , der den § 179a AktG ohne weitere Begründung für anwendbar erklärt.

255 Vgl. z. B. § 78 UmwG.

256 Vgl. das Leitthema im Anschluss an § 1 B. III.

257 Zum Begriffspaar vgl. § 2 B. III. 1.

258 Vgl. § 2 D. I. 5. c).

259 Zur Abgrenzungsaufgabe als 3. Variante des Leitthemas vgl. § 1 B. III. 3.

Rechtsfortbildung der Rechtsprechung beruht.[260] Dennoch ist in der KGaA ein Bereich der Zuständigkeitsverteilung ausfüllungsbedürftig, da der BGH bisher noch nicht entschieden hat, ob die Holzmüller-Doktrin auch auf die KGaA angewendet werden muss. Im Folgenden sollen beide Fragen mit Hilfe des gesetzessystematischen Prüfungsschemas[261] untersucht und gelöst werden.

Um die Einordnung der strukturverändernden Maßnahmen in der KGaA zu erleichtern, wird zunächst die unterschiedliche Behandlung in der AG und in der Personengesellschaft dargestellt und verglichen.

I. Die strukturverändernden Maßnahmen – Die Entwicklung eines Begriffs

Die Entwicklung des Begriffs der strukturverändernden Maßnahmen beginnt mit einer Entscheidung des BGH zur Aktiengesellschaft, der sog. Holzmüller-Entscheidung[262] (vgl. hierzu sogleich unter § 3 H. I. 1.). Die Ausstrahlungswirkung der Holzmüller-Doktrin auf die Personengesellschaft ist bis heute umstritten (vgl. hierzu anschließend unter § 3 H. I. 2.).

1. Die strukturverändernden Maßnahmen in der Aktiengesellschaft

In der ersten Holzmüller-Entscheidung behandelte der BGH die Ausgliederung wesentlicher Unternehmensteile durch Verkauf von Vermögensgegenständen. Diese Art der Ausgliederung fällt nicht unter das Umwandlungsgesetz, weil kein Vermögen im Wege der Gesamtrechtsnachfolge übertragen wird. Stattdessen werden einzelne Gegenstände, Rechte etc. übereignet, abgetreten etc.[263] Nach der in dieser Entscheidung entwickelten Holzmüller-Doktrin ist eine Zustimmung der Hauptversammlung bei solchen Maßnahmen erforderlich, die formal noch von der Geschäftsführungsbefugnis des Vorstands gem. § 76, 77 AktG gedeckt sind, die

> „gleichwohl aber so tief in die Mitgliedsrechte der Aktionäre und deren im Anteilseigentum verkörpertes Vermögensinteresse eingreifen, dass der Vorstand vernünftigerweise nicht annehmen kann, er dürfe sie in ausschließlich eigener Verantwortung treffen, ohne die Hauptversammlung zu beteiligen."[264]

In der Holzmüller-Entscheidung sah der BGH die gesetzliche Grundlage einer solchen Hauptversammlungszuständigkeit wohl in der Reduzierung des Vorlage-

---

260 BGHZ 83, 122 [Holzmüller].

261 Vgl. § 2 C. II.

262 BGHZ 83, 122 [Holzmüller].

263 *K. Schmidt,* Gesellschaftsrecht, § 12 I. 6. [338 f.]. Für die Ausgliederung im Wege der Gesamtrechtsnachfolge gilt § 123 Abs. 3 UmwG.

264 BGHZ 83, 122, 131 [Holzmüller].

ermessens aus § 119 Abs. 2 HGB auf Null[265]; die Literatur favorisierte dagegen Gesamt- oder Einzelanalogien zu aktienrechtlichen Vorschriften.[266] In der Folgeentscheidung zu Holzmüller, der sog. Gelatine-Entscheidung weist der BGH auf die Stärken beider Begründungsansätze hin und bezeichnet die Holzmüller-Doktrin als „Ergebnis einer offenen Rechtsfortbildung", die die Vorteile beider Begründungsansätze vereinigt.[267] In der Gelatine-Entscheidung stellt der BGH darüber hinaus klar, dass der nach der Holzmüller-Doktrin notwendige Hauptversammlungsbeschluss einer Dreiviertel-Mehrheit des vertretenen Grundkapitals bedarf.[268] Wichtigste Aussage in der Gelatine-Entscheidung ist wohl die Festlegung, wann die Wesentlichkeitsschwelle zur Begründung einer ungeschriebenen Hauptversammlungszuständigkeit überschritten ist: Entgegen einer Ansicht in der Literatur[269] kann erst dann von einer Ausgliederung wesentlicher Unternehmensteile gesprochen werden, wenn der ausgegliederte Betriebsteil in seiner wirtschaftlichen Bedeutung die Ausmaße des in Holzmüller entschiedenen Falls erreicht.[270] Die Auswirkungen einer solchen Maßnahme müssten an die Wirkungen heranreichen, die sonst nur durch eine Satzungsänderung erreicht werden könnten.[271]

Damit scheiden für eine Hauptversammlungszuständigkeit nicht nur die Ausgliederungen von Betriebsteilen aus, die weniger als 50% des Unternehmens ausmachen, sondern auch alle Maßnahmen der Beteiligungsverwaltung, wenn die Beteiligung nicht den wertvollsten Betriebszweig der Muttergesellschaft darstellt.[272]

Abgesehen von der höheren Wesentlichkeitsschwelle bleiben aber die Fallgruppen, die die Literatur für strukturverändernde Maßnahmen entwickelt hat, grundsätzlich weiterhin bedeutsam. Die Tatsache, dass die Bestimmung ungeschriebener Hauptversammlungszuständigkeiten weiterhin offen ist, zeigt nicht zuletzt die Ma-

---

265 Vgl. BGHZ 83, 122, 131 f. auch wenn der BGH an anderer Stelle durchaus eine Analogie zu aktienrechtlichen Vorschriften ins Spiel bringt, BGHZ 83, 122, 138 ff.

266 *Mertens,* in: Kölner Komm AktG, § 76 Rn. 51; *K. Schmidt,* Gesellschaftsrecht, § 28 V. 2. b) [S. 871 ff.]; *Mülbert,* in: GroßKomm AktG, § 119 Rn. 23 ff.; *Raiser,* Kapitalgesellschaften, § 16 Rn. 13; *Seydel,* Konzernbildungskontrolle, S. 421 f.; *Flume,* Die juristische Person, § 8 V. 4. [S. 311].

267 BGH ZIP 2004, 993, 997 [Gelatine].

268 BGH ZIP 2004, 993, 998 [Gelatine].

269 *Habersack,* in: Emmerich/Habersack, Aktien- und GmbH-Konzernrecht, Vor § 311 Rn. 41; *Kubis,* in: Münch Komm AktG, § 119 Rn. 64. Vgl. auch *Krieger,* in: Münch Hdb AG, § 69 Rn. 8: Die dort genannten Autoren formulieren unterschiedliche Abgrenzungskriterien, wobei sie nicht nur unterschiedliche Prozentsätze angeben, sondern auch auf unterschiedliche Bezugsgrößen (Gesamtumsatz, Buchwerte etc.) abstellen. Gemeinsam ist diesen Ansichten die Tatsache, dass schon die Ausgliederung einer Beteiligung, die *weniger als 50% des Unternehmens* betrifft, unter die Holzmüller-Doktrin fallen soll.

270 BGH ZIP 2004, 993, 998 [Gelatine].

271 BGH ZIP 2004, 993, 998 [Gelatine].

272 BGHZ 83, 122, 131 f. [Holzmüller].

crotron-Entscheidung des BGH zum Delisting, in der der BGH die Hauptversammlungskompetenz nicht aus der Holzmüller-Doktrin, sondern aus dem Minderheitenschutz ableitet.[273]

In diesem Sinne ist die folgende Liste nicht als abschließende Aufzählung von strukturverändernden Maßnahmen im Sinne der Holzmüller-Doktrin zu verstehen, sondern als Hinweis aufzufassen, in welchen Fällen eine ungeschriebene Hauptversammlungszuständigkeit in Betracht kommt:

1. Kapitalerhöhung bei einer Tochtergesellschaft[274],
2. Börsengang einer Tochtergesellschaft[275],
3. Kapitalstrukturänderung der Gesellschaft durch Fremdkapitalaufnahme[276],
4. Unternehmensverträge oder Auflösungsbeschluss einer Tochtergesellschaft[277],
5. Weiterübertragung des Gesellschaftsvermögens einer Tochtergesellschaft, d. h. Umwandlung einer Tochtergesellschaft in eine Enkelgesellschaft[278],
6. Aufnahme neuer Aktionäre in die bisherige 100%ige Tochter und der Abschluss von Unternehmensverträgen der Tochtergesellschaft mit dritten Unternehmen[279],
7. Erwerb[280] und Veräußerung[281] wesentlicher Beteiligungen,
8. Abgabe eines feindlichen Übernahmeangebots[282],
9. Abschluss von Betriebspacht- oder Betriebsüberlassungsverträgen[283],
10. Aktienoptionspläne[284],

---

273 *Lutter/Leinekugel,* ZIP 1998, 805, 806; *Schwark/Geiser,* ZHR 161 [1997], 739, 761 ff. ordneten das Delisting als strukturverändernde Maßnahme i. S. d. Holzmüller-Doktrin ein. Der BGH hat inzwischen entschieden: Delisting ist keine strukturverändernde Maßnahme. Die Zustimmung der Hauptversammlung muss aber dennoch eingeholt werden, weil die Aktie durch das Delisting ihre Verkehrsfähigkeit und damit gegebenenfalls erheblich an Marktwert einbüßt. Die Zustimmung der Hauptversammlung ist deshalb aus Gründen des Minderheitenschutzes erforderlich, BGH ZIP 2003, 387, 389 f. [Macrotron].

274 *Kort,* AG 2002, 369, 373 f.; *Wackerbarth,* AG 2002, 14, 24.

275 *Wackerbarth,* AG 2002, 14, 24; *Fleischer,* ZHR 165 [2001], 513, 522 ff.; *Kort,* in: GroßKomm AktG, § 76 Rn. 84; *Hüffer,* AktG, § 76 Rn. 18.

276 *Vollmer,* AG 1991, 94, 100 f.

277 In einem *obiter dictum* BGHZ 83, 122, 140 [Holzmüller].

278 LG Frankfurt a. M. ZIP 1997, 1698.

279 *Lutter/Leinekugel,* ZIP 1998, 805, 806.

280 *Lutter/Leinekugel,* ZIP 1998, 805, 806.

281 *K. Schmidt,* Gesellschaftsrecht, § 28 V. 2. b) [S. 872].

282 *Seydel,* Konzernbildungskontrolle in der Aktiengesellschaft 1998, S. 438; einschränkend *Kort,* in: GroßKomm AktG, § 76 Rn. 88.

283 *Lutter/Leinekugel,* ZIP 1998, 805, 806.

284 *Mülbert,* in: GroßKomm AktG, § 119 Rn. 30; a. A. *Hüffer,* AktG, § 119 Rn. 18.

11. Zustimmung zur Übertragung vinkulierter Namensaktien[285],
12. Börsengang[286],
13. Delisting[287].

2. Die strukturverändernden Maßnahmen in der Personengesellschaft

In der Personengesellschaft ist umstritten, ob strukturverändernde Maßnahmen außergewöhnliche Geschäftsführungsmaßnahmen gem. §§ 164 S. 1 2. HS, 116 Abs. 2 HGB[288] oder Grundlagengeschäfte[289] sind. Der praktische Unterschied betrifft die Satzungsautonomie: Die Zustimmungsbefugnis zu außergewöhnlichen Geschäftsführungsmaßnahmen kann in der OHG für die nicht-geschäftsführungsbefugten Komplementäre[290] – in der KG auch für die der Kommanditisten[291] – im Gesellschaftsvertrag pauschal abbedungen werden. Die Zustimmungsbefugnis zu Grundlagengeschäften kann dagegen nur in den Grenzen von Bestimmtheitsgrundsatz und Kernbereichtslehre[292] ausgeschlossen werden; es wäre zumindest eine Liste in den Gesellschaftsvertrag aufzunehmen, in der die einzelnen Entscheidungsgegenstände zu bezeichnen wären.

Für eine Einordnung der strukturverändernden Maßnahmen in der Personengesellschaft ist von den Definitionen für außergewöhnliche Geschäftsführungsmaßnahmen und Grundlagengeschäfte auszugehen:

Außergewöhnliche Geschäftsführungsmaßnahmen sind Geschäftsführungsmaßnahmen, die für die jeweilige Gesellschaft Ausnahmecharakter haben.[293]

Grundlagengeschäfte sind im Gegensatz dazu Angelegenheiten, bei denen die Rechtsbeziehungen der Gesellschafter untereinander zum Gegenstand der Maßnahme gemacht werden, d. h. es handelt sich um kein Geschäft der Gesellschaft, die Gesellschaft ist vielmehr Objekt der Maßnahme.[294]

---

285 *Mülbert,* in: GroßKomm AktG, § 119 Rn. 30; *K. Schmidt,* in: FS Beusch [1993], 759, 768 ff.; *Reichert,* GmbHR 1995, 176, 177.

286 *Mülbert,* in: GroßKomm AktG, § 119 Rn. 30; *Wiesner,* in: Münch Hdb AG, § 19 Rn. 8; *Hefermehl/Spindler,* in: Münch Komm AktG, § 76 Rn. 33; *Lutter/Drygula,* in: FS Raisch [1995], 239, 240 f.; a. A. *Kort,* in: GroßKomm AktG, § 76 Rn. 84.

287 *Lutter/Leinekugel,* ZIP 1998, 805, 806; *Schwark/Geiser,* ZHR 161 [1997], 739, 761 ff. Der BGH leitet die Hauptversammlungszuständigkeit aus dem Minderheitenschutz ab, vgl. BGH ZIP 2003, 387, 389 f. [Macrotron].

288 Zu den außergewöhnlichen Geschäftsführungsmaßnahmen vgl. oben § 2 A. VI. 2.

289 Zu den Grundlagengeschäften vgl. oben § 2 A. VI. 2.

290 Statt aller: *Koller,* in: Koller / Roth / Morck, § 116 Rn. 2.

291 Statt aller: *Baumbach/Hopt,* HGB, § 164 Rn. 6.

292 Zu Bestimmtheitsgrundsatz und Kernbereichslehre vgl. oben § 2 A. XII. 2.

293 *Emmerich,* in: Heymann, HGB, § 116 Rn. 3, 5.

294 *Horn,* in: Heymann, HGB, § 164 Rn. 7; *Ulmer,* in: GroßKomm HGB, § 114 Rn. 15.

Das Problem, ob die strukturverändernden Maßnahmen in der Personengesellschaft unter den Begriff der „Grundlagengeschäfte" oder unter den Begriff der „außergewöhnlichen Geschäftsführungsmaßnahmen" zu subsumieren sind, wird in der Literatur unter der Überschrift „Ausstrahlungswirkung der Holzmüller-Entscheidung auf das Personengesellschaftsrecht" diskutiert.[295] Diese Bezeichnung trifft das Problem nicht ganz, da die jeweiligen Zuständigkeiten für strukturverändernde Maßnahmen in der Aktiengesellschaft und in der Personengesellschaft aus der jeweiligen Dogmatik begründet werden müssen. Diejenigen Maßnahmen, die in der Aktiengesellschaft zu den strukturverändernden Maßnahmen gezählt werden, müssen daher strenggenommen in der Personengesellschaft für eine Maßnahme nach der anderen unter die Begrifflichkeiten „außergewöhnliche Geschäftsführungsmaßnahmen" und „Grundlagengeschäfte" subsumiert werden.

Die Nummern 10 bis 13 der unter Gliederungspunkt § 3 H. I. 1. aufgestellten Liste fallen ohnehin weg, da diese Maßnahmen Charakteristika der AG betreffen. Für die Nummern 1 bis 9 müssen gemeinsame Merkmale formuliert werden, die einerseits die strukturverändernden Maßnahmen in der AG möglichst exakt beschreiben und andererseits keine Vorwegnahme der dogmatischen Entscheidung in der Personengesellschaft beinhalten:

Die Tatsache, dass die strukturverändernden Maßnahmen in der AG von der Geschäftsführungsbefugnis des Vorstands „formal noch gedeckt sind"[296], ist ein AG-spezifisches Merkmal: Die Einordnung als Geschäftsführungsmaßnahme beruht auf der Tatsache, dass aufgrund der aktienrechtlichen Satzungsstrenge die Grundlagenzuständigkeiten der Hauptversammlung in den gesetzlichen Vorschriften ausdrücklich und abschließend aufgezählt sind, vgl. z. B. §§ 119 Abs. 1, 179 AktG.[297] Alle übrigen Maßnahmen, die nicht ausdrücklich einem Gesellschaftsorgan zugewiesen sind, fallen daher unter den Begriff der Geschäftsführung, die gem. §§ 76, 77 AktG Sache des Vorstandes ist; die in § 82 Abs. 2 AktG genannten Grenzen für die Geschäftsführung durch Satzungsregelungen und Geschäftsordnungen spielen wegen der wenigen Vorschriften, die solche Regelungen i. S. d. § 23 Abs. 5 AktG ermöglichen, eine untergeordnete Rolle. Entsprechend schwierig ist es, dogmatisch überzeugend eine ungeschriebene Hauptversammlungszuständigkeit für Geschäftsführungsmaßnahmen mit grundlegender Bedeutung zu begründen.[298]

Würde man das Merkmal „Geschäftsführungsmaßnahme" als AG-spezifisches Merkmal für eine strukturverändernde Maßnahme bei der Subsumtion unter die beiden personengesellschaftsrechtlichen Begrifflichkeiten „außergewöhnliche Geschäftsführungsmaßnahmen" oder „Grundlagengeschäfte" voraussetzen, würde man nicht nur die dogmatischen Schwierigkeiten des Aktienrechts unnötig auf das

---

295 *Fett/Förl,* NZG 2004, 210, 213.

296 BGHZ 83, 122, 131 [Holzmüller].

297 *Kort,* in: GroßKomm AktG, § 76 Rn. 1, 6, 9.

298 Vgl. zu den unterschiedlichen Begründungsansätzen in Rechtsprechung und Literatur bereits oben unter § 3 H. I. 1.

Personengesellschaftsrecht übertragen, sondern das Ergebnis in einem Zirkelschluss vorwegnehmen.

Einziges nicht AG-spezifisches Merkmal der strukturverändernden Maßnahmen ist die Tatsache, dass diese Maßnahmen so tief „in die Mitgliedsrechte der Aktionäre und deren im Anteilseigentum verkörpertes Vermögensinteresse eingreifen“[299], dass ihre Auswirkungen an die einer Satzungsänderung heranreichen.[300]

Für die Personengesellschaft lässt sich die Problemstellung damit wie folgt zuspitzen:

Kann der Eingriff in mitgliedschaftliche Rechte der Gesellschafter auch in der Personengesellschaft den Grundlagencharakter bestimmter Maßnahmen begründen?

Der BGH hat dies jedenfalls für die Übertragung des gesamten Gesellschaftsvermögens bejaht.[301] In der Literatur wird die Ansicht vertreten, Grundlagengeschäfte seien in der Personengesellschaft auch solche Geschäfte der Gesellschaft, die so schwerwiegend in die Struktur der Gesellschaft und damit in die Rechte und Pflichten der Gesellschafter eingreifen, dass sie einer Änderung des Gesellschaftsvertrages gleichstehen.[302] Die Gegenansicht geht davon aus, dass bei Grundlagengeschäften in der Personengesellschaft notwendig die Rechtsbeziehungen der Gesellschafter und damit die Gesellschaft Objekt der Maßnahme sein müssten.[303]

Nicht zuletzt im Hinblick auf die unterschiedliche Behandlung von außergewöhnlichen Geschäftsführungsmaßnahmen und Grundlagengeschäften in der Personengesellschaft ist die erstgenannte Ansicht überzeugend. Die Rechtsprechung hat für Satzungsklauseln, die das Zustimmungsrecht einzelner Gesellschafter oder Gesellschaftergruppen zu Grundlagengeschäften abbedingen, Kriterien entwickelt, die je nach Schwere des Eingriffs in das jeweilige Mitgliedschaftsrecht besondere Anforderungen an die Satzungsklausel stellen oder eine solche Satzungsklausel insgesamt ausschließen: Die sog. Kernbereichslehre unterscheidet zwischen unverzichtbaren, mehrheitsfesten und stimmrechtsfesten Rechten der Gesellschafter.[304]

Das mitgliedschaftliche Mitwirkungsrecht der nicht-geschäftsführungsbefugten Komplementäre und der Kommanditisten bei außergewöhnlichen Geschäftsfüh-

---

299 BGHZ 83, 122, 131 [Holzmüller].

300 Vgl. die Holzmüller-Folgeentscheidung des BGH ZIP 2004, 993, 998 [Gelatine].

301 BGH NJW 1995, 596. Für die Aktiengesellschaft ist die Übertragung des gesamten Gesellschaftsvermögens in § 179a AktG gesetzlich geregelt.

302 *Emmerich,* in: Heymann, HGB, § 114 Rn. 3; *Horn,* in: Heymann, HGB, § 164 Rn. 7; *Martens,* in: Schlegelberger, HGB, § 114 Rn. 7.

303 Vgl. z. B. *Ulmer,* in: GroßKomm HGB, § 116 Rn. 14, der beispielsweise bei der Ausgliederung wesentlicher Teile des Gesellschaftsvermögens nur dann ein Grundlagengeschäft annimmt, wenn gleichzeitig der Unternehmensgegenstand und damit der Gesellschaftsvertrag geändert wird.

304 Zur sog. Kernbereichslehre des BGH ausführlich oben § 2 A. XII. 2. Zum Bestimmtheitsgrundsatz vgl. oben § 2 A. XII. 2.

rungsmaßnahmen stellt selbst ein solches Recht im Sinne der Kernbereichslehre dar, auf das allerdings ohne weitere Einschränkungen pauschal im Gesellschaftsvertrag verzichtet werden kann.[305] Da es aber Merkmal der strukturverändernden Maßnahmen ist, dass diese in Mitgliedschaftsrechte mit einer Vertragsänderungen gleichstehender Schwere eingreifen[306], muss eine Satzungsregelung, die das Zustimmungsrecht zu einer solchen Maßnahme ausschließt, erst noch im Hinblick auf die Bedeutung der betroffenen Rechte überprüft werden. Die Einordnung als Grundlagengeschäft liegt deshalb nahe, da dann auch die Erkenntnisse der Kernbereichslehre Anwendung finden können. Stattdessen neue Anforderungen an die Ausführung außergewöhnlicher Geschäftsführungsmaßnahmen nach pauschaler Abbedingung des Zustimmungsrechts der nicht-geschäftsführungsbefugten Gesellschafter nach Maßgabe der Treuepflicht zu entwickeln, würde gewissermaßen eine neue Front eröffnen und das Problem unnötig verkomplizieren.[307]

Auch die von der Gegenansicht erhobenen Einwände gegen eine Einordnung der strukturverändernden Maßnahmen als Grundlagengeschäfte können im Ergebnis nicht durchgreifen: Auch unter dem Gesichtspunkt des Verkehrsschutzes ist es nicht erforderlich, dass die Gesellschaft bei einem Grundlagengeschäft notwendig Objekt der Maßnahme ist und daher keine Außenwirkung hat.[308] Bei einem Grundlagengeschäft kann es sich durchaus auch um ein Geschäft der Gesellschaft handeln, welches Wirkung gegenüber außenstehenden Dritten entfaltet. In einem solchen Fall muss allerdings streng zwischen der gesellschaftsinternen Entscheidungszuständigkeit und der Ausführungszuständigkeit unterschieden werden[309]: Die Entscheidungszuständigkeit für das Grundlagengeschäft obliegt – vorbehaltlich einer abweichenden gesellschaftsvertraglichen Regelung – gesellschaftsintern allen Gesellschaftern gemeinsam. Die Ausführung des Grundlagengeschäfts ist eine gewöhnliche Geschäftsführungsangelegenheit, für die in der gesetzestypischen Personengesellschaft grundsätzlich jeder geschäftsführungsbefugte Komplementär alleine zuständig ist, § 115 Abs. 1 HGB; gegenüber Dritten ist jeder Komplementär einzeln vertretungsberechtigt, §§ 125, 126 HGB.[310] Der Verkehrsschutz erfordert es allerdings, dass Geschäfte der Gesellschaft, die im Innenverhältnis Grundlagengeschäfte darstellen, gegenüber Dritten immer wirksam sind.[311]

---

305 *Ulmer,* in: GroßKomm HGB, § 116 Rn. 37.

306 Vgl. die Definition der Wesentlichkeitsschwelle des BGH ZIP 2004, 993, 998 [Gelatine].

307 So aber *Fett/Förl,* NZG 2004, 210, 215 f.

308 So aber *Fett/Förl,* NZG 2004, 210, 213.

309 *Martens,* in: Schlegelberger, HGB, § 114 Rn. 7.

310 *Martens,* in: Schlegelberger, HGB, § 114 Rn. 7.

311 *Grunewald,* in: Münch Komm HGB, § 164 Rn. 18; a. A. *Martens,* in: Schlegelberger, HGB, § 114 Rn. 5 ff., der eine solche Wirksamkeit im Außenverhältnis trotz fehlender gesellschaftsinterner Ermächtigung nur im Ausnahmefall zulassen will und deshalb auf die Mitgliedschaftsrechte gestützte Grundlagengeschäfte nur restriktiv befürwortet; a. A. auch BGH NJW 1991, 2564 f., BGH NJW 1995, 596, der bei der Veräußerung des gesamten Gesell-

Zuzugeben ist, dass Grundlagengeschäfte, die nicht die Rechtsbeziehungen der Gesellschafter untereinander, sondern das Rechtsverhältnis zur Gesellschaft zum Gegenstand haben, für die Dogmatik der Personengesellschaft ungewöhnlich erscheinen. Beim näheren Hinsehen erkennt man aber, dass die „Entdeckung" solcher Grundlagengeschäfte in der Entwicklung des Personengesellschaftsrechts an anderer Stelle bereits vorweggenommen wurde. Mitgliedschaftliche Rechtsverhältnisse und Treuepflichten zwischen den Gesellschaftern und der Gesellschaft selbst[312], die in der Aktiengesellschaft schon seit jeher selbstverständlich waren, wurden in der Personengesellschaft erst mit der allmählichen Verselbstständigung der Gesellschaft gegenüber ihren Gesellschaftern akzeptiert.[313] Ebenso neu ist vielleicht die Erkenntnis, dass es auch in der Personengesellschaft einen Grundlagenbereich gibt, der das Verhältnis Gesellschafter – Gesellschaft betrifft. Diese Entdeckung ist also eher Teil einer Entwicklung, die die Personengesellschaft schrittweise verselbstständigt, als der Ausstrahlungswirkung der Holzmüller-Entscheidung.

In der Personengesellschaft korrespondiert die materielle Erkenntnis, dass Grundlagengeschäfte auch das Verhältnis der Gesellschafter zu der Gesellschaft betreffen können, mit der prozessrechtlichen Erkenntnis, dass Rechtsstreitigkeiten über solche Grundlagenentscheidungen zumindest auch mit einer Klage gegen die Gesellschaft ausgetragen werden können.[314]

II. Die strukturverändernden Maßnahmen in der KGaA

Die Gegenstände, bei denen in der KGaA fraglich ist, ob sich die Zuständigkeitsverteilung nach den personengesellschaftsrechtlichen oder nach den in der Holzmüller-Entscheidung entwickelten aktienrechtlichen Grundsätzen richtet, decken sich mit der unter Gliederungspunkt § 3 H. I. 1. für die Aktiengesellschaft aufgestellten Liste.

Die Anwendung von Personengesellschaftsrecht und damit die Abdingbarkeit des Hauptversammlungsbeschlusses für strukturverändernde Maßnahmen vertreten

---

schaftsvermögens ohne Ermächtigung zwar das Verfügungsgeschäft für wirksam, das Verpflichtungsgeschäft jedoch für unwirksam hält.

312 Zu den mitgliedschaftlichen Verhältnissen und Treuepflichten in der Personengesellschaft vgl. bereits oben § 2 A. IV. und § 2 A. V. 2.

313 *K. Schmidt,* Gesellschaftsrecht, § 8 IV. 2. e) [S. 211]; § 19 III. 1. a) [S. 552 ff.], § 20 IV. 1. b) [S. 588].

314 Allgemein: *K. Schmidt,* Gesellschaftsrecht, § 19 III. 1. b) [S. 555], *Bork,* ZGR 1991, 125, 128 ff., die die Zulässigkeit mitgliedschaftlicher Prozesse zwischen einer Personengesellschaft und ihren Gesellschaftern befürworten.

Konkret: *Grunewald,* Münch Komm HGB, § 164 Rn. 17, 12; *Emde,* WM 1996, 1205, 1208, die eine gegen die Gesellschaft gerichtete Unterlassungsklage wegen drohender Kompetenzüberschreitungen der geschäftsführungsbefugten Komplementäre für zulässig halten. Vgl. auch § 2 A. VII. 2. Fn. 106.

die Rechtsprechung und ein großer Teil der Literatur.[315] Die abweichende Ansicht in der Literatur überträgt die Holzmüller-Doktrin auf die KGaA und hält den Hauptversammlungsbeschluss für zwingend.[316]

Es liegt ein Fall des in der Einleitung formulierten Leitthemas vor, da fraglich ist, ob für die jeweilige strukturverändernde Maßnahme personengesellschaftsrechtliche oder aktienrechtliche Grundsätze gelten.[317] Der Anwendungsbereich von Gestaltungsfreiheit und Satzungsstrenge ist abzugrenzen.[318]

1. Erster Prüfungsschritt

Beiden Gesellschaftstypen gemeinsames Merkmal[319] der strukturverändernden Maßnahmen ist die Tatsache, dass solche Maßnahmen einerseits keine Änderung der Satzung oder des Gesellschaftsvertrages erforderlich machen, andererseits aber so in die mitgliedschaftlichen Rechte der Gesellschafter eingreifen[320], dass die Auswirkungen einer Satzungs- bzw. einer Gesellschaftsvertragsänderung nahe kommen.[321, 322]

In der KGaA sind daher auf der ersten Stufe gleichzeitig beide Gesellschaftergruppen betroffen, sodass auch das Verhältnis zwischen den Gesellschaftergruppen berührt ist (vgl. zweiter Prüfungsschritt).

---

315 OLG Stuttgart, AG 2003, 527, 531; *Fett,* in: Hdb KGaA, § 3 Rn. 15 ff. (S. 25 ff.); *Sethe,* Die personalistische Kapitalgesellschaft, S. 148 f. Fn. 172; *Assmann/Sethe,* in: Groß-Komm AktG, Vor § 278 Rn. 102; *Herfs,* in: Münch Hdb AG, § 77 Rn. 39; *Hartel,* DB 1992, 2329, 2334; *Hoffmann-Becking/Herfs,* in: FS Sigle [2000], 273, 286 f.; *Kessler,* Die Möglichkeiten der Kommanditaktionäre, S. 220 ff.; wohl auch *Semler/Perlitt,* in: Münch Komm AktG, § 278 Rn. 180 f., die die Holzmüller-Entscheidung zwar ohne Einschränkungen auf die KGaA anwenden wollen, die Zustimmung zu strukturverändernden Maßnahmen aber dennoch für abdingbar halten.

316 *Heermann,* ZGR 2000, 61, 70 f.; *Wichert,* AG 2000, 268, 270; *Schaumburg/Schulte,* Die KGaA, Rn. 60; *Ihrig/Schlitt,* ZHR Beiheft 67/1998, 33, 65; *Semler,* in: Geßler/Hefermehl, AktG, Vor § 278 Rn. 39, 66; *Koch,* DB 2002, 1701, 1703.

317 Vgl. die Formulierung des Leitthemas im Anschluss an § 1 B. III.

318 Vgl. die 3. Variante des Leitthemas unter § 1 B. III. 3.

319 Vgl. dazu gerade § 3 H. I. 2.

320 BGHZ 83, 122, 131 [Holzmüller].

321 BGH ZIP 2004, 993, 998 [Gelatine].

322 Für die Personengesellschaft vgl. die Definition bei *Emmerich,* in: Heymann, HGB, § 114 Rn. 3. Im Ergebnis zustimmend: *Horn,* in: Heymann, HGB, § 164 Rn. 7; *Martens,* in: Schlegelberger, HGB, § 114 Rn. 7.

2. Zweiter Prüfungsschritt

Wie sich im ersten Prüfungsschritt ergeben hat, sind gleichzeitig beide Gesellschaftergruppen betroffen. Damit ist auch das Verhältnis zwischen den Gesellschaftergruppen gem. § 278 Abs. 2 AktG berührt.

Für die Entscheidungszuständigkeit gilt danach folgendes: In der Personengesellschaft sind strukturverändernde Maßnahmen Grundlagengeschäfte.[323] Gem. §§ 278 Abs. 2, 285 Abs. 2 S. 1 AktG sind auch in der KGaA strukturverändernde Maßnahmen Grundlagengeschäfte[324]; es gilt die personengesellschaftsrechtliche Zuständigkeitsverteilung: Im Grundsatz müssen beide Gesellschaftergruppen zustimmen. Der Hauptversammlungsbeschluss kann im Rahmen der personengesellschaftsrechtlichen Gestaltungsfreiheit grundsätzlich durch eine antizipierte Zustimmung[325] in der Satzung abbedungen werden.[326]

Die strukturverändernden Maßnahmen gestalten die KGaA um. Unter diesem Gesichtspunkt könnte man argumentieren, dass nicht nur das Verhältnis zwischen den Gesellschaftergruppen (2. Stufe), sondern auch die KGaA selbst in ihrer Eigenschaft als juristische Person gem. § 278 Abs. 1 AktG (3. Stufe) betroffen ist. Fraglich ist deshalb, ob die Rechtsprechungsgrundsätze des BGH zur Aktiengesellschaft auf die KGaA übertragen und die an sich eröffneten Anwendungsbereiche des § 278 Abs. 2 AktG wieder verdrängt werden müssen: Würde man die zur AG entwickelten Rechtsprechungsgrundsätze des BGH auf die KGaA übertragen, wäre die Zustimmung der Hauptversammlung zu strukturverändernden Maßnahmen zwingend erforderlich und könnte in der Satzung nicht abbedungen werden.[327]

Die personengesellschaftsrechtliche Zuständigkeitsverteilung durchbricht jedoch die aktienrechtlichen Strukturen in ihrem Anwendungsbereich (2. Stufe). Et-

---

323 Vgl. die Diskussion oben unter § 3 H. I. 2.

324 Zustimmend OLG Stuttgart AG 2003, 527, 531; *Assmann/Sethe,* in: GroßKomm AktG, § 278 Rn. 123; *Semler/Perlitt,* in: Münch Komm AktG, § 278 Rn. 180; a. A. *Fett/Förl,* NZG 2004, 210, 212 ff.

325 Zur Abbedingung mehrheitsfester Rechte durch antizipierte Zustimmung vgl. § 2 A. XII. 2.

326 Dies ist nicht unstreitig. Wie unter § 3 D. bereits angesprochen wird die Zustimmung der Hauptversammlung zu Grundlagengeschäften zum Teil generell als zwingend angesehen. Subsumiert man die Holzmüller-Fälle gem. § 278 Abs. 2 AktG unter die Grundlagengeschäfte und hält die Zustimmung der Hauptversammlung zu Grundlagengeschäften für unabdingbar, stellt sich das hier diskutierte Problem materiellrechtlich nicht, da dann die Zustimmung der Hauptversammlung zu strukturverändernden Maßnahmen auch nach Personengesellschaftsrecht zwingend wäre, *Knur,* in: FS Flume [1978], 173, 184; *Grafmüller,* Die KGaA als geeignete Rechtsform, S. 126; *Mertens,* in: Kölner Komm AktG, § 285 Rn. 17. Die Auseinandersetzung mit dieser Literaturansicht unter § 3 D. hat aber ergeben, dass die Zustimmung der Hauptversammlung zu Grundlagengeschäften grundsätzlich abdingbar ist.

327 Zur AG: BGHZ 83, 122, 131 f. [Holzmüller]. In diesem Sinne auch die Literatur, die die Holzmüller-Entscheidung kommentiert: *Mülbert,* in: GroßKomm AktG, § 119 Rn. 62; *Grunewald,* AG 1990, 133, 134.

was anderes könnte allenfalls dann gelten, wenn eine KGaA-rechtliche Spezialregelung[328] auf die aktienrechtliche Zuständigkeitsverteilung (3. Stufe) verweisen würde. Da der BGH die ungeschriebene Hauptversammlungszuständigkeit zumindest auch aus einer Ermessensreduktion des § 119 Abs. 2 AktG ableitet[329], müsste in den §§ 278 bis 290 AktG auf § 119 Abs. 2 AktG verwiesen werden.

An einer solchen KGaA-rechtlichen Spezialverweisung fehlt es aber; § 119 Abs. 2 AktG gilt in der KGaA nicht.[330] Damit gibt es keine gesetzliche Grundlage für die Übertragung der Holzmüller-Grundsätze auf die KGaA.[331]

In der Holzmüller-Folgeentscheidung bezeichnet der BGH die Holzmüller-Doktrin als offene Rechtsfortbildung, die weder auf § 119 Abs. 2 AktG noch auf einer Gesetzesanalogie beruht.[332] Ausgehend von diesem neuen Begründungsansatz des BGH wäre es zumindest theoretisch denkbar, die Übertragung der Holzmüller-Doktrin auf die KGaA mit teleologischen Argumenten zu begründen, wie das zum Teil in der Literatur gefordert wird.[333]

Im Folgenden soll nachgewiesen werden, dass diese teleologischen Argumente die klare gesetzliche Verweisung der §§ 278 Abs. 2, 285 Abs. 2 S. 1 AktG auf das Personengesellschaftsrecht nicht verdrängen können.

a) Die Treuepflicht

In der Literatur wird die Ansicht vertreten, die Hauptversammlung müsse zustimmen, weil die Komplementäre schon aufgrund der gesellschaftsrechtlichen Treuepflicht verpflichtet seien, strukturverändernde Maßnahmen nicht ohne die Zustimmung der Kommanditaktionäre durchzuführen.[334] Die Interessen der Kommanditaktionäre dürften nicht übergangen werden, da diese wirtschaftliche Eigentümer der KGaA seien.[335] Der Vertreter dieser Ansicht geht davon aus, dass die Treuepflicht jedenfalls in der GmbH & Co. KGaA ein zwingendes Zustimmungsrecht der Hauptversammlung begründe.[336]

---

328 Zur Definition der KGaA-rechtlichen Spezialvorschriften vgl. § 1 B. II. Fn. 29.

329 BGHZ 83, 122, 131 f. [Holzmüller].

330 *Mertens,* in: Kölner Komm AktG, § 278 Rn. 58; *Fett,* in: Hdb KGaA, § 3 Rn. 17 (S. 26); *Habel/Strieder,* MittBayNot 1998, 65, 68; *Kallmeyer,* DStR 1994, 977, 978; *Knur,* in: FS Flume [1978], 173, 185; *Ladwig/Motte,* DStR 1996, 800, 805.

331 OLG Stuttgart, AG 2003, 527, 531; *Fett,* in: Hdb KGaA, § 3 Rn. 17 (S. 26).

332 BGH ZIP 2004, 993, 997 [Gelatine].

333 *Heermann,* ZGR 2000, 61, 70 f.; *Wichert,* AG 2000, 268, 270; *Schaumburg/Schulte,* Die KGaA, Rn. 60; *Ihrig/Schlitt,* ZHR Beiheft 67/1998, 33, 65; *Semler,* in: Geßler/Hefermehl, AktG, Vor § 278 Rn. 39, 66; *Koch,* DB 2002, 1701, 1703.

334 *Koch,* DB 2002, 1701, 1703.

335 *Koch,* DB 2002, 1701, 1703.

336 *Koch,* DB 2002, 1701, 1703.

Auch wenn diese Literaturansicht sich nur auf die GmbH & Co. KGaA bezieht, müsste das Treuepflichtargument grundsätzlich auch in der einfachen KGaA gelten.[337] Im Folgenden soll daher geprüft werden, ob dieses Argument in der einfachen KGaA die Anwendung der Holzmüller-Grundsätze rechtfertigen kann.

Die gesellschaftsrechtliche Treuepflicht kann rechtsbegrenzend wirken oder Handlungs- und Unterlassungspflichten begründen.[338] Die Treuepflicht kann Zustimmungspflichten begründen[339] oder die Pflicht auslösen, bestimmte Handlungen vorzunehmen.[340] Die gesellschaftsvertragliche oder gesetzliche Zuständigkeitsverteilung wird durch die Treuepflicht jedoch nicht verändert.[341] Die Treuepflichten konstituieren Verhaltensanforderungen innerhalb der vorgegebenen Kompetenzordnung. Ein Zustimmungsrecht der Hauptversammlung zu strukturverändernden Maßnahmen kann die Treuepflicht daher in der KGaA nicht bewirken. Wurde die Zuständigkeit der Hauptversammlung in der Satzung unter Beachtung der personengesellschaftsrechtlichen Grenzen zulässig abbedungen, kann die Treuepflicht diese in der Satzung festgelegte Zuständigkeitsverteilung nicht verändern. Die Treuepflicht bindet die Komplementäre lediglich dahingehend, bei der Durchführung der strukturverändernden Maßnahmen das Gesellschaftsinteresse und die Interessen der Kommanditaktionäre zu berücksichtigen.

---

337 Unterschiede in der Intensität der Treuepflichten ergeben sich in der KGaA nicht schon deswegen, weil statt einer natürlichen Person eine Kapitalgesellschaft Komplementär ist. Die Treuepflichten in einer einfachen KGaA, in der die Position des Komplementärs stark ausgestaltet ist, sind mit denen in einer GmbH & Co. KGaA vergleichbar, in der die GmbH über eine einflussreiche Stellung verfügt. In beiden Fällen sind die Treuepflichten kapitalistisch geprägt und mit denen in einer AG vergleichbar. Im Gegensatz dazu ist eine personalistische Prägung einer KGaA genauso wie in einer GmbH & Co. KGaA möglich. Zur Intensität der Treuepflichten vgl. oben § 2 A. V.

338 Zur gesellschaftsrechtlichen Treuepflicht vgl. oben ausführlich § 2 A. V.

339 Gesellschafter, die in der Gesellschaft über eine Sperrminorität verfügen, dürfen den Bestand der Gesellschaft nicht gefährden, indem sie die Zustimmung zu Sanierungsmaßnahmen verweigern. *K. Schmidt,* Gesellschaftsrecht, § 20 IV. 3. [S. 593].

Die Treubindung kann Gesellschafter einer Personenhandelsgesellschaft verpflichten, eine Klage auf Entziehung der Geschäftsführungs- und / oder Vertretungsbefugnis eines Komplementärs gem. §§ 117, 127 HGB zu unterstützen. *Emmerich,* in: Heymann, HGB, § 117 Rn. 12. Vgl. hierzu bereits oben § 2 A. X. 2. Fn. 165.

340 In einer GmbH & Co KG sind die Gesellschafter einer Komplementär-GmbH aufgrund der Treubindung verpflichtet, einen unzuverlässigen GmbH-Geschäftsführer abzuberufen, *Binz,* Die GmbH & Co., § 9 Rn. 4 (S. 192); *Wirth,* in: Münch Hdb KG, § 6 Rn. 18 (S. 189).

341 Mit der Treuepflicht lässt sich beispielsweise kein Abberufungsdurchgriff der Kommanditisten auf den Geschäftsführer der Komplementär-GmbH einer GmbH & Co KG begründen. Für eine derartige Durchbrechung der Kompetenzordnung bietet die Treuepflicht keine Grundlage. *Martens,* in: Schlegelberger HGB, § 164 Rn. 6; *Wirth,* in: Münch Hdb KG, § 6 Rn. 18.

b) Der Rechtsgedanke des § 179a AktG

Die Anwendbarkeit der Holzmüller-Doktrin auf die KGaA wird zum Teil auch mit dem Hinweis auf die Ähnlichkeit der strukturverändernden Maßnahmen mit dem Tatbestand des § 179a AktG begründet. Die Holzmüller-Entscheidung baue – so der Vertreter dieser Ansicht – auf dem Rechtsgedanken des § 179a AktG auf.[342] Da § 179a AktG lediglich die Übertragung des gesamten Vermögens erfasse, sei es das Ziel des BGH gewesen, den Anwendungsbereich des § 179a AktG auf die Übertragung wesentlicher Vermögensteile auszudehnen. Die analoge Anwendung des § 179a AktG auf die Übertragung wesentlicher Unternehmensteile sei dem BGH aus Gründen der Rechtssicherheit versperrt gewesen.[343] Nur deshalb habe der BGH einen Weg beschritten, den er für dogmatisch tragfähiger hielt: Nach dem Wortlaut des § 119 Abs. 2 AktG liegt es im Ermessen des Vorstandes, welche Maßnahmen der Hauptversammlung zur Zustimmung vorgelegt werden sollen; bei strukturverändernden Maßnahmen sei dieses Ermessen des Vorstandes jedoch auf Null reduziert.[344] Da jedoch der eigentliche Zweck der Rechtsfortbildung des BGH darin gelegen habe, den Anwendungsbereich des § 179a AktG auf die Übertragung wesentlicher Vermögensteile auszudehnen und § 179a AktG auch in der KGaA gelte[345], könne die Anwendung der Holzmüller-Doktrin in der KGaA mit dem Rechtsgedanken des § 179a AktG begründet werden.[346]

Doch auch der Rechtsgedanke des § 179a AktG kann die Übertragung der Holzmüller-Grundsätze auf die KGaA nicht rechtfertigen: Auf die Schwäche seiner eigenen Argumentation weist der Vertreter dieser Ansicht bereits selbst hin: Der BGH hielt eine Analogie zu § 179a AktG für ausgeschlossen[347] und begründete die Hauptversammlungszuständigkeit mit einer Reduktion des Vorlageermessens gem. § 119 Abs. 2 AktG auf Null.[348] Die Tatsache, dass der BGH die Holzmüller-Doktrin heute als offene Rechtsfortbildung betrachtet, die weder mit Analogien zu bestimmten aktienrechtlichen Vorschriften noch mit § 119 Abs. 2 AktG begründet wird[349], bestätigt die Feststellung, dass die Geltung von § 179a AktG in der KGaA[350] nicht ausreicht, um eine Übertragung der Holzmüller-Doktrin auf die KGaA zu rechtfertigen. Die Holzmüller-Doktrin wäre auch in der KGaA eine offe-

---

342 *Koch,* DB 2002, 1701, 1703.

343 *Koch,* DB 2002, 1701, 1703 mit Hinweis auf den BGH, der sich noch mit der analogen Anwendung des damals gültigen § 361 AktG a.F. beschäftigte; BGHZ 83, 122, 129. § 361 AktG a.F. entsprach dem heutigen § 179a AktG.

344 BGHZ 83, 129, 131.

345 Zur Geltung von § 179a AktG in der KGaA vgl. oben § 2 G.

346 *Koch,* DB 2002, 1701, 1704.

347 BGHZ 83, 122, 129 [Holzmüller].

348 BGHZ 83, 122, 131 f. [Holzmüller].

349 BGH ZIP 2004, 993, 997 [Gelatine].

350 *Hüffer,* AktG, § 179a Rn. 22; vgl. bereits oben § 3 G.

ne Rechtsfortbildung, für die allerdings aufgrund der personengesellschaftsrechtlichen Besonderheiten der KGaA kein Bedarf besteht.[351]

c) Die Holzmüller-Entscheidung als Teil einer allgemeinen Konzernbildungskontrolle

In der Aktiengesellschaft dient die Holzmüller-Entscheidung[352] auch der Konzernbildungskontrolle.[353] Mit der Übertragung wesentlicher Vermögenswerte auf Tochterunternehmen wird nicht nur in die Vermögensinteressen der Aktionäre eingegriffen. Mit den Vermögenswerten gehen auch wichtige Bereiche der Unternehmenstätigkeit auf die Tochterunternehmen über. Da die Beteiligungsverwaltung Sache des Vorstandes ist[354], werden durch solche Ausgliederungen wichtige Bereiche der Unternehmenstätigkeit der Einflussnahme der Aktionäre entzogen. Die Holzmüller-Entscheidung soll daher auch verhindern, dass der Vorstand solche Mediatisierungseffekte ohne Zustimmung der Hauptversammlung herbeiführt.[355]

In der Literatur wird daran anknüpfend zum Teil die Ansicht vertreten, die Holzmüller-Doktrin sei Teil einer generellen Konzernbildungskontrolle und müsse aus diesem Grunde auch in der KGaA Anwendung finden.[356] Die Vertreter dieser Ansicht zur KGaA nehmen damit Bezug auf eine Literaturansicht, die davon ausgeht, dass der BGH mit seiner Rechtsprechung zum Konzernrecht allgemeine Grundsätze entwickle, die nicht an eine bestimmte Rechtsform gebunden seien, sondern auf andere Rechtsformen ausstrahle.[357]

Dies gelte auch für die Holzmüller-Entscheidung zur Aktiengesellschaft. Die Holzmüller-Entscheidung sei Endpunkt und logische Konsequenz einer Entwicklungslinie, die der BGH mit seiner Rechtsprechung zum Konzernrecht der Personengesellschaften in Gang gesetzt habe. Aus diesem Grund müsse die Holzmüller-Entscheidung zur Aktiengesellschaft auch auf andere Rechtsformen übertragen werden.[358]

---

351 Vgl. dazu sogleich ausführlich unter § 3 H. II. 2. c), d).

352 BGHZ 83, 129 ff.

353 BGHZ 83, 129, 138; *Habersack,* in: Emmerich / Habersack, Aktien- und GmbH-Konzernrecht, Vor § 311 Rn. 34.

354 Beteiligungsbesitz zählt zum Gesellschaftsvermögen und ist vom Vorstand zu betreuen; *Hüffer,* AktG, § 76 Rn. 17a.

355 *Habersack,* in: Emmerich / Habersack, Aktien- und GmbH-Konzernrecht, Vor § 311 Rn. 34; *Mülbert,* in: GroßKomm AktG, § 119 Rn. 32; vgl. auch BGH 83, 129, 136 ff., 139 [Holzmüller] in seinen Ausführungen zum zweiten Hilfsantrag.

356 *Heermann,* ZGR 2000, 61, 71; *Wichert,* AG 2000, 268, 270.

357 *Emmerich,* in: FS Stimpel [1985], 743, 756 f.

358 *Emmerich,* AG 1991, 303, 310.

Emmerich, der Vertreter der Theorie einer rechtsformübergreifenden Rechtsprechung des BGH zum Konzernrecht, sieht den Beginn der Entwicklungslinie, die mit der Holzmüller-Entscheidung fortgeführt worden sei, in den Entscheidungen des BGH[359], mit denen die Auskunfts-, Einsichts- und Kontrollrechte der nicht-geschäftsführungsbefugten Gesellschafter einer herrschenden Personengesellschaft im Konzern nach und nach auf die abhängige Gesellschaft ausgedehnt worden seien.[360] Es sei nur eine logische Fortentwicklung, wenn die Gesellschafter einer herrschenden Personengesellschaft im Konzern zwingend über Konzernierungsmaßnahmen, insbesondere über die Ausgliederung wesentlicher Unternehmensteile, entscheiden müssten.[361]

Die Ansicht einer generellen Konzernbildungskontrolle kann nicht überzeugen. Deshalb ist auch die Ansicht abzulehnen, die die Übertragung der Holzmüller-Grundsätze auf die KGaA damit begründet, dass der BGH angeblich rechtsformübergreifende Kriterien für die Schaffung von Konzernen entwickelt habe.

Stattdessen können Rechtsformunterschiede nicht einfach ausgeblendet werden. Die Rechtsprechung des BGH zum Konzernrecht der Personengesellschaft zielt darauf ab, die Konzernleitungskontrolle[362] durch die Gesellschafter der Muttergesellschaft mit Hilfe von Auskunfts-, Einsichts- und Kontrollrechten sicherzustellen, die sich auf die Geschäftsführung der Muttergesellschaft beziehen.[363] Diese Rechtsprechung zur Konzernleitungskontrolle macht in der Personengesellschaft eine zusätzliche Konzernbildungskontrolle überflüssig.[364] Den Interessen der Gesellschafter wird in der Personengesellschaft auch ohne eine Rechtsfortbildung in der Art der Holzmüller-Entscheidung ausreichend Rechnung getragen.[365]

---

359 BGH, WM 1973, 170, 172 li. Sp.; WM 1983, 910, 911; WM 1984, 807. Die letzten beiden Entscheidungen ergingen freilich erst nach der Holzmüller-Entscheidung vom 25. Februar 1982.

360 *Emmerich,* in: FS Stimpel [1985], 743, 756 f.

361 *Emmerich,* AG 1991, 303, 310. Die übrige Literatur hält wohl Konzernierungsklauseln, die die Zuständigkeit für die Konzernbildung in der herrschenden Personengesellschaft auf den Geschäftsführer übertragen, selbst dann für zulässig, wenn die Konzernbildung ein Grundlagengeschäft darstellt, vgl. z. B. *Habersack,* in: Emmerich / Sonnenschein / Habersack, Konzernrecht, S. 121 f. i.V.m. S. 119.

Darüber hinaus wird allenfalls die Übertragung konzernrechtlicher Grundsätze in umgekehrter Richtung erwogen, d. h. den Aktionären der AG sollten die Rechte der nicht-geschäftsführungsbefugten Gesellschafter einer herrschenden Personengesellschaft eingeräumt werden, vgl. z. B. *Reuter,* AG 1986, 130, 131, li. Sp., 132 r. Sp.

362 Zum Begriff *Lange,* in: Ebenroth / Boujong / Joost, HGB, § 105 Anhang Rn. 74.

363 Angelegenheiten der Gesellschaft i. S. d. § 118 HGB sind auch die Beziehungen zu den Tochtergesellschaften, an denen die Gesellschaft mit mehr als 50 Prozent beteiligt ist, vgl. BGH WM 1983, 910, 911. Ein Durchgriff auf Tochtergesellschaften, an denen auch andere Gesellschafter beteiligt sind, ist dagegen nicht möglich, vgl. BGH WM 1984, 807, 808 li. Sp.

364 Vgl. *Rosenbach,* in: Beck'sches Hdb / PersG, § 24 Rn. 78 (S. 1447 f.).

365 *Rosenbach,* in: Beck'sches Hdb / PersG, § 24 Rn. 78 (S. 1447 f.); *Baumbach / Hopt,* HGB, § 105 Rn. 106; *Ulmer,* in: GroßKomm HGB, Anh. § 105 Rn. 83.

Außerdem wäre die Übertragung nur im Rahmen der personengesellschaftsrechtlichen Dogmatik möglich: Es bestehen in der Personengesellschaft erhebliche Unterschiede zum Aktienrecht, die die Zuständigkeitsverteilung und die Beschlußanforderungen betreffen; diese Unterschiede schließen eine entsprechende Anwendung der Holzmüller-Doktrin auf die Personengesellschaft aus.[366] Fragestellungen der Konzernbildungskontrolle werden durch den Bestimmtheitsgrundsatz und die Kernbereichslehre, an denen eine Konzernierungsklausel in der Personengesellschaft zu messen ist, ausreichend abgedeckt.

Die gleichen Gründe, die eine Übertragung der Holzmüller-Doktrin auf die Personengesellschaft ausschließen, verhindern auch eine Übertragung auf die KGaA: Da in der KGaA auf der zweiten Stufe ein personengesellschaftsrechtliches Rechtsverhältnis zwischen den Gesellschaftergruppen besteht und die BGH-Rechtsprechung zur Konzernleitungskontrolle in der herrschenden Personengesellschaft über die Verweisungen der §§ 278 Abs. 2, 285 Abs. 2 S. 1 AktG entsprechende Anwendung findet, besteht kein Grund, für die Frage der Konzernbildungskontrolle vom Grundsatz der Satzungsautonomie in den vom Bestimmtheitsgrundsatz und der Kernbereichslehre gezogenen Grenzen abzuweichen.

d) Die mitgliedschaftlichen Vermögensinteressen der einzelnen Kommanditaktionäre

Die bisher genannten Argumente der Holzmüller-Befürworter für die KGaA schienen darauf abzuzielen, dass für die strukturverändernden Maßnahmen die aktienrechtliche Zuständigkeitsverteilung direkt oder analog anzuwenden sei.

Stattdessen könnte man auch im Grundsatz die personengesellschaftsrechtliche Zuständigkeitsverteilung und Satzungsautonomie anerkennen und aus der Tatsache, dass der jeweilige *Entscheidungsgegenstand* einer strukturverändernden Maßnahme in die im Anteilseigentum verkörperten Vermögensinteressen der Kommanditaktionäre[367] eingreift, schließen, dass die Abbedingung des Hauptversammlungsbeschlusses ausgeschlossen sei. In diesem Falle bliebe die Satzungsautonomie für den Zustimmungsbeschluss der Komplementäre bestehen.

Für die Aktiengesellschaft begründet der BGH das Zustimmungsrecht der Hauptversammlung mit dem Argument, der Aktionär sei durch eine strukturverändernde Maßnahme vornehmlich in seiner Eigenschaft als Anteilseigner, d. h. in seiner Eigenschaft als Eigentümer der Gesellschaft betroffen.[368] An dieser Formulierung zeigt sich der Unterschied zur KGaA: Wegen der starken Stellung der Komplementäre, die ein Vetorecht für nahezu alle Entscheidungen in der KGaA

---

366 *Baumbach/Hopt*, HGB, § 105 Rn. 106.

367 Vgl. die Formulierung des BGH zur Aktiengesellschaft BGHZ 83, 122, 131 [Holzmüller].

368 BGHZ 83, 122, 131.

besitzen und mit ihrer persönlichen Haftung und gegebenenfalls einer Vermögenseinlage noch stärkere Vermögensinteressen an der KGaA haben als die Kommanditaktionäre, sind die Kommanditaktionäre nicht als Eigentümer der KGaA anzusehen. Der Konflikt, der entsteht, wenn durch eine Maßnahme gleichzeitig die unterschiedlichen mitgliedschaftlichen Positionen der beiden Gesellschaftertypen betroffen sind, wurde durch die Anordnung eines personengesellschaftsrechtlichen Rechtsverhältnisses in § 278 Abs. 2 AktG entschieden: Die mitgliedschaftlichen Positionen der Kommanditaktionäre auf der ersten Stufe werden durch das personengesellschaftsrechtliche Rechtsverhältnis und die Satzungsautonomie auf der zweiten Stufe überspielt.

Nur wenn aktienrechtliche Charakteristika der KGaA wie z. B. das Grundkapital und das den Kommanditaktionären gem. §§ 278 Abs. 3, 186 AktG zustehende Bezugsrecht betroffen sind, überwiegt die aktienrechtliche Satzungsstrenge die Satzungsautonomie auf der zweiten Stufe. Die in der Kommanditaktie verkörperten Vermögensinteressen der Kommanditaktionäre reichen hierzu jedoch nicht aus; diesen Vermögensinteressen wird im Rahmen der personengesellschaftsrechtlichen Grenzen der Satzungsautonomie, d. h. durch Bestimmtheitsgrundsatz und Kernbereichtslehre, ausreichend Rechnung getragen.

3. Ergebnis

Im Ergebnis scheidet die Übertragung der Holzmüller-Doktrin auf die KGaA aus. Strukturverändernde Maßnahmen sind in der KGaA wie in der Personengesellschaft als Grundlagengeschäfte zu behandeln, für die grundsätzlich die Satzungsautonomie gilt. Aus diesem Grund empfiehlt es sich, den Hauptversammlungsbeschluss für die in der Liste unter Gliederungspunkt § 3 H. I. 1. genannten Entscheidungsgegenstände in der KGaA-Satzung ausdrücklich abzubedingen. Um den personengesellschaftsrechtlichen Anforderungen zu entsprechen, sollten die einzelnen Maßnahmen möglichst genau bezeichnet werden.

I. Satzungsstrenge für Hauptversammlungsbeschlüsse, die einen aktienrechtlichen Entscheidungsgegenstand betreffen

Das Problem kann unter die in der Einleitung formulierte Leitfrage[369] subsumiert werden: Gelten für die Hauptversammlungszuständigkeiten, die aktienrechtliche Entscheidungsgegenstände betreffen, personengesellschaftsrechtliche oder aktienrechtliche Grundsätze?

---

369 Vgl. die Leitfrage im Anschluss an § 1 B. III.

Fraglich ist, ob solche Beschlüsse der Hauptversammlung in der Satzung ausgeschlossen werden können oder nicht. Notwendig ist – wie schon unter den Gliederungspunkten § 3 D., F., G., H. – eine Abgrenzung[370] zwischen Gestaltungsfreiheit und Satzungsstrenge.[371] Die Zustimmung der Hauptversammlung zu Grundlagengeschäften gem. §§ 278 Abs. 2, 285 Abs. 2 S. 1 AktG ist an sich verzichtbar.[372] Wenn dieses Geschäft aber einen Gegenstand betrifft, auf den in der KGaA aktienrechtliche Vorschriften anzuwenden sind, könnte die Starrheit des Aktienrechts die Flexibilität des Personengesellschaftsrechts überlagern. Der Standort des Problems findet sich in der schematischen Darstellung auf S. 108 genau auf dem Schnittpunkt zwischen aktienrechtlichem Entscheidungsgegenstand und personengesellschaftsrechtlicher Zuständigkeitsverteilung.

Das im allgemeinen Teil für diesen Problemtyp erarbeitete systematische Lösungskriterium geht vom Vorrang der Gestaltungsfreiheit aus.[373] Dies soll an dieser Stelle überprüft werden:

Allein aus der Tatsache, dass die Vorschriften des ersten Buches des Aktiengesetzes zu einer bestimmten Maßnahme auch einen Hauptversammlungsbeschluss vorsehen, kann nicht geschlossen werden, dass in der KGaA diese Zuständigkeitsregelung zwingend ist. Dies würde die Vorrangverhältnisse umkehren und ein Unterscheidungsmerkmal der KGaA gegenüber der AG pauschal einebnen.

Ist allerdings das aktienrechtliche Charakteristikum der KGaA, das Grundkapital, betroffen, muss eine Ausnahme gemacht werden. Bei folgenden aktienrechtlich zu beurteilenden Gegenständen ist daher der Hauptversammlungsbeschluss unabdingbar:

- Verzicht und Vergleich über Ersatzansprüche sind in der KGaA gem. § 278 Abs. 2 AktG grundsätzlich Grundlagengeschäfte, die an sich der Satzungsautonomie unterliegen.[374] Die Entscheidungsgegenstände richten sich demgegenüber nach aktienrechtlichen Regelungen, den §§ 50, 93 IV, 116 AktG: § 50 AktG schützt die Aufbringung des Grundkapitals.[375] § 90 IV 3 AktG gilt, da gem. § 283 Nr. 3 AktG der aktienrechtliche Haftungstatbestand des § 93 Abs. 2 AktG auch für die KGaA-Komplementäre anwendbar ist.

  In diesen Fällen ist neben den jeweiligen gesetzlichen Voraussetzungen der §§ 50, 93 IV, 116 AktG der Beschluss der Gesamtheit der Kommanditaktionäre zwingend erforderlich. Für diese Ausnahme spricht folgende Überlegung:

---

370 Vgl. Variante 3 des Leitthemas § 1 B. III. 3.

371 Zum Problemtyp vgl. § 2 D. I. 5.

372 Vgl. § 3 D.

373 Vgl. § 2 D. I. 5. c).

374 In der Personengesellschaft ist der Erlass von Ersatzansprüchen gegen Gesellschafter aus pflichtwidriger Geschäftsführung Grundlagengeschäft, BGH NJW 1985, 2830, 2831.

375 *Hüffer*, AktG, § 50 Rn. 1.

Die Kapitalaufbringungs- und -erhaltungsvorschriften müssen auf das Grundkapital der KGaA ohne Einschränkung angewandt werden. Für die rechte Säule der KGaA (vgl. schematische Darstellung S. 108) dürfen die Gläubigerschutzstandards durch Satzungsregelungen nicht eingeschränkt werden. Da die KGaA-Gesellschafter gem. § 278 Abs. 2 AktG nur das personengesellschaftsrechtliche Rechtsverhältnis zwischen den Gesellschaftergruppen frei gestalten können, lassen sich in der Satzung allenfalls mitgliedschaftliche Rechte der Gesellschafter, nicht aber der Öffentlichkeit und den Gläubigern dienende Schutzvorschriften einschränken. Ein niedrigeres Schutzniveau ist in der KGaA auch nicht mit Hinweis auf die persönliche Haftung der Komplementäre gerechtfertigt. Dieser personenrechtliche Schutzmechanismus ist weit weniger effektiv und kann im Einzelfall auch total ausfallen.

- Kapitalmaßnahmen sind Satzungsänderungen und daher Grundlagengeschäfte i. S. d. §§ 278 Abs. 2, 285 Abs. 2 S. 1 AktG.[376] Der Gegenstand ist aktienrechtlich zu beurteilen, da das Grundkapital betroffen ist. Der HV-Beschluss kann nicht abbedungen werden: Den Kommanditaktionären steht gem. § 278 Abs. 3 i.V.m. § 186 Abs. 1 S. 1 AktG ein mitgliedschaftliches Bezugsrecht auf neue Aktien zu. Das Aktienrecht statuiert formelle Voraussetzungen, unter denen dieses Bezugsrecht ohne Mitwirkung der Hauptversammlung ausgeschlossen werden kann, vgl. § 203 Abs. 2 i.V.m. 186 Abs. 4 S. 1, 2 AktG. Auch die materiellen Anforderungen an den Bezugsrechtsausschluss sind der Rechtsprechung des BGH zur Aktiengesellschaft zu entnehmen[377]; die an sich gem. § 278 Abs. 2 AktG geltenden Grenzen der Satzungsautonomie, insbesondere die Kernbereichslehre, werden im Hinblick auf das Bezugsrecht überlagert.

Die Zustimmung der Komplementäre bleibt in diesen Fällen von der aktienrechtlichen Beurteilung der Maßnahme unberührt (vgl. systematische Darstellung S. 108). Sie ist deshalb in den personengesellschaftsrechtlichen Grenzen verzichtbar.

J. Die Rechnungslegung in der KGaA

Auch die Rechnungslegung fällt unter das in der Einleitung formulierte Leitthema: Sie stellt eine Angelegenheit dar, für die die §§ 278 bis 290 AktG keine Aussage treffen, ob für sie personengesellschaftsrechtliche oder aktienrechtliche Vorschriften gelten.[378] Auch aus § 278 Abs. 2 AktG kann nur abgeleitet werden, dass

---

376 Änderungen des Gesellschaftsvertrages sind in der Personengesellschaft Grundlagengeschäfte, vgl. *Koller,* in: Koller / Roth / Morck, HGB, § 114 Rn. 2; *Mayen,* in: Ebenroth / Boujong / Joost, HGB, § 114 Rn. 7; *Baumbach / Hopt,* HGB, § 114 Rn. 3.

377 BGH NJW 1997, 2815 [Siemens / Nold]. Die materiellen Anforderungen wurden durch diese Entscheidung im Vergleich zur vorherigen Rechtsprechung liberalisiert, vgl. zur vorherigen Rechtsprechung: BGHZ 71, 40, 46 f. [Kali+Salz].

378 Vgl. das Leitthema im Anschluss an Gliederungspunkt § 1 B. III.

für die Aufstellung des Jahresabschlusses ein geschäftsführungsbefugter Komplementär zuständig ist. Welche Vorschriften er dabei anzuwenden hat, bleibt dagegen offen.[379] Diese Gesetzeslücke erfordert eine Abgrenzung zwischen der linken und der rechten Säule der KGaA (vgl. schematische Darstellung auf S. 108). Die Zuordnung der Rechnungslegung zu einem der beiden Pfeiler ist deshalb schwierig, da sie keiner Gesellschaftergruppe zugeordnet werden kann. Als Lösungskriterium wurde für diesen Problemtyp[380] im allgemeinen Teil folgende Aussage entwickelt: In einem solchen Fall bewirkt die gem. §§ 278 Abs. 2, 285 Abs. 2 S. 1 AktG einschlägige personengesellschaftsrechtliche Zuständigkeitsverteilung eine Vermutung dafür, dass auch der Gegenstand personengesellschaftsrechtlich beurteilt werden muss. Die Vermutung kann durch Anhaltspunkte im Gesetz widerlegt werden.[381]

In der Literatur wurde das Problem bisher unter eher unstrukturierten Voraussetzungen diskutiert: Eine gewichtige Ansicht in der Literatur hält einen nach aktienrechtlichen Vorschriften erstellten Jahresabschluss für ausreichend.[382] Die wohl noch herrschende Meinung in der Literatur fordert die Erstellung eines zusätzlichen personengesellschaftsrechtlichen Jahresabschlusses, der für die Berechnung des Gewinnanteils der Komplementäre maßgeblich sein soll.[383]

Der Meinungsstreit zur Rechnungslegung zeigt besonders deutlich, dass die KGaA wegen der zahlreichen Gesetzeslücken bisher als zu kompliziert angesehen und deshalb gemieden wurde: Die Erstellung eines doppelten Jahresabschlusses ist umständlich; ein einziger aktienrechtlicher Jahresabschluss birgt die Rechtsunsicherheit, den Vorschriften eventuell nicht zu entsprechen.

Im Folgenden soll durch die entwickelten einheitlichen Auslegungskriterien nachgewiesen werden, dass die Aufstellung eines zusätzlichen internen Jahresabschlusses nach personengesellschaftsrechtlichen Grundsätzen einer gesetzlichen Grundlage entbehrt und überflüssig ist. Durch das systematische Prüfungsschema kann genau zwischen den einzelnen Aspekten der Rechnungslegung unterschieden werden: Die pauschale Aussage, der Jahresabschluss sei ausschließlich nach personengesellschaftsrechtlichen oder aktienrechtlichen Regelungen zu erstellen, wäre verkürzt und deshalb irreführend.

Im Rahmen der Rechnungslegung sollen darüber hinaus die Entscheidungszuständigkeiten für die Feststellung des Jahresabschlusses und für die Gewinnverwendung geklärt werden (vgl. J. II., III.). Argumentationgrundlage sind die allgemeinen Ausführungen zur Rechnungslegung in Personengesellschaft und Aktiengesellschaft unter den Gliederungspunkten § 2 A. XIV bis XVI.

---

379 Vgl. § 2 B. II. 4.

380 Vgl. zum Problemtyp § 2 D. I. 6.

381 Zu den Lösungskriterien vgl. § 2 B. IV. 3. und § 2 D. I. 6. c).

382 *Mertens,* in: Kölner Komm AktG, § 288 Rn. 13. Für die vollständigen Nachweise vgl. unten § 3 J. I. 2. b) aa) Fn. 418.

383 *Assmann/Sethe,* in: GroßKomm AktG, § 288 Rn. 6 ff. Für die vollständigen Nachweise vgl. unten § 3 J. I. 2. b) aa) Fn. 419.

I. Monistische versus dualistische Rechnungslegungsmethode in der KGaA

Die Beurteilung eines Entscheidungsgegenstandes, der keiner Gesellschaftergruppe zugeordnet werden kann, löst auch bei Anwendung der systematischen Kriterien den meisten Begründungsaufwand aus.[384] Um den Streit zwischen den unterschiedlichen Rechnungslegungsmethoden entscheiden zu können, muss daher zunächst die Gesetzeslücke so herauspräpariert werden, dass man sich über Voraussetzungen und Folgen der Entscheidung im Klaren ist. Doch auch schon bei der Lösung der hinführenden Vorfragen fällt auf, dass in der Literatur teilweise nicht exakt zwischen Personengesellschaftsrecht und Aktienrecht abgegrenzt wird: Pauschale Begriffe wie „aktienrechtlicher Jahresabschluss" führen leicht zu Missverständnissen. Durch Anwendung des systematischen Prüfungsschemas soll zwischen den einzelnen Rechnungsposten genau differenziert werden.

Ausgangspunkt für eine gesetzessystematische Analyse der Rechnungslegung in der KGaA ist die Tatsache, dass zwischen Erfolgsermittlung und Erfolgsverteilung unterschieden werden muss; dies wurde erstmals von Mertens herausgearbeitet.[385] Diese Unterscheidung soll im Folgenden weiter differenziert werden.

1. Die Bemessungsgrundlage für den Erfolgsanteil der Komplementäre

Zunächst muss untersucht werden, welche Rechnungsgröße derjenige Erfolg der KGaA ist, der auf die beiden Gesellschaftergruppen verteilt werden kann. Als Bemessungsgrundlage für die Erfolgsanteile der Komplementäre kommen der *Jahresüberschuss* gem. § 275 Abs. 2 Nr. 20 bzw. Abs. 3 Nr. 19 HGB oder der *Bilanzgewinn* gem. § 158 AktG in Betracht.

Bevor dies entschieden werden kann, ist zunächst zu klären, ob in der KGaA überhaupt ein Bilanzgewinn i. S. d. § 158 AktG ermittelt werden muss. Fraglich ist, ob die aktienrechtlichen Vorschriften der §§ 58, 150, 152, 158, 160 AktG anwendbar sind.

Dieses Problem ist durch Einordnung in den gesetzessystematischen Zusammenhang zu lösen. Die KGaA besitzt nicht nur eine zweigeteilte Kapitalstruktur[386], sondern auch eine zweigeteilte Eigenkapitalfinanzierung.[387] Für den aktienrechtlichen

---

384 Vgl. § 2 B. IV. 3.

385 *Mertens* unterscheidet zwischen Gewinnermittlung und Gewinnverteilung, *Mertens,* in: Kölner Komm AktG, § 288 Rn. 13. Wohl um eine Verwechslung mit dem Bilanzgewinn auszuschließen, unterscheiden andere Autoren zwischen Erfolgsermittlung und Ergebnisverwendung, *Riotte/Hansen,* in: Hdb KGaA, § 6 Rn. 51 (S. 326 f.) sowie *A/D/S,* Rechnungslegung, AktG, § 286 Rn. 55.

386 Das durch die Kommanditaktionäre aufgebrachte Grundkapital und die durch die Komplementäre geleisteten Vermögenseinlagen werden in der Bilanz gesondert ausgewiesen.

Teil der Eigenkapitalfinanzierung der KGaA gelten insbesondere die Vorschriften über die Bildung gesetzlicher und freiwilliger Rücklagen gem. §§ 58, 150 AktG:

Für das Verhältnis der Kommanditaktionäre zu außenstehenden Dritten gilt gem. § 278 Abs. 3 AktG das Aktienrecht, mithin sind auch alle aktienrechtlichen Vorschriften, die den Gläubigerschutz durch die Aktionäre gewährleisten sollen, auf die Kommanditaktionäre anzuwenden. Da § 150 AktG dem Gläubigerschutz dient[388], ist auch der ausschüttungsfähige Gewinnanteil der Kommanditaktionäre durch die Bildung einer gesetzlichen Gewinnrücklage gem. § 278 Abs. 3 i.V.m. § 150 AktG zu kürzen.

Die Regelung des § 58 AktG über die Bildung freiwilliger Rücklagen[389] betrifft in der KGaA das Verhältnis zwischen Kommanditaktionären und KGaA gem. § 278 Abs. 3 AktG, da die Vorschrift einen Ausgleich zwischen dem Gewinnthesaurierungsinteresse der Gesellschaft und dem Gewinnausschüttungsinteresse der Kommanditaktionäre schafft.[390] Wegen § 286 Abs. 1 AktG ist jedoch nur eine sinngemäße Anwendung des § 58 AktG auf die KGaA möglich.[391]

Im Ergebnis sind gem. § 278 Abs. 1, 3 AktG alle Positionen des Eigenkapitals einer Aktiengesellschaft[392] auch im aktienrechtlichen Teil des Eigenkapitals der KGaA auszuweisen; mithin sind die aktienrechtlichen Vorschriften der §§ 58, 150, 152, 158, 160 AktG auch in der KGaA anwendbar.[393]

Beide Positionen bilden zusammen das Gesamtkapital der KGaA, *Fett,* in: Hdb KGaA, § 7 Rn. 1 (S. 350).

387 Zu den Bilanzpositionen, die in der AG zum Eigenkapital gehören vgl. *K. Schmidt,* Gesellschaftsrecht, § 29 IV. 2. d) bb) [S. 912].

388 *Hüffer,* AktG, § 150 Rn. 1.

389 Das Gesetz spricht in § 58 AktG von „anderen Rücklagen". Der früher verwendete Begriff der „freiwilligen Rücklagen" ist treffender, da dadurch der Unterschied zu den „gesetzlichen Rücklagen" deutlich gemacht wird: *Bayer,* in: Münch Komm AktG, § 58 Rn. 5.

390 *Bayer,* in: Münch Komm AktG, § 58 Rn. 2; *Lutter,* in: Kölner Komm AktG, § 58 Rn. 5; *Henze,* in: GroßKomm AktG, § 58 Rn. 11.

391 Es ist umstritten, wie § 58 AktG auf die KGaA zu übertragen ist:

Für die entsprechende Anwendung von § 58 Abs. 2 AktG die wohl herrschende Meinung: *Assmann/Sethe,* in: GroßKomm AktG, § 286 Rn. 24 ff.; *Semler/Perlitt,* in: Münch Komm AktG, § 285 Rn. 50 ff.; *Riotte/Hansen,* in: Hdb KGaA, § 6 Rn. 19 ff. (S. 317 f.); *Ellrott/M. Ring,* in: Beck'scher BilanzKomm, Vor § 325 Rn. 12. Für die analoge Anwendung von § 58 Abs. 2 AktG: *Wichert,* Die Finanzen der KGaA, S. 124 ff.

Für die modifizierte Anwendung von § 58 Abs. 1 AktG: *Mertens,* in: Kölner Komm § 286 Rn. 5; *Gail,* WPg 1966, 425, 428 f.; *Werther,* AG 1966, 305 ff.

Für die Verbindung von § 58 Abs. 1 AktG und § 58 Abs. 2 AktG: *A/D/S,* Rechnungslegung, AktG, § 286 Rn. 66 ff. Neben der freiwilligen Einstellung gem. § 58 Abs. 2 AktG soll die Satzung auch eine obligatorische Einstellung gem. § 58 Abs. 1 S. 1 AktG vorsehen können, *A/D/S,* Rechnungslegung, AktG, § 286 Rn. 69.

392 Vgl. die Aufzählung in *K. Schmidt,* Gesellschaftsrecht, § 29 IV. 2. d) bb) [S. 912].

393 Ganz herrschende Meinung: *Schlitt,* Die Satzung der KGaA, S. 220; *Sethe,* DB 1998, 1044, 1045 f.; *Semler/Perlitt,* in: Münch Komm AktG, § 286 Rn. 33; *Herfs,* in: Hdb AG, § 79 Rn. 2.

Im nächsten Schritt soll nun untersucht werden, ob die aktienrechtlichen Rücklagen und der Gewinnvortrag auch aus dem Gewinnanteil der Komplementäre bedient werden müssen. Die Folge wäre, dass der Bilanzgewinn gem. § 158 AktG als Bemessungsgrundlage für den Erfolgsanteil der Komplementäre heranzuziehen wäre.[394] Die wohl herrschende Meinung stellt jedoch stattdessen auf den Jahresüberschuss ab.[395] Letzterer Ansicht ist zuzustimmen. Gegen den Bilanzgewinn als Bemessungsgrundlage spricht schon der Gesetzeswortlaut: § 288 Abs. 1 S. 2 AktG unterscheidet ausdrücklich zwischen Bilanzverlust und Verlustanteilen der Komplementäre.[396] Darüber hinaus sprechen rechtshistorische Überlegungen für die These, dass die Gewinnrücklagen nicht aus dem Erfolgsanteil der Komplementäre dotiert werden müssen:

Im Hinblick auf die gesetzliche Rücklage gem. § 150 AktG kann auf die Begründung zur Aktienrechtsreform von 1965 verwiesen werden: Der § 230 Abs. 2 des AktG von 1937 sah beispielsweise noch ausdrücklich vor, dass sich die Komplementäre an Zuführungen zur gesetzlichen Gewinnrücklage beteiligen mussten. § 230 Abs. 2 AktG wurde abgeschafft, weil er die Ermittlung des Auseinandersetzungsguthabens erschwerte.[397] Der Entwurfsverfasser wies außerdem darauf hin, dass Eigenkapitalfinanzierung und Gläubigerschutz in der KGaA zweigeteilt seien: In das Grundkapital auf der einen und die persönliche Haftung der phG auf der anderen Seite.[398] Dieses Argument überzeugt: Da die Komplementäre ohnehin mit ihrem Privatvermögen haften, sind sie gesetzlich nicht verpflichtet, eine Vermögenseinlage zu leisten.[399] Dementsprechend müssen sie sich auch nicht an Gewinnrücklagen beteiligen, die dem Gläubigerschutz dienen.

Die Beteiligung an freiwilligen Rücklagen i. S. d. § 58 AktG ist gesetzlich ebenfalls nicht vorgesehen, da die Komplementäre lediglich die Entnahmesperre des § 288 AktG zu beachten haben und daher gem. § 278 Abs. 2 AktG i.V.m. §§ 161 Abs. 2, 122 HGB jederzeit ihre Zuführungen zu den freiwilligen Rücklagen wieder entnehmen könnten.[400]

Die Satzung kann Regelungen vorsehen, die auch die Komplementäre zur Rücklagenbildung zwingen. Wichtig ist zu erkennen, dass Satzungsregelungen ausgeschlossen sind, die die Komplementäre an der Rücklagendotierung gem. §§ 58,

---

394 *Mertens,* in: Kölner Komm AktG, § 288 Rn. 13; *ders.* in: FS Barz [1974], 253, 258.

395 *Semler/Perlitt,* in: Münch Komm AktG, § 286 Rn. 33; *Ammenwerth,* Die KGaA – Eine Rechtsformalternative, S. 58 Fn. 178; *Wichert,* Die Finanzen der KGaA, S. 143.

396 *Ammenwerth,* Die KGaA – Eine Rechtsformalternative, S. 58 Fn. 178.

397 Vgl. Begr RegE zum AktG 1965 bei *Kropff,* S. 371 sowie die Erläuterung bei *Ammenwerth,* Die KGaA – Eine Rechtsformalternative, S. 66.

398 Vgl. Begr RegE zum AktG 1965 bei *Kropff,* S. 371.

399 *Assmann/Sethe,* in: GroßKomm AktG, § 278 Rn. 70; *Ammenwerth,* Die KGaA – Eine Rechtsformalternative, S. 42 Fn. 129.

400 *Ammenwerth,* Die KGaA – Eine Rechtsformalternative, S. 67 ff. Im Ergebnis zustimmend: *Semler/Perlitt,* in: Münch Komm AktG, § 286 Rn. 33; *A/D/S,* Rechnungslegung, AktG, § 286 Rn. 65; *Riotte/Hansen,* Hdb KGaA, § 6 Rn. 14 ff. (S. 315 f.).

150 AktG beteiligen.[401] § 150 AktG beispielsweise unterliegt der aktienrechtlichen Satzungsstrenge, weshalb die Kommanditaktionäre durch Satzungsregelungen nicht in ihrer Finanzierungsverantwortung entlastet werden dürfen.[402]

Nach alledem ist die Bemessungsgrundlage für den auf die Komplementäre entfallenden Erfolgsanteil ein vorläufiger Jahresüberschuss: Dem Jahresüberschuss gem. § 275 Abs. 2 Nr. 20 bzw. Abs. 3 Nr. 19 HGB sind Steuerbeträge zuzurechnen, die die Gesellschaftergruppen ungleich treffen.[403]

Da der Erfolgsanteil der Komplementäre aus dem Jahresüberschuss und nicht aus dem Bilanzgewinn berechnet wird, werden mit der Aufstellung und der Feststellung des Jahresabschlusses in der KGaA nacheinander folgende drei Grundsatzentscheidungen getroffen:

- Der Jahresüberschuss wird ermittelt. Dabei wird über bilanzpolitische Maßnahmen entschieden, d. h. Ansatz- und Bewertungswahlrechte werden ausgeübt.
- Aus dem Jahresüberschuss wird der Erfolgsanteil der Komplementäre berechnet, d. h. der Jahresüberschuss wird auf die Gesellschaftergruppen aufgeteilt. Die Erfolgsanteile der Komplementäre werden direkt auf deren Kapitalkonten gebucht.[404] Vor der Zuschreibung sind nur solche Rücklagen zu dotieren, die die Satzung für die Komplementäre ausdrücklich vorsieht.[405]

---

401 A. A. *A/D/S,* Rechnungslegung, AktG, § 286 Rn. 64, der von der „Rücklagenbildung aus dem Gewinnanteil aller Gesellschafter" spricht.

402 Zulässig sind hingegen gesonderte Rücklagen, die ausschließlich aus dem Erfolgsanteil der Komplementäre zu bedienen und entsprechend im personengesellschaftsrechtlichen Teil des Eigenkapitals der KGaA zu verbuchen sind. Die Satzung muss dann auch die Auswirkungen auf die Gewinnverteilungsregelung regeln und eine Entnahmesperre für die Rücklagen der Komplementäre anordnen, ähnlich *Riotte/Hansen,* in: Hdb KGaA, § 6 Rn. 14 ff. (S. 315 f.).

Die Satzungsregelungen sollten sicherstellen, dass die Rücklagen der Komplementäre und die Rücklagen der Kommanditaktionäre im gleichen Verhältnis steigen bzw. fallen, um einen Gleichlauf der wertmäßigen Beteiligung der Gesellschaftergruppen zu erreichen. Dies erleichtert die Umwandlung von Vermögenseinlagen in Aktien, die ebenfalls häufig in KGaA-Satzungen vorgesehen wird, *Hartel,* DB 1992, 2329, 2335. Motiv für solche Satzungsregelungen kann z. B. das Interesse der Komplementäre sein, die Mehrheitsverhältnisse in der Hauptversammlung – insbesondere nach einem Börsengang – nach Bedarf verändern zu können, *Fett,* in: Hdb KGaA, § 7 Rn. 18 (S. 361). Darüber hinaus kann so dem Erben eines Komplementärs ermöglicht werden, gem. § 289 Abs. 1 AktG i.V.m. §§ 161 Abs. 2, 139 Abs. 1 HGB als Kommanditaktionär in der KGaA zu verbleiben, *Mertens,* in: Kölner Komm AktG, § 289 Rn. 14; *Durchlaub,* BB 1977, 875. Es bietet sich an, die Umwandlung durch Schaffung eines bedingten oder eines genehmigten Kapitals zu erleichtern, *Fett,* in: Hdb KGaA, § 7 Rn. 28 ff. (S. 365 ff.) m. w. N.; a. A. noch *Durchlaub,* BB 1977, 875, 876.

403 *A/D/S,* in: Rechnungslegung, AktG, § 286 Rn. 58. Gem. § 9 Abs. 1 Nr. 1 KStG mindern der Gewinnanteil und die Tantiemen für die Geschäftsführung der Komplementäre die Bemessungsgrundlage für die Körperschaftssteuer.

404 *Ammenwerth,* Die KGaA – Eine Rechtsformalternative, S. 59; *Wichert,* Die Finanzen der KGaA, S. 144; *Mertens,* in: Kölner Komm AktG, § 286 Rn. 8. Bei der Verbuchung eines Verlustanteils eines Komplementärs ist die Spezialvorschrift des § 286 Abs. 2 AktG zu beachten.

- Der Bilanzgewinn wird berechnet, d. h. es werden die Entscheidungen über die Verwendung des auf die Kommanditaktionäre entfallenden Ergebnisses entsprechend dem Gliederungsschema des § 158 AktG getroffen. Übrig bleibt der Bilanzgewinn als die Rechnungsgröße, die grundsätzlich an die einzelnen Kommanditaktionäre ausgeschüttet werden kann, § 174 AktG.

2. Die Aufstellung des Jahresabschlusses

Im Rahmen der Aufstellung des Jahresabschlusses haben die geschäftsführungsbefugten Komplementäre die soeben unter § 3 J. I. 1. a.E. aufgezählten drei Grundsatzentscheidungen in einer Entscheidungsvorlage zu konkretisieren.[406]

Durch das systematische Prüfungsschema sollen nun diese drei grundlegenden Entscheidungen der phG in die gesetzlichen Vorschriften eingeordnet werden. Innerhalb des Prüfungsschemas wird für jeden der drei Schritte gesondert geprüft, welche personengesellschaftsrechtlichen oder aktienrechtlichen Vorschriften anwendbar sind.

a) Erster Prüfungsschritt

aa) Die Ermittlung des Jahresüberschusses

Fraglich ist zunächst, ob durch die Ermittlung des Jahresüberschusses mitgliedschaftliche Rechte der einzelnen Komplementäre und/oder der einzelnen Kommanditaktionäre unmittelbar berührt werden. Genauer: Wird in die Rechte der KGaA-Gesellschafter dadurch eingegriffen, dass entweder personengesellschaftsrechtliche oder aktienrechtliche Rechnungslegungsvorschriften angewendet werden?

Eine Ansicht argumentiert zu diesem Problem wie folgt[407]: Die Pflicht zur Rechnungslegung, d. h. die Pflicht zur Buchführung, § 238 HGB, und zur Aufstellung eines Jahresabschlusses, § 242 HGB, obliege jedem Kaufmann. Die KGaA sei gem. § 278 Abs. 1 i.V.m. § 3 Abs. 1 AktG stets Handelsgesellschaft und damit gem. § 6 Abs. 1 HGB Formkaufmann. Deshalb sei in der KGaA nur die Gesellschaft selbst in ihrer Eigenschaft als Formkaufmann dazu verpflichtet, einen Jahresabschluss auf- und festzustellen. Die Komplementäre treffe diese Pflicht nicht, da sie keine Kaufleute seien; dies könne aus ihrer Gesellschafterstellung nicht abgeleitet werden.[408] Folglich betreffe die Aufstellung und Feststellung des Jahres-

405 *Riotte/Hansen,* in: Hdb KGaA, § 6 Rn. 14 f. (S. 315 f.).

406 Zur Aufstellung des Jahresabschlusses in der AG: *Hüffer,* AktG, § 172 Rn. 2.

407 *Riotte/Hansen,* in: Hdb KGaA, § 6 Rn. 48 ff. (S. 326 f.); *Mertens,* in: Kölner Komm AktG, § 288 Rn. 13; *Ammenwerth,* Die KGaA – Eine Rechtsformalternative, S. 55 f.

abschlusses nur die Gesellschaft als solche und nicht die mitgliedschaftlichen Rechte der KGaA-Gesellschafter: Der Bilanzgewinn müsse deshalb gem. § 278 Abs. 3 AktG ausschließlich nach aktienrechtlichen Vorschriften erfolgen.[409]

M.E. ist dieser Ansicht zwar im Ergebnis zuzustimmen (vgl. dazu Buchstabe b) in Prüfungsschritt 2); sie muss jedoch in zweifacher Hinsicht korrigiert werden:

Die erste Korrektur ist notwendig, da die Begriffe zum Teil zu unpräzise verwendet werden. Die Ermittlung des Bilanzgewinns schließt die Berechnung des Gewinnanteils der Komplementäre mit ein.[410] Dies betrifft die Erfolgsverteilung auf die Gesellschaftergruppen, die sich allerdings nach ganz herrschender Meinung gem. § 278 Abs. 2 AktG nach Personengesellschaftsrecht richtet.[411] Konsequent soll deshalb im Folgenden exakt von der Ermittlung des Jahresüberschusses gesprochen werden.

Die zweite Korrektur betrifft den Inhalt der Argumentation: M.E. betrifft die Ermittlung des Jahresüberschusses nicht lediglich die Pflicht der Gesellschaft zur Rechnungslegung. Die Vorschriften, die die geschäftsführungsbefugten Komplementäre bei der Aufstellung des Jahresabschlusses anwenden, berühren die mitgliedschaftlichen Gewinnbezugsrechte der KGaA-Gesellschafter nicht nur mittelbar. Es macht beispielsweise einen erheblichen Unterschied, ob die geschäftsführungsbefugten Komplementäre durch Ausübung des für Personengesellschaften geltenden Bewertungswahlrechts gem. § 253 Abs. 4 HGB stille Reserven bilden oder auflösen dürfen, oder ob ihnen dieses Wahlrecht bei Anwendung der aktienrechtlichen Vorschriften gem. §§ 279 Abs. 1 S. 1 HGB nicht zur Verfügung steht: Nach der ersten Alternative könnten die Komplementäre die Höhe des Jahresüberschusses beeinflussen.[412] Mit der Bildung einer stillen Reserve würde der Jahresüberschuss um den Betrag der gem. § 253 Abs. 4 HGB erfolgten Abwertung vermindert. Über den Anteil an diesem Abwertungsbetrag, der aufgrund der Gewinnverteilungsregelung in der KGaA-Satzung auf die Gesamtheit der Kommanditaktionäre entfallen wäre, dürften gem. § 253 Abs. 4 HGB die geschäftsführungs-

408 Gesetzliche Regelungen, die an die Kaufmannseigenschaft anknüpfen, können auf die Komplementäre der KGaA jedoch ausnahmsweise dann analog angewendet werden, wenn die Regelungen auf die Erfahrenheit des Kaufmanns in geschäftlichen Dingen abstellen und ihn deshalb aufgrund einer geringeren Schutzbedürftigkeit abweichend behandeln, vgl. *Schütz/Reger,* in: Hdb KGaA, § 5 Rn. 218 (S. 152); *Semler/Perlitt,* in: Münch Komm AktG, § 278 Rn. 41.

409 *Riotte/Hansen,* in: Hdb KGaA, § 6 Rn. 48 ff. (S. 326 f.); *Mertens,* in: Kölner Komm AktG, § 288 Rn. 13; ähnlich *Ammenwerth,* Die KGaA – Eine Rechtsformalternative, S. 55 f.

410 Vgl. die Ausführungen zur Bemessungsgrundlage für den Gewinnanteil der Komplementäre unter § 3 J. I. 1.

411 *Riotte/Hansen,* in: Hdb KGaA, § 6 Rn. 62 (S. 329). Im Gegensatz dazu achtet *Ammenwerth* auf eine präzise Formulierung; *Ammenwerth,* Die KGaA – Eine Rechtsformalternative, S. 55 f. Tatsächlich a. A. wohl lediglich *Mertens,* in: Kölner Komm AktG, § 288 Rn. 13, der für die Berechnung des Gewinnanteils der Komplementäre auf den Bilanzgewinn abstellt.

412 *Ammenwerth,* Die KGaA – Eine Rechtsformalternative, S. 53 f.; *Wichert,* Die Finanzen der KGaA, S. 142.

befugten Komplementäre ohne Mitwirkung der Kommanditaktionäre entscheiden.[413] Dasselbe gilt für den Anteil an diesem Abwertungsbetrag, der aufgrund der Gewinnverteilungsregelung auf die nicht-geschäftsführungsbefugten Komplementäre entfallen wäre. Auch sie müssten die auf der Grundlage von § 253 Abs. 4 AktG getroffenen Entscheidungen der geschäftsführungsbefugten Komplementäre hinnehmen, da sie an der Aufstellung des Jahresabschlusses nicht beteiligt sind.[414]

Die Gewinnbezugsrechte beider Gesellschaftergruppen sind durch die Aufstellung des Jahresabschlusses auch nicht deswegen lediglich mittelbar betroffen, weil über den Jahresabschluss rechtsverbindlich beide Gesellschaftergruppen gemeinsam entscheiden müssen, § 286 Abs. 1 AktG. Verweigert eine Gesellschaftergruppe die Zustimmung zum Jahresabschluss, kann die andere Gesellschaftergruppe auf Zustimmung klagen.[415] Die geschäftsführungsbefugten Komplementäre haben allerdings bei der Ausübung von Ansatz- und Bewertungswahlrechten eine Entscheidungsprärogative, sodass eine Klage der geschäftsführungsbefugten Komplementäre auf Zustimmung der Kommanditaktionäre zu „ihrem" Jahresabschluss im Regelfall Erfolg hätte.[416]

Die Ermittlung des Jahresüberschusses betrifft damit die Gewinnbezugsrechte der einzelnen Komplementäre und der einzelnen Kommanditaktionäre und kann daher erst auf der zweiten Stufe entschieden werden.

bb) Der Erfolgsanteil der Komplementäre

Die Berechnung des Erfolgsanteils der Komplementäre berührt deren mitgliedschaftliche Gewinnbezugsrechte. Mit der Berechnung des Erfolgsanteils der Komplementäre wird aber auch über die Erfolgsverteilung auf die beiden Gesellschaftergruppen entschieden, sodass die Gewinnbezugsrechte beider Gesellschaftergruppen betroffen sind. Das Problem kann erst im zweiten Prüfungsschritt entschieden werden.

---

413 *Ammenwerth,* Die KGaA – Eine Rechtsformalternative, S. 53 f.

414 Zur Zuständigkeit bei der Aufstellung des Jahresabschlusses bereits oben § 2 A. XV.

415 Die wohl herrschende Meinung hält in diesem Falle eine Gestaltungsklage in Form einer positiven Beschlussfeststellungsklage für einschlägig, *Reger,* in: Hdb KGaA, § 5 Rn. 632 (S. 276); *Assmann/Sethe,* in: GroßKomm AktG, § 286 Rn. 22 Fn. 46; *Semler/Perlitt,* in: Münch Komm AktG, § 286 Rn. 71.

Die Möglichkeit einer Klage lehnt lediglich *Hüffer* ab, der die Uneinigkeit der Gesellschaftergruppen über den Jahresabschluss für einen Auflösungsgrund hält, vgl. *Hüffer,* AktG, § 286 Rn. 1.

416 *Herfs,* in: Münch Hdb AG, § 79 Rn. 13; *Assmann/Sethe,* in: GroßKomm AktG, § 286 Rn. 22; *Semler/Perlitt,* in: Münch Komm AktG, § 286 Rn. 71. Etwas anderes gilt dann, wenn die geschäftsführenden Komplementäre bei der Aufstellung des Jahresabschlusses ihre Ansatz- und Bewertungswahlrechte unsachgemäß ausgeübt haben; d. h. die Gesellschafter können gerichtlich überprüfen lassen, ob die Komplementäre die gesetzlichen Grenzen der Buchführung eingehalten haben. Zur KG: BGHZ 132, 263, 272 f.

cc) Die Ermittlung des Bilanzgewinns

Wie oben geklärt wurde, sind die aktienrechtlichen Vorschriften über die Ergebnisverwendung i. S. d. § 158 AktG nur noch auf den Erfolgsanteil der Kommanditaktionäre anzuwenden. Die Ermittlung betrifft damit lediglich das Verhältnis der Kommanditaktionäre zur KGaA und das Verhältnis der Kommanditaktionäre untereinander. Auf die Ermittlung des Bilanzgewinns ist nur noch Aktienrecht anwendbar; mithin sind auch Satzungsregelungen, die diesen Teil des Jahresabschlusses betreffen und vom Gesetz abweichen, unzulässig.

b) Zweiter Prüfungsschritt

aa) Die Ermittlung des Jahresüberschusses

Die Höhe des Jahresüberschusses der KGaA kann durch die Ausübung von Ansatz- und Bewertungswahlrechten beeinflusst werden. Wie im Prüfungsschritt 1 erörtert wurde, sind dadurch Komplementäre und Kommanditaktionäre unmittelbar in ihren Gewinnbezugsrechten betroffen, mithin ist auch das Verhältnis zwischen den Gesellschaftergruppen gem. § 278 Abs. 2 AktG berührt. Gleichzeitig ist aber auch die KGaA in ihrer Eigenschaft als juristische Person gem. § 278 Abs. 1 AktG betroffen: Mit der Ermittlung des Jahresüberschusses wird der Erfolg ermittelt, den die KGaA als juristische Person in einem Geschäftsjahr erwirtschaftet hat.

Dieser Konflikt zwischen § 278 Abs. 2 AktG und § 278 Abs. 1 AktG[417] stellt nun endlich die Gesetzeslücke dar, über die ein Streit zwischen der monistischen und der dualistischen Rechnungslegungsmethode besteht. Fraglich ist, ob die Rechnungslegung der linken oder der rechten Säule der KGaA zuzuordnen ist (vgl. schematische Darstellung auf S. 108).

Die von Mertens entwickelte *monistische Ansicht* schließt die Gesetzeslücke ausschließlich mit Aktienrecht.[418]

Die wohl noch herrschende *dualistische Ansicht* wendet sowohl Aktienrecht als auch Personengesellschaftsrecht an.[419] Mit anderen Worten: Diese Meinung umgeht das Abgrenzungsproblem zwischen linker und rechter Säule und entscheidet sich nicht.

---

417 Vgl. § 2 B. II. 4.

418 *Mertens,* in: Kölner Komm AktG, § 288 Rn. 13 ff. Inzwischen haben sich gewichtige Stimmen in der Literatur dieser Ansicht angeschlossen: *Riotte/Hansen,* in: Hdb KGaA, § 6 Rn. 52 (S. 327); *Förschle/Hoffmann,* in: Beck'scher BilanzKomm, § 272 Rn. 129; *Hüffer,* AktG, § 288 Rn. 1 f.; *Herfs,* in: Münch Hdb AG, § 79 Rn. 7 ff.; *Wichert,* Die Finanzen der KGaA, S. 139 ff.; *Ammenwerth,* Die KGaA – Eine Rechtsformalternative, S. 51 ff.

419 *Assmann/Sethe,* in: GroßKomm AktG, § 288 Rn. 6 ff.; *Semler/Perlitt,* in: Münch Komm AktG, § 286 Rn. 6 ff.; *Schaumburg,* DStZ 1998, 525, 529; *Schaumburg/Schulte,* Die KGaA, Rn. 27 f.; *Schlitt,* Die Satzung der KGaA, S. 223 f.; *Graf,* Kapitalgesellschaft & Co. KGaA, S. 55 ff.

Die *monistische Rechnungslegungsmethode* wendet bei der Ermittlung des Jahresüberschusses ausschließlich aktienrechtliche Rechnungslegungsvorschriften an, d. h. die §§ 242 ff. HGB, ergänzt um die auf Kapitalgesellschaften anwendbaren Vorschriften der §§ 264 ff. HGB.

Die *dualistische Rechnungslegungsmethode* fordert mit Hinweis auf § 278 Abs. 2 AktG, der für das Verhältnis der Gesellschaftergruppen untereinander auf Personengesellschaftsrecht verweise, die Erstellung eines zusätzlichen internen Jahresabschlusses, der ausschließlich mit Hilfe der personengesellschaftsrechtlichen Vorschriften der §§ 242 ff. HGB zu ermitteln sei und der für die Berechnung des Gewinnanteils der Komplementäre maßgeblich sein solle. In einem zweiten Schritt sei ein aktienrechtlicher Jahresabschluss aufzustellen, der gem. § 286 AktG festzustellen und nach außen allein verbindlich sei.

Im Ergebnis ist der monistischen Rechnungslegungsmethode zuzustimmen. Mit der Ermittlung des Jahresüberschusses wird der Erfolg ermittelt, den die KGaA als juristische Person in einem Geschäftsjahr erwirtschaftet hat. Auf letztere Tatsache verweisen die Vertreter der monistischen Rechnungslegungsmethode zu Recht.[420]

Auf den Konflikt zwischen § 278 Abs. 2 AktG und § 278 Abs. 1 AktG wird aber m. E. nicht in ausreichendem Maße eingegangen; auch werden die Gründe, die für den Vorrang des Aktienrechts sprechen, nicht ausreichend dargelegt:[421]

Nach dem Lösungskriterium, das im allgemeinen Teil entwickelt wurde[422], besteht gem. § 278 Abs. 2 AktG eine Vermutung für Personengesellschaftsrecht. Danach müssen Aktiengesetz und Nebengesetze nach KGaA-rechtlichen Spezialvorschriften[423] durchgesehen und sonstiges Material aus dem Bedeutungszusammenhang der §§ 278 bis 290 AktG geprüft werden, ob diese Vermutung durch das Gesetz widerlegt wird. Eine wertende Betrachtung allein kann im Gegensatz dazu nicht den Ausschlag geben, da sonst die Rechtssicherheit und die Funktionsfähigkeit der Regelungstechnik des § 278 AktG nicht gewährleistet werden könnte.[424]

---

420 *Riotte/Hansen,* in: Hdb KGaA, § 6 Rn. 50, 52 (S. 326 f.); *Ammenwerth,* Die KGaA – Eine Rechtsformalternative, S. 55 f.; ebenso *Mertens,* der erstmals auf die Unterscheidung zwischen Gewinnermittlung und Gewinnverteilung hinwies, *Mertens,* in: Kölner Komm AktG, § 288 Rn. 13.

421 Vgl. etwa die Argumentation bei *Mertens,* in: Kölner Komm AktG, § 288 Rn. 13; *Riotte/Hansen,* in: Hdb KGaA, § 6 Rn. 49 f. (S. 326). Am deutlichsten wird das Spannungsverhältnis zwischen § 278 Abs. 1 AktG und § 278 Abs. 2 AktG überraschenderweise in der bilanzrechtlichen Literatur herausgearbeitet. Dort wird darauf hingewiesen, dass die Gewinnermittlung Komplementäre und Kommanditaktionäre zwar unmittelbar betrifft, der Gesetzgeber im HGB aber eine endgültige Entscheidung für das Aktienrecht getroffen hat, vgl. *A/D/S,* Rechnungslegung, AktG, § 288 AktG Rn. 57.

422 Vgl. § 2 B. IV. 3. und § 2 D. I. 6. c).

423 Zur Definition der KGaA-rechtlichen Spezialvorschriften vgl. § 1 B. II. Fn. 29.

424 Zustimmend *Fett,* in: Hdb KGaA, § 3 Rn. 30 (S. 31); a. A. *Cahn,* AG 2001, 579, 582 r. Sp.

Für das vorliegende Problem ergibt sich die gesetzliche Entscheidung aus der *Überschrift des zweiten Abschnittes des dritten Buches des HGB:* Die ergänzenden Rechnungslegungsvorschriften für Kapitalgesellschaften sind ausdrücklich auch auf die KGaA anwendbar. Im Konflikt zwischen dem Anwendungsbereich des § 278 Abs. 2 AktG und der Behandlung der KGaA als Kapitalgesellschaft gem. § 278 Abs. 1 AktG hat das Gesetz letzterem Gesichtspunkt den Vorrang eingeräumt. Die Überschrift des zweiten Abschnittes des dritten Buches des HGB ist gesetzliche Grundlage für die Tatsache, dass die KGaA im Hinblick auf die Erfolgsermittlung der Gesellschaft, d. h. im Hinblick auf die Ermittlung des Jahresüberschusses, Aktiengesellschaft bleibt; die aktienrechtlichen Strukturen werden durch § 278 Abs. 2 AktG insoweit nicht durchbrochen.

Eine wertende Betrachtung stützt dieses Ergebnis. Bei der Verteilung des Ergebnisses auf die Gesellschaftergruppen müssen die Vermögensinteressen der beiden Gesellschaftergruppen zum Ausgleich gebracht werden. Dazu ist eine einheitliche, nach den Vorschriften für Kapitalgesellschaften ermittelte Bemessungsgrundlage notwendig. Würde für den Erfolgsanteil der Komplementäre eine andere, nach Personengesellschaftsrecht ermittelte Bemessungsgrundlage herangezogen, würde das zur Intransparenz der Verteilungsentscheidung führen. Darüber hinaus könnten die geschäftsführungsbefugten Komplementäre durch die Ausübung von Bewertungswahlrechten Vorentscheidungen für den auf die Kommanditaktionäre entfallenden Anteil treffen: Dies widerspricht § 286 AktG. Der Gesetzgeber hat wohl erkannt, dass mit dem Jahresabschluss der KGaA über die Ergebnisverteilung auf die Gesellschaftergruppen entschieden wird und sich deshalb die Gesellschaftergruppen unbedingt einigen müssen.[425] Eine – wenn auch beschränkte – Zuständigkeitsverlagerung auf die geschäftsführungsbefugten Komplementäre ist damit nicht vereinbar.

Im Ergebnis sind bei der Ermittlung des Jahresüberschusses ausschließlich aktienrechtliche Rechnungslegungsvorschriften anzuwenden. Die dualistische Rechnungslegungsmethode, die sowohl einen personengesellschaftsrechtlichen als auch einen aktienrechtlichen Jahresüberschuss ermitteln will, ist abzulehnen:

Die Vertreter der dualistischen Ansicht sind der Meinung, dass die Ermittlung des auf die Komplementäre entfallenden Gewinns das Rechtsverhältnis zwischen den Gesellschaftergruppen beträfe und gem. § 278 Abs. 2 AktG bei der Ermittlung der Bemessungsgrundlage die personengesellschaftsrechtliche Rechnungslegung anzuwenden sei.[426] Notwendig sei hierfür eine zusätzliche interne, nach personengesellschaftsrechtlichen Vorschriften erstellte Bilanz, mit der die Bemessungsgrundlage für den Komplementärgewinn zu errechnen sei. Der auf die Kommanditaktionäre entfallende Gewinn beträfe demgegenüber das Rechtsverhältnis der Einzelaktionäre und sei deshalb gem. § 278 Abs. 3 AktG aufgrund einer nach aktienrechtlichen Vorschriften erstellten, für die KGaA nach außen verbindlichen Bilanz zu errechnen.[427]

---

425 Vgl. Begr RegE zum AktG 1965 bei *Kropff,* S. 369 f.

426 *Assmann/Sethe,* in: GroßKomm AktG, § 288 Rn. 6

Die dualistische Rechnungslegungsmethode erkennt den Konflikt, der sich daraus ergibt, dass die KGaA über zwei unterschiedliche Gesellschaftergruppen verfügt und deren mitgliedschaftliche Gewinnbezugsrechte unterschiedlich geregelt sind. Es wird auch zutreffend darauf hingewiesen, dass die Rechungslegungsvorschriften die Höhe der Gewinnanteile beeinflussen können. Die Konsequenz, die die Vertreter der dualistischen Theorie ziehen, ist dagegen nicht überzeugend: Der Widerspruch zwischen den Regelungsregimen wird durch die Aufstellung von zwei verschiedenen Bilanzen nicht gelöst, sondern umgangen. Das Problem wird nur übertüncht, da die Berechnung des Gewinnanteils der Komplementäre nach personengesellschaftsrechtlichen Vorschriften an sich Auswirkungen auf die Höhe des Gewinns der Kommanditaktionäre haben müsste.[428]

Diese noch herrschende dualistische Ansicht zur Rechnungslegung steht exemplarisch für die in der Einleitung beschriebene Misere der KGaA[429]: Wie soll man einen Unternehmer von den Vorteilen der KGaA überzeugen, wenn man ihm folgendes sagen muss: Diese Rechtsform macht die Aufstellung zweier unterschiedlicher Jahresabschlüsse erforderlich. Die Notwendigkeit werde allerdings bestritten und das Verhältnis zwischen beiden Abschlüssen sei unklar.

Die Rechtswissenschaft sollte gesetzliche Vorschriften nicht nur interessengerecht, sondern auch – gerade im Wirtschaftsrecht – praktikabel auslegen. Dafür ist die gesetzessystematische Auslegungsmethode besonders gut geeignet, da sie von der Hypothese ausgeht, dass sich die Vorschriften zu einem „widerspruchsfreien, kohärenten Sinnganzen" zusammenfügen lassen.[430]

Bei der Rechnungslegung in der KGaA lassen sich so die Absurditäten der dualistischen Methode vermeiden: Auf der einen Seite wird klar, dass die §§ 278 bis 290 AktG keine Aussage über die Rechnungslegung enthalten und dass insoweit eine Regelungslücke besteht. § 278 Abs. 2, 3 AktG trifft eben keine Aussage zu den Entscheidungsgegenständen.[431] Die Dualisten scheinen sich im Gegensatz dazu zu stark am Wortlaut des Gesetzes zu orientieren und aus den abstrakt formulierten Verweisungen etwas herauszulesen, was gar nicht positiv geregelt ist.

Auf der anderen Seite kann man dadurch, das man den gesamten Bedeutungszusammenhang einbezieht, auch die positiven Entscheidungen des Gesetzes finden: Der Gesetzgeber hat sich in der Überschrift zu den §§ 264 ff. HGB auch tat-

---

427 *Assmann/Sethe,* in: GroßKomm AktG, § 288 Rn. 6.

428 Abschreibungen gem. § 253 Abs. 4 HGB in der personengesellschaftsrechtlichen Bilanz müssten konsequent auch den Jahresüberschuss in der aktienrechtlichen Bilanz mindern, obwohl dort gem. § 279 Abs. 1 S. 1 HGB diese Abschreibungsmöglichkeit nicht besteht, *Ammenwerth,* Die KGaA – Eine Rechtsformalternative, S. 53; abstrakt auch *A/D/S,* Rechnungslegung, AktG, § 286 Rn. 57.

429 § 1 A. IV.

430 *Säcker,* in: Münch Komm BGB, Einl Rn. 125; vgl. auch § 1 B. IV. 2.

431 § 2 B. II. 4.

sächlich eindeutig für die rechte Säule der KGaA[432], d. h. für eine aktienrechtliche Beurteilung der Rechnungslegung entschieden.

bb) Der Erfolgsanteil der Komplementäre

Die Berechnung des Erfolgsanteils der Komplementäre betrifft die Aufteilung des Erfolgs auf die beiden Gesellschaftergruppen. Mit der Ermittlung des Jahresüberschusses ist der „Kuchen" errechnet, der auf die Gesellschaftergruppen der KGaA verteilt werden muss.

Die Aufteilung berührt das Verhältnis der Komplementäre zu der Gesamtheit der Kommanditaktionäre; gem. § 278 Abs. 2 AktG gilt für die Gewinnverteilung Personengesellschaftsrecht. Die KGaA als selbstständige Rechtspersönlichkeit ist im Gegensatz dazu nicht betroffen. Anders als die Erfolgsermittlung ist die Erfolgsverteilung unter die Gesellschafter ein Internum der Gesellschaft. Ein Konflikt mit § 278 Abs. 1 AktG besteht daher nicht; eine Abgrenzung zum Aktienrecht ist daher nicht erforderlich.[433]

Gem. § 278 Abs. 2 AktG i.V.m. §§ 168, 121 HGB ist die gesetzliche Gewinnverteilung zwischen den Gesellschaftergruppen wie folgt geregelt:

- Der Gesamtheit der Kommanditaktionäre steht ein Gewinnvorab in Höhe von 4% des Grundkapitals zu, §§ 168, 121 Abs. 1, 2 HGB.
- Die Komplementäre haben Anspruch auf einen Gewinnvorab in Höhe von 4% ihres Kapitalanteils.
- Der verbleibende Gewinn ist in einem angemessenen Verhältnis zwischen den Gesellschaftergruppen aufzuteilen, § 168 Abs. 1 HGB.

Nicht zuletzt wegen des vagen Begriffs „angemessenes Verhältnis" empfiehlt sich eine Gewinnverteilungsregelung in der Satzung.[434] Die Gewinnverteilungsregelung muss zwingend den aktienrechtlich ermittelten Jahresüberschuss als Bemessungsgrundlage zugrunde legen.[435] Da die Erfolgsermittlung in der KGaA gem. § 278 Abs. 1 i.V.m. §§ 264 ff. HGB nach aktienrechtlichen Vorschriften erfolgt, ist für die Ermittlung des Jahresüberschusses auch die personengesellschaftsrechtliche Satzungsautonomie ausgeschlossen. Würde die Satzung personengesellschaftsrechtliche Ansatz- und Bewertungsvorschriften für die Ermittlung der Gewinnanteile der Komplementäre vorsehen, so würde sie eine zusätzliche interne,

---

432 Vgl. schematische Darstellung auf S. 108.

433 Problem 4 der systematischen Auslegung liegt nicht vor; vgl. § 2 B. II. 4.

434 *Ammenwerth,* Die KGaA – Eine Rechtsformalternative, S. 61.

435 A. A. nicht nur die Vertreter der dualistischen Rechnungslegungsmethode, sondern auch mehrere Vertreter der monistischen Lehre: vgl. z. B. auch *Riotte/Hansen,* in: Hdb KGaA, § 6 Rn. 57 (S. 328); *Wichert,* Die Finanzen der KGaA, S. 148 f.; *A/D/S,* Rechnungslegung, AktG, § 286 Rn. 61.

nach personengesellschaftsrechtlichen Vorschriften erstellte Bilanz fordern, die durch die Entscheidung des Gesetzgebers in den §§ 264 ff. HGB gerade ausgeschlossen wurde. Solche Satzungsregelungen würden die positive Zuweisung der Rechnungslegung zum Aktienrecht und damit zur rechten Säule der KGaA umgehen (vgl. schematische Darstellung S. 108). Die Abschreibungsmöglichkeit gem. § 253 Abs. 4 HGB würde nicht lediglich eine Modifikation der Gewinnberechnung gem. § 120 Abs. 1 HGB einführen[436]; in der KGaA würde zusätzlich die Zuständigkeit weg von der Hauptversammlung hin zu den geschäftsführungsbefugten Komplementären verschoben.[437] Im Ergebnis führt dies zur Abdingbarkeit des § 286 S. 1 AktG, der doch der Satzungsstrenge des § 23 Abs. 5 AktG unterliegt.

Die hier vertretene Ansicht, nach der personengesellschaftsrechtliche Rechnungslegungsvorschriften nicht in die Satzung aufgenommen werden dürfen, macht aber wohl in der Rechtspraxis keine nachträglichen Änderungen der Satzung erforderlich: Die tatsächlich verwendeten Regelungen zur Rechnungslegung geben zumeist nur die nach Aktienrecht ohnehin geltende Rechtslage wieder.[438]

Die Gewinnanteile der Komplementäre können – respektive des speziellen Bilanzierungswahlrechts in § 286 Abs. 3 AktG[439] – in der GuV-Rechnung der KGaA im Anschluss an den Jahresüberschuss ausgewiesen werden.[440] In der Bilanz ist der Gewinnanteil direkt dem Kapitalanteil der Komplementäre zuzuschreiben.[441]

cc) Die Ermittlung des Bilanzgewinns

Wie bereits im ersten Prüfungsschritt ausgeführt, betrifft die Ermittlung des Bilanzgewinns lediglich den Erfolgsanteil der Kommanditaktionäre. Es ist ausschließlich Aktienrecht anzuwenden.

---

436 So aber *Wichert,* Die Finanzen der KGaA, S. 148 f.

437 *Ammenwerth,* Die KGaA – Eine Rechtsformalternative, S. 53 f.; an anderer Stelle sogar *Wichert,* Die Finanzen der KGaA, S. 142.

438 Vgl. insbesondere die Regelungsvorschläge von *Schaumburg/Schulte,* Die KGaA, Rn. 27; *Riotte/Hansen,* in: Hdb KGaA, § 6 Rn. 57 (S. 328). Die Körperschaftssteuer kann in der KGaA ohnehin unter § 275 Abs. 2 Nr. 18/19 bzw. in § 275 Abs. 2 Nr. 17/18 HGB noch nicht berücksichtigt werden, da Bemessungsgrundlage für die Körperschaftssteuer gem. § 9 Abs. 1 Nr. 1 KStG erst der Jahresüberschuss abzgl. der Gewinnanteile der Komplementäre ist, *A/D/S,* Rechnungslegung, AktG, § 286 Rn. 47.

439 Wie aus dem Wortlaut des § 286 Abs. 3 AktG hervorgeht, kann der Gewinnanteil der Komplementäre lediglich dann nicht im Gliederungsschema des § 158 AktG verbucht werden, wenn das Bilanzierungswahlrecht auch tatsächlich ausgeübt wird.

440 *A/D/S,* Rechnungslegung, AktG, § 286 Rn. 45. Die Einbeziehung in den Posten Bilanzgewinn ist allerdings nicht möglich, auch nicht aufgrund einer speziellen Satzungsregelung, a. A. insoweit *A/D/S,* Rechnungslegung, AktG, § 286 Rn. 45.

441 *Ammenwerth,* Die KGaA – Eine Rechtsformalternative, S. 59; *Wichert,* Die Finanzen der KGaA, S. 144; *Mertens,* in: Kölner Komm AktG, § 286 Rn. 8. Bei der Verbuchung eines Verlustanteils eines Komplementärs ist die Spezialvorschrift des § 286 Abs. 2 AktG zu beachten.

In der GuV-Rechnung sind nach dem Gewinnanteil der Komplementäre insbesondere folgende Rechnungsposten auszuweisen (für das exakte Gliederungsschema wird auf § 158 AktG verwiesen):

- Gewinnvortrag / Verlustvortrag aus dem Vorjahr,
- die Veränderungen der gesetzlichen Rücklagen,
- die Veränderungen der satzungsmäßigen Rücklagen,
- die Veränderungen anderer Gewinnrücklagen,
- der Bilanzgewinn / Bilanzverlust.

Erst mit dem Bilanzgewinn sind die GuV-Rechnung und die Aufstellung des Jahresabschlusses der KGaA abgeschlossen. Der Bilanzgewinn ist damit der Betrag, der effektiv an die einzelnen Kommanditaktionäre ausgeschüttet werden kann und der Gegenstand des Gewinnverwendungsbeschlusses in der KGaA ist.

c) Dritter Prüfungsschritt

Im dritten Prüfungsschritt ist lediglich noch auf die Entscheidungszuständigkeiten einzugehen. Gem. § 283 Nr. 9 AktG ist die Aufstellung des Jahresabschlusses eine Aufgabe des Vorstandes, die in der KGaA durch die geschäftsführungsbefugten Komplementäre wahrgenommen wird.[442]

Die geschäftsführungsbefugten Komplementäre haben den Jahresabschluss dem Aufsichtsrat zur Prüfung vorzulegen, §§ 278 Abs. 1, 170 AktG. Durch § 286 Abs. 1 AktG wird lediglich die aktienrechtliche Feststellungskompetenz des Aufsichtsrats gem. 171 Abs. 2 S. 4, 172 S. 1 AktG ausgeschlossen. Zur Prüfung des Vorschlags zum Jahresabschluss bleibt der Aufsichtsrat dagegen berechtigt.[443]

II. Die Feststellung des Jahresabschlusses

Nachdem die geschäftsführungsbefugten Komplementäre den Jahresabschluss in der soben unter § J. I. 2. beschriebenen Weise aufgestellt haben, entscheiden beide Gesellschaftergruppen gemeinsam über die Feststellung des Jahresabschlusses. Die *Entscheidungszuständigkeit* ergibt sich aus § 278 Abs. 2 AktG, da das Verhältnis zwischen den Komplementären und der Gesamtheit der Kommanditaktionäre betroffen ist. Wie in der Kommanditgesellschaft ist auch in der KGaA der Jahresabschluss ein Grundlagengeschäft, dem grundsätzlich alle Gesellschafter zu-

---

442 Zum Problem, ob auch die nicht-geschäftsführungsbefugten Komplementäre an der Aufstellung des Jahresabschlusses mitwirken, vgl. bereits oben § 2 A. XV.

443 *Bürgers,* in: Hdb KGaA, § 5 Rn. 481 (S. 234); *Sethe,* DB 1998, 1044, 1045; *Ellrott/ M.Ring,* in: Beck'scher BilanzKomm, Vor § 325 Rn. 33; *Arnold,* Die GmbH & Co. KGaA, S. 127.

stimmen müssen.[444] Wie in der Kommanditgesellschaft ist für die Zuständigkeitsverteilung gem. § 278 Abs. 2 AktG im Grundsatz die Satzungsautonomie eröffnet. Für die Entscheidungszuständigkeit enthält § 286 Abs. 1 AktG allerdings eine aktienrechtliche Sondervorschrift, die die durch § 278 Abs. 2 AktG grundsätzlich eröffnete Satzungsautonomie wieder einschränkt. § 286 Abs. 1 AktG unterliegt als aktienrechtliche Vorschrift der Satzungsstrenge gem. § 23 Abs. 5 AktG. Gem. § 286 Abs. 1 S. 1 AktG darf der Zustimmungsbeschluss der Kommanditaktionäre in der Satzung nicht abbedungen werden.

Gem. § 286 Abs. 1 S. 2 AktG gilt das grundsätzlich auch für die Zustimmung der Komplementäre. Allerdings verhindert § 286 Abs. 1 S. 2 AktG lediglich, dass das Zustimmungsrecht der Komplementäre als Gesellschaftergruppe abbedungen wird. Da die Beschlüsse der Komplementärsversammlung aber das Verhältnis der Komplementäre untereinander betreffen, ist die nähere Ausgestaltung dieser Beschlussfassung der ersten Stufe der KGaA[445] zuzuordnen, die gem. § 278 Abs. 2 AktG dem Personengesellschaftsrecht unterworfen ist. Ein Mehrheitsbeschluss kann vorgesehen werden. Darüber hinaus ist es möglich, das Zustimmungsrecht der nicht-geschäftsführungsbefugten Komplementäre in der Satzung abzubedingen oder die Entscheidung auf einen einzelnen Komplementär zu übertragen.[446]

Für den *Entscheidungsgegenstand* gelten die zur Aufstellung des Jahresabschlusses gemachten Ausführungen entsprechend: Die geschäftsführungsbefugten Komplementäre erarbeiten eine Beschlussvorlage für die Gesamtheit der Kommanditaktionäre und die nicht-geschäftsführungsbefugten Komplementäre. In ihren inhaltlichen Anforderungen unterscheiden sich Beschlussvorlage und Beschlussgegenstand nicht.

III. Der Gewinnverwendungsbeschluss

Beim Gewinnverwendungsbeschluss wird die Bedeutung einer sauberen Subsumtion deutlich: Gem. § 278 Abs. 2 AktG gilt für das Verhältnis zwischen den Gesellschaftergruppen, d. h. für Geschäfte, die alle KGaA-Gesellschafter betreffen, Personengesellschaftsrecht. In der Personengesellschaft nennt man Geschäfte, die alle Gesellschafter betreffen, Grundlagengeschäfte, für die bestimmte Regeln gelten, die gem. § 278 Abs. 2 AktG dann auch in der KGaA Anwendung finden.

---

444 Für die KG: BGHZ 132, 263; *Hüffer,* in: GroßKomm HGB, § 242 Rn. 48 f.; *Baumbach/Hopt,* HGB, § 164 Rn. 3; für die KGaA: *Hüffer,* AktG, § 288 Rn. 2; *Wichert,* Die Finanzen der KGaA, S. 142.

445 Vgl. schematische Darstellung auf S. 108.

446 Im Ergebnis zustimmend: *Mertens,* in: Kölner Komm AktG, § 285 Rn. 17; *Riotte/Hansen,* in: Hdb KGaA, § 6 Rn. 32 (S. 321); *A/D/S,* Rechnungslegung, AktG, § 286 Rn. 17; *Hüffer,* AktG, § 286 Rn. 1.

Zwar ist der Gewinnverwendungsbeschluss in der Personengesellschaft ein solches Grundlagengeschäft.[447] Der nahe liegende Umkehrschluss ist allerdings nicht zulässig: Geschäfte, die in der Personengesellschaft Grundlagengeschäfte sind, müssen in der KGaA nicht unbedingt Geschäfte sein, die alle KGaA-Gesellschafter betreffen. Der Gewinnverwendungsbeschluss bezieht sich in der KGaA auf die Verwendung des im Jahresabschluss ausgewiesenen Bilanzgewinnes. Da der auf die Komplementäre entfallende Gewinnanteil im Jahresabschluss bereits berücksichtigt wurde, ist Gegenstand des Gewinnverwendungsbeschlusses nur noch der auf die Kommanditaktionäre entfallende Gewinnanteil. Betroffen sind lediglich die mitgliedschaftlichen Gewinnbezugsrechte der Kommanditaktionäre. Folglich ist nur die erste Stufe der KGaA[448] berührt. Einschlägig ist deshalb ausschließlich § 278 Abs. 3 AktG, der das Verhältnis der Aktionäre untereinander erfasst,[449] d. h. gem. § 278 Abs. 3 i.V.m. § 174 AktG entscheidet über die Verwendung des Bilanzgewinnes die Hauptversammlung allein.

Für das Problem, das in der Literatur unter der Überschrift „Ausweitung des Vetorechts der Komplementäre„ diskutiert wird[450], bedeutet das, dass auch in der Satzung kein Zustimmungserfordernis der Komplementäre angeordnet werden darf.[451] Der Anwendungsbereich der personengesellschaftsrechtlichen Satzungsautonomie ist nicht eröffnet, da § 278 Abs. 2 AktG nicht einschlägig ist.[452] Das Zustimmungserfordernis der Komplementäre würde einen Eingriff in die mitgliedschaftlichen Rechte der Kommanditaktionäre bedeuten, der gegen § 23 Abs. 5

---

447 *Ulmer,* in: GroßKomm HGB, § 120 Rn. 32, 40, 42.

448 Vgl. schematische Darstellung auf S. 108.

449 *Assmann/Sethe,* in: GroßKomm AktG, § 285 Rn. 82; vgl. auch § 2 B. II. 1. und den ersten Prüfungsschritt im Prüfungsschema § 2 C. II. 1.

450 Die Ausweitung des Vetorechts der Komplementäre auf den Gewinnverwendungsbeschluss halten für *zulässig: Semler/Perlitt,* in: Münch Komm AktG, § 285 Rn. 45; *Semler,* in: Geßler/Hefermehl, AktG, § 286 Rn. 44; *Mertens,* in: Kölner Komm AktG, § 285 Rn. 17, § 286 Rn. 6; *Herfs,* in: Münch Hdb AG, § 77 Rn. 34; *Sethe,* Die personalistische Kapitalgesellschaft, S. 126; *Sethe,* DB 1998, 1044, 1045; *Hartel,* DB 1992, 2329, 2335; *Schlitt,* Die Satzung der KGaA, S. 227; *Fischer,* Die KGaA nach dem Mitbestimmungsgesetz, S. 102; *Knur,* in: FS Flume [1978], 173, 185; *Heineke,* Anlegerschutz in der KGaA, S. 218; *Hennerkes/Lorz,* DB 1997, 1388, 1391 f.; *Schaumburg,* DStZ 1998, 525, 532; pauschal *Claussen,* GmbHR 1996, 73, 76.

451 Die Ausweitung des Vetorechts auf den Gewinnverwendungsbeschluss halten für *unzulässig: Riotte/Hansen,* in: Hdb KGaA, § 6 Rn. 36 f. (S. 323); *Wichert,* AG 2000, 268, 270; *Ihrig/Schlitt,* ZHR Beiheft 67/1998, 33, 69 f.; *Assmann/Sethe,* in: GroßKomm AktG, § 285 Rn. 82; *Förl,* Die GmbH & Co. KGaA als abhängiges Unternehmen, S. 17 f.
Im Ergebnis hat dies wohl auch der Gesetzgeber vorausgesetzt. In der Begründung des Regierungsentwurfes für die Aktienrechtsreform 1965 wird darauf hingewiesen, dass § 286 Abs. 1 S. 2 AktG klarstelle, dass beim Gewinnverwendungsbeschluss die Zustimmung der Komplementäre nicht erforderlich sei, vgl. Begr RegE zum AktG 1965 bei *Kropff,* S. 369 f. Vieles spricht daher dafür, dass der Gesetzgeber mit der aktienrechtlichen Vorschrift des § 286 Abs. 1 S. 2 AktG gleichzeitig *negativ* den Ausschluss evt. Vetorechte der Komplementäre regeln wollte oder dies sogar als gegeben voraussetzte.

452 *Assmann/Sethe,* in: GroßKomm AktG, § 285 Rn. 82.

AktG verstoßen würde; eine entsprechende Satzungsregelung wäre deshalb nichtig.

Auch an dieser Stelle dürfen vermeintlich wünschenswerte Regelungen nicht mit den tatsächlichen Entscheidungen des Gesetzes verwechselt werden.

Ein Vetorecht der Komplementäre sei interessengerecht, da die Kommanditaktionäre gem. § 174 AktG über Einstellungen in den Gewinnvortrag und in Gewinnrücklagen entschieden, die Investitionspolitik aber Sache der Komplementäre sei.[453] Außerdem müssten Satzungsgestaltungen zulässig sein, die sicherstellen, dass die wertmäßigen Beteiligungen der KGaA-Gesellschafter nicht verwässert werden.[454] Ohne ein Vetorecht zum Gewinnverwendungsbeschluss wären die Komplementäre gezwungen nachzuziehen, wenn die Kommanditaktionäre Einstellungen in ihre Gewinnrücklagen gem. § 174 Abs. 2 Nr. 3 AktG beschließen.[455]

Praktische Satzungsregelungen dürfen allerdings nicht mit dem tatsächlichen Gestaltungsspielraum verwechselt werden. Einschränkungen der Satzungsautonomie sind hinzunehmen, da durch eine rein interessenorientierte Auslegung des § 278 Abs. 2, 3 AktG weder Rechtssicherheit noch Verkehrsfähigkeit der KGaA gewährleistet werden könnten.

Deshalb muss auch der Gleichlauf der wertmäßigen Beteiligung der KGaA-Gesellschafter in der Satzung auf eine Weise geregelt werden, die ohne Vetorecht der Komplementäre auskommt. Und tatsächlich finden sich solche Regelungen in zahlreichen KGaA-Satzungen, da nur so die Umwandlungen von Vermögenseinlagen in Grundkapital ohne Unternehmensbewertung, die erheblichen Aufwand, Kosten und Rechtsunsicherheit auslösen würde, durchgeführt werden können.[456] Da das Gesetz gem. § 278 Abs. 3 i.V.m. § 174 AktG ein Vetorecht ausschließt, kommt nur eine Satzungsregelung in Betracht, die die phG zwingt, auf Rücklagendotierungen der Kommanditaktionäre im Rahmen von § 174 Abs. 2 Nr. 3 AktG zu reagieren und ihre Gewinnrücklagen[457] proportional zu erhöhen.[458] Die Komplementäre müssen sich ihr Umwandlungsrecht auf diese Weise erkaufen. Wenn man die tatsächliche Interessenlage berücksichtigt, wird sich eine solche Lösung für die phG kaum ungünstig auswirken: Typischerweise hat der Kommanditaktionär als Kapitalanleger ein höheres Interesse an einer Gewinnausschüttung als an einer Gewinnthesaurierung, d. h. von der Möglichkeit der Rücklagendotierung gem. § 174 Abs. 2 Nr. 3 AktG macht die Hauptversammlung wohl selten Gebrauch.[459] Es steht

---

453 *Heineke,* Anlegerschutz in der KGaA, S. 218.

454 *Heineke,* Anlegerschutz in der KGaA, S. 218, S. 157 ff.

455 *Heineke,* Anlegerschutz in der KGaA, S. 218.

456 *Fett,* in: Hdb KGaA, Rn. 3 (S. 351 f.); *Schütz/Reger,* in: Hdb KGaA, Rn. 253 (S. 163 f.); *Hartel,* DB 1992, 2329, 2335.

457 Die Satzung sollte stets auch die Auswirkungen auf die Gewinnverteilungsregelung regeln und eine Entnahmesperre für die Gewinnrücklagen der Komplementäre anordnen, ähnlich *Riotte/Hansen,* in: Hdb KGaA, § 6 Rn. 14 ff. (S. 315 f.).

458 *Schütz/Reger,* in: Hdb KGaA, Rn. 253 (S. 164).

daher nicht zu erwarten, dass die Kommanditaktionäre die Komplementäre häufig zu einer höheren Gewinnthesaurierung nötigen werden.

K. Das Ausscheiden der KGaA-Gesellschafter

Auch das Problem fällt unter die in der Einleitung formulierte Leitfrage[460]: Gelten für das Ausscheiden der KGaA-Gesellschafter personengesellschaftsrechtliche oder aktienrechtliche Vorschriften oder Grundsätze?

Wenn einer von mehreren Komplementären, der letzte Komplementär oder die Gesamtheit der Kommanditaktionäre aus der KGaA ausscheidet, sind unterschiedliche Varianten des Leitthemas betroffen. Der systematische Standort der jeweiligen Frage soll unter den Gliederungspunkten § 3 K. I., II. und III. erörtert werden.

I. Das Ausscheiden eines von mehreren Komplementären

Anknüpfend an den Wortlaut des § 289 Abs. 1 AktG wird hier zuerst das Ausscheiden eines von mehreren Komplementären geprüft, bevor auf das Ausscheiden des letzten Komplementärs eingegangen wird.

Das Problem betrifft die 2. Variante des Leitthemas[461]: An sich ist klar, welche KGaA-rechtliche Spezialregelung und welche Vorschriften des HGB, auf die verwiesen wird, anwendbar sind. Die Harmonisierung zwischen den §§ 278 bis 290 AktG und dem Personengesellschaftsrecht wurde notwendig, weil die Verweisungen dynamisch auf das jeweils gültige HGB verweisen.[462] Nach der HGB-Reform[463] scheinen die KGaA-rechtlichen Vorschriften und die personengesellschaftsrechtlichen Prinzipien nicht mehr recht zusammenzupassen. Als abstraktes Lösungskriterium wurde im allgemeinen Teil folgende Vorgabe entwickelt: Spezielle aktienrechtliche Regelungen in den §§ 279 bis 290 AktG können durch die dynamischen Verweisungen auf das Personengesellschaftsrecht ihre Bedeutung teilweise oder vollständig verlieren.[464] Durch das systematische Prüfungsschema soll das Problem in die gesetzlichen Vorschriften eingeordnet werden.

---

459 Von dieser Interessenlage ging wohl auch der Gesetzgeber bei der Ausgestaltung des § 58 AktG für die Aktiengesellschaft aus, vgl. *Bayer,* in: Münch Komm AktG, § 58 Rn. 2; *Lutter,* in: Kölner Komm AktG, § 58 Rn. 5; *Henze,* in: GroßKomm AktG, § 58 Rn. 11.

460 Vgl. das Leitthema im Anschluss an § 1 B. III.

461 Vgl. § 1 B. III. 1.

462 Vgl. Problemtyp § 2 D. I. 8.

463 Handelsrechtsreformgesetz (HRefG) vom 22. 06. 1998, BGBl. I 1998, S. 1474 ff.

464 Vgl. § 2 D. I. 8 c).

1. Erster Prüfungsschritt

Gem. § 278 Abs. 2 AktG richten sich die Rechtsverhältnisse des Komplementärs nach Personengesellschaftsrecht. Dies gilt auch für die Beendigung dieser Rechtsverhältnisse; der Komplementär ist grundsätzlich so zu behandeln, wie es seiner Rechtsnatur entspricht.

2. Zweiter Prüfungsschritt

Das Ausscheiden des Komplementärs betrifft auch das Verhältnis zu der Gesamtheit der Kommanditaktionäre, da auch dieses Rechtsverhältnis mit dem Ausscheiden des Komplementärs beendet wird.

Für die *Entscheidungszuständigkeit* verweisen die §§ 278 Abs. 2, 285 Abs. 2 S. 1 AktG auf Personengesellschaftsrecht. Gem. § 281 Abs. 1 AktG ist eine Satzungsänderung erforderlich, der grundsätzlich beide Gesellschaftergruppen – einschließlich des ausscheidenden Komplementärs – zustimmen müssen.

Der *Entscheidungsgegenstand* betrifft den Komplementär als personengesellschaftsrechtliches Charakteristikum der KGaA. Insoweit überrascht es auf den ersten Blick, dass § 289 Abs. 1 AktG für die Ausscheidensgründe eines von mehreren Komplementären nochmals ausdrücklich auf Personengesellschaftsrecht verweist. Die Notwendigkeit dieser Spezialverweisung wird deutlich, wenn man sich die Ausscheidensgründe im Einzelnen ansieht; gem. § 289 Abs. 1 AktG i.V.m. §§ 161 Abs. 2, 131 Abs. 3 S. 1 HGB führen folgende Ereignisse zum Ausscheiden eines von mehreren Komplementären:

- der Tod des Komplementärs, § 131 Abs. 3 S. 1 Nr. 1 HGB,
- die Eröffnung des Insolvenzverfahrens über das Vermögen des Gesellschafters, § 131 Abs. 3 S. 1 Nr. 2 HGB,
- die Kündigung des Komplementärs, § 131 Abs. 3 S. 1 Nr. 3 HGB,
- die Kündigung durch Privatgläubiger des Komplementärs, § 131 Abs. 3 S. 1 Nr. 4 HGB,
- Eintritt von weiteren im Gesellschaftsvertrag vorgesehenen Fällen, § 131 Abs. 3 S. 1 Nr. 5 HGB,
- Beschluss der KGaA-Gesellschafter, § 131 Abs. 3 S. 1 Nr. 6 HGB, d. h. Beschluss der Hauptversammlung und Zustimmung der Komplementäre, 285 Abs. 2 S. 1 AktG.

Die grundsätzlich gem. §§ 278 Abs. 2, 285 Abs. 2 S. 1 AktG einschlägige personengesellschaftsrechtliche Zuständigkeitsverteilung und Satzungsautonomie für das Ausscheiden eines von mehreren Komplementären wird lediglich durch den Verweis des § 289 Abs. 1 AktG auf § 131 Abs. 3 S. 1 Nr. 5, 6 HGB bestätigt. In den übrigen Fällen wird auf gesetzliche Gründe verwiesen, die das Ausscheiden außerhalb der Satzung und außerhalb der an sich geltenden personengesellschaftsrechtlichen Zuständigkeitsverteilung bewirken; eine ausdrückliche Spezialverweisung in den §§ 279 bis 290 AktG war mithin notwendig.

Die KGaA-rechtliche Spezialregelung des § 289 Abs. 5 AktG scheint mit den Neuregelungen für Ausscheiden und Auflösung der Gesellschaft nach der HGB-Reform nicht mehr recht zusammenzupassen.

Zunächst muss allerdings geklärt werden, was überhaupt Regelungsinhalt des § 289 Abs. 5 AktG ist: Jedenfalls schränkt er den Anwendungsbereich des Personengesellschaftsrechts nicht ein. Die gesetzlichen Ausscheidensgründe müssen in der Satzung nicht wiederholt werden.[465] § 289 Abs. 5 AktG wiederholt mithin lediglich, was gem. § 289 Abs. 1 AktG i.V.m. § 131 Abs. 3 Nr. 5 HGB ohnehin gilt: Die Satzung kann weitere oder abweichende Gründe für das Ausscheiden eines von mehreren Komplementären vorsehen.[466]

Auch wird durch § 289 Abs. 5 AktG nicht – wie zum Teil vertreten[467] – die Geltung der aktienrechtlichen Regelungen für ordentliche Satzungsänderungen, §§ 179 ff. AktG, angeordnet. Im Gegenteil: Statt auf das Aktiengesetz zu verweisen, wiederholt und bekräftigt § 289 Abs. 5 AktG die Geltung der Satzungsautonomie für das Ausscheiden eines mehrerer Komplementäre. Damit bleibt es bei den allgemeinen Ausführungen für Satzungsänderungen in der KGaA.[468] Die §§ 179 ff. AktG gelten nach Maßgabe des Personengesellschaftsrechts, d. h. immer dann, wenn das Ausscheiden eines Komplementärs nicht durch ordentliche Satzungsänderung, sondern durch einen personengesellschaftsrechtlichen Ausscheidensgrund i. S. d. § 289 Abs. 1 AktG i.V.m. §§ 161 Abs. 2, 131 Abs. 3 S. 1 HGB oder durch einen in der Satzung auf Grundlage der § 289 Abs. 1 AktG i.V.m. §§ 161 Ab.s 2, 131 Abs. 3 S. 1 Nr. 5 HGB vorgesehenen Ausscheidensgrund erfolgt, ist das Ausscheiden des Komplementärs sofort wirksam. Die Satzung ist durch eine Fassungsänderung i. S. d. §§ 179 ff. AktG lediglich redaktionell anzupassen. Eine Ausnahme stellt der Gesellschafterbeschluss gem. § 131 Abs. 3 S. 1 Nr. 6 HGB dar. In diesem Fall widersprechen die §§ 179 ff. AktG für ordentliche Satzungsänderungen dem personengesellschaftsrechtlichen Verfahren nicht; das Ausscheiden vollzieht sich durch ordentliche Satzungsänderung.

Verständlich wird § 289 Abs. 5 AktG erst dann, wenn man sich die Rechtslage vor der Handelsrechtsreform[469] vor Augen führt: Nach alter Rechtslage führte der Wegfall eines Komplementärs zur Auflösung der Gesellschaft und nicht zu dessen Ausscheiden, vgl. § 131 Nr. 4, 5, 6 HGB a.F. § 289 Abs. 1 AktG verwies auf diese

---

465 *Assmann/Sethe,* in: GroßKomm AktG, § 289 Rn. 78; *Semler/Perlitt,* in: § 289 Rn. 83 f.

466 *Assmann/Sethe,* in: GroßKomm AktG, § 289 Rn. 77 ff.

467 *Veil,* NZG 2000, 72, 76.

468 Vgl. oben § 3 F. IV. bis VI.

469 Handelsrechtsreformgesetz (HRefG) vom 22. 06. 1998, BGBl. I 1998, S. 1474 ff.

personengesellschaftsrechtlichen Auflösungsgründe und § 289 Abs. 5 AktG stellte klar, dass die Satzung der KGaA als abweichende Rechtsfolge für den Wegfall eines Komplementärs auch dessen Ausscheiden vorsehen konnte.

Nachdem nun nach der Handelsrechtsreform das Ausscheiden des Komplementärs gesetzliche Rechtsfolge für den Wegfall eines Komplementärs ist, vgl. § 131 Abs. 3 S. 1 Nr. 1, 3, 6 HGB, müsste § 289 Abs. 1 AktG auf die personengesellschaftsrechtlichen Ausscheidensgründe verweisen und § 289 Abs. 5 AktG klarstellen, dass die Satzung der KGaA als abweichende Rechtsfolge für den Wegfall eines Komplementärs auch die Auflösung der Gesellschaft vorsehen kann. Letztere Klarstellung hätte eine redaktionelle Anpassung des § 285 Abs. 5 AktG an die neue Rechtslage nach der Handelsrechtsreform notwendig gemacht. Die Tatsache, dass diese Anpassung unterblieben ist, muss man als Redaktionsversehen beurteilen.[470] § 285 Abs. 1 AktG und § 289 Abs. 5 AktG sind daher wie folgt auszulegen:

§ 285 Abs. 1 AktG verweist auf die gesetzlichen Auscheidensgründe für einen Komplementär gem. §§ 161 Abs. 2, 131 Abs. 3 S. 1 Nr. 1 bis 6 HGB. § 285 Abs. 5 AktG stellt klar, dass die Satzung der KGaA auch die Auflösung als Rechtsfolge anordnen könnte. § 285 Abs. 5 AktG ist als Verweisung auf den ersten Halbsatz von § 131 Abs. 3 S. 1 HGB aufzufassen, der das Ausscheiden nur vorbehaltlich einer abweichenden vertraglichen Regelung anordnet.

Mit dieser Auslegung von § 285 Abs. 5 AktG wird gleichzeitig bekräftigt, dass Satzungsregelungen zur Ausschließung eines Komplementärs in denselben Grenzen zulässig sind, wie in der Personengesellschaft.[471]

Vom einheitlichen Lösungskriterium wurde mit dieser Argumentation abgewichen, da die KGaA-rechtliche Spezialregelung nicht an Bedeutung verloren, sondern einen neuen Regelungsgehalt gewonnen hat. Dies geschah letztlich in Übereinstimmung mit der obersten Maxime der systematischen Auslegung, die personengesellschaftsrechtlichen Elemente der KGaA als Unterscheidungsmerkmale zur AG zu bewahren.[472]

---

470 *Assmann/Sethe,* in: GroßKomm AktG, § 289 Rn. 78.

471 Das gerichtliche Verfahren gem. § 140 HGB kann abbedungen und ein Gesellschafterbeschluss kann für ausreichend erklärt werden, *Assmann/Sethe,* in: GroßKomm AktG, § 289 Rn. 110; *Schütz/Reger,* in: Hdb KGaA, § 5 Rn. 331 (S. 187 f.); *Kallmeyer,* DStR 1994, 977, 978.

Ein solcher Ausschließungsbeschluss ist allerdings nur dann zulässig, wenn ein wichtiger Grund i. S. d. § 140 HGB vorliegt. Dieser wichtige Grund kann in der Satzung allenfalls präzisiert, nicht aber abbedungen werden. Sog. *Hinauskündigungsklauseln,* die die Gesellschaftszugehörigkeit eines Komplementärs von der Willkür der übrigen Gesellschafter abhängig machen würden, sind unzulässig. Zur Personengesellschaft: BGHZ 68, 212, 214 f.; 107, 351, 356. Zur KGaA: *Assmann/Sethe,* in: GroßKomm AktG, § 289 Rn. 111; *Semler/Perlitt,* in: Münch Komm AktG, § 289 Rn. 124; *Schütz/Reger,* in: Hdb KGaA, § 5 Rn. 331 (S. 187 f.).

472 Vgl. § 2 D. II.

3. Dritter Prüfungsschritt

Angesichts der Tatsache, dass die KGaA-Satzung gem. § 281 Abs. 1 AktG Angaben über die Komplementäre enthält, die beim Ausscheiden gelöscht werden müssen, ist auch die KGaA-Satzung als aktienrechtliche Organisationsklammer betroffen (vgl. schematische Darstellung S. 108). Vollzieht sich die Satzungsänderung nach den personengesellschaftsrechtlichen Ausscheidensgründen außerhalb des Satzungsänderungsverfahrens, ist die Satzungsfassung gem. §§ 179 ff. AktG redaktionell anzupassen.[473]

II. Das Ausscheiden des letzten Komplementärs

Auch wenn es auf den ersten Blick nicht so aussieht: Auch das Ausscheiden des letzten Komplementärs fällt unter das in der Einleitung formulierte Leitthema[474]: Vollzieht sich der Wegfall des letzten phG nach personengesellschaftsrechtlichen oder aktienrechtlichen Prinzipien?

In der schematischen Darstellung auf S. 108 kann der Standort des Problems anschaulich gezeigt werden: Welche Folgen haben Ereignisse, die zum Verschwinden der Komplementäre, d. h. der gesamten linken Säule der KGaA führen?

In den §§ 278 bis 290 AktG wird die Frage nicht geregelt. Die Regelungslücke erfordert eine Abgrenzung[475] zwischen den Regelungsregimen: Aktienrechtliche Prinzipien würden die Auflösung der KGaA nahe legen; nach personengesellschaftsrechtlichen Grundsätzen könnte sich die Umwandlung in eine AG auch automatisch vollziehen. Das im allgmeinen Teil für den Problemtyp erarbeitete Lösungskriterium würde für letztere Lösung sprechen: Aus einer KGaA, die ihren letzten Komplementär-Fremdkörper verliert, wird wieder eine einfache AG.[476] Ob diese Umwandlung auch unter teleologischen, formalen und praktischen Gesichtspunkten überzeugen kann, soll im Folgenden getestet werden.

Durch das systematische Prüfungsschema ist die Frage in die gesetzlichen Vorschriften einzuordnen.

1. Erster Prüfungsschritt

Mit dem Ausscheiden des letzten Komplementärs werden seine mitgliedschaftlichen Rechtsverhältnisse beendet. Das Ausscheiden des Komplementärs ist gem. § 278 Abs. 2 AktG grundsätzlich nach Personengesellschaftsrecht zu beurteilen.

---

473 Ausführlich dazu § 3 F. IV. 2.

474 Vgl. das Leitthema im Anschluss an § 1 B. III.

475 Vgl. die 3. Variante des Leitthemas § 1 B. III. 3.

476 Vgl. § 2 D. I. 7.

Gem. § 278 Abs. 2 AktG i.V.m. §§ 161 Abs. 2, 131 HGB gelten grundsätzlich die gesetzlichen Gründe des HGB für das Ausscheiden des letzten Komplementärs.

2. Zweiter Prüfungsschritt

Mit dem Ausscheiden des letzten Komplementärs wird auch das Rechtsverhältnis zu der Gesamtheit der Kommanditaktionäre beendet. § 278 Abs. 2 AktG verweist insoweit grundsätzlich auch auf Personengesellschaftsrecht.

Die Spezialverweisung des § 289 Abs. 1 AktG verweist nur für das Ausscheiden eines von mehreren Komplementären auf das Personengesellschaftsrecht. Fraglich ist, ob durch diese offensichtlich bewusst engere Formulierung des § 289 Abs. 1 AktG das Ausscheiden des letzten Komplementärs negativ geregelt wurde, d. h. im Umkehrschluss aus § 289 Abs. 1 AktG Aktienrecht angewendet werden muss.

Aus dem Wortlaut des § 289 Abs. 1 AktG lässt sich die ausschließliche Anwendung von Aktienrecht allerdings nicht entnehmen. Auch in der Kommanditgesellschaft gehen die Rechtsfolgen beim Ausscheiden des letzten Komplementärs über die Rechtsfolgen beim Ausscheiden eines von mehreren Komplementären hinaus. Auch die Kommanditgesellschaft ist durch das Ausscheiden des letzten Komplementärs in ihrer Existenz betroffen, da der *numerus clausus* der Gesellschaftsformen eine Kommanditistengesellschaft ausschließt.[477] Die Tatsache, dass das Ausscheiden des letzten Komplementärs im Wortlaut des § 289 Abs. 1 AktG ausgespart wurde, spricht eher dafür, dass der Gesetzgeber die weitergehenden Rechtsfolgen dieses Ereignisses erkannte und deshalb im Zusammenhang mit dem Ausscheiden eines von mehreren Komplementären bewusst nicht, d. h. auch nicht negativ, regelte. Aus § 289 Abs. 1 AktG ist deshalb nicht der Ausschluss von Personengesellschaftsrecht zu entnehmen. Stattdessen bleibt die Generalverweisung des § 278 Abs. 2 AktG grundsätzlich einschlägig.

Beim Ausscheiden des letzten Komplementärs fällt allerdings gleichzeitig das Rechtsformmerkmal weg, das die KGaA von der Aktiengesellschaft unterscheidet. Damit ist gleichzeitig auch die KGaA als selbstständige Rechtspersönlichkeit gem. § 278 Abs. 1 AktG betroffen. Es ist also notwendig, zwischen Personengesellschaftsrecht und Aktienrecht genau abzugrenzen.

Doch allein mit einer Abgrenzung zwischen Personengesellschaftsrecht und Aktienrecht ist es im vorliegenden Fall nicht getan: Die besondere Struktur der KGaA macht die einfache Übertragung einer personengesellschaftsrechtlichen oder aktienrechtlichen Lösung auf die KGaA unmöglich. Aus diesem Grund sollen zunächst ähnliche Konstellationen in der Kommanditgesellschaft und in der Aktiengesellschaft dargestellt werden, bevor Parallelen zur KGaA gezogen werden können.

---

477 *Frey/v. Bredow*, ZIP 1998, 1621, 1622.

a) Das Ausscheiden des letzten Komplementärs in der Kommanditgesellschaft

Die Existenz einer Personengesellschaft ist grundsätzlich von ihrem Mitgliederbestand abhängig.[478] Dementsprechend bewirkte das Ausscheiden eines Gesellschafters vor der HGB-Reform 1998[479] grundsätzlich die Auflösung der Gesellschaft, vgl. §§ 161 Abs. 2, 131 Nr. 4, 5, 6 HGB a.F.

Nach der HGB-Reform gilt für die Kommanditgesellschaft zwar der Grundsatz der Unternehmenskontinuität[480], d. h. die Gesellschaft bleibt als werbende Gesellschaft bestehen, wenn ein Gesellschafter ausscheidet, §§ 161 Abs. 2, 131 Abs. 3 HGB. Das Ausscheiden des letzten Komplementärs einer Kommanditgesellschaft mit mindestens zwei Kommanditisten führt allerdings nach wie vor zur Auflösung, da kein Gesellschafter mit persönlicher und unbeschränkter Haftung für Gesellschaftsschulden in der Gesellschaft verbleibt.[481]

Das Ausscheiden des letzten Komplementärs einer KG ist grundätzlich weder tatsächlich noch rechtlich zu verhindern. In folgenden Fällen hängt das Ausscheiden des letzten Komplementärs ohnehin nicht vom Willen des ausscheidenden Gesellschafters ab:

- der Tod des Gesellschafters, § 131 Abs. 3 S. 1 Nr. 1 HGB,
- die Eröffnung des Insolvenzverfahrens über das Vermögen des Gesellschafters, § 131 Abs. 3 S. 1 Nr. 2 HGB,
- die Kündigung des Privatgläubigers des letzten Komplementärs gem. § 131 Abs. 3 S. 1 Nr. 4 HGB,
- der Eintritt eines in der Satzung festgelegten Ausscheidensgrundes gem. § 131 Abs. 3 S. 1 Nr. 5.

Doch auch wenn der letzte Komplementär kündigt und der Ausscheidensgrund auf einem eigenen Willensentschluss der Komplementärs beruht, treten die Rechtsfolgen „Ausscheiden des letzten Komplementärs“ und „Auflösung der KG“ zwangsläufig ein: Allein die Tatsache, dass die Auflösung der KG mit Nachteilen für die Kommanditisten verbunden ist, kann nicht dazu führen, dass die Kündigung des Komplementärs als rechtsmissbräuchlich zu beurteilen wäre.[482] Selbst eine grundlose Kündigung ist niemals unwirksam, sondern kann allenfalls nachwirkende Treuepflichten oder Schadensersatzansprüche der verbleibenden Kommanditisten auslösen.[483]

---

478 Zur GbR vgl. z. B. *K. Schmidt,* Gesellschaftsrecht, § 59 V. 1. [S. 1757].

479 Handelsrechtsreformgesetz (HRefG) vom 22. 06. 1998, BGBl. I 1998, S. 1474 ff.

480 *Baumbach/Hopt,* HGB, § 131 Rn. 3.

481 BayObLG BB 2000, 1211, 1212; *Lorz,* in: Ebenroth/Boujong/Joost, HGB, § 131 Rn. 30; *Koller,* in: Koller/Roth/Morck, HGB, § 140 Rn. 4; *Baumbach/Hopt,* HGB, § 131 Rn. 18. Noch für das HGB a.F.: BGHZ 8, 35, 37 f.

482 *K. Schmidt,* in: Schlegelberger, HGB, § 132 Rn. 19; *ders.* in: Münch Komm HGB, § 132 Rn. 20; *Piehler/Schulte,* in: Münch Hdb KG, § 36 Rn. 18.

Der Wegfall des letzten Komplementärs in einer KG mit mindestens zwei Kommanditisten ist ein gesetzlich nicht geregelter Auflösungsgrund, der zu Folgeproblemen führt: Mit der Auflösung erlischt die Gesellschaft nicht; es ändert sich nur der Gesellschaftszweck. Aus einer werbenden, d. h. aus einer aktiv wirtschaftenden Gesellschaft wird eine Gesellschaft, deren Zweck auf die Liquidation gerichtet ist.[484] Sie ist allerdings mit der ursprünglichen Gesellschaft identisch. Auf die Gesellschaft in Liquidation bleiben grundsätzlich dieselben Vorschriften anwendbar wie auf eine werbende Gesellschaft, §§ 161 Abs. 2, 156 HGB. Problematisch ist die Rechtsfolge der Auflösung deswegen, weil die KG dann in Form einer Kommanditistengesellschaft i.L. abgewickelt werden müsste, die gesetzlich nicht geregelt ist und die deshalb mit dem Rechtsformzwang kollidiert.[485] Die Kommanditistengesellschaft i.L. wird nur möglich, wenn man den Rechtsformzwang auf werbende Gesellschaften beschränkt.[486] Da die Kommanditistengesellschaft i.L. aber nach außen hin als KG i.L. firmiert, wird bei den Gläubigern der Eindruck erweckt, es hafte auch für solche Gesellschaftsverbindlichkeiten, die im Rahmen der Abwicklung entstehen, zumindest ein Gesellschafter persönlich. Zum Teil wird deshalb gefordert, der Komplementär müsse für die Dauer der Abwicklung in der Gesellschaft verbleiben.[487] Nach dieser Ansicht entstünde eine KG i.L. Die herrschende Meinung geht im Gegensatz dazu von einer Kommanditistengesellschaft i.L. aus und nimmt den zeitweiligen Verstoß gegen den Rechtsformzwang hin.[488]

Einfacher ist der Fall zu beurteilen, in dem der *letzte Kommanditist aus einer KG mit mindestens zwei Komplementären* ausscheidet: Die KG wandelt sich grundsätzlich[489] kraft Gesetzes in eine OHG um.[490] Dies ergibt sich aus der Begriffsbestimmung der KG in § 161 Abs. 1 HGB. Danach ist eine KG eine OHG, die über mindestens einen Gesellschafter verfügt, dessen Haftung auf eine bestimmte Vermögenseinlage beschränkt ist. Aus diesem Grund gilt die automatische

---

483 *K. Schmidt,* in: Schlegelberger, HGB, § 132 Rn. 20 f.; *ders.* in: Münch Komm HGB, § 132 Rn. 21; *Piehler/Schulte,* in: Münch Hdb KG, § 36 Rn. 18.

484 *Lorz,* in: Ebenroth/Boujong/Joost, HGB, § 131 Rn. 10; *Koller,* in: Koller/Roth/Morck, HGB, § 131 Rn. 7.

485 *Frey/v. Bredow,* ZIP 1998, 1621, 1623. Nach *K. Schmidt* führt der Rechtsformzwang im Gesellschaftsrecht dazu, dass jeder Personenverband zwingend einer gesetzlich geregelten Form zugewiesen wird und zwar im Extremfall auch ohne oder gegen den Willen der Gesellschafter, *K. Schmidt,* in: Gesellschaftsrecht, § 5 II. 3. b) [S. 102]; *ders.* BB 1989, 1702, 1705.

486 *K. Schmidt,* BB 1989, 1702, 1705: „Erst wenn die Gesellschafter es versäumen, die Liquidation zu betreiben, greift der gesellschaftsrechtliche Rechtsformzwang, ...“

487 *Frey/v. Bredow,* ZIP 1998, 1621, 1624 r. Sp.: Beim Tod des letzten Komplementärs müsse dies für seine Erben gelten. A. A. *Eckardt,* NZG 2000, 449, 454.

488 *Lorz,* in: Ebenroth/Boujong/Joost, HGB, § 131 Rn. 31; *Koller,* in: Koller/Roth/Morck, HGB, § 131 Rn. 8; *K. Schmidt,* Gesellschaftsrecht, § 53 V. 1. a) [S. 1555].

489 Eine Ausnahme gilt für den Fall, dass der letzte Kommanditist stirbt: Gem. § 177 HGB rücken die Erben einzeln – auch ohne Nachfolgeklausel – als Kommanditisten in die KG ein.

490 *Baumbach/Hopt,* HGB, § 161 Rn. 17; *Weipert,* in: Ebenroth/Boujong/Joost, HGB, § 161 Rn. 21; *K. Schmidt,* Gesellschaftsrecht, § 53 V. 1. a) [S. 1555].

Umwandlung auch im umgekehrten Fall, d. h. aus einer OHG wird kraft Gesetzes eine KG, wenn der Gesellschaftsvertrag dahingehend geändert wird, dass von nun an ein Gesellschafter nur noch mit einer Kommanditeinlage haftet, die dann in das Handelsregister einzutragen ist, § 162 Abs. 1 HGB.[491]

Ein weiterer Sonderfall bildet das *Ausscheiden des letzten Komplementärs aus einer zweigliedrigen Kommanditgesellschaft:* Hier kommt der Grundsatz der Personenmehrheit[492] zum Tragen. Nach umstrittener, aber m. E. zutreffender Ansicht kann die Personengesellschaft – von Ausnahmen bei der Testamentsvollstreckung und Nacherbfolgeanordnung abgesehen – als Ein-Mann-Gesellschaft nicht fortbestehen, da Personengesellschaften gegenüber ihren Mitgliedern grundsätzlich nicht verselbstständigt sind.[493] Deshalb wird in einer zweigliedrigen Personengesellschaft bei Ausscheiden des vorletzten Gesellschafters der verbleibende Gesellschafter als natürliche Person Gesamtrechtsnachfolger der Gesellschaft, die mit dem Ausscheiden des vorletzten Gesellschafters automatisch vollbeendigt wird.[494] Trotz der unbeschränkten Haftung des Gesamtrechtsnachfolgers soll dies auch für den verbleibenden Kommanditisten einer zweigliedrigen KG gelten.[495]

b) Das Ausscheiden des letzten Aktionärs in der AG

Eine ähnliche Konstellation gibt es in der Aktiengesellschaft nicht, da die Aktiengesellschaft – anders als die Kommanditgesellschaft oder die KGaA – nicht über Komplementäre und auch nicht über zwei verschiedene Gesellschaftertypen verfügt.

Vergleichbar sind allenfalls folgende Fälle:

- Nachträglich vereinigen sich alle Anteile in einer Person.
- Der letzte Aktionär fällt weg.

In beiden Fällen kommt die Tatsache zum Tragen, dass die AG als juristische Person – anders als die Personengesellschaft als Gesamthandsgemeinschaft – gegenüber ihren Mitgliedern verselbstständigt ist.[496]

Im ersten Fall bleibt die AG gem. § 42 AktG als Vermögensträger erhalten.

Der zweite Fall ist eher unwahrscheinlich, aber zumindest denkbar: So könnte der letzte Aktionär z. B. dann wegfallen, wenn er säumig ist und gem. § 64 AktG

---

491 *Weipert,* in: Ebenroth/Boujong/Joost, HGB, § 161 Rn. 20.

492 Zum Grundsatz der Personenmehrheit ausführlich *Fett/Brand,* NZG 1999, 45, 47.

493 Zu dem Meinungsstand vgl. bereits oben ausführlich unter § 2 A. I.

494 *K. Schmidt,* Gesellschaftsrecht, § 11 V. 3. a) [S. 309].

495 BGH NZG 2000, 474; kritisch zur Entscheidung des BGH: *Eckardt,* NZG 2000, 449, 451 ff.

496 Vgl. dazu oben § 2 A. I.

ausgeschlossen wird.[497] Auch dieser Fall bewirkt nicht das Erlöschen der AG, sondern lediglich deren Auflösung.[498]

c) Das Ausscheiden des letzten Komplementärs in der KGaA

Gem. § 278 Abs. 2 AktG gilt für das Ausscheiden des letzten Komplementärs grundsätzlich Personengesellschaftsrecht:

Nimmt man diese Feststellung als Ausgangspunkt, stellt sich das Problem folgendermaßen dar: Wie in der Kommanditgesellschaft kann der letzte Komplementär der KGaA gem. § 278 Abs. 2 AktG i.V.m. §§ 161 Abs. 2, 131 Abs. 3 HGB aufgrund aller in § 131 Abs. 3 HGB genannten Gründe ausscheiden, d. h. auch durch ordentliche Kündigung.[499] Auch die Rechtsfolge für das Ausscheiden des letzten Komplementärs aus einer Kommanditgesellschaft mit mindestens zwei Kommanditisten[500] wäre grundsätzlich in der KGaA denkbar: Die Auflösung der KGaA.[501]

Die Anwendung dieser kommanditrechtlichen Lösung auf die KGaA ist allerdings problematisch: Ebenso wie in der Kommanditgesellschaft entstünde auch in der KGaA vorübergehend eine Rechtsform, die gegen den Rechtsformzwang verstößt: Eine Kommanditaktionärs-KGaA i.L. Darüber hinaus ist jedenfalls die Tatsache, dass die KGaA einen Gesellschafter verliert, für den Fortbestand der KGaA als selbstständige Rechtspersönlichkeit unbeachtlich, was an sich für eine aktienrechtliche Lösung sprechen würde.

---

497 Wenn der letzte Aktionär stirbt, stellt sich dieses Problem im Gegensatz zur Personengesellschaft grundsätzlich nicht: Sein Anteilseigentum ist gem. §§ 929 ff. BGB, § 68 Abs. 1 AktG übertragbar und vererblich: Gem. § 1922 Abs. 1 BGB geht das Anteilseigentum unmittelbar auf seinen oder seine Erben über, vgl. *K. Schmidt,* Gesellschaftsrecht, § 8 IV. 2. d) [S. 210]. Der letzte Aktionär fällt nur dann mit seinem Tod ersatzlos weg, wenn die AG selbst als Erbe eingesetzt wurde.

498 *K. Schmidt,* Gesellschaftsrecht, § 8 IV. 2. d) [S. 210]. Zum Problem der Kein-Mann-GmbH: *Emmerich,* in: Scholz, GmbHG, § 13 Rn. 9; *Flume,* Die juristische Person, § 6 II. [S. 187]; *Hueck/Fastrich,* in: Baumbach/Hueck, GmbHG, § 33 Rn. 14.

499 Zu den Ausscheidensgründen, die auf einem Willensentschluss des ausscheidenden Komplementärs beruhen vgl. für die KG § 3 K. II. 2. a).

500 Vgl. dazu oben § 3 K. II. 2 a).

501 Die Auflösung der KGaA vertreten: *Semler/Perlitt,* in: Münch Komm AktG, § 289 Rn. 178; *Schulz,* in: Hdb KGaA, § 8 Rn. 28 ff. (S. 388 ff.); *Herfs,* in: Münch Hdb AG, § 76 Rn. 36; *Hüffer,* AktG, § 289 Rn. 9; *Jäger,* Aktiengesellschaft, § 63 Rn. 22; *Schlitt,* Die Satzung der KGaA, S. 145; *Schrick,* NZG 2000, 409, 412; noch für die Zeit vor der Handelsrechtsreform 1998: *Mertens,* in: Kölner Komm AktG, § 289 Rn. 38.

aa) Gesetzessystematische Argumente für eine automatische Umwandlung

Das Recht der Kommanditgesellschaft, das gem. § 278 Abs. 2 AktG grundsätzlich anwendbar ist, bietet – wie gezeigt – für den Verlust eines Rechtsformmerkmals zwei verschiedene Rechtsfolgen an:

Für das Ausscheiden des letzten Komplementärs die Auflösung; für das Ausscheiden des letzten Kommanditisten die automatische Umwandlung in eine OHG.

Konstruktiv liegt für die KGaA die Lösung über eine automatische Umwandlung näher: Wie beim Ausscheiden des letzten Kommanditisten aus der KG verbleibt auch in der KGaA nach dem Ausscheiden des letzten Komplementärs eine Rumpfgesellschaft, die alle Voraussetzungen für eine andere Rechtsform erfüllt: Diejenigen für eine Aktiengesellschaft.[502] Die automatische Umwandlung ist daher auch die Lösung, die mit dem Rechtsformzwang übereinstimmen würde. K. Schmidt beschreibt den Rechtsformzwang treffend als „Reaktionsmechanismus für Fälle der Rechtsformverfehlung".[503] Mit dem Ausscheiden des letzten Komplementärs fällt das Rechtsformmerkmal der KGaA nachträglich weg; mithin ist ein Fall des nachträglichen Rechtsformzwangs, d. h. einer nachträglichen Verfehlung der Rechtsform gegeben.[504] In diesen Fällen ändert sich die Rechtsform durch Eintritt tatsächlicher Veränderungen, auch ohne dass die Gesellschafter dies beabsichtigen. Hauptfall des nachträglichen Rechtsformzwangs ist die automatische Umwandlung einer GbR in eine OHG: Eine GbR, deren Geschäftstätigkeit den Umfang eines kaufmännischen Handelsgewerbes erreicht, wandelt sich automatisch in eine OHG um, da die Gesellschaft nun die Voraussetzungen des § 105 Abs. 1 HGB erfüllt.

Die KGaA wandelt sich also automatisch in eine Aktiengesellschaft um, wenn der letzte Komplementär ausscheidet. Gem. § 278 Abs. 2 AktG i.V.m. § 161 Abs. 2 HGB und den personengesellschaftsrechtlichen Grundsätzen über das Ausscheiden des letzten Kommanditisten in einer KG bleibt es damit bei der Verweisung des § 278 Abs. 2 AktG in das Kommanditrecht, wenn auch eine kommanditrechtliche Lösung unter veränderten Vorzeichen auf die KGaA übertragen wurde. Letztendlich werden durch diese Lösung aber auch die aktienrechtlichen Vorgaben des § 278 Abs. 1 AktG am besten erfüllt: Die in ihrer Eigenschaft als juristische Person gegenüber ihren Mitgliedern verselbstständigte KGaA bleibt als Vermögensträger erhalten und muss weder ausgelöst noch vollbeendigt werden.

Das Umwandlungsgesetz steht einer automatischen Umwandlung der KGaA in eine AG bei Wegfall des letzten Komplementärs nicht entgegen. Gem. § 190 Abs. 2

---

502 Die automatische Umwandlung der KGaA in eine Aktiengesellschaft vertreten: *Kallmeyer,* ZIP 1994, 1746, 1751 li. Sp., *Meister/Klöcker,* in: Kallmeyer, UmwG, § 190 Rn. 14 und *Assmann/Sethe,* in: GroßKomm AktG, § 289 Rn. 147. Letztere plädieren allerdings dafür, dass die Umwandlung erst dann eintritt, wenn die Kommanditaktionäre während einer Übergangszeit von drei Monaten keinen neuen Komplementär aufgenommen haben.

503 *K. Schmidt,* Gesellschaftsrecht, § 5 II. 3. a) [S. 101].

504 *K. Schmidt,* Gesellschaftsrecht, § 5 II. 3. d) [S. 103].

UmwG werden durch das Umwandlungsgesetz Rechtsformänderungen kraft Gesetzes nicht ausgeschlossen.[505]

bb) Teleologische Argumente für eine automatische Umwandlung

Auch unter teleologischen Gesichtspunkten ist die automatische Umwandlung der KGaA in eine Aktiengesellschaft der Auflösung der KGaA vorzuziehen. Durch die Auflösung entstünde eine KGaA i.L., in der allerdings kein Gesellschafter mehr für Gesellschaftsverbindlichkeiten persönlich haftet. Durch die Firmierung als KGaA i.L. würden Gesellschaftsgläubiger in die Irre geführt, die aufgrund der Firmierung auf die persönliche Haftung mindestens eines Gesellschafters vertraut hätten. Dass dieser Gesichtspunkt nicht ganz unbeachtlich ist, zeigt die Tatsache, dass auch während der Liquidation noch erhebliche Haftungsrisiken bestehen. So besteht z. B. die Gefahr, dass die KGaA i.L. durch die bevollmächtigten Vertreter[506] oder eine Verhaltenszurechnung an die Gesellschaft nach den Grundsätzen der Anscheins- bzw. Duldungsvollmacht verpflichtet wird. Zudem können im Rahmen der Abwicklung gem. § 278 Abs. 1 i.V.m. § 268 Abs. 1 S. 2 AktG neue Geschäfte getätigt werden, da auch die Umsetzung des vorhandenen Vermögens in Geld das Erfordernis neuer Geschäfte mit sich bringt.[507]

Assmann / Sethe wollen die KGaA für eine Übergangszeit von drei Monaten fortbestehen lassen, um den Kommanditaktionären die Möglichkeit zu geben, eine automatische Umwandlung in eine Aktiengesellschaft durch Aufnahme eines neuen Komplementärs zu vermeiden.[508] Es ist zwar richtig, dass die Rückumwandlung in eine KGaA nach dem Umwandlungsgesetz zu erfolgen hätte und Kosten verursachen würde. Die Übergangszeit würde allerdings die Rechtssicherheit unnötig beeinträchtigen. Ist die automatische Umwandlung in eine AG nicht erwünscht, kann die Rechtsfolge durch entsprechende Satzungsgestaltung vermieden werden. Durch eine qualifizierte Nachfolgeklausel würde beim Tod des letzten Komplementärs der Erbe an Stelle des Komplementärs in die Gesellschaft einrücken. Da der Erbe gem. § 278 Abs. 2 AktG i.V.m. §§ 161 Abs. 2, 139 Abs. 1 HGB die Umwandlung in eine Kommanditaktionärsbeteiligung verlangen kann, besteht die sicherere Lösung in der Aufnahme einer Vorrats-Komplementär-GmbH, deren mitgliedschaftliche Rechte – in den personengesellschaftsrechtlichen Grenzen – auflösend bedingt auf das Ausscheiden des vorletzten Komplementärs ausgeschlossen werden und deren Anteile von der KGaA gehalten werden.

---

505 *Meister/Klöcker,* in: Kallmeyer, UmwG, § 190 Rn. 13 f.

506 Bei Auflösung und Abwicklung der KGaA jedenfalls die Abwickler, § 290 AktG.

507 Die Umsetzung des vorhandenen Vermögens ist Hauptaufgabe der Abwickler, § 278 Abs. 1 i.V.m. § 268 Abs. 1 S. 1 AktG.

508 *Assmann/Sethe,* in: GroßKomm AktG, § 289 Rn. 147.

Auch andere, scheinbar pragmatische Vorschläge, das Ausscheiden des letzten Komplementärs aus der KGaA jedenfalls dann zu vermeiden, wenn das Ausscheiden von einem Willensentschluss des betroffenen Komplementärs abhängt, sind abzulehnen.[509] Die Rechtssicherheit ist auch hierfür das ausschlaggebende Kriterium: Es muss vermieden werden, dass eine Schwebephase eintritt, in der beispielsweise über die Wirksamkeit einer Kündigung und die Rechtsfolge des Ausscheidens gerichtlich oder außergerichtlich gestritten werden kann. Soll die Rechtsfolge der automatischen Umwandlung in eine AG vermieden werden, ist auch hier eine vorbeugende Satzungsregelung als sachgerechte Lösung vorzuziehen.

3. Dritter Prüfungsschritt

Die Folgen der automatischen Umwandlung in eine AG richten sich nunmehr ausschließlich nach Aktienrecht.

Mit dem Wegfall des letzten Komplementärs verliert die personalistische Kapitalgesellschaft[510] ihr personalistisches Führungsorgan. Die KGaA wird vom „mächtigen Instrument einer starken Unternehmerpersönlichkeit"[511] wieder zur einfachen Kapitalgesellschaft.

Die Durchbrechung aktienrechtlicher Strukturen im Anwendungsbereich des § 278 Abs. 2 AktG wird zurückgenommen.[512]

Die Einschränkung der Kompetenzen des Aufsichtsrats der KGaA, die durch die besondere Stellung der Komplementäre als „geborene" Geschäftsführer veranlasst war, fällt weg.[513] Der Aufsichtsrat erhält die Aufgabe, unverzüglich einen Vorstand zu bestellen, § 84 AktG.[514]

509 Der letzte Komplementär ist z. B. nicht verpflichtet, solange in der Gesellschaft zu verbleiben, bis ein neuer Komplementär gefunden wurde oder die Umwandlung der Gesellschaft beschlossen ist.

Auch die grundlose Kündigung des letzten Komplementärs ist nicht schon allein deswegen rechtsmissbräuchlich, weil sie zur Umwandlung führt, die gegebenenfalls mit Nachteilen für die Kommanditaktionäre verbunden ist. Zur Kommanditgesellschaft vgl. bereits unter § 2 H. II. 2. a). Vgl. auch *K. Schmidt,* in: Schlegelberger, HGB, § 132 Rn. 19; *ders.* in: Münch Komm HGB, § 132 Rn. 20; *Piehler/Schulte,* in: Münch Hdb KG, § 36 Rn. 18. A. A. für die KGaA: *Schulz,* in: Hdb KGaA, § 8 Rn. 40 (S. 392 f.); *Semler/Perlitt,* in: Münch Komm AktG, § 289 Rn. 167 ff., 172.

510 Vgl. den Titel der Dissertation von *Sethe:* Die personalistische Kapitalgesellschaft mit Börsenzugang.

511 Vgl. die Formulierung zur Zusammenfassung des gesetzlichen Leitbildes der KGaA oben § 2 B. I.

512 Vgl. das Zitat von *Mertens,* in: Kölner Komm AktG, Vor § 278 Rn. 4 ff.

513 Vgl. die Ausführungen unter § 3 B. VIII.

514 *Assmann/Sethe,* in: GroßKomm AktG, § 289 Rn. 147.

Gleichzeitig verlieren alle Satzungsregelungen, die auf den durch § 278 Abs. 2 AktG eröffneten Anwendungsbereich der Satzungsautonomie zurückgehen, ihre Grundlage und werden unwirksam. Die Satzungsänderung vollzieht sich außerhalb der Satzung; der Satzungstext wird unrichtig und kann im Wege einer Fassungsänderung gem. §§ 179 ff. AktG korrigiert werden. War in der KGaA-Satzung der Aufsichtsrat gem. § 179 Abs. 1 S. 2 AktG ermächtigt, Fassungsänderungen zu beschließen, bleibt der Aufsichtsrat auch in der neu entstandenen AG zuständig. Nach dem Beschluss der Hauptversammlung, § 179 Abs. 1 S. 1 AktG, oder des Aufsichtsrats, § 179 Abs. 1 S. 2 AktG, ist es Aufgabe des Vorstandes, den Fortfall der Satzungsregelungen zum Handelsregister anzumelden und einen Satzungstext in der aktuellen Fassung einzureichen, § 179 Abs. 1 S. 1, 2 AktG.

Der Vorstand muss die notwendigen registerrechtlichen Anmeldungen vornehmen. Die neue Firma, die gem. § 4 AktG die Bezeichnung „Aktiengesellschaft“ oder „AG“ enthalten muss, ist gem. § 29 HGB zusammen mit dem Ort des Sitzes beim Handelsregister zur Eintragung einzureichen.[515]

Die durch § 278 Abs. 2 AktG eröffnete Zwischenebene fällt weg. Die Aktionäre sind nach Wegfall des letzten Komplementärs die einzig verbleibende Gesellschaftergruppe. Sie verfügen nunmehr ausschließlich über die Kompetenzen der Hauptversammlung einer AG.

4. Ergebnis

Im Ergebnis ist § 278 Abs. 2 AktG, der für das Ausscheiden des letzten Komplementärs auf das Kommanditrecht verweist, dahingehend zu verstehen, dass dieses Ereignis zur automatischen Umwandlung in eine Aktiengesellschaft führt. Diese kommanditrechtliche Lösung, die an das Ausscheiden des letzten Kommanditisten aus einer KG angelehnt ist, erfüllt auch die aktienrechtlichen Vorgaben aus § 278 Abs. 1 AktG am besten: Die KGaA bleibt als selbstständige Rechtspersönlichkeit gem. § 278 Abs. 1 AktG auch nach Ausscheiden des letzten Komplementärs bestehen und zwar in Form einer Aktiengesellschaft; die KGaA bleibt als juristische Person gegenüber ihren Mitgliedern verselbstständigt.

III. Das Ausscheiden der Gesamtheit der Kommanditaktionäre

Praktisch relevant wird das Ausscheiden der Gesamtheit der Kommanditaktionäre durch die in § 289 Abs. 4 S. 1 AktG angesprochene Kündigung der Gesellschaft durch die Aktionäre. Rechtsfolge wäre an sich, dass gem. § 278 Abs. 2 AktG i.V.m. §§ 161 Abs. 3, 131 Abs. 3 S. 1 Nr. 3 HGB die kündigenden Gesellschafter ausscheiden.

---

515 Mangels aktienrechtlicher Sondervorschriften gilt im Übrigen das Firmenrecht des HGB. Vgl. zur Firmenbildung § 18 HGB, *Hüffer*, AktG, § 4 Rn. 11.

Auch dieses Problem fällt unter das in der Einleitung formulierte Leitthema: Vollzieht sich das Ausscheiden der Gesamtheit der Kommanditaktionäre nach personengesellschaftsrechtlichen oder aktienrechtlichen Prinzipien?

Es würde die Hauptversammlung und damit die rechte Säule der KGaA komplett wegfallen (vgl. schematische Darstellung auf S. 108). Berücksichtigt man auch hier die Handelsrechtsreform von 1998[516], stellt sich heraus, dass die 2. Variante des Leitthemas betroffen ist[517]: Nach neuer Rechtslage ist fraglich, ob der Wortlaut des § 289 Abs. 4 S. 1 AktG noch mit dem HGB zusammenpasst; die Vorschriften sind zu harmonisieren. Für den Problemtyp der dynamischen Verweisungen auf das jeweils gültige Personengesellschaftsrecht wurde als Lösungskriterium formuliert: Aktienrechtliche Spezialregelungen in den §§ 279 bis 290 AktG können durch Gesetzesänderungen im HGB ihre Bedeutung teilweise oder vollständig verlieren.[518] Es ist zu prüfen, inwieweit dies auf den vorliegenden Fall übertragbar ist:

Grundsätzlich stehen der Gesamtheit der Kommanditaktionäre alle Rechte eines Kommanditisten in der KG zu. Zwischen den Gesellschaftergruppen besteht ein personengesellschaftsrechtliches Rechtsverhältnis, in dem die Hauptversammlung wie ein einzelner Kommanditist behandelt wird.[519] Dies würde an sich auch für das Kündigungsrecht gem. §§ 161 Abs. 2, 131 Abs. 3 S. 1 Nr. 3 HGB gelten.

Vor der HGB-Reform[520] war dies auch unproblematisch: Gem. §§ 161 Abs. 2, § 131 Nr. 6 HGB a.F. war die Rechtsfolge einer Kündigung durch einen Gesellschafter der KG die Auflösung der KG. Für die KGaA bedeutete das folgendes: § 289 Abs. 1 AktG verweist auf die kommanditrechtlichen Auflösungsgründe. Vor der HGB-Reform wurde durch diese Verweisung auch das „Auflösungskündigungsrecht" der Gesamtheit der Kommanditaktionäre i. S. d. § 278 Abs. 2 AktG i.V.m. §§ 161 Abs. 2, 131 Nr. 6 HGB a.F. erfasst.

Nach der HGB-Reform führt die Kündigung eines Gesellschafters der KG gem. §§ 161 Abs. 2, 131 Abs. 3 S. 1 Nr. 3 HGB n. F. zum Ausscheiden des Gesellschafters. Die Folge für die KGaA ist: Der Gesamtheit der Kommanditaktionäre steht kein Kündigungsrecht mehr zu, da es nach der HGB-Reform den Charakter eines „Austrittserzwingungsrechts der Hauptversammlung" hätte.[521]

Die Spezialregelung des § 289 Abs. 1 AktG verweist ausdrücklich nur für das Ausscheiden eines von mehreren Komplementären auf das Kommanditrecht. Durch diese engere Formulierung der Spezialverweisung wird der an sich durch

516 Handelsrechtsreformgesetz (HRefG) vom 22. 06. 1998, BGBl. I 1998, S. 1474 ff.

517 Vgl. § 1 B. III. 2.

518 Vgl. § 2 D. I. 8. c).

519 Vgl. § 2 B. III. 1.

520 Handelsrechtsreformgesetz (HRefG) vom 22. 06. 1998, BGBl. I 1998, S. 1474 ff.

521 *Hüffer,* AktG, § 289 Rn. 3; *Schulz,* in: Hdb KGaA, § 8 Rn. 52 (S. 397 f.); a. A. *Herfs,* in: Münch Hdb AG, § 75 Rn. 40; *Assmann/Sethe,* in: GroßKomm AktG, § 289 Rn. 75.

§ 278 Abs. 2 AktG eröffnete Anwendungsbereich teilweise, d. h. für die Gesamtheit der Kommanditaktionäre, wieder eingeschränkt.

Auch die Tatsache, dass in der KGaA-rechtlichen Spezialregelung des § 289 Abs. 4 S. 1 AktG nach wie vor die Kündigung der Gesellschaft durch die Kommanditaktionäre genannt wird, ändert daran nichts. Aus der Formulierung „Kündigung der Gesellschaft“ wird deutlich, dass diese Regelung auf die Zeit vor der HGB-Reform zurückgeht, als der Gesamtheit der Kommanditaktionäre ein Auflösungskündigungsrecht zustand. Nachdem die Kündigung nun nicht mehr zur Auflösung führt, wird das Kündigungsrecht der Kommanditisten gem. §§ 161 Abs. 2, 131 Abs. 3 S. 1 Nr. 3 HGB n. F. von § 289 Abs. 1 AktG, der auf die kommanditrechtlichen Auflösungsgründe verweist, nicht mehr erfasst. Die Regelung des § 289 Abs. 4 S. 1 AktG zur „Kündigung der Gesellschaft“ durch die Kommanditaktionäre wurde durch die HGB-Reform obsolet. Es ist anzunehmen, dass der Gesetzgeber die Folgewirkung der HGB-Reform für den Wortlaut des § 289 Abs. 4 S. 1 AktG nicht bedacht hat. Die unterbliebene Anpassung ist daher als Redaktionsversehen einzustufen.[522]

Im Ergebnis besteht in der gesetzestypischen KGaA kein Kündigungsrecht der Gesamtheit der Kommanditaktionäre; in der Satzung kann ein Auflösungskündigungsrecht der Gesamtheit der Kommanditaktionäre angeordnet werden.

L. Die Entsprechenserklärung gem. § 161 AktG

Auch diese Frage lässt sich unter das in der Einleitung formulierte Leitthema[523] subsumieren: Gelten für die Corporate Governance in der KGaA personengesellschaftsrechtliche oder aktienrechtliche Vorschriften oder Grundsätze?

Es ist die 2. Variante des Themas[524] angesprochen: Nachdem im Jahre 2002 durch das sog. TransPuG[525] der neue § 161 AktG eingefügt wurde, ist unklar, wie die Vorschrift mit der besonderen Struktur der KGaA in Einklang gebracht werden kann. Es liegt der Problemtyp der dynamischen Verweisung vor, da § 278 Abs. 3 AktG – oder nach der hier verwendeten Zitierweise gem. § 278 Abs. 1 AktG[526] –

---

522 Vgl. *Schulz,* in: Hdb KGaA, § 8 Rn. 52 f. (S. 397 f.); zustimmend *Veil,* der aber auf die teilweise Fortgeltung von § 289 Abs. 4 S. 3, 4 AktG hinweist: Sieht die Satzung ein Auflösungskündigungsrecht der Gesamtheit der Kommanditaktionäre vor, gelten für die Ausübung des Auflösungskündigungsrechts doch wieder die zwingenden Mindestanforderungen des § 289 Abs. 4 S. 3, 4 AktG für einen Mehrheitsbeschluss in der Hauptversammlung, vgl. *Veil,* NZG 2000, 72, 74 Fn. 18.

523 Vgl. die Leitfrage im Anschluss an § 1 B. III.

524 Zur Harmonisierungsaufgabe vgl. § 1 B III. 2.

525 Gesetz zur weiteren Reform des Aktien- und Bilanzrechte, zu Transparenz und Publizität (TransPuG) vom 19. 07. 2002, BGBl. I 2002, S. 2681 ff.

526 Zur Zitierweise vgl. § 2 B. II. 3.

auch die Neuregelung des § 161 AktG erfasst. Aus der Gesetzesbegründung geht nicht hervor, ob der Gesetzgeber die Auswirkungen auf die KGaA bedacht hat. Um die Funktionsfähigkeit der KGaA zu erhalten, ist es unerlässlich, die Regelungstechnik der §§ 278–290 AktG gleichzeitig eindeutig und flexibel zu handhaben. Für solche Fälle wurde deshalb ein abstraktes Lösungskriterium formuliert: Aktienrechtliche Neuregelungen sind nach Maßgabe der personengesellschaftsrechtlichen Elemente der KGaA anzuwenden.[527]

Bevor entschieden werden kann, ob und wie § 161 AktG in der KGaA Anwendung findet, soll § 161 AktG in der Aktiengesellschaft kurz dargestellt werden:

I. Die Entsprechenserklärung in der AG

§ 161 AktG verpflichtet Vorstand und Aufsichtsrat einer börsennotierten AG, jährlich eine Erklärung abzugeben, die sich auf die jeweils aktuellen[528] Wohlverhaltensempfehlungen[529] des „Deutsche Corporate Governance Kodex“ bezieht.[530]

Die Empfehlungen des Kodex wurden von der Regierungskommission Deutscher Corporate Governance Kodex erarbeitet und stellen die Standards guter Unternehmensführung zusammen.[531] Die Verhaltensstandards beinhalten nicht nur Erkenntnisse der modernen Managementlehre, sondern berücksichtigen auch Veränderungen an den internationalen Kapitalmärkten sowie Besonderheiten der deutschen Unternehmensführung.[532] Insgesamt stellen die Vorgaben eine Art *„code of best practice“* dar, der inhaltlich *de facto* schon vorher von vielen Unternehmen praktiziert wurde.[533]

Aus der Entsprechenserklärung i. S. d. § 161 AktG muss hervorgehen, welchen Empfehlungen des Kodex entsprochen wurde und wird und welche nicht angewendet wurden oder werden. Diese Regelungstechnik wurde in Deutschland wohl zum erstenmal angewendet: Die einzelnen Empfehlungen des Kodex werden nicht verbindlich angeordnet; eine Abweichung ist zulässig, wenn in der Erklärung ausdrücklich darauf hingewiesen wird und diese den Aktionären gem. § 161 S. 2 AktG dauerhaft zugänglich gemacht wird. Durch die Publizität wird ein gewisser Anpassungsdruck an die Empfehlungen des Kodex ausgeübt[534], da die börsennotierten Unternehmen davon ausgehen müssen, dass Aktionäre und potentielle Investoren

527 Vgl. § 2 D. I. 8. c).

528 *Semler,* in: GroßKomm AktG, § 161 Rn. 63 f.; *Hüffer,* AktG, § 161 Rn. 15.

529 Zum Begriff vgl. *Semler,* in: GroßKomm AktG, § 161 Rn. 1.

530 Zur aktuellen Fassung vgl. die Veröffentlichung im amtlichen Teil des Elektronischen Bundesanzeigers unter der Adresse www.bundesanzeiger.de.

531 *Seibt,* AG 2002, 249, 250.

532 *Schneider,* DB 2000, 2413, 2414 ff.

533 *Semler,* in: GroßKomm AktG, § 161 Rn. 25 ff.

534 Begr RegE zum TransPuG in: BT-Drs. 14/8769 S. 21 li. Sp.

ihre Anlageentscheidung zumindest auch vom Inhalt der Entsprechenserklärung abhängig machen werden.[535]

Verbindlich werden die Empfehlungen *de facto* erst dann, wenn die Unternehmen gem. § 161 AktG erklären, ihnen zu entsprechen: Widerspricht das tatsächliche Verhalten der Erklärung, kommen Schadensersatzansprüche, z. B. gem. §§ 93 Abs. 2, 116 AktG in Betracht.[536]

Die Regelungstechnik ist an das aus dem anglo-amerikanischen Recht bekannte Prinzip des *„comply and explain"* angelehnt.[537] Das Verfahren wurde nicht unverändert übernommen, da die Unternehmen eine Abweichung vom Kodex nur ausdrücklich erwähnen, nicht aber begründen müssen.[538] Allerdings liegt es im Hinblick auf eventuelle Reaktionen der Anleger wohl im Unternehmensinteresse, Abweichungen vom Kodex zu begründen. Die Folge ist, dass die Sorgfaltspflichten von Vorstand und Aufsichtsrat gem. §§ 93 Abs. 1 S. 1, 116 S. 1 AktG über den Umweg drohender Schadensersatzansprüche gem. §§ 93 Abs. 2, 116 S. 1 AktG *de facto* eine Begründungspflicht auslösen können.[539]

Die vorstehenden Ausführungen gelten nur für den Kern des Corporate Governance Kodex: Die Wohlverhaltensempfehlungen.

Darüber hinaus gibt der Kodex teilweise wörtlich Gesetzestext wieder; von diesen Passagen darf selbstverständlich nicht abgewichen werden, da hier schon die jeweilige gesetzliche Vorschrift verbindlich ist. Damit ist klar, dass Entsprechenserklärung und Corporate Governance Kodex nicht lediglich auf die Etablierung bestimmter Verhaltensstandards abzielen[540]; gleichzeitig sollen vor allem ausländische Investoren über die Standards der Unternehmensführung in Deutschland umfassend informiert werden.[541]

Als dritten Regelungstyp enthält der Kodex sog. Verhaltensanregungen: Wie aus dem Wortlaut von § 161 AktG hervorgeht, müssen lediglich Abweichungen von Empfehlungen, nicht aber von Anregungen in der Entsprechenserklärung erwähnt werden. Den Anregungen kann im Laufe der Zeit der Status einer Empfehlung eingeräumt werden, wenn sie allgemeine Praxis werden sollten.[542]

---

535 Insbesondere Publikumsfonds machen ihre Anlageentscheidung von einer guten Corporate Governance abhängig. Studien belegen den Zusammenhang von guter Corporate Governance und höherem Aktienkurs, *Schneider,* AG 2000, 2413, 2414 f.

536 *Ulmer,* AcP 202 [2002], 143, 170.

537 *Semler,* in: GroßKomm AktG, § 161 Rn. 30.

538 *Lutter,* ZHR 166 [2002], 523, 531 f.; *Seibt,* AG 2002, 249, 252.

539 Vgl. *Seibt,* AG 2002, 249, 252.

540 Zum Kodex als *„benchmark"* für die Unternehmensleitung und „Beurteilungskatalog" für Investoren, vgl. *Seibt,* AG 2002, 249, 250.

541 Begr RegE zum TransPuG in: BT-Drs. 14/8769 S. 21 li. Sp.

542 Begr RegE zum TransPuG in: BT-Drs. 14/8769 S. 21 r. Sp.

Für den Vorstand hat die Abgabe der Entsprechenserklärung den Charakter einer Leitungsentscheidung.[543]

II. Die Entsprechenserklärung in der KGaA

Im Anschluss an Gliederungspunkt § 3 L. wurde herausgestellt, dass es sich bei der Entsprechenserklärung in der KGaA um ein Harmonisierungsproblem[544] handelt, das auf die dynamischen Verweisungen[545] des KGaA-Rechts zurückzuführen ist. In der Literatur ist zum Teil schon umstritten, ob § 161 AktG überhaupt auf die KGaA anwendbar ist. Deshalb wird zunächst auf diese Ansicht eingegangen, bevor die Anpassung an die besondere Struktur der KGaA skizziert wird.

1. Die Anwendbarkeit des § 161 AktG auf die KGaA

Zum Teil wird vertreten, § 161 AktG gelte in der KGaA nicht[546]: Aus dem Wortlaut des § 161 AktG und dem Wortlaut des Deutschen Corporate Governance Kodex gehe nicht eindeutig hervor, ob auch die KGaA eine Entsprechenserklärung i. S. d. § 161 AktG abzugeben hat: Der Wortlaut des § 161 AktG, der von einer „börsennotierten Gesellschaft" spricht, scheine sich zwar auch auf börsennotierte KGaA zu erstrecken. Der Wortlaut der Präambel des Kodex[547] erwähne aber lediglich „deutsche börsennotierte Aktiengesellschaften". Aus der Tatsache, dass der Gesetzgeber die KGaA auch in der Gesetzesbegründung nicht erwähnt[548], sei abzuleiten, dass er die Auswirkungen auf die KGaA nicht bedacht habe.[549] § 161 AktG sei auf die KGaA sachlich nur eingeschränkt übertragbar. Deshalb könne auch die Informationsfunktion der Erklärung, gerade im Hinblick auf ausländische Anleger, nicht erfüllt werden.[550]

Diese Ansicht kann nicht überzeugen: Das KGaA-Recht ist gekennzeichnet durch die Generalverweisungen des § 278 Abs. 2, 3 AktG. Die Funktionsfähigkeit der KGaA hängt ganz wesentlich davon ab, dass die Verweisungen dynamisch aus-

543 *Semler,* in: GroßKomm AktG, § 161 Rn. 90. Zur aktienrechtlichen Leitungsmacht des Vorstands vgl. § 2 A. XII. 1.

544 Vgl. die 2. Variante des Leitthemas § 1 B. III. 2.

545 Vgl. zu dem Problemtyp § 2 D. I. 8.

546 *Wieneke/Fett,* in: Hdb KGaA, § 10 Rn. 109 (S. 523).

547 Vgl. die Präambel des Deutschen Corporate Governance Kodex in der Fassung vom 21. Mai 2003; veröffentlicht durch die Bekanntmachung des BMJ vom 30. Juni 2003 im amtlichen Teil des Elektronischen Bundesanzeigers unter der Adresse www.ebundesanzeiger.de.

548 Begr RegE zum TransPuG in: BT-Drs. 14/8769 S. 1 ff.

549 *Wieneke/Fett,* in: Hdb KGaA, § 10 Rn. 106 (S. 521 f.).

550 *Wieneke/Fett,* in: Hdb KGaA, § 10 Rn. 109 (S. 523).

gelegt werden. Nur so bleibt die KGaA *„state of the art“*. Nur so sind Entwicklungen des Personengesellschaftsrechts und Aktienrechts im KGaA-Recht nachzuvollziehen. Will man die §§ 278 bis 290 AktG einfach und verlässlich handhaben, muss man nach systematischen Gesichtspunkten entscheiden, ob Vorschriften anwendbar sind oder nicht. Mit anderen Worten: Die Übertragbarkeit von Gesetzesnovellen auf die KGaA ist nicht das Problem des Gesetzgebers, sondern das der Unternehmer, die diese Rechtsform gewählt haben, und deren Rechtsberater.

Nach dem gesetzessystematischen Prüfungsschema kann es keine Zweifel daran geben, dass § 161 AktG von den Verweisungen des § 278 Abs. 2, 3 AktG erfasst wird: Die Verpflichtung zur Entsprechenserklärung konstituiert eine zusätzliche aktienrechtliche Kompetenz von Vorstand und Aufsichtsrat, die in der KGaA die personengesellschaftsrechtlichen Zuständigkeiten ergänzt, ohne diesen Zuständigkeiten zu widersprechen.[551] Sie muss in der KGaA gem. § 278 Abs. 1 AktG ebenso angewendet werden wie beispielsweise die Pflicht zur Ausarbeitung von Beschlussvorschlägen für sämtliche Tagesordungspunkte der Hauptversammlung gem. § 278 Abs. 1 i.V.m. § 124 Abs. 3 AktG. Diese aktienrechtlichen Pflichten gelten aufgrund der aktienrechtlichen Organsstruktur der KGaA auch dann, wenn § 283 AktG nicht ausdrücklich auf sie verweist.[552]

2. Die inhaltlichen Anforderungen an die Entsprechenserklärung in der KGaA

Wie schon im Anschluss an § 3 L. herausgearbeitet wurde, ist fraglich, wie die nachträglich eingefügte Regelung des § 161 AktG mit der besonderen Struktur der KGaA in Übereinstimmung gebracht werden kann.[553] Für solche Fälle wurde ein einheitliches Lösungskriterium formuliert: Aktienrechtliche Neuregelungen sind nach Maßgabe der personengesellschaftsrechtlichen Elemente der KGaA anzuwenden.[554]

Im Hinblick auf die Tatsache, dass gem. § 161 AktG Geschäftsleitungsorgan und Aufsichtsrat zusammenwirken müssen, ist keine Anpassung an das Personengesellschaftsrecht erforderlich. Die wohl herrschende Meinung in der aktienrechtlichen Literatur ist auf die KGaA übertragbar: Wie in der AG entscheidet auch in der KGaA jedes Organ für sich und unabhängig vom anderen Organ.[555] Die Erklärungen von Komplementären und Aufsichtsrat beschränken sich auf ihren jeweiligen Zuständigkeitsbereich.[556]

---

551 Vgl. § 2 B. II. 3. und § 2 C. II. 3.

552 Vgl. § 2 B. II. 3. und die schematische Darstellung auf S. 108.

553 Vgl. die systematische Standortbestimmung im Anschluss an § 3 L.

554 Vgl. § 2 D. I. 8. c).

555 *Semler,* in: GroßKomm AktG, § 161 Rn. 75 ff.; *Hüffer,* AktG, § 161 Rn. 11. Für das ähnliche Problem bei § 124 Abs. 3 AktG vgl. *Hüffer,* AktG, § 124 Rn. 12 m. w. N.

Anders als in der AG ist die Entsprechenserklärung auf Seiten der Komplementäre keine Leitungsaufgabe, sondern eine gewöhnliche Geschäftsführungsmaßnahme, für die in der gesetzestypischen KGaA jeder Komplementär alleine zuständig ist.[557] Eine außergewöhnliche Geschäftsführungsmaßnahme liegt wohl nicht vor, da mit der Erklärung selbst nur über die Unternehmensführung informiert, nicht aber über die Unternehmensführung entschieden wird.

Im Bezug auf die einzelnen Empfehlungen, Zitierungen des Gesetzeswortlauts und Verhaltensanregungen[558] des Kodex bedeutet die Anwendung nach Maßgabe der personengesellschaftsrechtlichen Elemente der KGaA folgendes:

Da die Empfehlungen des Corporate Governance Kodex an die aktienrechtliche Zuständigkeitsverteilung zwischen Vorstand – Aufsichtsrat – Hauptversammlung anknüpfen, in der KGaA aber die personengesellschaftsrechtliche Zuständigkeitsverteilung gem. §§ 278 Abs. 2, 285 Abs. 2 S. 1 AktG gilt, kann eine KGaA bestimmten Empfehlungen des Corporate Governance Kodex von vorneherein nicht entsprechen.[559] Da die börsennotierte Gesellschaft durch § 161 AktG allerdings nicht verpflichtet wird, die Empfehlungen des Kodex auch tatsächlich umzusetzen, ist dies grundsätzlich unproblematisch. Die KGaA hat lediglich zu erklären und zu begründen, ob und weshalb sie von den Anforderungen abweicht.[560] Die Komplementäre sollten daher aufzählen, welche Empfehlungen in der KGaA nicht umgesetzt werden und dies mit Hinweis auf die jeweils einschlägigen Vorschriften der §§ 278 bis 290 AktG begründen.

Gibt der Kodex aktienrechtliche Regelungen im Wortlaut wieder, sollten KGaA-rechtliche Vorschriften in der Erklärung zitiert werden, wenn diese das Aktienrecht ergänzen oder modifizieren.

Um die Informationsfunktion der Entsprechenserklärung zu erfüllen, sollte vorab die besondere Struktur der KGaA kurz und übersichtlich dargestellt werden. Auf Besonderheiten der jeweiligen KGaA-Satzung sollte hingewiesen werden. Damit wird dem Regelungszweck des § 161 AktG entsprochen: Ausländische Investoren können sich ein Bild über die Unternehmensführung derjenigen KGaA verschaffen, deren Aktien sie erwerben wollen.[561]

Damit greift auch das teleologische Argument der oben zitierten Gegenmeinung[562] nicht durch: Zweck des § 161 AktG ist es, die Anleger zu informieren.

---

556 Für die AG: *Hüffer*, AktG, § 161 Rn. 10.

557 Zur fehlenden Leitungsmacht der Komplementäre vgl. § 2 A. XII. 2., 3. sowie ausführlich § 3 B. II.

558 Zum Unterschied zwischen Empfehlungen, Zitierungen des Gesetzeswortlauts und Verhaltensanregungen vgl. oben § 3 L. I.

559 Vgl. die Aufzählung bei *Wieneke/Fett,* in: Hdb KGaA, § 10 Rn. 111 (S. 523 ff.).

560 Auch in der KGaA gilt eine *de facto*-Begründungspflicht über die Sorgfaltspflichten und die daraus resultierende Verantwortlichkeit von Komplementären und Aufsichtsrat gem. §§ 283 Rn. 3, 278 Abs. 1 AktG i.V.m. §§ 116, 93 AktG. Zur Rechtslage in der AG: § 3 L. I.

561 Zum Regelungszweck Begr RegE zum TransPuG in: BT-Drs. 14/8769 S. 21 li. Sp.

Dies steht der Anwendung der Vorschrift in der KGaA nicht entgegen. Durch die besondere Regelungstechnik des § 161 AktG bekommt die KGaA gerade die Chance, ihre Stärken auch gegenüber ausländischen Investoren zu erklären.[563] Durch geschickte Formulierung der Entsprechenserklärung kann die Attraktivität der Kommanditaktie erhöht werden: Die im Vergleich zur Aktiengesellschaft weiterreichende Satzungsautonomie in der KGaA sollte hervorgehoben werden, da insoweit Parallelen zum anglo-amerikanischen Aktienrecht bestehen: Die für das deutsche Aktienrecht in § 23 Abs. 5 AktG geregelte Satzungsstrenge ist dort unbekannt.[564] Darüber hinaus sollte der Schwerpunkt der Darstellung auf die konkrete Satzungsgestaltung gelegt werden, da dann die Komplexität der gesetzlichen Regelung der KGaA in den Hintergrund treten kann.

M. Die Anwendung des WpÜG auf die KGaA

Die Anwendung des Wertpapiererwerbs- und Übernahmegesetzes (WpÜG)[565] auf die KGaA wirft zwei Fragen auf, die vom Leitthema dieser Untersuchung erfasst werden[566]:

Gelten für den Kontrollbegriff des § 29 Abs. 2 WpÜG personengesellschaftsrechtliche oder aktienrechtliche Grundsätze?

Sind für das Vereitelungs- und Verhinderungsverbot des § 33 WpÜG personengesellschaftsrechtliche oder aktienrechtliche Grundsätze maßgeblich?

Beide Probleme betreffen die 2. Variante der Leitfrage: § 29 Abs. 2 und § 33 WpÜG sind mit den personengesellschaftsrechtlichen Elementen der KGaA in Übereinstimmung zu bringen. Systematisch handelt es sich um Problemtyp § 2 D. I. 8.; einziger Unterschied ist die Tatsache, dass sich die Anwendbarkeit des WpÜG nicht aus einer dynamischen Verweisung der §§ 278 bis 290 AktG ergibt, sondern im Übernahmegesetz selbst auf die KGaA verwiesen wird:

Gegenstand des Gesetzes sind öffentliche Angebote zum Erwerb von Aktien börsennotierter AG und KGaA: Zielgesellschaften i. S. d. WpÜG sind gem. § 2 Abs. 3 WpÜG ausdrücklich auch KGaA mit Sitz im Inland. Das Gesetz stellt Richtlinien für ein geordnetes und faires Bieterverfahren bereit. Die Vorschriften

---

562 Vgl. § 3 L. II. 1.

563 Vgl. *Wieneke/Fett,* die aufgrund vermeintlicher Rechtsunsicherheit ein Vertrauensdefizit bei ausländischen Anlegern befürchten. Durch ihre anschließenden Ausführungen zu einer Entsprechenserklärung, die die Besonderheiten der KGaA berücksichtigen würde, scheinen sie aber letztlich den Informationsvorteil für Kommanditaktionäre und potentielle Investoren zu bestätigen, *Wieneke/Fett,* in: Hdb KGaA, § 10 Rn. 109 ff. (S. 523 ff.).

564 *Schneider,* DB 2000, 2413, 2415.

565 Gesetz zur Regelung von öffentlichen Angeboten zum Erwerb von Wertpapieren und von Unternehmensübernahmen vom 20. 12. 2001, BGBl. I 2001, S. 3822 ff.

566 Vgl. die Leitfrage im Anschluss an § 1 B. III.

des WpÜG sollen gewährleisten, dass die Aktionäre bei Übernahmeangeboten ausreichend informiert, die Verfahren transparent gestaltet und die Rechtspositionen von Minderheitsaktionären gestärkt werden. Übernahmen an sich sollen durch das neue Gesetz weder verhindert noch gefördert werden.[567]

Bei den beiden Vorschriften des § 29 Abs. 2 und § 33 WpÜG wird nun deutlich, dass die Normen an sich für die AG geschaffen und personengesellschaftsrechtliche Besonderheiten der KGaA nicht berücksichtigt wurden. Für solche Fälle wurde im allgemeinen Teil ein abstraktes Lösungskriterium formuliert: Aktienrechtliche Neuregelungen sind nach Maßgabe der personengesellschaftsrechtlichen Elemente der KGaA anzuwenden.[568]

Ob die systematisch gewonnene Lösung auch auf die beiden Vorschriften des WpÜG passt, soll im Folgenden geprüft werden.

I. Der Kontrollbegriff des WpÜG

Fraglich ist also zunächst, ob und wie § 29 Abs. 2 WpÜG auf die KGaA Anwendung finden soll.

Der Kontrollbegriff des § 29 Abs. 2 AktG stellt eine wichtige gesetzliche Weiche: Die allgemeinen Verfahrensvorschriften der §§ 10 bis 28 WpÜG gelten für alle öffentlichen Angebote, d. h. auch für solche Angebote, die auf keine Kontrollbeteiligung abzielen und diese auch nicht als Bedingung haben.

Die Sonderregelungen der §§ 29 bis 34 WpÜG setzen ein Übernahmeangebot i. S. d. § 29 Abs. 1 WpÜG voraus. Dieses Angebot muss auf den Erwerb der Kontrolle i. S. d. § 29 Abs. 2 WpÜG abzielen. Unter den §§ 29 bis 34 WpÜG sind besonders hervorzuheben die Anforderungen an die vom Bieter angebotene Gegenleistung gem. § 31 WpÜG und die Verhaltenspflichten des § 33 WpÜG, die die Verwaltung der Zielgesellschaft trifft.

Die Verpflichtung zur Abgabe eines öffentlichen Angebotes (sog. Pflichtangebot) wird gem. § 35 WpÜG durch den tatsächlichen Erwerb einer Kontrollbeteiligung i. S. d. § 29 Abs. 2 WpÜG ausgelöst. Für Pflichtangebote gelten die Sonderregelungen der §§ 35 bis 39 WpÜG.

Hier zeigt sich die besondere Bedeutung des Kontrollbegriffs für Unternehmen, die Kommanditaktien einer KGaA halten: Durch ungeplante Ereignisse wie z. B. Erbgang, erstmalige Zurechnung von Stimmrechten gem. § 30 WpÜG, Einziehung von Aktien etc.[569] kann sich der Stimmrechtsanteil an einer KGaA auf über 30

567 *Nörr/Stiefenhofer*, Takeover Law, Preface S. XV.

568 Vgl. § 2 D. I. 8. c).

569 Vgl. die Aufzählung bei *Christoph von Bülow*, in: Kölner Komm WpÜG, § 35 Rn. 57 ff. Vgl. auch *Fleischer/Kalss*, Das neue WpÜG, S. 135; *Steinmeyer/Häger*, WpÜG, § 35 Rn. 12.

Prozent erhöhen, was die Pflicht zur Abgabe eines öffentlichen Angebotes auslösen würde. Ungewollte Pflichtangebote verursachen hohe Kosten, die nach Möglichkeit schon im Vorfeld verhindert werden sollten.[570] Aus diesem Grunde dürften Kommanditaktionäre, die eine wesentliche Anzahl an Anteilen halten, daran interessiert sein, § 29 Abs. 2 WpÜG mit einer gewissen Rechtssicherheit beurteilen zu können.

In § 29 Abs. 2 WpÜG wird Kontrolle definiert als „das Halten von mindestens 30 Prozent der Stimmrechte an der Zielgesellschaft". Der Kontrollbegriff wurde für die AG geschaffen: Ein Aktionär mit 30 Prozent der Stimmrechte erreicht bei der derzeitigen durchschnittlichen Stimmrechtspräsenz in der Hauptversammlung faktisch auch die Hauptversammlungsmehrheit.[571] Mit der faktischen einfachen Mehrheit kann der Aktionär beispielsweise gem. §§ 101 Abs. 1 S. 1, 133 AktG Aufsichtsratsmitglieder bestimmen[572], die gem. § 84 Abs. 1 S. 1 AktG ihrerseits den Vorstand bestellen.[573]

Fraglich ist, ob dieser gesetzliche Kontrollbegriff des § 29 Abs. 2 WpÜG auf die KGaA angewendet werden kann: Aufgrund der personengesellschaftsrechtlichen Elemente der KGaA ist die Hauptversammlung bei zahlreichen Entscheidungen auf die Zustimmung der Komplementäre angewiesen.[574] Darüber hinaus fehlt den Kommanditaktionären die mittelbare Personalkompetenz für das Geschäftsleitungsorgan.[575]

Zum Teil wird deshalb gefordert, § 29 Abs. 2 AktG auf die KGaA nicht anzuwenden.[576] Nach dieser Meinung würde die in § 2 Abs. 3 WpÜG spezialgesetzlich angeordnete Geltung des WpÜG auf die KGaA als Zielgesellschaft in wesentlichen Teilen durch die personengesellschaftsrechtlichen Elemente der KGaA verdrängt und ausgehebelt: Die Anwendung der besonderen Vorschriften für Übernahmeangebote und Pflichtangebote auf die KGaA als Zielgesellschaft wären von vorneherein ausgeschlossen.

Diese Ansicht ist abzulehnen:[577] Stattdessen gelten die Vorschriften des WpÜG nach Maßgabe der personengesellschaftsrechtlichen Elemente der KGaA.[578]

---

570 Zu den wirtschaftlichen Folgen des Kontrollerwerbs *Christoph von Bülow,* in: Kölner Komm WpÜG, § 35 Rn. 25.

571 Vgl. Begr RegE zum WpÜG in: BT-Drs. 14/7034, S. 53 li. Sp.; *Süßmann,* in: Geibel/Süßmann, WpÜG, § 29 Rn. 14.

572 *Hüffer,* AktG, § 101 Rn. 4.

573 Zur mittelbaren Personalkompetenz der Hauptversammlung in der AG vgl. § 2 A. IX. 1.

574 Vgl. § 2 A. VI. 3.

575 Vgl. § 2 A. IX. 3.

576 *Steinmeyer/Häger,* WpÜG, § 29 Rn. 30 ff.; § 35 Rn. 10 f.

577 *Christoph von Bülow,* in: Kölner Komm WpÜG, § 29 Rn. 69; *Süßmann,* in: Geibel/Süßmann, WpÜG, § 29 Rn. 23; *Wieneke/Fett,* in: Hdb KGaA, § 10 Rn. 149 ff. (S. 540 ff.).

578 Vgl. § 2 D. I. 8. c).

Wie gerade dargelegt wurde, ist der Kontrollbegriff des § 29 Abs. 2 WpÜG für die Anwendung des WpÜG von zentraler Bedeutung: Würden die personengesellschaftsrechtlichen Elemente der KGaA den Kontrollbegriff des § 29 Abs. 2 WpÜG überlagern und verdrängen, würde die Entscheidung des Gesetzgebers in § 2 Abs. 3 WpÜG – jedenfalls im Hinblick auf Übernahme- und Pflichtangebote – vollständig konterkariert. Stattdessen sind die gesetzesimmanenten Lösungsmechanismen als vorrangig anzusehen: Gem. § 37 WpÜG kann die Bundesanstalt für Finanzdienstleistungsaufsicht (im Folgenden: BaFin) beispielsweise von der Abgabe eines Pflichtangebots i. S. d. § 35 WpÜG befreien.[579] Die Nicht-Anwendung des Kontrollbegriffs auf die KGaA als Zielgesellschaft wäre angesichts dieser alternativen, im Gesetz vorgesehenen Lösungsmöglichkeiten als *contra legem* einzustufen.

Im Gegensatz dazu eröffnet die Anwendung der Vorschriften des WpÜG nach Maßgabe der personengesellschaftsrechtlichen Elemente der KGaA die Möglichkeit, die sich aus dem WpÜG ergebenden Lösungsmöglichkeiten zu nutzen. Dies gilt nicht nur positiv für die Anwendung der Befreiungsmöglichkeiten, sondern auch negativ für die Tatsache, dass der Kontrollbegriff des § 29 Abs. 2 AktG bei entsprechender Satzungsgestaltung auf eine KGaA materiell passen kann: Ist der Bieter nach dem Erwerb von 30 Prozent der Stimmrechte in der Hauptversammlung der Ziel-KGaA in der Lage, die KGaA aufgrund einer entsprechenden Satzungsgestaltung tatsächlich zu kontrollieren, besteht kein Grund mehr, bei der Anwendung des WpÜG KGaA und AG unterschiedlich zu behandeln. Wenn der Kontrollbegriff des § 29 Abs. 2 WpÜG materiell passt, ist auch nicht zu erwarten, dass die BaFin aufgrund der besonderen Corporate Governance in einer KGaA als Zielgesellschaft von Vorschriften des WpÜG befreit.

Im Ergebnis bedeutet die Anwendung des Kontrollbegriffs auf die KGaA nach Maßgabe des Personengesellschaftsrechts folgendes:

Hinsichtlich des Übernahmeangebots gem. § 29 Abs. 1 WpÜG besteht keine Befreiungsmöglichkeit; eine Anpassung an die Besonderheiten der KGaA ist aus Gründen der Rechtssicherheit nicht möglich.

Im Hinblick auf Pflichtangebote gem. § 35 WpÜG ist eine Prognose erforderlich, wann eine Befreiung von der Abgabe eines solchen Angebots von der BaFin nicht zu erwarten sein wird (dazu sogleich unter § 3 M. II.).

II. Die Befreiungsmöglichkeit gem. § 37 WpÜG

Erwirbt ein Kommanditaktionär 30 Prozent der Stimmrechte, ist grundsätzlich zu erwarten, dass die BaFin gem. § 37 WpÜG vom Pflichtangebot befreit.[580]

---

579 Zur besonderen Corporate Governance der gesetzestypischen KGaA als Befreiungsgrund i. S. d. § 37 WpÜG: *Versteegen,* in: Kölner Komm WpÜG, § 37 Rn. 49.

Wenn folgende Satzungsgestaltungen in der Ziel-KGaA vorliegen, besteht für eine Befreiung kein Anlass:

In einer *hauptversammlungsdominierten KGaA* kann ein Kommanditaktionär mit 30 Prozent der Stimmrechte tatsächlich die Kontrolle erwerben:

Eine hauptversammlungsdominierte KGaA, auf die der Kontrollbegriff des § 29 Abs. 2 WpÜG immer passt, liegt dann vor, wenn die Hauptversammlung der KGaA aufgrund einer entsprechenden Satzungsregelung – ähnlich der Hauptversammlung einer AG – zumindest über die mittelbare Personalkompetenz für die Geschäftsleitung verfügt.[581] Zwar darf der Komplementär durch Gesellschafterbeschluss nur dann ausgeschlossen werden, wenn ein wichtiger Grund vorliegt.[582] Zulässig sind aber z. B. folgende Satzungsregelungen, die im Ergebnis den Mehrheitsgesellschaftern die Personalkompetenz einräumen:

Das Gesellschafterverhältnis des Komplementärs kann befristet werden.[583] Gleichzeitig kann die Entscheidung über die Verlängerung des Gesellschafterverhältnisses bzw. über die Aufnahme eines neuen Komplementärs auf die Hauptversammlung oder auf ein von der Hauptversammlung zu besetzendes Organ, wie z. B. den Aufsichtsrat, einen Kommanditaktionärsausschuss oder einen Beirat übertragen werden.[584]

Auf diese Weise erhält der Kommanditaktionär mit einer Kontrollbeteiligung i. S. d. § 29 Abs. 2 WpÜG die Möglichkeit, die Position der geschäftsführungsbefugten Gesellschafter zumindest mittelfristig mit eigenen Leuten zu besetzen. Ist dies der Fall, ist es für die Kontrolle letztlich auch unerheblich, ob der Komplementär über die Vetorechte i. S. d. §§ 278 Abs. 2, 285 Abs. 2 S. 1, 286 Abs. 1 S. 2 AktG verfügt oder ob diese Vetorechte in der Satzung eingeschränkt wurden.

Umgekehrt kann eine hauptversammlungsdominierte KGaA, auf die § 29 Abs. 2 WpÜG passt, auch dann vorliegen, wenn die Hauptversammlung nicht über die Personalkompetenz für die Komplementäre verfügt. Dies ist dann der Fall, wenn die Vetorechte der Komplementäre in der Satzung stark eingeschränkt wurden. Im Gegensatz zur Personalkompetenz kann jedoch keine abstrakte Aussage über eine Kontrollschwelle zugunsten der Hauptversammlung gemacht werden.

Praktisch relevant wird eine hauptversammlungsdominierte KGaA, wenn die KGaA als Rechtsform lediglich aus steuerlichen Gründen gegenüber der AG be-

---

580 *Versteegen,* in: Kölner Komm WpÜG, § 37 Rn. 49; weitergehend: *Wienecke/Fett,* die das Ermessen der BaFin im Hinblick auf die Entscheidung über die Befreiung auf Null reduziert sehen; vgl. *Wienecke/Fett,* in: Hdb KGaA, § 10 Rn. 180 (S. 553 f.).

581 Zur mittelbaren Personalkompetenz der Hauptversammlung in der AG vgl. § 2 A. IX. 1.

582 Vgl. zum Problem bereits oben § 3 K. I. 2. Fn. 471. Sog. Hinauskündigungsklauseln sind unzulässig: *Assmann/Sethe,* in: GroßKomm AktG, § 289 Rn. 111; *Semler/Perlitt,* in: Münch Komm AktG, § 289 Rn. 124; *Schütz/Reger,* in: Hdb KGaA, § 5 Rn. 331 (S. 187 f.).

583 *Kallmeyer,* DStR 1994, 977, 978.

584 Vgl. § 3 E. II.

vorzugt wurde. In diesem Fall ist es oftmals gewünscht, die KGaA durch Satzungsgestaltung an eine AG anzugleichen. Typisch für eine solche Satzungsgestaltung ist der sog. *„Geschäftsführer-Komplementär"*.[585] Die Gesellschafter-Stellung der geschäftsführungsbefugten Komplementäre ist geschwächt, d. h. ihr Gesellschaftsverhältnis wird befristet und / oder ihre Vetorechte werden stark eingeschränkt.[586] Wie Fremdgeschäftsführer bringen die Geschäftsführer-Komplementäre lediglich ihre Arbeitskraft ein und sind vermögensmäßig praktisch nicht beteiligt[587]: Die Komplementäre verpflichten sich nicht zur Leistung einer Kapitaleinlage.[588] Auch wenn die persönliche Haftung für Gesellschaftsverbindlichkeiten nicht ausgeschlossen werden kann, so ist es doch möglich, das unternehmerische Risiko der Komplementäre durch interne Freistellungsvereinbarungen zu minimieren.[589] Ihre Entlohnung erfolgt über eine Tätigkeitsvergütung, am Geschäftsergebnis nehmen sie allenfalls in Form einer Tantieme teil.[590] An den stillen Reserven und dem Liquidationserlös[591] sind sie nicht beteiligt.

Doch selbst wenn keine hauptversammlungsdominierte KGaA vorliegt, sind Fälle denkbar, in denen eine Befreiung gem. § 37 WpÜG nicht in Betracht kommt:

Dies ist z. B. dann der Fall, wenn der Kommanditaktionär gleichzeitig den oder die Komplementäre dominiert, sei es, weil er personenidentisch ist, sei es, weil er die Mehrheit an der Komplementär-Gesellschaft hält.[592]

III. Das Vereitelungs- und Verhinderungsverbot gem. § 33 WpÜG[593]

Unter Gliederungspunkt § 3 M. I. a.E. wurde herausgearbeitet, dass man mit 30 Prozent der Stimmrechte in einer KGaA nicht die faktische Kontrolle erlangt; den-

585 *Sethe,* Die personalistische Kapitalgesellschaft, S. 138 ff.; *Assmann/Sethe,* in: GroßKomm AktG, Vor § 287 Rn. 16.

586 *Kallmeyer,* DStR 1994, 977, 978.

587 *Knur,* in: FS Flume [1978], 173, 186; *Assmann/Sethe,* in: GroßKomm AktG, Vor § 287 Rn. 16.

588 *Herfs,* in: Münch Hdb AG, § 77 Rn. 3; *Assmann/Sethe,* in: GroßKomm AktG, Vor § 287 Rn. 16.

589 Zur Ausgestaltung solcher Freistellungsvereinbarungen vgl. *Schütz/Reger,* in: Hdb KGaA, § 5 Rn. 228 ff. (S. 156 f.).

590 *Assmann/Sethe,* in: GroßKomm AktG, Vor § 287 Rn. 16.

591 *Sethe,* ZIP 1998, 1138, 1142; *Assmann/Sethe,* in: GroßKomm AktG, § 290 Rn. 31.

592 *Versteegen,* in: Kölner Komm WpÜG, § 37 Rn. 49.

593 Zum Begriff Vereitelungs- und Verhinderungsverbot vgl. *Schwennicke,* in: Kölner Komm WpÜG, § 33 Rn. 10. Der Begriff der Neutralitätspflicht, der im Zusammenhang mit § 33 WpÜG häufig verwendet wird, ist hingegen irreführend, vgl. *Möller/Pötzsch,* ZIP 2001, 1256, 1259.

noch muss § 29 Abs. 2 WpÜG unverändert angewendet werden, um Rechtssicherheit zu gewährleisten.

Die Harmonisierung mit den personengesellschaftsrechtlichen Elementen der KGaA kommt allerdings an anderer Stelle in Betracht: Fraglich ist, ob die Sonderregelungen der §§ 29 bis 34 WpÜG im Hinblick auf die Besonderheiten der KGaA modifiziert oder gar nicht anzuwenden sind:

Relevant wird praktisch nur die Frage, ob die durch ein Übernahmeangebot ausgelösten Verhaltenspflichten i. S. d. § 33 WpÜG auch die Geschäftsleitung der Ziel-KGaA treffen sollen oder nicht.

1. Das Vereitelungs- und Verhinderungsverbot in der AG

Für die Dauer eines Übernahmeangebots ist der Vorstand einer AG gehalten, keine Handlungen zu unternehmen, die das Angebot verhindern könnten, § 33 Abs. 1 S. 1 WpÜG. Mit anderen Worten: Die Vorstandsmitglieder sind während der Dauer eines Übernahmeangebots verpflichtet, die selbstständige Entscheidung der Aktionäre über die Veräußerung ihrer Aktien nicht durch gezielte Intervention zu vereiteln.[594] Dies gilt selbst dann, wenn Abwehrmaßnahmen an sich mit dem Unternehmensinteresse gerechtfertigt werden könnten.[595]

§ 33 WpÜG dient folgendem Zweck: Durch ein Übernahmeangebot wird in der Aktiengesellschaft typischerweise ein Interessengegensatz zwischen Verwaltung und Aktionären ausgelöst. Die Aktionäre haben bei einem Angebot, das – auch im Vergleich zu den Renditeerwartungen der Aktiengesellschaft als selbstständiges Unternehmen – günstig erscheint, ein Interesse am Erfolg des Übernahmeangebots und an der Veräußerung ihrer Aktien. Die Verwaltungsmitglieder müssen im Gegensatz dazu bei einer Übernahme befürchten, ihr Amt und damit Einfluss und Bezüge zu verlieren.[596] Aufgrund seiner Leitungsmacht wäre der Vorstand in der Lage, den Übernahmeversuch durch Geschäftsführungsmaßnahmen zu verhindern und die Vermögensinteressen der Aktionäre zu schädigen.

Grundsätzlich unproblematisch i. S. d. § 33 WpÜG sind Stellungnahmen des Vorstands zu einem öffentlichen Angebot gem. § 27 WpÜG, in denen er den Standpunkt vertritt, die zu erwartenden Profite der Aktionäre seien höher, wenn das Unternehmen selbstständig bliebe.[597] Auch Werbung des Vorstandes gegen eine Übernahme ist grundsätzlich zulässig, was durch einen Umkehrschluss aus § 28 WpÜG bestätigt wird.[598]

---

594 Vgl. *Mülbert/Birke,* WM 2001, 705, 717 r. Sp. oben.

595 *Schneider/Burgard,* DB 2001, 963, 967 f.

596 Vgl. Begr RegE zum WpÜG in: BT-Drs. 14/7034, S. 57 li. Sp.

597 *Schwennicke,* in: Geibel/Süßmann, WpÜG, § 33 Rn. 11; *Nörr/Stiefenhofer,* Takeover Law, S. 60 f.

598 *Hirte,* in: Kölner Komm WpÜG, § 33 Rn. 63. Zu den Grenzen zulässiger Werbekampagnen: *Nörr/Stiefenhofer,* Takeover Law, S. 62 ff.

Durch § 33 Abs. 1 S. 1 WpÜG verboten sind hingegen solche Maßnahmen, die objektiv geeignet sind, den Erfolg eines Übernahmeangebots zu verhindern.[599] Letzteres ist vor allem dann der Fall, wenn der Vorstand den Aktionären die Möglichkeit nimmt, über die Annahme des Angebots eigenständig zu entscheiden.[600] Hierunter fallen Abwehrmaßnahmen, die Besonderheiten des deutschen Aktienrechts eröffnen, wie z. B. der Erwerb eigener Aktien der Zielgesellschaft gem. § 71 AktG.[601] Erfasst werden aber auch Strategien, die vor Jahren insbesondere im anglo-amerikanischen Rechtsraum entwickelt und praktiziert wurden: Die Veräußerung wesentlicher Teile des Gesellschaftsvermögens („*crown jewels*"), die Festlegung hoher Abfindungszahlungen an die Verwaltungsmitglieder für den Fall einer Übernahme („*golden parachutes*") etc.[602] Zum Teil waren solche Abwehrstrategien auch schon vor dem WpÜG nach dem deutschen Gesellschaftsrecht unzulässig, wie z. B. die sog. „*poison pills*"[603].

2. Das Vereitelungs- und Verhinderungsverbot in der KGaA

Kann nun also § 33 WpÜG auf die KGaA Anwendung finden oder machen die personengesellschaftsrechtlichen Besonderheiten der KGaA und die daraus resultierende fehlende faktische Kontrolle i. S. d. § 29 Abs. 2 WpÜG eine teleologische Reduktion des § 33 WpÜG zumindest für gesetzestypische KGaA erforderlich?

Die Interessenkonflikte, die ein Übernahmeangebot in der KGaA auslöst, sind mit den Interessenkonflikten in der AG[604] nicht identisch, aber vergleichbar:

Zwar sind die Komplementäre keine Fremdgeschäftsführer, sondern Gesellschafter, die nicht nur ihre wirtschaftlichen Interessen, sondern auch ihre mitgliedschaftlichen Rechte als Gesellschafter wahrnehmen. Dennoch ist die Interessenlage grundsätzlich ähnlich wie die in der AG: Da die geschäftsführungsbefugten Komplementäre zumindest auch Verwalter fremden Vermögens, d. h. Treuhänder der Kommanditaktionäre sind, können sie im Rahmen ihrer Befugnisse in die Investitionsentscheidungen der anderen KGaA-Gesellschafter eingreifen.[605]

---

599 Vgl. Begr RegE zum WpÜG in: BT-Drs. 14/7034, S. 57 li. Sp.

600 *Schwennicke,* in: Geibel/Süßmann, WpÜG, § 33 Rn. 19; *Hirte,* in: Kölner Komm WpÜG, § 33 Rn. 55 f.

601 *Schwennicke,* in: Geibel/Süßmann, WpÜG, § 33 Rn. 27; *Hirte,* in: Kölner Komm WpÜG, § 33 Rn. 61.

602 *Schwennicke,* in: Geibel/Süßmann, WpÜG, § 33 Rn. 29 f., 33 ff.; *Hirte,* in: Kölner Komm WpÜG, § 33 Rn. 58 f.

603 *Nörr/Stiefenhofer,* Takeover Law, S. 55.

604 Zu den Interessenkonflikten in der AG vgl. § 3 M. III. 1.

605 Ähnlich *Wienecke/Fett,* in: Hdb KGaA, § 10 Rn. 165 (S. 547).

Fraglich ist aber, ob der Interessengegensatz zwischen Geschäftsleitung und Anteilseignern in der KGaA genauso scharf ist wie in der AG, da die Komplementäre regelmäßig – anders als die Vorstandsmitglieder einer AG – nicht befürchten müssen, durch einen neuen Mehrheitsaktionär aus der Gesellschaft gedrängt zu werden.[606] Diese Tatsache darf allerdings im Hinblick auf unzulässige Abwehrmaßnahmen i. S. d. § 33 WpÜG nicht überbewertet werden: Aus der Gesetzesbegründung geht schon für die Aktiengesellschaft nicht deutlich hervor, warum für einfache öffentliche Angebote i. S. d. §§ 10 ff. WpÜG das aus dem allgemeinen Aktienrecht[607] abgeleitete Vereitelungs- und Verhinderungsverbot gelten solle, und nur auf Übernahmeangebote die Verschärfung des § 33 WpÜG anzuwenden sei.[608] Die marginalen Verschärfungen des § 33 WpÜG korrespondieren nicht mit der Verschärfung des Interessenkonflikts in einer Übernahmesituation. Ob § 33 WpÜG auf einfache öffentliche Angebote analog anzuwenden ist, mag hier dahinstehen.[609] Für die Anwendung des § 33 WpÜG auf die KGaA ist die Feststellung entscheidend, dass der faktische Kontrollerwerb zumindest für die Verhaltenspflichten gem. § 33 WpÜG eine untergeordnete Rolle spielt. Für die Anwendbarkeit des § 33 WpÜG stellt die 30-Prozent-Schwelle des § 29 Abs. 2 WpÜG ein eher formales Kriterium dar.

Im Ergebnis begründen die personengesellschaftsrechtlichen Besonderheiten keine Anpassung des § 33 WpÜG an die KGaA. Der tatsächliche Kontrollerwerb tritt schon für die Anwendung des § 33 WpÜG in der AG in den Hintergrund. Deshalb ist es auch in der KGaA ausreichend, dass die Komplementäre z. B. befürchten müssen, ein neuer Großaktionär mit 30 Prozent der Stimmrechte könne in der Hauptversammlung die Feststellung des Jahresabschlusses gem. § 286 Abs. 1 S. 1 AktG blockieren. Der Interessenkonflikt, in den die geschäftsführungsbefugten Komplementäre deshalb geraten können, rechtfertigt Verhaltenspflichten i. S. d. § 33 WpÜG.[610]

---

606 Zur fehlenden mittelbaren Personalkompetenz der Hauptversammlung in der KGaA vgl. § 2 A. IX. 3. Etwas anderes gilt nur in einer hauptversammlungsdominierten KGaA, in der die Hauptversammlung praktisch über die Personalkompetenz für die Komplementäre verfügt; vgl. zu den zulässigen Satzungsgestaltungen oben § 3 M. II.

607 Zu der aus dem allgemeinen Aktienrecht entwickelten „Neutralitätspflicht" vgl. Begr RegE zum WpÜG in: BT-Drs. 14/7034, S. 57 li. Sp. sowie *Hirte,* in: Kölner Komm WpÜG, § 33 Rn. 27 f.

608 *Hirte,* in: Kölner Komm WpÜG, § 33 Rn. 29.

609 Dafür: *Hirte,* in: Kölner Komm WpÜG, § 33 Rn. 29; dagegen: *Steinmeyer/Häger,* WpÜG, § 33 Rn. 8.

610 Im Ergebnis zustimmend: *Wienecke/Fett,* in: Hdb KGaA, § 10 Rn. 165 (S. 547).

§ 4 Ergebnis

Die Ergebnisse der Untersuchung lassen sich wie folgt zusammenfassen:

A. Einleitung

Das KGaA-Recht ist durch ein besonderes Spannungsverhältnis zwischen Personengesellschaftsrecht und Aktienrecht gekennzeichnet. Um die Akzeptanz der KGaA in der Rechtspraxis zu fördern, muss das Spannungsfeld einfach und verlässlich ausgelegt werden. Das Ziel soll durch einen deduktiven Ansatz und eine gesetzessystematische Auslegung erreicht werden. Untersucht werden ausschließlich solche Angelegenheiten, bei denen fraglich ist, ob auf sie personengesellschaftsrechtliche oder aktienrechtliche Vorschriften oder Grundsätze anzuwenden sind (vgl. Leitthema im Anschluss an § 1 B. III.).

B. Allgemeiner Teil

Die gesetzessystematische Analyse des § 278 Abs. 2, 3 AktG ergab folgende Erkenntnisse:

- *§ 2 B. I.:* Die KGaA ist eine besondere Aktiengesellschaft, die an Stelle eines Vorstandes über einen Komplementär-Fremdkörper verfügt.
- *§ 2 B. II. 1.:* Die Rechtsverhältnisse der Komplementäre zu den anderen phG, zur KGaA und zu außenstehenden Dritten unterliegen dem Personengesellschaftsrecht, § 278 Abs. 2 AktG.
- *§ 2 B II. 1.:* Die Rechtsverhältnisse der Kommanditaktionäre zu den übrigen Aktionären, zur KGaA und zu Dritten außerhalb der Gesellschaft richten sich nach dem Aktienrecht.
- *§ 2 B. II. 2.:* Wenn gleichzeitig Rechtsverhältnisse der Komplementäre und der Kommanditaktionäre betroffen sind, ist das Verhältnis zwischen den Gesellschaftergruppen berührt; es gilt Personengesellschaftsrecht, § 278 Abs. 2 AktG.
- *§ 2 B. II. 3.:* Wenn kein Rechtsverhältnis eines KGaA-Gesellschafters berührt wird, liegt eine Angelegenheit der KGaA als selbstständiger Rechtspersönlichkeit vor; es gilt Aktienrecht, § 278 Abs. 1 AktG.

- *§ 2 B. II. 4.:* Wenn sowohl das Verhältnis der Gesellschaftergruppen untereinander als auch die KGaA als juristische Person betroffen sind, ist fraglich, inwieweit § 278 Abs. 2 AktG die aktienrechtlichen Strukturen der KGaA i. S. d. § 278 Abs. 1 AktG durchbricht: Die personengesellschaftsrechtliche Zuständigkeitsverteilung verdrängt die aktienrechtliche. Für die Beurteilung der Entscheidungsgegenstände enthalten die Verweisungen des § 278 Abs. 2, 3 AktG keine Aussagen.

- *§ 2 B. III.:* Zwischen den Gesellschaftergruppen besteht ein personengesellschaftsrechtliches Rechtsverhältnis, das durch die KGaA-Gesellschafter grundsätzlich frei ausgestaltet werden kann (Satzungsautonomie).

- *§ 2 B. III. 1.:* Die Gesamtheit der Kommanditaktionäre ist nicht rechtsfähig. Durch das Begriffsdoppel Gesamtheit der Kommanditaktionäre / Hauptversammlung werden die Aktionäre, denen im Rechtsverhältnis zu den Komplementären die mitgliedschaftlichen Rechte eines Kommanditisten zustehen, in der aktienrechtlichen Struktur der KGaA verankert. Die Hauptversammlung ist das Scharnier, in das die Gesamtheit der Kommanditaktinäre und ihr Rechtsverhältnis zu den Komplementären eingehängt werden.

- *§ 2 B. III 2., 3.:* Das personenrechtliche Band zwischen den Gesellschaftergruppen kann zum Gegenstand von Gesellschafterklagen gemacht werden. Auf Seiten der Kommanditaktionäre ist jeder einzelne Aktionär Rechtsträger, die Hauptversammlung entscheidet, die KGaA tritt vor Gericht als Prozesspartei auf und wird dort gem. § 287 Abs. 2 S. 1 AktG durch den Aufsichtsrat vertreten.

- *§ 2 B. IV.:* Entscheidungsgegenstände, die die Komplementäre betreffen, werden personengesellschaftsrechtlich, solche, die die Kommanditaktionäre berühren, aktienrechtlich beurteilt. Für Angelegenheiten, die sich keiner Gesellschaftergruppe zuordnen lassen, gilt gem. § 278 Abs. 2 AktG eine Vermutung für das Kommanditrecht. Anhaltspunkte im Gesetz können eine aktienrechtliche Einordnung begründen.

- *§ 2 C.:* Jede Angelegenheit, bei der fraglich ist, ob personengesellschaftsrechtliche oder aktienrechtliche Vorschriften oder Grundsätze gelten (vgl. Leitthema im Anschluss an § 1 B. III.), ist zunächst systematisch nach den Rechtsverhältnissen des § 278 Abs. 2, 3 AktG abzufragen (vgl. § 2 B. II. 1. bis 4.).

  Erst in einem zweiten Schritt sollte dann in den §§ 279 bis 290 AktG nach speziellen Regelungen und Verweisungen gesucht werden (deduktive Prüfungsreihenfolge).

  Auf eine Angelegenheit können gleichzeitig personengesellschaftsrechtliche und aktienrechtliche Vorschriften und Grundsätze anwendbar sein (Baukastenprinzip).

- *§ 2 D. I.:* Die in § 2 B. erfolgte systematische Auslegung und Gliederung erleichtert die Bestimmung solcher Angelegenheiten, bei denen problematisch ist, ob personengesellschaftsrechtliche oder aktienrechtliche Vorschriften oder Grundsätze anwendbar sind (vgl. Leitthema im Anschluss an § 1 B. III.).

Durch Einordnung in die schematische Darstellung auf S. 108 und die Anwendung des Prüfungsschemas (vgl. § 2 C.) lassen sich die einzelnen Harmonisierungs- und Abgrenzungsaufgaben darstellen und ins Gesetz einordnen. Sie können zu Problemtypen zusammengefasst und durch abstrakte Lösungskriterien einheitlich gelöst werden.

- *§ 2 D. II. Die systematischen Lösungskriterien als Kurzformel:* Das Aktienrecht gilt in der KGaA nach Maßgabe der personengesellschaftsrechtlichen Regelungen, die gem. § 278 Abs. 2 AktG oder gem. den Spezialverweisungen in den §§ 279 bis 290 AktG anwendbar sind. Ausnahmen ergeben sich ausschließlich aus den aktienrechtlichen Charakteristika der KGaA, insbesondere aus dem Grundkapital; hier können die personengesellschaftsrechtlichen Vorschriften überlagert werden (vgl. in der schematischen Darstellung auf S. 108: Schnittpunkt der rechten vertikalen Säule „aktienrechtliche Entscheidungsgegenstände" mit dem horizontalen Balken „personengesellschaftsrechtliche Zuständigkeitsverteilung").

C. Besonderer Teil

Im besonderen Teil werden ausschließlich solche Angelegenheiten behandelt, bei denen fraglich ist, ob personengesellschaftsrechtliche oder aktienrechtliche Vorschriften oder Grundsätze gelten (vgl. Leitthema im Anschluss an § 1 B. III.).

- *§ 3 A.:* Durch die systematische Gliederung der Rechtsverhältnisse des § 278 Abs. 2, 3 AktG (vgl. § 2 B. II. 1. bis 4. sowie schematische Darstellung S. 108) lassen sich die anwendbaren Vorschriften des Aktiengesetzes und des HGB leichter auffinden (Ordnungsaufgabe als erste Variante des Leitthemas, § 1 B. III. 1.).
- *§ 3 B.:* Die aktienrechtlichen Zuständigkeitsvorschriften gelten nach Maßgabe der personengesellschaftsrechtlichen Elemente der KGaA. Aktienrechtliche Leitungsmacht und Gesamtverantwortung sind auf die phG nicht anwendbar. Die Befugnisse des Aufsichtsrats sind beschränkt.
- *§ 3 C.:* Die Grenze zwischen personengesellschaftsrechtlicher und aktienrechtlicher Zuständigkeitsverteilung gilt absolut: Die Vertretungsbefugnis des § 112 AktG steht dem Aufsichtsrat nicht zu.
- *§ 3 D., F., G., H.:* Die Zustimmung der Hauptversammlung zu außergewöhnlichen Geschäftsführungsmaßnahmen und Grundlagengeschäften ist im Rahmen des personengesellschaftsrechtlichen Rechtsverhältnisses abdingbar. Einschränkungen ergeben sich lediglich aus KGaA-rechtlichen Spezialvorschriften[1], aus

[1] Vgl. die Aufzählung unter § 3 A. IV.

§ 179a AktG[2] und aus den aktienrechtlichen Charakteristika der KGaA wie z. B. dem Grundkapital[3]. Gesetzessystematische Argumente[4], die §§ 179 ff. AktG für Satzungsänderungen[5] und die Holzmüller-Doktrin[6] begrenzen dagegen die Satzungsautonomie nicht.

- *§ 3 E.:* Sachverhalt: Ein Komplementär entscheidet über die Aufnahme eines neuen phGs alleine, weil er in der Satzung dazu ermächtigt wurde. Dem Aufsichtsrat wurde die Entscheidungbefugnis zu Fassungsänderungen eingeräumt.

  Lösung: In diesem Fall wird der Beitritt des phG sofort mit der Willensäußerung des befugten Komplementärs wirksam. Die Änderung vollzieht sich außerhalb der Satzung; der Satzungstext ist nachträglich redaktionell anzupassen. Im Verfahren für Fassungsänderungen gem. §§ 179 ff. AktG ist die Eintragung deklaratorisch; § 183 Abs. 3 AktG gilt nicht. Der Fassungsänderungsbeschluss der Hauptversammlung kann gem. § 179 Abs. 1 S. 1 AktG auf den Aufsichtsrat übertragen werden. Die Zustimmung der Komplementäre zur Fassungsänderung ist nicht erforderlich.

- *§ 3 F.:* Die §§ 179 ff. AktG gelten für Änderungen der KGaA-Satzung. Die Satzungsautonomie gem. §§ 278 Abs. 2, 285 Abs. 2 S. 1 AktG für den Beschluss der Kommanditaktionäre wird durch § 179 AktG nicht eingeschränkt. Dann und nur dann, wenn die Satzung von dieser Möglichkeit tatsächlich Gebrauch gemacht hat, vollziehen sich Satzungsänderungen nach diesem in der Satzung geregelten Verfahen und damit außerhalb des ordentlichen Verfahrens i. S. d. §§ 179 ff. AktG. Nachträglich ist nur noch eine Fassungsänderung i. S. d. §§ 179 ff. AktG erforderlich.

- *§ 3 G.:* § 179a AktG gilt in der KGaA.

- *§ 3 H.:* Die Holzmüller-Doktrin ist nicht übertragbar. Strukturverändernde Maßnahmen stellen in der KGaA – wie in der Personengesellschaft (vgl. § 3 H. I. 2.) – Grundlagengeschäfte dar.

- *§ 3 I.:* Die Zustimmung der Hauptversammlung darf in der Satzung nicht abbedungen werden, wenn sie vom Grundkapital oder von aktienrechtlichen Gläubigerschutzvorschriften vorausgesetzt wird.

- *§ 3 J. I. b) aa):* Der Jahresüberschuss ist nach aktienrechtlichen Vorschriften zu ermitteln; es gelten die Sondervorschriften für Kapitalgesellschaften, die §§ 264 ff. HGB.

- *§ 3 J. I. b) bb):* Der Erfolgsanteil der Komplementäre wird nach Personengesellschaftsrecht errechnet, vgl. § 278 Abs. 2 AktG i.V.m. § §§ 168, 121 HGB. Die

2 Vgl. § 3 G.

3 Vgl. § 3 I.

4 Vgl. § 3 D.

5 Vgl. § 3 F.

6 Vgl. § 3 H.

Satzung kann eine Gewinnverteilungsregelung enthalten, die allerdings zwingend an den Jahresüberschuss als Bemessungsgrundlage anknüpfen muss.

- *§ 3 J. I. b) cc):* Der Bilanzgewinn ist der Betrag, der übrig bleibt, wenn die aktienrechtlichen Vorschriften auf den Erfolgsanteil der Kommanditaktionäre angewendet werden, vgl. als Zusammenfassung dieser aktienrechtlichen Regelungen das Gliederungsschema für die GuV-Rechnung in § 158 AktG.

- *§ 3 J. II.:* Die Feststellung des Jahresabschlusses erfordert zwingend die Zustimmung von Kommanditaktionären und Komplementären, § 286 AktG. Lediglich für die Entscheidung der Komplementärversammlung über diese Zustimmung kann ein Mehrheitsbeschluss vorgesehen werden.

- *§ 3 J. III.:* Der Gewinnverwendungsbeschluss betrifft den Erfolgsanteil, der auf die Kommanditaktionäre entfällt. Es ist ausschließlich das Verhältnis der Aktionäre untereinander betroffen. Gem. § 278 Abs. 3 i.V.m. § 174 AktG entscheidet die Hauptversammlung zwingend alleine. Die Satzung darf kein Zustimmungsrecht der phG vorsehen. Die Erweiterung der Vetorechte der Komplementäre ist unzulässig.

- *§ 3 K. I.:* § 289 Abs. 1 AktG verweist auf die gesetzlichen Ausscheidensgründe für einen von mehreren Komplementären gem. §§ 161 Abs. 2, 131 Abs. 3 S. 1 Nr. 1 bis 6 HGB. § 289 Abs. 5 AktG stellt klar, dass die Satzung der KGaA auch die Auflösung als Rechtsfolge anordnen könnte. § 289 Abs. 5 AktG ist als Verweisung auf den ersten Halbsatz von § 131 Abs. 3 S. 1 HGB aufzufassen, der das Ausscheiden nur vorbehaltlich einer abweichenden vertraglichen Regelung anordnet.

- *§ 3 K. II.:* Das Ausscheiden des letzten Komplementärs bewirkt die automatische Umwandlung in eine AG. Die Rechtsfolge orientiert sich damit an personengesellschaftsrechtlichen Grundsätzen: Ähnlich einer KG, die sich in eine OHG transformiert, wenn sie ihren letzten Kommanditisten verliert, wird aus einer KGaA ohne Komplementär eine AG.

- *§ 3 K. III.:* Das Kündigungsrecht der Gesamtheit der Kommanditaktionäre ist mit der HGB-Reform 1998 entfallen. § 289 Abs. 4 S. 1 1. HS AktG wurde obsolet.

- *§ 3 L.:* § 161 AktG gilt auch für die KGaA. Die Entsprechenserklärung ist von den geschäftsführenden Komplementären und dem Aufsichtsrat eigenständig für den das jeweilige Organ betreffenden Teil des Corporate Governance Kodex abzugeben. Die §§ 278 bis 290 AktG können Abweichungen von Empfehlungen des Kodex erzwingen. Diese sind in der Erklärung zu bezeichnen und sollten mit Hinweis auf die entsprechenden Vorschriften begründet werden. Ingesamt erscheint es ratsam, Besonderheiten der jeweiligen Satzung und Unterschiede zur AG umfassend und übersichtlich darzustellen, um vor allem ausländische Investoren werben zu können.

- *§ 3 M.:* Das WpÜG ist auf die KGaA anzuwenden. Der Kontrollbegriff des § 29 Abs. 2 WpÜG ist wörtlich zu verstehen (§ 3 M. I.). Im Normalfall wird die Bundesanstalt für Finanzdienstleistungsaufsicht (BaFin) einen Kommanditaktionär mit 30% der Stimmrechte allerdings von der Verpflichtung befreien, ein Angebot auf Übernahme aller Aktien abzugeben, § 37 WpÜG. Das Vereitelungs- und Verhinderungsverbot des § 33 WpÜG bindet die Komplementäre der KGaA wie einen Vorstand.

D. Bewertung

Die gesetzessystematische Auslegung des § 278 Abs. 2, 3 AktG hat sich bewährt: Die Probleme im Spannungsverhältnis zwischen Personengesellschaftsrecht und Aktienrecht konnten zu Problemtypen zusammengefasst und nach einheitlichen Kriterien gelöst werden (§ 2 D.). Die abstrakten systematischen Vorgaben sind auch im Hinblick auf teleologische Argumente der Literatur überzeugend und müssen lediglich in Ausnahmefällen korrigiert werden (vgl. die Ergebnisse des besonderen Teils § 4 C.).

Das in der Einleitung formulierte Ziel, die Handhabung der KGaA zu vereinfachen und verlässlicher zu gestalten[7], konnte somit erreicht werden.

Insgesamt besitzt die in § 278 Abs. 2, 3 AktG angewandte Regelungstechnik trotz aller Gesetzeslücken besondere Stärken: Das Gesetz legt die Anwendungsbereiche von Personengesellschaftsrecht und Aktienrecht durch die Verweisungen des § 278 Abs. 2, 3 AktG fest und gliedert dabei nach den Rechtsverhältnissen zwischen den Handlungseinheiten der KGaA[8]. Mit jedem Rechtsverhältnis wird ein Interessenkonflikt zwischen den handelnden Personen der KGaA einem Regelungsregime zugewiesen. Auf diese Weise verteilt § 278 AktG die unterschiedlichen Rechtspositionen in der KGaA nach einem widerspruchsfreien, kohärenten Gesamtkonzept. Diese Hypothese wurde der Untersuchung zugrundegelegt und daran anknüpfend § 278 Abs. 2, 3 AktG nach der gesetzessystematischen Methode[9] ausgelegt.[10] Die These konnte im allgemeinen Teil entfaltet und im besonderen Teil überprüft und bestätigt werden. Wenn aber im Ergebnis die Rechtspositionen in der KGaA durch § 278 Abs. 2, 3 AktG einheitlich und vollständig geregelt wurden, erschwert das zukünftig interessengeleitete Argumentationsmuster: Beim je-

---

7 Vgl. § 1 A. IV., V.

8 Zum Begriff der Handlungseinheiten vgl. § 1 B. II. Fn. 31.

9 Vgl. *Säcker,* in: Münch Komm BGB, Einl Rn. 125. Nach *Säcker* geht die gesetzessystematische Methode davon aus, dass sich die gesetzlichen Vorschriften zu einem „widerspruchsfreien, kohärenten Sinnganzen" zusammenfügen lassen. *Unter Umständen kann das Gesetz klüger sein als sein Urheber, Coing,* in: Staudinger, BGB, Einl zum BGB, Rn. 134, 137.

10 Zu den methodischen Grundlagen vgl. § 1 B. IV. 1., 2.

weiligen Harmonisierungs- und Abgrenzungsproblem wird man wohl kaum noch übereilt den Schutz bestimmter Partikularinteressen fordern und damit die Anwendung eines bestimmten Regelungsregimes begründen können.

Nachdem die KGaA durch die gesetzessystematische Auslegung tatsächlich an Einfachheit und Rechtssicherheit gewinnt, bleibt zu hoffen, dass die Rechtsform in der Wirtschaft mehr Akzeptanz findet. Vielleicht kann dies auch dazu beitragen, dass die Anzahl der KGaA in Deutschland in Zukunft deutlich gesteigert werden kann.

Anhang: Die Kommanditgesellschaften aA in Deutschland

(Informationen basieren auf einer Google-Recherche und den Homepages der genannten Unternehmen, Stand: März 2005)

A. Privatbanken

(oftmals liegt die Geschäftsleitung der Privatbanken bei mehreren Komplementären, vgl. z. B. Weberbank Privatbankiers KGaA)

1. Hauck & Aufhäuser Privatbankiers KGaA
2. HSBC Trinkaus & Burkhardt KGaA
3. M. M. Warburg & Co. KGaA, Privatbank
4. Fürstlich Castellsche Bank, Credit-Casse KGaA
5. Merkur Bank KGaA
6. B. Metzler seel. Sohn & Co. KGaA
7. Sal. Oppenheim jr. & Cie. KGaA
8. Weberbank Privatbankiers KGaA
   Pers. haftende Gesellschafter: Dr. Andreas Bödecker, Dr. Christian Grün (Sprecher), Herr Michael Graf Strasoldo

B. Fußballclubs

9. 1. FC Köln GmbH & Co. KGaA
10. Borussia Dortmund GmbH & Co. KGaA
11. DSC Arminia Bielefeld GmbH & Co. KGaA
12. Hannover 96 GmbH & Co. KGaA
13. Hertha BSC GmbH & Co. KGaA
14. MSV Duisburg GmbH & Co. KGaA
15. SpVgg Greuther Fürth GmbH & Co. KGaA
16. TSV 1860 München GmbH & Co. KGaA
17. Werder Bremen GmbH & Co. KGaA

C. Produzierendes Gewerbe

18. Berliner Glas KGaA, Herbert Kubatz GmbH & Co.
    - Informations- und Kommunikationstechnologie, Biotechnologie, Medizin
19. Bogner, Willy GmbH & Co. KGaA
    - Bekleidungsindustrie
20. Bristol-Myers Squibb GmbH & Co. KGaA
    - Pharmabranche; deutsches Tochterunternehmen des Bristol-Myers Squibb Konzerns
21. Claas KGaA mbH
    - Hersteller von Erntemaschinen
    - Umsatz 2003: 1,496 Mrd.; Mitarbeiter 2003: 8.400
22. Dorma Holding GmbH & Co. KGaA
    - Herstellung von Zutrittssicherungssystemen
23. Drägerwerk AG mit Tochterfirmen:
    - Dräger Safety AG & Co. KGaA
      - Geräte und Systeme der Sicherheitstechnik
    - Dräger Medical AG & Co. KGaA
      - Geräte und Systeme der Medizintechnik, Problemlösungen für das Krankenhaus- und Gesundheitswesen, Mitarbeiter weltweit: 4800
24. effeff Fritz Fuss GmbH & Co. KGaA
    - Herstellung von Türöffnersystemen
25. Eisenwerke Fried. Wilh. Düker AG & Co. KGaA
26. EMZ (Elektromanufaktur Zangenstein) Hanauer GmbH & Co. KGaA, Nabburg
    - Entwicklung von elektromechanischen Systemen und elektronischen Steuerungen / Sensoren, Konstruktion und Fertigung von Werkzeugen, Produktion von Kunststoff- und Stanzteilen, Montage komplexer Komponenten, Mitarbeiter: mehr als 500
27. Flottweg GmbH & Co. KGaA, Vilsbiburg
    - Hersteller von Dekantierzentrifugen
28. Harting KGaA, Espelkamp
29. Hella KGaA Hueck & Co.
    - Automobilzulieferer, Komplementäre: Dr. Jürgen Behrend, Hella Geschäftsführungsgesellschaft mbH
    - Umsatz 2002 / 2003: 3 Mrd. €; Mitarbeiter: 12.800
30. Henkel KGaA
31. Jack Wolfskin GmbH & Co. KGaA
    - Hersteller von outdoor-Kleidung
32. Junge GmbH & Co. KGaA, Konditorei
    - Konditorei, 100 Filialen, 1300 Mitarbeiter
33. Kölln, Peter KGaA
    - Haferflocken
34. Kupferberg, C.A. & Cie. KGaA
    - Sektkellerei

35. Lindner Holding KGaA, Arnsdorf
    - Bauunternehmen

36. Nolte Möbelindustrie Holding GmbH & Co. KGaA
    - Umsatz 2001: 533 Mio. €

37. MAC Mode GmbH & Co. KGaA, Wald
    - Produktion und Vertrieb der MAC Jeanswear

38. Max Streicher GmbH & Co. KGaA, Deggendorf
    - Bauunternehmen

39. Merck KGaA

40. Merz Pharma GmbH & Co. KGaA
    - Arzneimittel

41. Merz & Krell GmbH & Co. KGaA
    - Hersteller von Schreibgeräten, Marken: Senator, rou bill

42. Michelin Reifenwerke KGaA

43. Mühlbauer Holding AG & Co. KGaA
    - Präzisionsteilefertigung u. a.

44. pro beam AG & Co. KGaA
    - Elektronenstrahl-Schweißgeräte u. a.

45. Schenkelberg, Stiftung & Co. KGaA
    - Zeitungsrotation, Produktion von Zeitungen und Zeitschriften

46. Schütz GmbH & Co. KGaA
    - Energiesysteme, Industrieverpackung, Industriedienstleistungen

47. Schwartauer Werke GmbH & Co. KGaA
    - Konfitüren u. a.

48. Tyczka GmbH & Co. KGaA
    - Flüssiggas-Versorgungsunternehmen

49. Varta Consumer Batteries GmbH & Co. KGaA

50. Weidemann fashion AG & Co. KGaA
    - Bekleidungsindustrie

51. Wiley-VCH GmbH & Co. KGaA, Weinheim
    - Verlag

52. Weidmüller Holding AG & Co. KGaA
    - Hersteller von Komponenten für die elektrische Verbindungstechnik

D. Handel und Dienstleistungen

53. dent.apart GmbH & Co. KGaA
    - Gesundheitsdienstleister für Zahnersatz u. a.

54. DGV / Profi Deutsche Getränke Vertriebsgesellschaft mbH & Co. KGaA

55. DOCPHARM Arzneimittelvertrieb GmbH & Co. KGaA
   - Von Ärzten geführtes Unternehmen, im Arzneimittelvertrieb tätig
56. Dussmann AG & Co. KGaA
   - Multidienstleister, Gebäudemanagement, Seniorenheime, Kulturkaufhäuser
57. Engelhorn KGaA
   - Modehaus; Geschäftsführende Komplementärin: Engelhorn Management GmbH & Co. KG
58. Eurogate GmbH & Co. KGaA
   - Container Terminal Logistik Unternehmen
59. Eurokai KGaA
   - Hafenunternehmen, Logistik
60. Friseur Klinck KGaA
61. Favours KGaA
   - Online travel management; Dienstleistungen rund um Geschäftsreisen
62. Hannover Stage Lighting GmbH & Co. KGaA
   - Bühnentechnik, Tontechnik, Lichttechnik
63. Hettlage KGaA (Insolvenz angemeldet)
   - Bekleidungshäuser
64. Meteor Personaldienste AG & Co. KGaA
   - Gewerbsmäßige Überlassung von Arbeitskräften
65. Rewe Deutscher Supermarkt KGaA, Wiesbaden
   - Die Rewe ist eine genossenschaftliche Handelsgruppe. Die selbstständigen Einzelhändler bilden die Basis. Die wirtschaftlich bedeutendsten Unternehmen der Rewe sind die Rewe-Zentral AG und die Rewe-Zentralfinanz eG. Größtes Filialunternehmen ist die Rewe Deutscher Supermarkt KGaA, Wiesbaden.
66. Richter Baustoffe GmbH & Co. KGaA
   - Baustoffhandel (Hagebau-Märkte)
67. Sana Kliniken GmbH & Co. KGaA
68. UBL Informationssysteme GmbH & Co. KGaA
   - EDV-Dienstleistungen
69. Vitanas GmbH & Co. KGaA
   - Dienstleistungen auf dem Gebiet der Pflege und Akutgeriatrie
   - Mitarbeiter: 1.800
70. Zenner GmbH & Co. KGaA
   - Vertrieb von Wasserzählern

E. Finanzwirtschaft, einschließlich Private Equity, Venture Capital und Immobilienfonds

71. Accent GmbH & Co. KGaA Bau & Handelshaus für Immobilien
   - Immobilienprojekte
72. advantec Wagniskapital AG & Co. KGaA

73. Agens Consulting GmbH & Co. KGaA

74. AIG International Real Estate GmbH & Co. KGaA

75. Berlin & Co. KGaA
   - Vermögenscontrolling

76. Citibank Privatkunden GmbH & Co. KGaA
   - Deutsche Tochter des US-amerikanischen Citigroup-Konzerns

77. Citygroup Global Markets Deutschland AG & Co. KGaA

78. CIW Immobilien KGaA
   - Börsennotierte Vermögensverwaltungsgesellschaft

79. DBG Second Equity Team GmbH & Co. KGaA, Frankfurt am Main

80. DBG Third Equity Team GmbH & Co. KGaA, Frankfurt am Main

81. DBG Fourth Equity Team GmbH & Co. KGaA, Frankfurt am Main

82. DBG Fifth Equity Team GmbH & Co. KGaA, Frankfurt am Main

83. Deutsche Immobilien Chancen AG & Co. KGaA
   - Investition in gewerbliche Immobilien, z. B. Büro, Logistik, Technologie- und Gewerbeparks

84. Essential Invest GmbH & Co. KGaA

85. GMF Mittelstand Fund II GmbH & Co. KGaA
   - Erwerb von Mehrheiten an Mittelstandsunternehmen in verschiedenen Industrie und Dienstleistungsbranchen

86. Göttinger Gruppe Vermögens- und Finanzholding GmbH & Co. KGaA
   - Emissions-Dienstleistungen, Tochterunternehmen SECURENTA AG

87. HT Finanz- und Beteiligungsmanagement KGaA

88. Heliad Equity Partners GmbH & Co. KGaA

89. Hochtief AirPort Capital KGaA
   - Investitionspartnerschaft für Flughafenbeteiligungen des Hochtief-Konzerns

90. Jupiter Technologie GmbH & Co. KGaA
   - Venture Capital Gesellschaft; Investitionen in start ups der Biotechnologie, Medizintechnik, Informationstechnologie

91. Leonardo Venture GmbH & Co. KGaA
   - Venture-Capital-Gesellschaft

92. MicroVenture GmbH & Co. KGaA
   - Venture-Capital-Gesellschaft, die in Unternehmen der Mikro- und Nanotechnologie investiert

93. MVV Innovationsportfolio AG & Co. KGaA

94. Preußische Treuhand GmbH & Co. KGaA
   - Gesellschaft der Vertriebenen-Verbände

95. Struktur-Holding-Stahl GmbH & Co. KGaA
   - Beteiligungsgesellschaft; Großaktionär der Saarstahl AG

96. Süd Private Equity GmbH & Co. KGaA

F. Bildung, Forschung und Entwicklung

97. Metanomics GmbH & Co. KGaA
98. SunGene GmbH & Co. KGaA
99. Private Hanseuniversität GmbH & Co. KGaA, Rostock

Literaturverzeichnis

Adler, Hans / *Düring,* Walter / *Schmaltz,* Kurt: Rechnungslegung und Prüfung der Unternehmen, 6. Aufl. 1995 ff., Stuttgart.

Aktienkonzernrecht, siehe unter: *Emmerich,* Volker / *Habersack,* Mathias: Aktien- und GmbH-Konzernrecht.

Ammenwerth, Michael: Die Kommanditgesellschaft auf Aktien (KGaA) – Eine Rechtsformalternative für personenbezogene Unternehmen?, 1997, Frankfurt / Main.

Anwaltkommentar Aktienrecht, siehe unter: *Heidel,* Thomas: Anwaltkommentar Aktienrecht.

Armbrüster, Christian: Wettbewerbsverbote im Kapitalgesellschaftsrecht, in: Zeitschrift für Wirtschaftsrecht, 1997, S. 1269 ff.

Arnold, Arnd: Die GmbH & Co. KGaA, 2001, Köln.

Balzer, Peter: Die Umwandlung von Vereinen der Fußball-Bundesligen in Kapitalgesellschaften zwischen Gesellschafts-, Vereins- und Verbandsrecht, in: Zeitschrift für Wirtschaftsrecht, 2001, S. 175 ff.

Baumann, Wolfgang: Die Einmann-Personengesellschaft, in: Betriebs-Berater, 1998, S. 225 ff.

Baumbach, Adolf / *Hopt,* Klaus J.: Handelsgesetzbuch, 31. Aufl. 2003, München.

Baumbach, Adolf / *Hueck,* Alfred: GmbH-Gesetz, 17. Aufl. 2000, München.

Baumbach, Adolf / *Hueck,* Götz: Kommentar zum Aktiengesetz, 13. Aufl. 1968, München.

Baur, Fritz / *Grunsky,* Wolfgang: Eine „Einmann-oHG“, in: Zeitschrift für das gesamte Handelsrecht und Wirtschaftsrecht, Band 133, 1970, S. 209 ff.

Bayreuther, Frank: Die Kapitalgesellschaft & Co. KGaA, in: Juristische Schulung, 1999, S. 651 ff.

Beck'scher Bilanz-Kommentar, Handels- und Steuerrecht, – §§ 238 bis 339 HGB –, 5. Aufl., 2003, München.

Beck'sches Handbuch der Personengesellschaften, Gesellschaftsrecht, Steuerrecht, 2. Aufl. 2002, München.

Binz, Mark K. / *Sorg,* Martin H.: Die KGaA mit beschränkter Haftung – quo vadis? – Eine Bestandsaufnahme am Vorabend der BGH-Entscheidung vom 24. 2. 1997 –, in: Der Betrieb, 1997, S. 313 ff.

– Die GmbH & Co. KG, 9. Aufl. 2003, München.

Bork, Reinhard: Die Parteirollen im Streit um die Zugehörigkeit zu einer Personenhandelsgesellschaft – zugleich eine Anmerkung zu BGH, Urt. v. 6. 11. 1989, II ZR 302 / 88 –, in: Zeitschrift für Unternehmens- und Gesellschaftsrecht, 1991, S. 125 ff.

– Materiell-rechtliche und prozessrechtliche Probleme des Organstreits zwischen Vorstand und Aufsichtsrat einer Aktiengesellschaft, in: Zeitschrift für Unternehmens- und Gesellschaftsrecht, 1989, S. 1 ff.

Brücher, Horst: Ist der Aufsichtsrat einer Gesellschaft befugt, gegen den Vorstand oder die Geschäftsführung zu klagen?, in: Die Aktiengesellschaft, 1989, S. 190 ff.

Brüggemeier, Gert: Die Einflussnahme auf die Verwaltung einer Aktiengesellschaft – Zur Struktur und zum Verhältnis der §§ 117 und 317 AktG –, in: Die Aktiengesellschaft, 1988, S. 93 ff.

Budde, Dieter / *Förschle,* Gerhart: Sonderbilanzen, 3. Aufl. 2002, München.

Cahn, Andreas: Die Änderung von Satzungsbestimmungen nach § 281 AktG bei der Kommanditgesellschaft auf Aktien, in: Die Aktiengesellschaft, 2001, S. 579 ff.

Claussen, Carsten P.: Überlegungen zur Rechtsform der GmbH – Ist die KGaA eine Alternative?, in: GmbH-Rundschau, 1996, S. 73 ff.

Diekmann, Hans: Die Nachgründung der Aktiengesellschaft, in: Zeitschrift für Wirtschaftsrecht, 1996, S. 2149 ff.

Die Kommanditgesellschaft auf Aktien, Handbuch, siehe unter: *Schütz,* Carsten / *Bürgers,* Tobias / *Riotte,* Michael: Die Kommanditgesellschaft auf Aktien, Handbuch.

Dirksen, Dirk / *Möhrle,* Florian: Die kapitalistische Kommanditgesellschaft auf Aktien, in: Zeitschrift für Wirtschaftsrecht, 1998, S. 1377 ff.

Durchlaub, Wolfgang: Fortsetzung der Kommanditgesellschaft auf Aktien mit den Erben des Komplementärs, in: Betriebs-Berater, 1977, S. 875 ff.

– Mitwirkung der Hauptversammlung und des Aufsichtsrats bei Geschäftsführungsmaßnahmen in der Kommanditgesellschaft auf Aktien, in: Betriebs-Berater, 1977, S. 1581 ff.

Ebenroth, Thomas / *Boujong,* Karlheinz / *Joost,* Detlev: Handelsgesetzbuch, Kommentar, 2001, München.

Eckardt, Diederich: Das Ausscheiden des Komplementärs aus der zweigliedrigen KG – Zugleich eine Besprechung der Entscheidung BGH, NZG 2000, 474 –, in: Neue Zeitschrift für Gesellschaftsrecht, 2000, S. 449 ff.

Emde, Raimond: Die Klage der Kommanditisten auf Rücknahme kompetenzwidrig vorgenommener Geschäftsführungsmaßnahmen, in: Wertpapier-Mitteilungen, Teil IV, 1996, S. 1205 ff.

Emmerich, Volker: Das Konzernrecht der Personengesellschaften – Rückblick und Ausblick, in: Festschrift Walter Stimpel, 1985, S. 743 ff.

– Konzernbildungskontrolle, in: Die Aktiengesellschaft, 1991, S. 303 ff.

Emmerich, Volker / *Habersack,* Mathias: Aktien- und GmbH-Konzernrecht, 3. Aufl. 2003, München.

Emmerich, Volker / *Sonnenschein,* Jürgen / *Habersack,* Mathias: Konzernrecht, 7. Aufl. 2001, München.

Fett, Torsten / *Brand,* Dominik: Die sog. „Einmann-Personengesellschaft" – Über die Vereinbarkeit des Grundsatzes vom Mehrpersonenverhältnis im Personengesellschaftsrecht mit den Besonderheiten des Erb- und Sachenrechts, in: Neue Zeitschrift für Gesellschaftsrecht, 1999, S. 45 ff.

Fett, Torsten / *Förl,* Thomas: Die Mitwirkung der Hauptversammlung einer KGaA bei der Veräußerung wesentlicher Unternehmensteile – Zugleich Besprechung von OLG Stuttgart, NZG 2003, 778, in: Neue Zeitschrift für Gesellschaftsrecht, 2004, S. 210 ff.

Fischer, Lothar: Die Kommanditgesellschaft auf Aktien nach dem Mitbestimmungsgesetz, 1982, Heidelberg.

Fleischer, Holger: Börseneinführung von Tochtergesellschaften, in: Zeitschrift für das gesamte Handelsrecht und Wirtschaftsrecht, Band 165, 2001, S. 513 ff.

Fleischer, Holger / *Kalss,* Susanne: Das neue Wertpapiererwerbs- und Übernahmegesetz – Einführende Gesamtdarstellung und Materialien, 2002, München.

Flume, Werner: Allgemeiner Teil des Bürgerlichen Rechts, Band I 1: Die Personengesellschaft, 1977, Berlin.

– Allgemeiner Teil des Bürgerlichen Rechts, Band I 2: Die juristische Person, 1983, Berlin.

Förl, Thomas: Die GmbH & Co. KGaA als abhängiges Unternehmen – Die Möglichkeiten der Einflussnahme auf die GmbH & Co. KGaA und deren Rechtsfolgen aus dem Aktienkonzernrecht und dem Recht der Konzernrechnungslegung, veröffentlicht als elektronische Dissertation unter der Internetadresse: http: / / diss.ub.uni-duesseldorf.de / ebib / diss / show?dissid=664, Stand der Internetseite März 2005.

Frey, Kaspar / *Bredow,* Felix v.: Der Wegfall des einzigen Komplementärs nach der HGB-Reform, in: Zeitschrift für Wirtschaftsrecht, 1998, S. 1621 ff.

Gail, Winfried: Auswirkungen des Aktiengesetzes 1965 auf die Kommanditgesellschaft auf Aktien, in: Die Wirtschaftsprüfung, 1966, S. 425 ff.

Geibel, Stephan / *Süßmann,* Rainer: Wertpapiererwerbs- und Übernahmengesetz, 2002, München.

Geßler, Ernst / *Hefermehl,* Wolfgang / *Eckardt,* Ulrich / *Kropff,* Bruno: Aktiengesetz, Kommentar, 1973 ff., München (2. Aufl.: Münchener Kommentar zum Aktiengesetz siehe dort).

Glanegger, Peter / *Güroff,* Georg / *Kirnberger,* Christian u. a.: Heidelberger Kommentar zum Handelsgesetzbuch, 6. Aufl. 2002, Heidelberg.

Godin, Reinhard Frhr. v. / *Wilhelmi,* Hans: Aktiengesetz, Kommentar, 4. Aufl. 1971, Berlin.

Graf, Helmut Andreas: Die Kapitalgesellschaft & Co. KG auf Aktien, 1993, Heidelberg.

Grafmüller, Frank: Die Kommanditgesellschaft auf Aktien als geeignete Rechtsform für börsenwillige Familienunternehmen, 1994, Frankfurt / Main.

Großkommentar zum Aktiengesetz, 3. Aufl. 1970 ff., Berlin; 4. Aufl. 1992 ff., Berlin (in der 4. Aufl. sind bisher erschienen: Einleitung, §§ 1 – 14, 15 – 22, 23 – 40, 54 – 66, 92 – 94, 118 – 120, 121 – 130, 131 – 132, 138 – 147, 148 – 178, 179 – 191, 192 – 206, 207 – 220, 241 – 255,278 – 290, 399 – 410).

Großkommentar zum Handelsgesetzbuch, siehe unter: *Staub,* Hermann: Handelsgesetzbuch Großkommentar.

Grunewald, Barbara: Rückverlagerung von Entscheidungskompetenzen der Hauptversammlung auf den Vorstand, in: Die Aktiengesellschaft, 1990, S. 133 ff.

Haase, Karsten: Die Vorteile der GmbH oder der GmbH & Co. KGaA in gesellschaftsrechtlicher Sicht, in: GmbH-Rundschau, 1997, S. 917 ff.

Habel, Michael / *Strieder,* Thomas: Die Kommanditgesellschaft auf Aktien – ein Überblick, in: Mitteilungen des Bayerischen Notarvereins, der Notarkasse und der Landesnotarkammer Bayern, 1998, S. 65 ff.

– Ist die Kommanditgesellschaft auf Aktien eine geeignete Rechtsform für einen Börsengang von Vereinen der Fußball-Bundesliga?, in: Neue Zeitschrift für Gesellschaftsrecht, 1998, S. 929 ff.

Handbuch der KGaA, siehe unter: *Schütz,* Carsten / *Bürgers,* Tobias / *Riotte,* Michael: Die Kommanditgesellschaft auf Aktien.

Handbuch der Rechnungslegung, siehe unter: *Küting,* Karlheinz / *Weber,* Claus-Peter: Handbuch der Rechnungslegung.

Hartel, Ulrich M.: Umwandlung einer GmbH & Co. KG in eine KG auf Aktien – GmbH & Co. KG auf Aktien – Idealform für börsenwillige Familienunternehmen? –, in: Der Betrieb, 1992, S. 2329 ff.

Häsemeyer, Ludwig: Der interne Rechtsschutz zwischen Organen, Organmitgliedern und Mitgliedern der Kapitalgesellschaft als Problem der Prozessführungsbefugnis, in: Zeitschrift für das gesamte Handelsrecht und Wirtschaftsrecht, Band 144, 1980, S. 265 ff.

Heermann, Peter W.: Unentziehbare Mitwirkungsrechte der Minderheitsaktionäre bei außergewöhnlichen Geschäften in der GmbH & Co. KGaA, in: Zeitschrift für Unternehmens- und Gesellschaftsrecht, 2000, S. 61 ff.

Heidel, Thomas: Anwaltkommentar AktR, 2003, Bonn.

Heineke, Matthias: Anlegerschutz in der Kommanditgesellschaft auf Aktien – Zur Erforderlichkeit von Restriktionen in der Satzungsgestaltung börsennotierter KGaA –, 2002, Münster.

Henn, Günter: Handbuch des Aktienrechts, 7. Aufl. 2002, Heidelberg.

Hennerkes, Brun-Hagen / *Binz,* Mark K.: Abschied vom Bestimmtheitsgrundsatz – Zur Zulässigkeit von Mehrheitsbeschlüssen bei Personengesellschaften, in: Betriebs-Berater 1983, S. 713 ff.

*Hennerkes,*Brun-Hagen / *Lorz,* Rainer: Roma locuta causa finita: Die GmbH & Co. KGaA ist zulässig – Zugleich Besprechung des BGH-Beschlusses vom 24. 2. 1997 – II ZB 11/96, DB 1997 S. 1219 ff. –, in: Der Betrieb, 1997, S. 1388 ff.

Hennerkes, Brun-Hagen / *May,* Peter: Noch einmal: Die GmbH & Co. KG auf Aktien als Rechtsform für börsenwillige Familienunternehmen?, in: Betriebs-Berater, 1988, S. 2393 ff.

– Überlegungen zur Rechtsformwahl im Familienunternehmen (II), in: Der Betrieb, 1988, S. 537 ff.

Henze, Hartwig: Leitungsverantwortung des Vorstands – Überwachungspflicht des Aufsichtsrats, in: Betriebs-Berater, 2000, S. 209 ff.

Hesselmann, Malte / *Tillmann,* Bert: Handbuch der GmbH & Co. KG, 18. Aufl. 1997, Köln.

Heymann, Ernst: Handelsgesetzbuch Band 2 §§ 105 bis 237, 2. Aufl. 1996, Berlin.

Hoffmann-Becking, Michael / *Herfs,* Achim: Struktur und Satzung der Familien-KGaA, in: Festschrift Walter Sigle, 2000, S. 273 ff.

Hommelhoff, Peter: Anlegerschutz in der GmbH & Co. KGaA, in: Zeitschrift für das gesamte Handelsrecht und Wirtschaftsrecht, Beiheft 67, 1998, S. 9 ff.

– Der aktienrechtliche Organstreit – Vorüberlegungen zu den Organkompetenzen und ihrer gerichtlichen Durchsetzbarkeit –, in: Zeitschrift für das gesamte Handelsrecht und Wirtschaftsrecht, Band 143, 1979, S. 288 ff.

Hueck / Windbichler: Gesellschaftsrecht, 20. Aufl. 2003, München.

Hüffer, Uwe: 100 Bände BGHZ Personengesellschaftsrecht, in: Zeitschrift für das gesamte Handelsrecht und Wirtschaftsrecht, Band 151, 1987, S. 396 ff.

– Aktiengesetz. Kurzkommentar, 6. Aufl. 2004, München.

Ihlas, Horst: Organhaftung und Haftpflichtversicherung, 1997, Berlin.

Ihrig, Hans-Christoph / *Schlitt,* Michael: Die KGaA nach dem Beschluss des BGH vom 24. 2. 1997 – organisationsrechtliche Folgerungen, in: Zeitschrift für das gesamte Handelsrecht und Wirtschaftsrecht, Beiheft 67, 1998, S. 33 ff.

Immenga, Ulrich: Die Minderheitsrechte der Kommanditisten, in: Zeitschrift für Unternehmens- und Gesellschaftsrecht, 1974, S. 385 ff.

Jacque, Henning: Börsengang und Führungskontinuität durch die kapitalistische KGaA – Zugleich ein Beitrag zur Frage der gesellschaftsrechtlichen Treuepflichten in der KGaA und der Anwendbarkeit der Grundsätze über die Publikums-KG, in: Neue Zeitschrift für Gesellschaftsrecht, 2000, S. 401 ff.

Jäger, Axel: Aktiengesellschaft unter besonderer Berücksichtigung der KGaA, 2004, München.

– Thema Börse (4): Wahl der richtigen Rechtsform, in: Neue Zeitschrift für Gesellschaftsrecht, 1999, S. 101 ff.

Joost, Detlev: Mitbestimmung in der kapitalistischen Kommanditgesellschaft auf Aktien, in: Zeitschrift für Unternehmens- und Gesellschaftsrecht, 1998, S. 334 ff.

Kallmeyer, Harald: Das neue Umwandlungsgesetz – Verschmelzung, Spaltung und Formwechsel von Handelsgesellschaften, in: Zeitschrift für Wirtschaftsrecht, 1994, S. 1746 ff.

– Die Kommanditgesellschaft auf Aktien – eine interessante Rechtsformalternative für den Mittelstand?, in: Deutsches Steuerrecht, 1994, S. 977 ff.

– Rechte und Pflichten des Aufsichtsrats in der Kommanditgesellschaft auf Aktien, in: Zeitschrift für Unternehmens- und Gesellschaftsrecht, 1983, S. 57 ff.

– Umwandlungsgesetz. Kommentar, 2. Aufl. 2001, Köln.

Kanzleiter, Rainer: „Mehrfach-Beteiligung“ einer Person an Gesamthand oder Rechtsgemeinschaft? „Einmann-Gesamthand“?!, in: Freundesgabe für Willi Weichler, 1997, S. 39 ff.

Kessler, Alexander: Die rechtlichen Möglichkeiten der Kommanditaktionäre einer GmbH & Co. KGaA zur Einwirkung auf die Geschäftsführung, 2003, Köln.

Kiefer, Sascha: Anlegerschutz durch Gesellschaftsrecht in der börsennotierten GmbH & Co. KGaA, 2001, Osnabrück.

Knur, Alexander: Die Eignung der Kommanditgesellschaft auf Aktien für Familienunternehmen, in: Festschrift Werner Flume, 1978, S. 173 ff.

Koch, Stefan: Mitwirkungsrechte der Kommanditaktionäre bei der GmbH & Co. KGaA: Grenzen satzungsmäßiger Einschränkung, in: Der Betrieb, 2002, S. 1701 ff.

Kölner Kommentar zum Aktiengesetz, 1. Aufl. 1970 ff.; 2. Aufl. 1986 ff., Köln.

Kölner Kommentar zum Wertpapiererwerbs- und Übernahmegesetz, 2003, Köln.

Koller, Ingo / *Roth,* Wulf-Henning / *Morck,* Winfried: Handelsgesetzbuch Kommentar, 4. Aufl. 2003, München.

Kort, Michael: Bezugsrechtsfragen und „Holzmüller"-Fragen einer Tochter-Kapitalerhöhung aus Sanierungsgründen, in: Die Aktiengesellschaft, 2002, S. 369 ff.

Küting, Karlheinz / *Weber,* Claus-Peter: Handbuch der Rechnungslegung, Band I a, 1995, Stuttgart.

Ladwig, Peter / *Motte,* Frank: Die Kommanditgesellschaft auf Aktien – Eine Alternative für börsenwillige mittelständische Unternehmen? (Teil I), in: Deutsches Steuerrecht, 1996, S. 800 ff.

Lutter, Marcus: Die Erklärung zum Corporate Governance Kodex gemäß § 161 AktG, in: Zeitschrift für das gesamte Handelsrecht und Wirtschaftsrecht, Band 166, 2002, S. 523 ff.

Lutter, Marcus / *Drygula,* Tim: Zur Vorbereitung und Durchführung von Grundlagenbeschlüssen in Aktiengesellschaften, in: Festschrift Peter Raisch, 1995, S. 239 ff.

Lutter, Marcus / *Leinekugel,* Rolf: Der Ermächtigungsbeschluss der Hauptversammlung zu grundlegenden Strukturmaßnahmen – zulässige Kompetenzübertragung oder unzulässige Selbstentmachtung?, in: Zeitschrift für Wirtschaftsrecht, 1998, S. 805 ff.

Martens, Klaus-Peter: Der Beirat in der Kommanditgesellschaft auf Aktien, in: Die Aktiengesellschaft, 1982, S. 113 ff.

Masuch, Andreas: Sachkapitalerhöhung des Komplementärkapitals in der KGaA, in: Neue Zeitschrift für Gesellschaftsrecht, 2003, S. 1048 ff.

Mecke, Thomas: Von der Personen- zur Kapitalgesellschaft – Vertragsändernde Mehrheitsbeschlüsse in der oHG und KG am Beispiel der Umwandlung, in: Zeitschrift für das gesamte Handelsrecht und Wirtschaftsrecht, Band 153, 1989, S. 35 ff.

Mertens, Hans-Joachim: Organstreit in der Aktiengesellschaft?, in: Zeitschrift für das gesamte Handelsrecht und Wirtschaftsrecht, Band 154, 1990, S. 24 ff.

– Zur Existenzberechtigung der Kommanditgesellschaft auf Aktien, in: Festschrift Carl Hans Barz, 1974, S. 253 ff.

Möller, Andreas / *Pötzsch,* Thorsten: Das neue Übernahmerecht – Der Regierungsentwurf vom 11. Juli 2001, in: Zeitschrift für Wirtschaftsrecht, 2001, S. 1256 ff.

Mülbert, Peter / *Birke,* Max: Das übernahmerechtliche Behinderungsverbot – Die angemessene Rolle der Verwaltung einer Zielgesellschaft in einer feindlichen Übernahme –, in: Wertpapier-Mitteilungen, Teil IV, 2001, S. 717 ff.

Münchner Handbuch des Gesellschaftsrechts, Band 4: Aktiengesellschaft, 2. Aufl. 1999, München.

– Band 2: Kommanditgesellschaft, 2. Aufl. 2004, München.

Münchner Kommentar zum Aktiengesetz, 1999 ff., München (zugleich 2. Aufl. von *Geßler/Hefermehl/Eckardt/Kropff,* AktG, siehe dort).

Münchner Kommentar zum Bürgerlichen Gesetzbuch, 4. Aufl. 2001 ff., München.

Münchner Kommentar zum Handelsgesetzbuch, Band 2 §§ 105 bis 160, 2004, München.

Nörr, Rudolf / *Stiefenhofer,* Alfred: Takeover Law in Germany, 2003, München.

Overlack, Arndt: Der Komplementär in der GmbH & Co. KGaA, in: RWS-Forum 10 Gesellschaftsrecht 1997, S. 237 ff.

Palandt, Otto: Bürgerliches Gesetzbuch, 63. Aufl. 2004, München.

Picot, Gerhard: Mehrheitsrechte und Minderheitenschutz in der Personengesellschaft – Unter besonderer Berücksichtigung der Publikums-KG, in: Betriebs-Berater, 1993, S. 13 ff.

Raiser, Thomas: Das Recht der Gesellschafterklagen: in: Zeitschrift für das gesamte Handelsrecht und Wirtschaftsrecht, Band 153, 1989, S. 1 ff.

– Organklagen zwischen Aufsichtsrat und Vorstand, in: Die Aktiengesellschaft, 1989, S. 185 ff.

– Recht der Kapitalgesellschaften, 3. Aufl. 2001, München.

Reichert, Jochem: Folgen der Anteilsvinkulierung für Umstrukturierungen von Gesellschaften mit beschränkter Haftung und Aktiengesellschaften nach dem Umwandlungsgesetz 1995, in: GmbH-Rundschau, 1995, S. 176 ff.

Reuter, Dieter: Ansätze eines Konzernrechts der Personengesellschaft in der höchstrichterlichen Rechtsprechung, in: Die Aktiengesellschaft, 1986, S. 130 ff.

Röhricht, Volker / *Graf von Westphalen,* Friedrich: Handelsgesetzbuch. Kommentar, 2. Aufl. 2001, Köln.

Schaumburg, Harald: Die KGaA als Rechtsform für den Mittelstand?, in: Deutsche Steuer-Zeitung, 1998, S. 525 ff.

Schaumburg, Harald / *Schulte,* Christoph: Die KGaA Recht und Steuern in der Praxis, 2000, Köln.

Schlegelberger, Franz: Handelsgesetzbuch. Kommentar, 4. Aufl. 1960 ff., 5. Aufl. 1973 ff., München.

Schlitt, Michael: Die Satzung der Kommanditgesellschaft auf Aktien, 1999, München.

Schmidt, Karsten: Aktionärs- und Gesellschafterzuständigkeiten bei der Freigabe vinkulierter Aktien und Geschäftsanteile – Kompetenzprobleme um § 68 AktG und § 15 Abs. 5 GmbHG –, in: Festschrift Peter Beusch, 1993, S. 759 ff.

– Gesellschaftsrecht, 4. Aufl. 2002, Köln.

– Mehrheitsregelungen in der GmbH & Co.-Verträgen – Verständnis oder Missverständnis des „Bestimmtheitsgrundsatzes“?, in: Zeitschrift für das gesamte Handelsrecht und Wirtschaftsrecht, Band 158, 1994, S. 205 ff.

– Zur kombinierten Nachfolge- und Umwandlungsklausel bei oHG- oder Komplementäranteilen, in: Betriebs-Berater, 1989, S. 1702 ff.

Schneider, Uwe H.: Kapitalmarktorientierte Corporate Governance-Grundsätze, in: Der Betrieb 2000, S. 2413 ff.

Schneider, Uwe H. / *Burgard,* Ulrich: Übernahmeangebote und Konzerngründung – Zum Verhältnis von Übernahmerecht, Gesellschaftsrecht und Konzernrecht, in: Der Betrieb, 2001, S. 963 ff.

Scholz, Franz: Kommentar zum GmbH-Gesetz, I. Band §§ 1–44, 9. Aufl. 2000, Köln.

Schrick, Alexandra: Überlegungen zur Gründung einer kapitalistischen KGaA aus dem Blickwinkel der Unternehmerfamilie, in: Neue Zeitschrift für Gesellschaftsrecht 2000, S. 409 ff.

Schütz, Axel: Die Kommanditgesellschaft auf Aktien – Rechtsform mit Zukunft für Privatbankiers?, in: Die Bank, 1980, S. 354 ff.

Schütz, Carsten / *Bürgers,* Tobias / *Riotte,* Michael: Die Kommanditgesellschaft auf Aktien, Handbuch, 2004, München.

Schwark, Eberhard: Spartenorganisation in Großunternehmen und Unternehmensrecht, in: Zeitschrift für das gesamte Handelsrecht und Wirtschaftsrecht, Band 142, 1978, S. 203 ff.

Schwark, Eberhard / *Geiser,* Frank: Delisting, in: Zeitschrift für das gesamte Handelsrecht und Wirtschaftsrecht, Band 161, 1997, S. 739 ff.

Seibt, Christoph H.: Deutscher Corporate Governance Kodex und Entsprechens-Erklärung (§ 161 AktG-E), in: Die Aktiengesellschaft, 2002, S. 249 ff.

Semler, Johannes / *Volhard,* Rüdiger: Arbeitshandbuch für die Hauptversammlung, 2. Aufl. 2003, München.

Sethe, Rolf: Aufsichtsratreform mit Lücken – Die Einbeziehung der Kommanditgesellschaft auf Aktien in die gegenwärtige Reformdiskussion –, in: Die Aktiengesellschaft, 1996, S. 289.

– Die Besonderheiten der Rechnungslegung bei der KGaA, in: Der Betrieb, 1998, S. 1044 ff.

– Die personalistische Kapitalgesellschaft mit Börsenzugang. Die reformierte KGaA als Mittel zur Verbesserung der Eigenkapitalausstattung deutscher Unternehmen, 1996, Köln.

Seydel, Eberhard: Konzernbildungskontrolle in der Aktiengesellschaft, 1998, Baden-Baden.

Siebold, Michael / *Wichert,* Joachim: Die KGaA als Rechtsform für die Profiabteilungen der Vereine der Fußball-Bundesligen, in: Zeitschrift für Sport und Recht, 1998, S. 138 ff.

Staub, Hermann: Handelsgesetzbuch Großkommentar, 3. Aufl. 1967 ff., 4. Aufl. 1982 ff., Berlin.

Staudinger, Julius v.: Kommentar zum Bürgerlichen Gesetzbuch, 12. Aufl. 1978 ff., 13. Bearbeitung, 1994 ff., Berlin.

Steindorff, Ernst: Kommanditgesellschaft auf Aktien und Mitbestimmung, in: Festschrift Kurt Ballerstedt, 1975, S. 127 ff.

Steinmeyer, Roland / *Häger,* Michael: WpÜG, Kommentar zum Wertpapierwerbs- und Übernahmegesetz mit Erläuterungen zum Minderheitenausschluss nach §§ 327a ff. AktG, 2002, Berlin.

Stodolkowitz, Heinz-Dieter: Gerichtliche Durchsetzung von Organpflichten in der Aktiengesellschaft, in: Zeitschrift für das gesamte Handelsrecht und Wirtschaftsrecht, Band 154, 1990, S. ff.

Theisen, Manuel Rene: Die Kommanditgesellschaft auf Aktien (KGaA) auf dem Prüfstand – Ein Überblick –, in: Die Betriebswirtschaft, 1989, Heft 2, S. 137 ff.

Timmann, Jan: Vor- und Nacherbschaft innerhalb der zweigliedrigen oHG oder KG, 2000, Heidelberg.

Ulmer, Peter: Aktienrecht im Wandel, – Entwicklungslinien und Diskussionsschwerpunkte –, in: Archiv für die civilistische Praxis, Band 202, 2002, S. 143 ff.

Veil, Rüdiger: Die Kündigung der KGaA durch persönlich haftende Gesellschafter und Kommanditaktionäre, in: Neue Zeitschrift für Gesellschaftsrecht, 2000, S. 72 ff.

Vollmer, Lothar: Die Verteilung der Finanzierungskompetenzen bei der AG – Ein ungelöstes Problem der aktienrechtlichen Finanzverfassung, in: Die Aktiengesellschaft, 1991, S. 94 ff.

Wackerbarth, Ulrich: Aktionärsrecht beim Börsengang einer Tochter – obey the law, if not the spirit, in: Die Aktiengesellschaft, 2002, S. 14 ff.

Werther, Fritz: Zur freien Rücklage im Jahresabschluss, insbesondere bei der Kommanditgesellschaft auf Aktien, in: Die Aktiengesellschaft, 1966, S. 305 ff.

Wichert, Joachim: Die Finanzen der der Kommanditgesellschaft auf Aktien, 1999, Frankfurt/Main.

– Die GmbH & Co. KGaA nach dem Beschluß BGHZ 134, 392, in: Die Aktiengesellschaft, 2000, S. 268 ff.

– Satzungsänderungen in der Kommanditgesellschaft auf Aktien, in: Die Aktiengesellschaft, 1999, S. 362 ff.

Wiedemann, Herbert: Gesellschaftsrecht. Band I: Grundlagen, 1980, München.

Sachregister

Felix Born

Die abhängige Kommanditgesellschaft auf Aktien

Schriften zum Wirtschaftsrecht, Band 175
254 S. 2004 ⟨3-428-11487-6⟩ € 74,– / sFr 125,–

Seit der Zulassung der Kapitalgesellschaft & Co KGaA hat die KGaA sowohl praktisch als auch wissenschaftlich an Bedeutung gewonnen. Der Autor untersucht die Voraussetzungen und Rechtsfolgen der konzernrechtlichen Abhängigkeit einer KGaA von ihrem Komplementär, dem Gesellschafter einer Komplementärgesellschaft sowie von einem Kommanditaktionär. Dabei werden die Besonderheiten einer abhängigen KGaA auf allen Stufen der Verbundintegration von der Abhängigkeitsbegründung bis zum Abschluss eines Beherrschungsvertrags eingehend untersucht. Ziel der Arbeit ist es, die aus der konzernrechtlichen Diskussion bei anderen Gesellschaftsformen gewonnenen Erkenntnisse, für das – nur unzureichend untersuchte – Recht der abhängigen KGaA nutzbar zu machen.

Die Anwendung der besonderen konzernrechtlichen Regelungen der §§ 291 ff, 311 ff AktG auf die KGaA bildet – neben einer detaillierten Untersuchung der Gruppenbildungskontrolle bei der KGaA – einen Schwerpunkt der Arbeit. Der Autor kommt zu dem Schluss, dass sich die materielle Regelung des Rechts der KGaA als einer Mischung aus aktienrechtlichen und personengesellschaftsrechtlichen Elementen bei der Bewältigung ihrer abhängigkeitsbedingten Probleme fortsetzt. Folge hiervon ist insbesondere, dass die §§ 311 ff AktG auf die von einem Komplementär oder über eine Komplementärgesellschaft beherrschte KGaA keine Anwendung finden können.

Internet: http://www.duncker-humblot.de

Duncker & Humblot · Berlin

Schriften zum Bürgerlichen Recht

305 Andreas Neef
Zur Eintragungsfähigkeit sicherungsvertraglicher Einreden bei der Grundschuld
IV, 168 S. 2004 ⟨3-428-11331-4⟩
€ 69,80 / sFr 118,–

306 Susanne Kandler
Die Formbedürftigkeit von Vollmachten bei formgebundenen Geschäften
325 S. 2004 ⟨3-428-11357-8⟩
€ 82,– / sFr 138,–

307 Ilka Mehdorn
Der Gesamtschuldnerausgleich unter Ehegatten
306 S. 2004 ⟨3-428-11320-9⟩
€ 84,– / sFr 142,–

308 Sven Piegsa
Teilleistungsstörungen bei Verträgen über mehrere körperliche Gegenstände
417 S. 2005 ⟨3-428-11538-4⟩
€ 78,– / sFr 132,–

309 Andrea Fehre
Unmöglichkeit und Unzumutbarkeit der Leistung
Voraussetzungen und Rechtsfolgen nach Inkrafttreten des Schuldrechtsmodernisierungsgesetzes
241 S. 2005 ⟨3-428-11671-2⟩
€ 69,– / sFr 117,–

310 Johannes Holzer
Die Richtigstellung des Grundbuchs
Zugleich ein Beitrag zur Auslegung der §§ 892, 894 BGB
356 S. 2005 ⟨3-428-11479-5⟩
€ 79,80 / sFr 135,–

311 Bertram Dornheim
Sanktionen und ihre Rechtsfolgen im BGB unter besonderer Berücksichtigung des § 241 a BGB
250 S. 2005 ⟨3-428-11472-8⟩
€ 72,80 / sFr 123,–

312 Christian Hirsch
Kündigung aus wichtigem Grund und Geschäftsgrundlage
Eine Untersuchung am Schnittpunkt von Miet- und Schuldrechtsreform
206 S. 2005 ⟨3-428-11656-9⟩
€ 54,– / sFr 91,–

313 Markus Würdinger
Allgemeine Rechtsgeschäftslehre und Unvollkommenheiten des Hauptvertrages im Immobilienmaklerrecht
231 S. 2005 ⟨3-428-11607-0⟩
€ 72,– / sFr 122,–

314 Matthias Horz
Gestaltung und Durchführung von Buchverlagsverträgen
Am Beispiel der Literaturübersetzung, Belletristik und Wissenschaft
179 S. 2005 ⟨3-428-11682-8⟩
€ 58,– / sFr 98,–

315 Falk Bernau
Die Aufsichtshaftung der Eltern nach § 832 BGB – im Wandel!
Die Elternhaftung im Lichte des Wandels in der Verfassung, im bürgerlichen Recht und der Gesellschaft
458 S. 2005 ⟨3-428-11714-X⟩
€ 84,– / sFr 142,–

316 Lars Leuschner
Verkehrsinteresse und Verfassungsrecht
Zur Bedeutung von Allgemeinwohlinteressen bei der verfassungsrechtlichen Rechtfertigung privatrechtlicher Regelungen am Beispiel der Rechtsscheinlehre
233 S. 2005 ⟨3-428-11661-5⟩
€ 64,– / sFr 108,–

317 Phillip Hellwege
Die §§ 280 ff. BGB
Versuch einer Auslegung und Systematisierung
118 S. 2005 ⟨3-428-11773-5⟩
€ 58,– / sFr 98,–

Internet: http://www.duncker-humblot.de